COMPRENDER
EL AUTISMO

Stanley I. Greenspan
y Serena Wieder

COMPRENDER
EL AUTISMO

integral

Comprender el autismo

Título original: *Enganging Autism*
Autores: Stanley I. Greenspan y Serena Wieder
Traductor: Victoria Martín SantaMarta
Diseño de cubierta: Estitxu
Compaginación:

© del texto, 2006 Stanley I. Greenspan, M.D / Serena Wieder.
© 2006 Da Capo Press
© de esta edición: 2008, RBA Libros, S.A.
Pérez Galdós, 36 - 08012 Barcelona
www.rbalibros.com / rba-libros@rba.es

Primera edición: febrero 2008

Ref.: OADP043
ISBN-13: 978-84-9867-081-3
Depósito legal: B-8.386-2008
Impreso por Novagrafik (Barcelona)

Índice de contenidos

Introducción
Podemos hacerlo mejor

Cuando el pediatra le dijo a Marissa que su preciosidad de niño Sean era autista se le cayó el mundo encima. Les costó días, a ella y a su marido John, recuperarse y asumir este diagnóstico mientras se daban cuenta de las terribles consecuencias que le esperaban a su hijo, de dos años de edad y mirada despierta, y a ellos. Cuando asumieron el diagnóstico y empezaron a documentarse sobre el trastorno del espectro autista, llegó un momento en que se sintieron absolutamente desbordados, pues la información de libros y de Internet era inabarcable. Leyeron sobre ilimitadas opciones de tratamiento y repasaron innumerables artículos sobre el trastorno. Tuvieron que aprenderse una ingente cantidad de vocabulario nuevo para entender qué le estaba pasando a Sean y, aparte de toda su rabia y frustración, sentían un sufrimiento enorme. Lo más desconcertante era que ni siquiera sabían si estaban siguiendo el camino correcto para tratar a su hijo. Querían aplicarle un tratamiento completo que le pudiese ofrecer las máximas garantías de progreso y que le permitiese, esperaban, poder hacer amigos, ir al colegio, organizar fiestas de cumpleaños, salir con chicas, hacer deporte, estudiar una carrera y, algún día, poder ser padre.

El primer especialista les dijo a Marissa y John que Sean nunca podría entender los sentimientos de las personas o pensar de manera creativa. Lo único que podría aprender Sean era la lista de normas sociales de comportamiento mediante un tratamiento centrado en sus síntomas y conducta habitual. Por ejemplo, podría memorizar frases hechas para decírselas a otros niños y sus padres podrían enseñarle, además, a establecer contacto visual premiándole con comida. Ante las expectativas de este tratamiento, la pareja se sentía desesperada. Sentían que su hijo tenía más potencial y querían que él hiciese el esfuerzo de relacionarse con ellos y pensar por sí mismo.

Muchos padres cuyos hijos son diagnosticados de TEA se sienten como Marissa y John. Quieren seguir un programa que considere a su hijo como un individuo, que les ofrezca un tratamiento personalizado y que intensifique la capacidad comunicativa del niño. Los progenitores también quieren participar en la terapia; quieren ayudar y esperan resultados. Este libro está escrito para todos esos padres, tutores o cuidadores. Así, estas páginas presentan una terapia y una manera de acercarse al autismo que puede cambiar muchas creencias sobre los TEA y que, por encima de todo, mejoran las perspectivas futuras de los niños que sufren este trastorno.

Durante sesenta años, los tratamientos de los TEA se han centrado en los síntomas del trastorno en lugar de trabajar en los problemas que subyacen al autismo. Como consecuencia, los progresos de cada niño se han limitado a cambios en el comportamiento, mientras que el pronóstico de su trastorno a largo plazo se ha visto ensombrecido por un gran pesimismo. Las tesis predominantes sobre el origen del autismo han frenado en cierta medida el progreso y las expectativas futuras para estos niños.

Las estimaciones acerca del porcentaje de niños afectados de algún tipo de TEA alcanzan la elevada cifra de un caso por cada 166 niños. Ahora el futuro puede ser mucho más fácil para todos esos niños. Con el apoyo de una terapia adecuada e individualizada que realiza una evaluación y un tratamiento centrados en los fundamentos de un desarrollo saludable (tal y como se describe en los siguientes capítulos), muchos niños que han sido diagnosticados con TEA han hecho progresos que van más allá de lo que tradicionalmente se ha definido como «alto funcionamiento». Esta nueva terapia se denomina «Floortime» (cuya equivalencia o traducción aproximada sería «escena de interacción en el suelo') o método DIR (del inglés, *developmental, individual-difference-relationship-based* o *método basado en la interacción y el tratamiento individualizado de la persona como garantía de su desarrollo*). En este sentido, la terapia Floortime es la herramienta básica para llegar al programa DIR. En este libro se explica el programa DIR a los padres, profesionales o tutores de niños que padezcan trastornos del espectro autista.

El objetivo que persigue el programa DIR y la terapia Floortime no es otro que la construcción de unos buenos cimientos para el desarrollo sano del niño, en lugar de trabajar exclusivamente en la conducta superficial y los síntomas. Mediante esta terapia, los niños aprenden a dominar las competencias básicas de las que se han visto privados durante su crecimiento; es decir, la capacidad de relacionarse con los demás con naturalidad y empatía, de buscar un propósito comunicativo (primero mediante gestos y más tarde por medio de la palabra) y de pensar lógica y creativamente. La mayor parte de los niños que han sido tratados con esta terapia han empezado a mejorar en sus habilidades comunicativas y a dominar campos hasta ese momento impensables para cualquier niño con TEA. No sólo eso: han construido una relación muy cálida y cercana con padres o familiares y han mejorado su competencia verbal. De hecho, no sólo han adquirido conocimientos académicos, sino también una amplia gama de aptitudes intelectuales (pensamiento espontáneo, elaboración y compresión de inferencias, empatía con los demás).

Uno de los niños que fue tratado con la terapia DIR es un paciente que vamos a llamar Josh. Cuando le diagnosticaron autismo, sus padres quisieron ser optimistas y le empezaron a aplicar a su pequeño de tres años un programa integral basado en el programa DIR. Ahora, a la edad de diecisiete años, Josh es un chico feliz que estudia en una exigente escuela privada. Tiene muchos amigos e incluso está empezando una relación amorosa. Puede analizar perfectamente sus sentimientos y tiene mucha intuición (a veces es sorprendente) respecto a los sentimientos ajenos. Puede escribir redacciones y hablar con lógica y coherencia sobre multitud de temas diferentes. Tal y como afirman sus padres, los profesores y tutores ya no encuentran ningún indicio de autismo en su persona y lo ven como a un adolescente cariñoso e inteligente.

El segundo ejemplo es David. A la edad de dos años y medio, David se mostraba siempre ensimismado, no mantenía contacto visual con los demás y no demostraba ninguna señal de placer cuando estaba con sus padres o los niños de su edad. Cuando se le empezó a evaluar, David pasó la mayor parte del tiempo realizando conductas repetitivas y autoestimulantes, repitiendo números en una misma secuencia, dando saltos y girando alrededor de sí mismo sin sentido y alineando coches y juguetes mientras emitía pequeños gruñidos. En este caso, muchas terapias hubieran aplicado un tratamiento basado en la mera extinción de estos comportamientos.

Sin embargo, también observamos que David tenía habilidades: cuando estaba muy motivado, era capaz de comunicar lo que quería; de mostrar afecto mediante el abrazo; de imitar acciones, sonidos y palabras y de reconocer dibujos y formas. Diseñamos un programa global partiendo de su perfil de desarrollo. David reaccionaba con nerviosismo ante los estímulos sonoros y cuando se le tocaba, de modo que escogimos tonos bajos y palabras suaves para interactuar con él. Como le gustaba repetir letras (tenía mucha memoria para eso), explotamos esa capacidad para jugar con él. Por ejemplo, «nos equivocábamos» emitiendo la secuencia «C-A-B» (en lugar de la suya A-B-C) y él enseguida sacudía la cabeza. De esta manera, poco después empezó a decir «no». A través de estos juegos se volvió más activo y empezó, poco a poco, a hablar de una manera más intencionada y creativa. Después de algunos años de progreso, entró en una escuela normal, donde se le daba muy bien el inglés leído y las matemáticas. Ahora tiene su pequeño grupo de amigos y es un chico con sentido del humor que también es capaz de entender los sentimientos de los demás. Todavía muestra algunas carencias (le cuestan las actividades de motricidad fina y sigue mostrando ansiedad y enfado al afrontar situaciones competitivas), pero estas insuficiencias son comparativamente menores.

Como se han hecho muy pocos estudios de población, actualmente no sabemos cuántos niños con TEA se hallan en el grupo de pacientes que han sido tratados con la terapia DIR y Floortime y que han alcanzado estos niveles de pensamiento y de habilidades sociales. No obstante, este porcentaje es considerable entre los niños que hemos tratado (ver apéndice A). También hemos observado que el tratamiento que da un resultado mejor que el esperado en este grupo, también, ayuda a los niños que muestran más dificultades en su progreso a ser más cariñosos, dinámicos y comunicativos, y que adquieren una capacidad de pensamiento mayor de lo que se habría pensado.

Harold era un niño de cuatro años y medio que mostraba trastornos neurológicos. Progresaba muy lentamente y sólo llegaba a imitar sonidos y palabras a pesar de estar integrado en un programa integral diseñado con el fin de enseñarle habilidades motoras orales. Podía emitir una o dos palabras espontáneamente cuando estaba enfadado o deseaba algo intensamente, pero en los demás casos necesitaba verse presionado para hablar. Cada expresión del lenguaje era extremadamente complicada y a veces se quedaba mirando la boca del tutor para intentar hacer los mismos movimientos labiales. Mostraba una grave dispraxia (hipotonía muscular) que le dificultaba las ganas de jugar y era incapaz de utilizar los juguetes de manera creativa, aunque disfrutaba mucho corriendo por el patio de la escuela y jugando con los niños en la piscina.

Durante el segundo año de tratamiento, Harold empezó a saber comunicar lo que quería; así, llevaba a su padre, por ejemplo, hacia la nevera para buscar el zumo. Podía incluso acordarse de las palabras en ese momento («¡Zumo!» o «¡Yogur!»). Con el paso del tiempo, Harold comenzó a interactuar con su entorno: gesticulaba, emitía palabras sencillas y aprendía letras y números. Le gustaba mucho moverse y, en lugar de deambular sin sentido, ya podía intercambiar numerosas expresiones emocionales y gestos al ir, por ejemplo, a caballito en la espalda de su padre o ser balanceado arriba y abajo «como una avioneta». Actualmente seguimos trabajando con él y sigue teniendo un uso limitado de la imaginación, pero se ha vuelto mucho más cariñoso, interactivo y propositivo. Prevemos que este progreso va a ser tan gradual y continuado como hasta ahora. La clave para aproximarse a los niños con problemas como Harold es que, a pesar de sus trastornos neurológicos, pueden aprender a relacionarse con alegría y calidez y a adquirir las capacidades más importantes de la comunicación y la resolución de problemas.

Los programas que sólo trabajan en los síntomas o que describen un pronóstico inamovible del niño nunca llegan a alcanzar estos resultados. En efecto, muchos programas que se centran únicamente en los síntomas y en las conductas dejan entrever la tesis de que muchos niños con TEA nunca podrán ser capaces de adquirir las verdaderas competencias para entablar relaciones cariñosas, mostrar empatía y aplicar la creatividad en la resolución de problemas.

Como contrapartida, el modelo evolucionista que se describe en este libro se basa en los déficits subyacentes que conducen a los síntomas del autismo en lugar de centrarse sólo en dichos síntomas. Si se consiguen superar estos déficits, el niño puede iniciar un progreso que le llevará a disfrutar y a desarrollar comunicaciones significativas.

Hasta hace bien poco, las teorías generales indicaban que el 80% de los niños con TEA seguirían mostrando los síntomas de ese trastorno muchos años después de padecerlo. Kathy Lord, de la Universidad de Michigan, demuestra ahora que esta tesis ya no se sostiene. Nuestros preliminares estudios demuestran que el pronóstico de los trastornos del espectro autista deben tener en cuenta el modelo de intervención que se realice (ver apéndice A para una mayor documentación sobre este tema).

Actualmente hay muchos círculos de profesionales en Estados Unidos y en muchas ciudades del mundo que aplican el método DIR. Hace poco, la unión de Academias Nacionales de la Ciencia (en inglés, *National Academies of Science*) se refirió a la terapia Floortime o método DIR en un reportaje titulado *La educación de los niños con autismo* como uno de los métodos más completos y prometedores de nuestros tiempos. La unión de Academias Nacionales de la Ciencia también ha señalado que los tratamientos modernos se alejan cada vez más del condicionamiento de conductas específicas y se decantan por el aprendizaje natural (o incidental), asentando las bases de un desarrollo sano.

Además, un estudio exhaustivo sobre las ventajas de la terapia Floortime y sobre el método DIR realizado por la Asociación Americana de Psicólogos para apoyar el desarrollo de la nueva Escala del Desarrollo Infantil de Bayley, garantiza que estas terapias renovadoras consiguen diferenciar a los bebés y niños que padecen trastornos emocionales y cognitivos de los que no los padecen (la Escala del Desarrollo Infantil de Bayley es la herramienta más habitual para la evaluación del desarrollo cognitivo en la etapa de la infancia). Este estudio también ha validado la edad que ha asignado el programa DIR para la adquisición de cada una de las competencias emocionales y ha confirmado que el dominio de la interacción emocional a edades tempranas se asocia con el lenguaje y el pensamiento. Las conclusiones fueron tan positivas que la Asociación Americana de Psicólogos, tras evaluar el resultado excelente que garantiza el programa DIR para la salud emocional del niño, decidió llamar a este programa «Escala de progreso comunicativo y emocional greenspaniano» y aplicarlo como herramienta diferenciada y autónoma y como nuevo componente de las nuevas escalas Bayley.

En los siguientes capítulos describimos la terapia DIR y Floortime y enseñamos a entrar en el universo de los niños y atraerlos hacia un mundo compartido de interacción, comunicación y pensamiento. El bloque I desarrolla una manera más precisa y fiel de definir el autismo y los TEA, indica el modo de identificar los primeros síntomas infantiles y describe las metas que hay que alcanzar para tratar a los niños con TEA y otras necesidades especiales en el marco del programa DIR. El bloque II muestra cómo las familias pueden desempeñar un papel crucial en el trabajo con estos niños. En el bloque III detallamos la técnica de la terapia Floortime y el método DIR y la ejemplificamos sirviéndonos de diferentes contextos. El bloque IV persigue la intención de crear un plan de tratamiento integral y de modificar el entorno escolar para que se pueda dar cabida a los diferentes planes de tratamiento. En el bloque V profundizamos en problemas específicos y, finalmente, los apéndices que van desde el A hasta el C presentan los estudios en los que se fundamenta el programa DIR.

Nota: los perfiles de niños que se describen al principio de cada capítulo son amalgamas de pacientes que hemos tratado o cuyos padres nos han pedido asesoramiento.

Bloque I

Hacia una mejora del pronóstico de los TEA. Mitos, hechos, primeros síntomas y un nuevo marco de análisis

Capítulo 1
Redefinición del autismo. Tratamientos que hay que seguir

El autismo es un trastorno complejo del desarrollo que implica anomalías y deficiencias en la interacción social, el lenguaje y en una serie de capacidades emocionales, cognitivas, motoras y sensoriales. Existen ciertos comportamientos (dar vueltas sobre uno mismo, alinear objetos o repetir palabras sin sentido o propósito aparente) que son prototípicos de este trastorno, si bien más tarde demostraremos que estos síntomas parten de anomalías mucho más arraigadas que tienen que ver con los mecanismos de interacción, comunicación y pensamiento. Tampoco son síntomas específicos del autismo. El lenguaje, la cognición y las competencias sociales para un niño con autismo o trastorno del espectro autista varían dependiendo de dónde está situado el niño en este espectro.

Hoy en día, aún sabemos poco acerca de elementos básicos del trastorno, como las causas o las tasas de prevalencia. Como ya hemos afirmado, algunos estudios indican la probabilidad de padecer el TEA en 1 de cada 166 individuos. La mayoría de investigaciones también sugieren que ha habido un incremento espectacular durante la última década. Mientras que algunos estudios justifican la causa de este incremento por la mejora de la detección y diagnóstico de este trastorno, muchos investigadores creen que realmente han aumentado los casos de autismo y de TEA.

Los caminos que conducen al autismo
La causa del incremento de casos de TEA, así como el origen del autismo en general, es desconocida. Muchos estudios respaldan la tesis del origen genético (por ejemplo, los gemelos son más propensos a padecer un trastorno que los mellizos). Históricamente, se ha creído que estas influencias genéticas (y, por ende, biológicas) tendían a producir un conjunto de síntomas asociados al autismo y a los TEA. Por otra par-

te, también influyen factores inmunológicos, metabólicos y ambientales. Sin embargo, no hay una causa determinante que produzca el trastorno. Por tanto, consideramos que el análisis más útil para indagar las causas subyacentes del autismo es el que llamamos riesgo acumulativo o modelo de caminos múltiples, un modelo que reconoce la interacción de diversos factores en el desencadenamiento del trastorno. Por ejemplo, los condicionantes genéticos o prenatales pueden producirle al niño vulnerabilidad hacia el estrés físico, las enfermedades infecciosas y la exposición a sustancias tóxicas. Este nuevo análisis sobre las causas reconoce las influencias genéticas y traza, por otra parte, un camino de desarrollo con muchos pasos, mientras que, por otra parte, reconoce la aparición gradual de anomalías asociadas al trastorno y muchas diferencias interindividuales y grados de gravedad.

Un amplio abanico de problemas

El autismo y los TEA engloban diversas anomalías relativas al establecimiento de las relaciones, la comunicación (tanto si se trata de gestos como de palabras o símbolos y el pensamiento). Estos complejos trastornos del desarrollo se pueden materializar de diferentes maneras y mostrarse a través de diferentes combinaciones. No todos los niños con el mismo diagnóstico presentan todas estas dificultades en el mismo grado. Por ejemplo, los niños con síndrome de Asperger suelen contar con un amplio vocabulario y muchos de ellos aprenden a leer muy temprano, pero se topan con dificultades al tener que usar las palabras con un fin comunicativo, de forma emocionalmente relevante. Contrariamente, se limitan a repetir palabras o a entender la definición única del diccionario. También muestran muchos problemas al relacionarse con los demás y al comunicarse mediante gestos y lenguaje emotivo.

Otros niños presentan dificultades graves de planificación motora. Algunos niños padecen trastornos motores orales que les impiden mover correctamente la lengua y los músculos de la boca para hablar. Algunos niños con trastornos motores orales y con dificultades motoras generales puede parecer que tienen deficiencias cognitivas e impedimentos sociales cuando, en realidad, es que se ven limitados a expresar sus capacidades debido a los trastornos motores. Cuando ayudamos a niños con problemas motores orales a comunicarse a través de signos u otros sistemas aumentativos (como, por ejemplo, el teclado del ordenador) nos damos cuenta con frecuencia de que estos niños comprenden el mundo mucho mejor de lo que pensamos.

Principales disfunciones de los TEA

Existen tres disfunciones principales que caracterizan al autismo y los TEA. A continuación, mostramos las preguntas que solemos formular para descifrar la presencia de estas tres dificultades:

¿Le cuesta al niño transmitir cariño y confianza? ¿Busca la compañía de aquellos adultos con los que se siente a gusto, tales como el padre, la madre o cuidador? En caso afirmativo, ¿muestra en esta relación placer por la intimidad?

¿El niño utiliza gestos y expresiones emocionales para comunicarse? ¿Participa en un flujo constante de estímulo-respuesta mediante el uso de señales emocionales, como la sonrisa, el movimiento de cejas, la negación con la cabeza y otros gestos interactivos?

Cuando empezó a utilizar palabras ¿las usaba con un fin comunicativo? ¿Están las palabras o símbolos investidas de deseo u emoción, como por ejemplo «Mami te quiero» o «Quiero el zumo», en lugar de «Esto es una mesa» o «Esto es una silla»?

Si estas tres habilidades básicas (establecer relaciones afectivas, intercambiar gestos emocionales constantemente y usar palabras nuevas o símbolos con tono emotivo) no se manifiestan, podemos considerar que el niño está mostrando signos de un trastorno del espectro autista. Cuanto menos se muestren estas habilidades principales en la edad que les correspondería, mayor será el grado de autismo que afecta al menor.

Síntomas asociados

Existen síntomas asociados, como la tendencia a repetir una acción (alinear objetos reiteradamente), aletear las manos o autoestimularse (por ejemplo, mirar fijamente el movimiento de un ventilador, tocar una mancha del suelo y acciones parecidas). También son síntomas asociados repetir palabras siempre en el mismo orden y recitar libros enteros o el contenido de un programa de televisión. No obstante, estos síntomas no están directamente relacionados con el autismo, sino que se pueden asociar con otros tipos de trastornos; por este motivo, no se deben considerar como síntomas principales para diagnosticar el autismo.

Los niños que presentan trastornos sensoriales (por ejemplo, los hipersensibles al tacto o al sonido) pueden tener, sin embargo, habilidades comunicativas y lingüísticas excelentes (por ejemplo, leer perfectamente) y responder a las señales emocionales. A pesar de ello, pueden seguir el patrón de conducta repetitiva y autoestimulatoria como vía para descargar tensiones y, de este modo, controlar el estrés. Estas conductas secundarias se pueden observar en niños con graves problemas de planificación motora. En ocasiones, los niños que presentan déficits del lenguaje o dificultades cognitivas específicas y de aprendizaje pueden acabar mostrando alguno de estos síntomas.

Nuestro nuevo marco de análisis de los TEA considera los síntomas observados, pero organiza esta información desde una perspectiva evolutiva. De este modo, los síntomas asociados son tipos de conducta que tienen su raíz en los trastornos principales. Por ejemplo, muchos niños presentan la dificultad de aplicar lo que llamamos «resolución social de los problemas» y no saben jugar o utilizar los juguetes de manera flexible con sus padres o iguales. Son incapaces de enseñarle el juguete a un cuidador, lanzar una sonrisa abierta y gesticular en busca de una reacción. En lugar de todo esto, se dedican a alinear sus juguetes. En este caso, los síntomas son un reflejo de la falta de dominio de las habilidades principales. Otro síntoma típico es mostrar muy pocos intereses. Normalmente, los niños amplían su abanico de intereses a través de la comunicación con los demás. Si no usan gestos para dinamizar las interacciones con las personas de su alrededor con el fin de indicar sus deseos y necesidades, su abanico de intereses permanece limitado.

Este tipo de síntomas puede indicar que existe un patrón de los TEA mucho más amplio pero no deben constituir la única base de diagnóstico. La clave para acertar con un buen diagnóstico es observar en qué grado el niño manifiesta las tres habilidades básicas escritas anteriormente. Muchas veces, se emiten diagnósticos inexactos de TEA porque no se ha observado lo suficiente al niño en sus interacciones con los padres o personas de su entorno. De hecho, en muchos análisis se separa al niño de los padres y se le insta a realizar diferentes tipos de tests de desarrollo sin tener en cuenta su manera individualizada de procesar la información. De este modo, el niño se siente estresado y confundido, y todo ello conduce a que acabe mostrando su nivel más bajo de capacidades. Para hacer un diagnóstico mucho más riguroso, también es importante que el especialista observe al niño en la mejor situación para él y al máximo de sus capacidades. Un diagnóstico debe basarse siempre en el amplio abanico de habilidades del niño.

Diferentes grados de progreso
Durante los últimos veinte años, los niños diagnosticados con TEA han

ido mostrando diferentes grados de progreso. Algunos de ellos (los autistas de alto funcionamiento) dominan el lenguaje y tienen facilidad para disciplinas como la lectura y las matemáticas, pudiendo ser capaces de memorizar una larga lista de contenidos. Sin embargo, son muy rígidos socialmente y emocionalmente aislados. Otros niños no progresan en el idioma y en las asignaturas académicas, pero son capaces de gesticular y usar palabras concretas. Por otra parte, hay niños que progresan muy lentamente. Estos están siempre absortos, sin lenguaje comunicativo y siempre muestran conductas repetitivas y autoestimulatorias para enfrentarse al entorno.

También hay otros niños (como los descritos en la introducción) que realizan progresos sorprendentes y sobrepasan incluso las capacidades de los autistas de alto funcionamiento. Gracias a un tratamiento basado en el programa DIR, han incrementado la confianza y la empatía con su familia y amigos y han aprendido a pensar de manera flexible y creativa.

Por estos motivos, los TEA deberían analizarse como trastornos dinámicos, no estáticos. Lo único estático es el rasgo típico del niño por el cual este se comporta de una manera concreta con independencia del contexto, el entorno o las circunstancias. El color de ojos de un niño no suele cambiar con el paso del tiempo sean cuales sean las circunstancias del niño; por tanto, el color de ojos es un rasgo relativamente fijo. Por otra parte, los rasgos dinámicos, que se asocian con muchos factores como los sentimientos y las emociones, son susceptibles al cambio. Las tres habilidades principales descritas anteriormente son procesos dinámicos, ya que pueden cambiar y cambiar (más en unos niños que en otros y más según el tratamiento que se siga).

Muchos expertos no comparten la teoría de que se puede influir sobre estas habilidades (ni en general ni tratándose de un niño en concreto). Nuestra creencia es que estas habilidades pueden cambiar decisivamente y que el pronóstico sólo debe consistir en un factor: el progreso del niño. Muchos aspectos, como el entorno del hogar, el tipo de tratamiento y el ritmo de desarrollo del sistema nervioso del niño, influyen en su progreso. El único indicador fiable es la curva de aprendizaje del niño a lo largo del tiempo. Cuanto más crezca, mejor.

Si no se observa progreso alguno (hecho que vendría a demostrar las teorías clásicas en torno al autismo), esto se puede deber a que el niño no recibe un tratamiento o terapia adecuada en casa, en la escuela o con el terapeuta. La curva de aprendizaje puede empezar a crecer si el niño cuenta con una ayuda adecuada, y este crecimiento puede variar de un año a otro dependiendo de varios factores; la clave es un progreso continuo y estable. Así, en lugar de predecir un progreso concreto sobre la base de un rígido criterio diagnóstico, la idea es diseñar un programa óptimo para observar al niño cómo aprende y disfrutar de este progreso.

Opciones de tratamiento

Las opciones de tratamiento actuales para el autismo y los TEA se basan en ciertas presunciones. El programa DIR o Floortime se basa en la teoría de que podemos influir positivamente en los fundamentos del desarrollo comunicativo y cognitivo del niño, aunque se trate de niños con serias dificultades, si trabajamos en sus emociones o en su capacidad de sentir afecto. En el capítulo cuatro describimos esta terapia muy detalladamente.

Durante muchos años sólo ha existido un patrón conductual que, de hecho, ha ayudado a los niños a adaptarse a la escuela y al hogar. Hoy en día, gracias a los nuevos descubrimientos acerca del desarrollo del sistema nervioso y la manera en que los niños adquieren las habilidades principales, los niños con TEA tienen más oportunidades de realizar cambios profundos y de acceder a una vida plena. Cuando los especialistas construyen los pilares básicos de un desarrollo sano, el niño también puede superar los síntomas. Por otra parte, cuando conviene, los terapeutas pueden incorporar elementos conductuales a una terapia basada en el programa DIR, pues este programa no es un tratamiento aislado, sino una noción según la cual cada niño es único y debe ser atendido con un programa adecuado e integral. Según las necesidades del niño, el programa constará de varios elementos.

Los clínicos también pueden añadir diferentes elementos relacionales al programa DIR siguiendo tres principios básicos cuando observan a los niños en sus actividades o ejercicios. Estos principios son: adaptar las interacciones al sistema nervioso del niño, contruir interacciones espontáneas e incorporar los intereses y emociones del niño de manera natural en las intervenciones. Actualmente, muchos especialistas, sobre todo los logopedas, fisioterapeutas y psicopedagogos, están explorando tratamientos dinámicos e interactivos y empiezan a demostrar que las interacciones que se adaptan al perfil neurológico del niño le ayudan a relacionarse, pensar y ser más comunicativo. Por ejemplo, los ejercicios motores orales pueden ayudarle a vocalizar, gesticular e imitar, facilitándole el desarrollo del lenguaje. Si aprendemos a descodificar los sonidos, ayudaremos a la «conciencia fonética» una de las bases de la lectura.

A pesar de que se esté imponiendo un marco de análisis más amplio, los especialistas siguen centrándose exclusivamente en los síntomas y muy poco en la dinámica subyacente y singular de cada niño por separado. Aunque se hace evidente la aplicación de un programa dinámico, la mayoría de niños con TEA sólo tienen acceso a tratamientos rígidos y anticuados que no se ocupan lo suficiente del perfil de desarrollo particular de cada niño y de sus aptitudes potenciales. Aunque hayan tenido un éxito muy limitado, este tipo de tratamientos y programas no han cambiado en nada durante muchos años.

A continuación, ejemplificamos diversos programas que no están basados en conceptos dinámicos del desarrollo y que, por tanto, no han ayudado lo suficiente a los niños con TEA:

• *Programas educativos limitados que aplican ejercicios repetitivos para inculcar competencias aisladas.* Por ejemplo, hacer emparejar formas en lugar de los fundamentos esenciales del desarrollo. Los primeros ejercicios no han demostrado mucha eficacia en el fortalecimiento de las capacidades cognitivas, sociales y auditivas o en las capacidades lingüísticas.

• *Tratamientos conductuales* que trabajan sobre la superficie del comportamiento y dejan de lado la capacidad de interacción individual del niño y los fundamentos de su pensamiento.

• *Tratamientos biomédicos* que no forman parte de un programa integral y adecuado al niño. Suelen aplicar varios sistemas de diagnóstico y prescribir medicamentos que, de nuevo, ignoran los beneficios de un tratamiento complementario e integral. El especialista debe comunicarles el diagnóstico a los padres, recomendarles pruebas o medicamentos adicionales y, sencillamente, instarles a que contacten con los representantes del programa de educación especial local.

Muchos padres y programas combinan tratamientos más naturales como el programa DIR o Floortime con terapias conductuales y educacionales más estrictas, pero no siguen un esquema evolutivo estructurado que organice ambos tipos de tratamiento. El programa DIR sí que sigue un esquema pautado. Como veremos, permite aplicar muchas intervenciones de manera integrada para garantizar el dominio de las capacidades necesarias para la interacción, la comunicación y el pensamiento (ver capítulo veinte). Nuestras investigaciones han mostrado que el pensamiento, la comunicación y la interacción incluyen acciones tan conocidas como utilizar el lenguaje con fines sociales, atención compartida (por ejemplo, cuando el niño juega con un objeto y se lo enseña a su madre o padre), aplicar la teoría de la mente (entender los sentimientos e ideas de los demás), decodificar las señales emocionales y sociales complejas de los demás y hacer inferencias (nuevas ideas a partir de interpretaciones). Asimismo, hemos comprobado que todas estas acciones parten del dominio de unos pilares básicos muy concretos que describiremos en los capítulos tres y cuatro (ver también el apéndice B). Estas capacidades no sólo constituyen la base para un desarrollo óptimo, sino también las habilidades intrínsecas que se ven dañadas en los niños con autismo.

Por este motivo, hemos desarrollado un programa muy completo, el método DIR/Floortime, en el que hemos puesto en práctica nuestro conocimiento sobre el desarrollo humano para estructurar los diferentes componentes del programa. Tal y como argumentaremos en las próximas páginas, cada paso en el desarrollo de un niño ofrece la posibilidad de fortalecer las habilidades principales de este (y no precisamente de erosionarlas). Si se empieza a observar que un bebé de cuatro meses no muestra señales de placer y alegría o un niño de cuatro años todavía no experimenta alegría al relacionarse con los demás, debemos empezar a trabajar en esta misma anomalía en lugar de ponernos a esperar. De la misma manera, podemos ayudar a un niño de cinco años a usar el lenguaje con intención comunicativa y a jugar creativamente. Debemos también desvelar qué factores ambientales o biológicos han contribuido al trastorno. Si bien hay que trabajar sobre las anomalías lo más pronto posible, también es cierto que nunca es demasiado tarde para tratar los pilares básicos del desarrollo. Nuestro marco de análisis debe ser proactivo. Los siguientes capítulos del bloque I se centran en los mitos del autismo y los TEA y, como consecuencia, en los diagnósticos erróneos que muchas veces se emiten. Explicamos cómo identificar los indicios de los TEA, tanto en niños como en bebés, y cómo contrarrestarlos antes de que aparezcan los verdaderos síntomas. Por último, describimos el programa DIR para tratar los TEA.

Capítulo 2
Mitos y diagnósticos erróneos de los TEA y análisis del síndrome de Asperger

En el marco de la redefinición del autismo y los TEA, también debemos aclarar los mitos que rodean a estos trastornos, pues pueden conducir a diagnósticos erróneos.

¿Incapaces de amar?

Uno de los mitos más extendidos es aquel que propugna que los niños con TEA son incapaces de amar o de entablar relaciones amorosas. Cuando el autismo fue definido por primera vez como trastorno en la década de 1940, se destacaron las características de «soledad autista» e incapacidad de construir relaciones íntimas, cálidas y enriquecedoras. Leo Kanner, considerado «el padre del autismo» porque fue el autor de la primera descripción sistemática de niños con TEA, acuñó este término. A partir de este momento, todas las definiciones de autismo han girado en torno a esta incapacidad de construir lazos emocionales y amorosos. Es una concepción que hallamos en todas las ediciones del *Manual diagnóstico y estadístico* de la Asociación Americana de Psiquiatría (DSM), incluida la última. Si bien antes se pensaba que la soledad autista era un síntoma inalterable de la infancia, hoy en día la habilidad para construir relaciones se entiende como un «continuar». Sin embargo, persiste la noción de que los niños con autismo nunca serán capaces de entablar relaciones tan profundas o intensas como los demás.

La capacidad de amar y de sentirse bien en una relación amorosa incluye placer en experimentar intimidad emocional con otra persona. Fácilmente interpretamos que la sonrisa limpia de un bebé de cuatro meses refleja un vínculo muy profundo y emocional que se irá fortaleciendo a lo largo de los siguientes meses. Sin embargo, ¿por qué cuando un niño de dos años y medio con TEA tiene miedo y va corriendo a agarrarse a los brazos de su madre consideramos que esta es una señal de amor o intimidad menos válida? Cuando vemos a un niño de cuatro años sonriendo porque su madre le frota la espalda, ¿para él o ella su madre es sólo un objeto? ¿O es que sencillamente se siente muy cercano/a a ella e interpreta que es importante que su madre le esté frotando la espalda?

Como consecuencia de nuestro trabajo con niños con autismo, hemos extraído la evidencia de que estos experimentan una sensación amorosa muy especial, sobre todo respecto a la madre, padre o tutor, pues los demás adultos no suelen producir la misma sensación de intimidad o de bienestar en el niño cuando siente miedo o tiene alguna necesidad. De hecho, después de nuestro tratamiento los niños no sólo dejan de mostrar esta sensación de soledad, sino que se pueden volver más cariñosos que sus compañeros normales. Algunas veces, los padres se quejan de que su hijo es demasiado dependiente: «¡No me deja ni un momento!», suelen decir. Yo les respondo: «¡Eso es muy positivo!», pues si el niño ha estado aislado en su propio mundo, no hay nada mejor que el hecho de que quiera estar con sus padres «demasiado». En cuanto estén inmersos en la relación con los padres, podemos ir enseñándoles a ser independientes.

El programa DIR/Floortime, destinado a satisfacer las necesidades del niño aunque este muestre una conducta repetitiva o autoestimulatoria, no se ocupa, en primer lugar, de desarrollar el lenguaje o la comunicación, sino la sensación de apego. La respuesta llega rápidamente; normalmente, al tercer o cuarto mes de tratamiento. El hecho de que la sensación de apego emerja tan rápidamente (aunque tratemos a niños que no habían dado ninguna señal de esta) nos hace pensar que ya existía de alguna forma.

En un estudio reciente (que describimos con más detalle en el apéndice A), comparamos la primera y la segunda parte de nuestra sesión inicial con niños diagnosticados con TEA y pudimos ver diferencias en la sensación de apego entre una y otra etapa. Durante la sesión, recomendamos a los padres que leyeran sus señales emocionales y que intentaran adaptarse a su sistema nervioso. Por ejemplo, si un niño era hipersensible al tacto o al sonido, enseñábamos a los padres a ser más sutiles. Si el niño mostraba una conducta obsesiva, como abrir y cerrar la puerta constantemente, indicábamos a los padres cómo podían entrar en su mundo y orientar esta actividad hacia una experiencia compartida. Mientras asesorábamos a los padres, íbamos viendo que los niños más cerrados se empezaban a abrir y a buscar el afecto de los padres o los juegos compartidos.

De este modo, desde la primera sesión de tratamiento hasta la última del primer año, el vínculo de afecto crece mientras los padres van entendiendo el sistema nervioso del niño y se adaptan a su mundo. Casi todos los padres nos explican que pasan momentos preciosos, cálidos e inolvidables con sus hijos en casa y expresan su necesidad de vivir más momentos así y su deseo de que el niño pueda verbalizar, algún día, los sentimientos de amor y cariño. Ayudamos a los padres a vivir estos momentos enseñando al niño a comunicar sus emociones de una manera más eficiente.

Este resultado nos empuja a creer que existe una gran capacidad de amor en los niños con TEA, tanto si la expresan fácilmente como si no. De hecho, muchos estudios demuestran que los niños con autismo sienten tantas emociones que al final se acaban sobrecargando de tal manera que evitan el contacto con los demás para controlar las emociones. Otros niños son tan inactivos que no pueden expresar ninguna emoción al no haber sido lo suficientemente motivados mediante la alegría y el placer del contacto.

La confusión que existe sobre la capacidad de amar y sentir emociones de los niños con TEA se debe a que muchos de estos niños presentan problemas a la hora de comunicar sus emociones. Desde los cuatro hasta los diez meses, los niños interactúan emocionalmente y responden a los estímulos con sonidos, lenguaje corporal y expresiones faciales: una sonrisa les provoca sonrisa; un sonido les hace emitir sonidos. En los niños que se desarrollan de manera normal, esto les lleva a un patrón de conducta complejo entre los doce y los dieciséis meses: ya se dirigen a la madre o al padre y quieren alcanzar sus brazos, sonríen abiertamente, imitan sonidos e incluso dicen una palabra o dos; se ríen sin parar y juegan a imitar al padre. Se produce un amplio intercambio de emociones.

Este tipo de intercambio rápido de señales emocionales resulta mucho más complicado para los niños con TEA. Pensamos que esto se debe a trastornos biológicos que impiden una buena conexión entre las emociones y el sistema psicomotor. Al no poder guiar las acciones por medio del deseo, prefieren encerrarse en sí mismos porque no saben traducir un deseo en acción. En cuanto al lenguaje, aunque puedan memorizar o repetir palabras, les resulta muy difícil imprimir un deseo en una palabra o conectar una emoción o afecto a cierto símbolo verbal, diciendo: «Mama, te quiero» o «Mama, abrázame». Sin embargo, no concebimos esta dificultad como una limitación permanente. Con el tratamiento apropiado, los niños con TEA no sólo pueden experimentar amor, sino aprender a expresarlo.

¿Incapaces de comunicarse y pensar creativamente?

Otro mito recurrente es aquel que asegura que los niños con TEA no pueden aprender las claves fundamentales de la comunicación y el pensamiento y que lo mejor que podemos esperar de ellos es que cambien su comportamiento y memoricen escritos. Sin embargo (y como argumentamos en el capítulo anterior), los niños con autismo o TEA pueden involucrarse en la resolución social de problemas y pueden pensar con lógica y creatividad. El resultado de nuestros estudios demuestra que existe un alto porcentaje de niños que alcanzan los hitos emocionales básicos para su desarrollo.

En cuanto los padres y tutores se olviden de estos falsos mitos sobre falta de apego y comunicación y ayuden al niño a construir estas capacidades, los temibles comportamientos como la conducta obsesiva, la ecolalia, la agresión o los cambios de humor tienden a debilitarse.

¿Incapaces de desarrollar el pensamiento abstracto?

Otro falso mito conocido es el que propugna que los niños con TEA no pueden desarrollar un pensamiento abstracto ni hacer inferencias. También hemos descubierto que no es cierto. Si bien es verdad que no todos los niños son capaces de alcanzar el pensamiento abstracto (por la capacidad cognitiva y lingüística que exige), un estudio nuestro de seguimiento mostró que en un programa DIR (ver apéndice A), trabajando sobre las señales emocionales básicas, los niños que habían avanzado más aprendieron a hacer inferencias, a dominar las acciones circunscritas a la teoría de la mente y a mostrar empatía. Estos descubrimientos cuestionan las creencias antiguas y dejan la puerta abierta a futuras investigaciones.

¿Incapaces de interpretar las emociones?

Otra afirmación recurrente sostiene que los niños con TEA no pueden interpretar las emociones de los demás niños o de los adultos. Estudios anteriores sugerían que, cuando los niños con TEA ven expresiones de emoción en la cara de los demás, procesan la información en una región diferente del cerebro y distinta a la de los demás. Esto parecía avalar la idea de que los niños con autismo tenían un cerebro diferente. Sin embargo, cuando Morton Gernsbacher y sus colegas de la Universidad de Wisconsin en Madison replicaron uno de estos estudios, se dieron cuenta de que podía ser que los sujetos de dicho estudio no hubiesen estado mirando la cara de los demás. Cuando los sujetos neurológicamente normales de su estudio fueron instados a mirar las caras de los demás, se activaron las mismas regiones del cerebro que procesan las imágenes faciales en individuos sin TEA. Estos sujetos procesaban la imagen de las expresiones faciales tal y como lo hacen las personas sin TEA. En resumen, los resultados de esos estudios iniciales reflejaban la tendencia de sujetos con TEA a no mirar a la cara, más que reflejar una fisiología del cerebro diferente.

Una de las conclusiones del trabajo de Gersbacher y sus colegas es que los niños y adultos hipersensibles a las sensaciones externas se estresan fácilmente cuando tienen que mirar a la cara de una persona demasiado rápidamente. De hecho, los sujetos del estudio de Gersbacher padecían una gran ansiedad cuando miraban a la cara a los demás. En el trabajo con niños que padezcan TEA podemos ayudarlos no sólo a contrarrestar estas reacciones estresantes, sino también a hacerles sentir bienestar cuando vean las caras de otras personas y sus expresiones emocionales.

Este estudio demuestra lo complejos, sutiles y delicados que son los problemas asociados a los TEA y cómo incluso la mejor de las investigaciones puede llevar a conclusiones erróneas si los investigadores no tienen en cuenta todas las hipótesis alternativas. La evidencia más clara sobre las capacidades de los niños con TEA es que muchos de estos niños desarrollan capacidades de pensamiento de alto nivel. También resulta fácil pensar que este tipo de niños no se merecían un diagnóstico tan definitivo del TEA, pero esta convicción no nos llevaría a ninguna parte. Se trata de niños que fueron diagnosticados bajo el criterio DSM IV de TEA y que han llegado a adquirir un alto nivel de pensamiento abstracto y deliberativo.

¿Trastorno inicial o disfunción progresiva?
Es tentador para muchos pensar que los individuos con autismo presentan anomalías crónicas y rígidas como consecuencia de ciertos trastornos del cerebro. Sin embargo, estas conclusiones se suelen basar en datos insuficientes. Una de las cuestiones más difíciles de responder es si una particularidad emocional, conductual o cerebral es un trastorno

inicial o una disfunción progresiva. Por ejemplo, según un estudio reciente de imagen cerebral, los autistas tienden a presentar anomalías de la conexión de las diferentes regiones del cerebro. Como se ha afirmado anteriormente, pensamos que el trastorno inicial de los individuos que padecen TEA es una anomalía biológica de la conexión entre las emociones y las acciones motoras y, más tarde, con los símbolos. Nuestras investigaciones demuestran que las emociones van ligadas a diferentes funciones mentales. Cuando no se construyen estos enlaces debidamente en la primera etapa de vida, se desencadenan disfunciones progresivas, incluyendo anomalías en el uso del lenguaje y las acciones con fines comunicativos y la formación de las vías de conexión entre las diferentes partes del sistema nervioso central (ver apéndice B).

Al haber muy poca investigación sobre los primeros síntomas del autismo en la infancia, es muy difícil acertar con el diagnóstico de las deficiencias iniciales. Las complicaciones se agravan cuando se compara a niños con autismo con niños exentos de anomalías o niños con dificultades de lenguaje y cognitivas.

Por otra parte, muy pocos estudios han comparado a niños que padecían TEA con niños que no padecían TEA y sí presentaban, sin embargo, un abanico de anomalías sensoriales y motoras típicas de los niños con TEA, es decir, niños con mucha capacidad interactiva, creativa, verbal, de pensamiento abstracto, pero con muchos problemas motores y sensoriales.

La mejor opción es analizar el TEA desde una perspectiva muy dinámica que considere todos los factores destinados a influir en el desarrollo progresivo del niño. Creemos firmemente que los TEA, y el síndrome de Asperger, no es un trastorno fijo e indivisible que se tiene o no se tiene, sino un proceso dinámico en el que ciertas anomalías biológicas o neurológicas afectan al desarrollo. El grado de desarrollo posible depende de la cantidad de anomalías neurológicas; en cualquier caso, los profesionales, en lugar de tratar los TEA como un trastorno inamovible, deberían intentar conducir al niño por todas las etapas de desarrollo emocional e intelectual, para poder extraer las mejores capacidades del niño.

Mitos sobre la eficacia de los ejercicios repetitivos

Los mitos sobre la incapacidad de los niños autistas de desarrollarse intelectualmente han conducido a malas interpretaciones sobre la eficacia de ciertos tratamientos. Clínicos y padres pueden estar tentados a elegir un tratamiento basado en actividades repetitivas, como aparejar o clasificar piezas, y que da la impresión que enseña al niño ciertas capacidades. Además, este tipo de actividades son especialmente tentadoras cuando el niño progresa muy poco. Sin embargo, cuantos más ejercicios reiterativos realiza, más se estanca su capacidad de comprensión e interacción.

Los partidarios de ejercicios como aparejar piezas sostienen que estas actividades ayudan a los niños a clasificar. Sin embargo, he observado que los niños progresan muy lentamente realizando esta práctica repetitiva y el resultado es que no aprenden precisamente a clasificar. Aunque aprendan una tarea específica, son incapaces de clasificar un color o una forma nueva o de demostrar que entienden, por ejemplo, la diferencia entre forma redonda y forma cuadrada. De la misma manera, no existe ninguna evidencia de que esta práctica repetitiva ayude a desarrollar los fundamentos de la cognición. Estas tareas fueron elegidas en un principio porque las saben realizar muchos niños y se creyó, por tanto, que serían útiles para los niños con dificultades. No obstante, los niños que no presentan anomalías manejan una serie de habilidades normales para ellos porque dominan precisamente los fundamentos de la cognición, del lenguaje y del desarrollo social (ver apéndices A y B). En todos estos años, hemos aprendido que, cuando un niño muestra un progreso escaso o nulo, el mejor tratamiento es doblar nuestros esfuerzos en las bases del desarrollo del niño. Un trabajo más intensivo y adaptado a estas bases, teniendo en cuenta los factores biológicos propios del niño, como destacamos en el bloque II, ayuda siempre a optimizar el progreso del niño por muy lento o estancado que parezca.

El mito de la causa única
Las causas del autismo siguen rodeadas de una gran confusión, sobre todo con el incremento de niños diagnosticados en los últimos años. Mientras que muchos atribuyen este incremento a la mejora en los sistemas de diagnosis, categorías diagnósticas más amplias y el progreso en la detección precoz, otros creen que el aumento de casos se debe a reacciones del sistema inmunitario ante agentes del entorno (plomo, policlorinato de bifenilo o dioxinas) que hoy proliferan en mayor cantidad; la exposición excesiva a la televisión, los ordenadores y otros sistemas tecnológicos durante las primeras etapas evolutivas, etc.

Como hemos comentado en el capítulo uno, las investigaciones mundiales parecen confirmar la existencia de un modelo multidisciplinar en el que confluyen muchos factores para conformar un riesgo acumulativo. Según este modelo, hay muchos caminos que llevan a los TEA, y cada uno de estos caminos presenta factores asociados que llevan a un riesgo acumulativo. Podemos pensar que una gran variedad de anomalías genéticas y biológicas interactúan, creando diferentes tipos de vulnerabilidad.

Lo más importante es considerar las posibles causas desde una perspectiva dinámica del desarrollo. Los síntomas del autismo, como el ensimismamiento y la dificultad para entender las señales emocionales y el razonamiento abstracto y creativo, convergen en un camino que parte de diferentes fuentes. A modo de analogía, consideremos reacciones tan diferentes como la fiebre o una hinchazón. Sabemos que hay muchas causas diferentes que pueden llevar a la fiebre o a una inflamación, y ambas son el resultado de la respuesta siempre limitada del cuerpo a una infinidad de amenazas externas. La mente (y el cerebro) funciona de manera similar, pues también tiene un número limitado de respuestas ante una variedad infinita de posibles daños. Por este motivo, no sólo es importante fijarnos en estas disfunciones progresivas, sino que también debemos prestar atención a la etapa de desarrollo anterior para determinar cuáles son los procesos y factores decisivos que las desencadenan. Tal y como indican los siguientes capítulos, el método DIR/Floortime ofrece una perspectiva dinámica del desarrollo que facilita estas exploraciones.

Diagnósticos erróneos y evaluaciones inadecuadas

Los mitos que rodean al autismo suelen conducir a diagnósticos erróneos. Siempre partimos de la premisa según la cual tenemos que conocer al niño antes de juzgar su funcionamiento o de decidir si le corresponde un diagnóstico de autismo. El proceso de evaluación prototípico se basa en exámenes estructurados y estandarizados con observaciones muy breves de la interacción del niño con sus padres o familiares. Además, en las evaluaciones iniciales se suele separar al niño de los padres, de tal modo que el niño interactúa solamente con individuos nuevos para él: el equipo de evaluación o el especialista que dirige este equipo. De esta manera, el equipo no consigue observar al niño en sus mejores capacidades ni percibe su habilidad real para relacionarse o, incluso, comunicarse. En lugar de todo ello, observan de manera parcial cómo responde el niño a las nuevas circunstancias, que para muchos de ellos resultan estresantes.

Para los niños hipersensibles a las nuevas sensaciones o para los que se enfrentan con dificultad a los cambios, la separación de los padres les puede producir una gran angustia y pueden llegar a esconderse debajo de una silla, a quedarse en una esquina o negarse a hablar con nadie. En circunstancias muy diferentes, el mismo niño podría llegar a hablar y a sentirse, a la vez, muy cómodo con alguien. En una ocasión, observamos a un niño en esta situación. Se encerró en sí mismo y no quería hablar con nadie. Se le diagnosticó un trastorno muy grave de desarrollo dentro del espectro autista. Unas horas más tarde, cuando vio a su madre muy preocupada, le dijo: «¿Por qué tienes sentimientos de dolor?». Le dio un abrazo y fue muy comunicativo con ella (incluso elocuente), pero fue incapaz de mostrar estas valiosas habilidades durante la evaluación debido a la ansiedad que sufrió al haberlo separado de su madre.

Muchos pensarán que el chico podría haberse enfrentado mejor a la situación, pero este no es el tema que nos ocupa: no se le diagnosticó un miedo a la separación, sino una serie de deficiencias lingüísticas y generales para llegar al diagnóstico de TEA. Los clínicos no le observaron en las mejores circunstancias para él. Esto se podría haber resuelto fácilmente si hubieran dejado al niño jugar con su madre durante los primeros cuarenta y cinco minutos y, manteniéndose los profesionales en un segundo plano, observando la interacción entre ambos mientras el niño se iba familiarizando poco a poco con la nueva situación y el nuevo entorno. Este niño siempre utilizaba muchas palabras con su madre y era muy interactivo. Por tanto, los problemas de desarrollo de este niño tenían que ver con cuestiones más sutiles.

En una reunión nuestra acerca de la evaluación de doscientos casos en los principales centros médicos, clínicas y centros de tratamiento pudimos concluir que casi el 90% de evaluaciones incluían escasamente 10 minutos de observación de los patrones comunicativos entre niño y tutor. Además, casi todas las fases de la evaluación estaban dirigidas por adultos desconocidos para el niño y sólo se le observaba interactuando con sus padres cuando le hacían participar en una evaluación estructurada o durante la elaboración de la historia clínica. En otras palabras, la interacción del niño con sus padres no era el objetivo principal más que durante unos minutos.

Los padres muchas veces se dan cuenta de que el niño no se comporta igual en el entorno clínico que en casa. En efecto, es muy importante que el equipo clínico vea vídeos domésticos, haga una visita a la casa o, sencillamente, escuche con mucha atención a los padres. Si los padres insisten en que el niño no se comporta igual en casa, el equipo clínico debería continuar haciendo observaciones hasta que se alcance un consenso con los padres. Cuando hay discrepancia entre las observaciones de padres y profesionales, los padres suelen tener la razón porque son ellos los que han visto al niño durante más extensas etapas de su vida.

El consenso es importante no sólo para llegar a un diagnóstico acertado, sino también para aplicar el mejor tratamiento, pues los padres y tutores no pondrán en práctica terapias que crean que no van dirigidas a los problemas que observan en casa. Lo único que revela cómo funciona el niño son las informaciones de los padres y la observación de los expertos al ver interactuar al niño con sus padres. Para darle coherencia a estas informaciones y observaciones, se necesita la opinión y la guía de un experto, si bien no se puede llegar a ninguna conclusión valiosa sin una información de primera mano y fiel a la realidad. Aunque los padres no estén capacitados para emitir un diagnóstico médico, conocen a su hijo mejor. Por eso, los padres deben aprender a confiar más en sí mismos y en sus intuiciones y a encontrar profesionales que inviertan el tiempo en intercambiar información con el niño y en querer llegar a un consenso con ellos.

La dificultad de elaborar un diagnóstico claro puede llegar cuando un niño que manifiesta conductas disruptivas o que tiene retrasos claros del desarrollo obtenga, no obstante, buenos resultados en los tests de desarrollo. Siempre les insistimos a los padres y especialistas para que no basen sus conclusiones exclusivamente en tests estructurados. Aunque son un tipo de tests tradicionalmente muy usados, no son tan fiables como la observación directa. Se pueden usar como auxiliares de la evaluación, pero no como único criterio para determinar si un niño tiene el síndrome del espectro autista o no. Se suele caer en el error de pensar que todos los niños con síndrome de Asperger poseen habilidades lingüísticas normales o incluso precoces. Sin embargo, un niño diagnosticado con síndrome de Asperger muestra, por definición, dificultades en la lectura, en la respuesta a sutiles códigos emocionales y sociales y en el uso creativo y abstracto del lenguaje en función de las diferentes situaciones sociales, es decir, el lenguaje pragmático. Este error se mantiene por la confusión con relación al comportamiento del niño en tareas lingüísticas estructuradas y basadas en la memoria como aparejar dibujos con palabras, definir palabras o hacer razonamientos muy sencillos con palabras, frases y párrafos. Estas tareas estructuradas no revelan la competencia lingüística emocional y social del niño, la cual es primordial en el adecuado desarrollo del lenguaje.

Por este motivo, es inadecuado asumir que los niños con síndrome de Asperger muestran un desarrollo lingüístico completamente correcto. Por otra parte, sí que hay que reconocer sus aptitudes lingüísticas extraordinarias, como las basadas en la memoria y en ciertos tipos de razonamiento, pero no han de ser utilizadas para incrementar la valoración de sus competencias lingüísticas generales, incluídas la construcción de inferencias verbales y el lenguaje pragmático.

Muchas veces, los niños con síndrome de Asperger no tienen suficientes oportunidades para practicar intercambios lingüísticos espontáneos y creativos con los adultos y los niños de su edad. En los últimos capítulos, explicaremos las diferentes maneras de ayudar a los niños a practicar los aspectos del lenguaje que más dificultades les plantean.

Detección de los primeros síntomas

Los diagnósticos erróneos también se pueden originar por la falta de acuerdo entre los síntomas del autismo y los TEA. Como se explicó en el capítulo uno, muchas veces no sabemos distinguir entre síntomas primarios y secundarios. Nancy Minshew y sus colegas de la Universidad de Pittsburg realizaron un estudio en el que comparaban a los niños diagnosticados con autismo y a los niños sin autismo. Cuando se apareó a los niños de cada grupo por capacidades verbales, nivel de participación en un test estandarizado y capacidad de procesamiento y de respuesta en un test estandarizado, los investigadores comprobaron que la diferencia entre niños con TEA y niños sin TEA radicaba en capacidades como construir inferencias (pensar de forma abstracta y plantear una conclusión o hipótesis nueva), claves emocionales recíprocas (interactuar socialmente interpretando y respondiendo a las señales de otras personas), mostrar empatía (comprender lo que siente otra persona) y confiar e interaccionar con los demás.

El diagnóstico nunca se extrae a partir de un solo síntoma. Sin embargo, si el niño no cumple ninguna de las habilidades básicas expuestas en el capítulo uno, tendrá muchas posibilidades de presentar el trastorno del espectro autista. Como hemos comentado anteriormente, los síntomas asociados, como la tendencia a repetir una acción, la ecolalia y la autoestimulación, son muy comunes entre los niños con TEA, pero no son específicos de los TEA. De este modo, en el momento de diagnosticar autismo y TEA debemos distinguir los síntomas primarios de los secundarios. Muchas veces, la información disponible en Internet no ayuda a establecer esta distinción, y es comprensible, puesto que la demarcación entre ambos síntomas no es fácil. Sin embargo, esta distinción es muy importante para emitir un diagnóstico certero. Si el niño sólo muestra síntomas asociados, podemos pensar en diagnósticos alternativos. Por este motivo, un niño que sea muy cariñoso y comunicativo y que incluso utilice ciertas palabras correctamente, pero que se altere demasiado ante determinadas sensaciones y se muestre ausente en momentos concretos, puede padecer disfunciones del desarrollo, pero no autismo.

Hemos diseñado un cuestionario para padres que sirve para evaluar las habilidades emocionales y funcionales de los niños: capacidades cuya presencia sugiere un desarrollo mental saludable y cuya ausencia indica una posible alteración del desarrollo que requerirá una evolución más profunda. Este instrumento al que antes se hizo referencia, la Tabla y Cuestionario de Progreso Social y Emocional de Breenspan, se ha probado y ha demostrado una gran fiabilidad y validez publicada por la Asociación Americana de Psicólogos, y forma parte de la nueva Escala del Desarrollo Infantil de Bayley.

Por otra parte, y al tiempo que rechazamos los diagnósticos erróneos que ignoran las aptitudes del niño, los síntomas asociados puede que requieran terapia. Durante un proceso de evaluación clínica, si el equipo de expertos es competente, ayudará a los padres a interactuar con el niño de una manera que tenga en cuenta cómo funciona su sistema nervioso. ¿Cuáles son las sensaciones que le alteran? ¿Cuáles son las sensaciones que no provocan en él ningún tipo de reacción? ¿Se sirve, en un principio, de la vista o el oído para orientarse? ¿Cómo planifica sus acciones? ¿Es capaz de llevar a cabo un patrón de acción que consista en tres, cuatro o cinco pasos? Los clínicos pueden ayudar a los padres a incidir en el sistema nervioso del niño para empujarle a llevar a cabo interacciones positivas. De este modo, los padres o tutores verán cómo puede interactuar con el mundo, intercambiar códigos sociales y, si utiliza léxico, expresar ideas con fines comunicativos.

Diagnóstico sobredimensionado del autismo y del síndrome de Asperger

El diagnóstico inadecuado más extendido es el que determina que un niño competente en las habilidades principales (comunicación, reciprocidad social, señales emocionales y pensamiento abstracto) presenta, igualmente, el «espectro» (presenta TEA) porque muestra ciertos síntomas típicos del TEA. Quizá el niño sólo muestra una gran ansiedad ante los intercambios sociales y tiene tendencia a acumular el estrés, de modo que, cuando se siente afectado por ese estado de nervios se vuelve inflexible y rígido. Esta tendencia a sobrediagnósticos TEA se produce porque los expertos observan las habilidades principales del niño cuando este interactúa con los niños de su edad o se ve expuesto a un ambiente escolar bullicioso y ruidoso, en vez de encontrarse acompañado de sus padres en un lugar que le aporte confianza y tranquilidad. El niño puede tener problemas de flexibilidad y resultarle complicado poner en práctica sus habilidades en distintos contextos, por lo que puede acabar negándose a establecer contacto en estos diferentes entornos. Si queremos saber si el niño posee cierta habilidad, es muy importante observarlo en el ambiente más favorable para él. En todo caso, puede presentar disfunciones que requieran mucho trabajo, pero el diagnóstico debe elaborarse sobre la base de sus verdaderos problemas.

La importancia de la observación

Siempre empezamos la evaluación observando al niño y, a continuación, asesoramos a los padres para que ayuden a que el niño muestre lo mejor de sí mismo. Cada niño presenta un abanico de habilidades diferente. El concepto clave es que el diagnóstico debe basarse en los niveles óptimos de este abanico. Si el niño a veces camina, el niño sabe caminar. Puede caer de vez en cuando, pero sabe caminar. Si de vez en cuando se relaciona con los niños de su edad, sabe establecer relaciones, y nosotros debemos ayudarle a mejorar en ese sentido. Es muy importante para el diagnóstico saber lo que puede llegar a hacer el niño en las mejores circunstancias.

Muchas veces, las circunstancias en las que se produce la evaluación (ruido, presencia de un desconocido con el que el niño tiene que tratar, ejercicios que se ve obligado a hacer, etc.) disminuyen su capacidad potencial de demostrar esas habilidades. Este matiz es muy importante, pues ayuda al equipo de evaluación a entender los rasgos característicos del niño y su patrón habitual de comportamiento. Cuando el equipo ya ha identificado las habilidades máximas y mínimas y ha observado que los síntomas primarios son evidentes, incluso en una situación agradable para el niño, entonces se puede diagnosticar TEA. El equipo también puede concluir que el niño sabe relacionarse, comunicarse con los demás y pensar de manera creativa siempre y cuando el entorno no sea ruidoso. En este caso, el niño presenta un trastorno de la regulación que le lleva a perder sus habilidades en determinados ambientes de estrés, y este es un diagnóstico muy diferente al del autismo.

Muchas veces, el equipo de expertos tiene que trabajar con el niño durante meses para determinar qué tipo de desarrollo puede alcanzar. En estos casos, el desarrollo depende del tratamiento, pero también demuestra lo que es capaz de hacer un niño en un entorno adecuado y siguiendo una terapia adecuada. En este sentido, nosotros preferimos emitir un diagnóstico inicial y provisional y no nos decantamos hacia un diagnóstico definitivo hasta que no hemos visto al niño expuesto a una terapia de intervención durante un tiempo.

Un diagnóstico correcto ayuda a elegir una terapia adecuada, pues esta terapia trabaja sobre los síntomas primarios del niño. Tal y como explicaremos en los siguientes capítulos, los sujetos siempre obtienen lo que ejercitan en un programa terapéutico. Si la terapia sólo trabaja sobre la conducta superficial, este comportamiento puede mejorar, pero el desarrollo no va a tener efectos sobre los pilares básicos de la interacción, la comunicación y el pensamiento, tres habilidades que los padres siempre ansían percibir en sus hijos.

Durante el diagnóstico, los clínicos se equivocan cuando piensan sólo en términos de si el niño está o no dentro del espectro autista. Esta conclusión es muy limitada. En lugar de ello, podemos imaginarnos el desarrollo saludable como una escala del uno al diez. La ubicación del niño en esta escala no es rígida. Cuanto más contacto tenga con los demás, cuanto más cariño y confianza muestre rodeado de sus padres y tutores, cuanto más se comunique con gestos en una interacción bidireccional y más se exprese con intenciones comunicativas (al nivel que sea), más cerca del diez estaré. El niño puede que tenga una disfunción del lenguaje o de sus capacidades motoras, pero estará inmerso en un proceso de desarrollo saludable.

Por otra parte, cuanto más absorto y aislado se muestre el niño, menos capacitado esté para responder con gestos en una interacción bidireccional y más limitado e incoherente sea su uso del lenguaje, en lugar de expresar sus necesidades y deseos, más cerca estaré del niño del extremo autista del espectro. Sin embargo, debemos repetir que este proceso es dinámico. Un niño que muestre un cuatro en la escala de desarrollo (un poco comunicativo pero muy poco empático) puede modificar su conducta con el paso del tiempo. Por este motivo, si se le aplica una terapia global, el niño puede cambiar (ser más comunicativo) y pasar de una posición de cuatro a una posición de seis o, incluso, nueve o diez en dicha escala.

Por este motivo, los padres que no tengan claro si su hijo padece un trastorno autista deben recordar que esta no es una conclusión de verdadero o falso. Si el niño presenta ciertos retrasos, los padres tendrá que preguntarse: «¿Qué puedo hacer para que mi hijo mejore?». Esta perspectiva siempre mantiene las puertas abiertas para el posible desarrollo intelectual y emocional del niño.

Capítulo 3
Primeras manifestaciones y desarrollo de los TEA. Identificar el trastorno y ayudar a los bebés y a los niños de riesgo

Una de las ventajas que garantiza el modelo evolutivo descrito en este libro es que permite aplicar la terapia desde el primer momento. En lugar de esperar a observar el «florecimiento» completo de los síntomas, los tutores y clínicas deben prestar atención a las pequeñas anomalías que el bebé muestre en las primeras etapas de crecimiento. Si el niño presenta anomalías en su manera de mirar, escuchar y moverse, y estas anomalías siguen un patrón bastante rutinario; si presenta anomalías la relación con sus cuidadores, en la interpretación y respuesta a las señales emocionales, se pueden encarar de inmediato. Cuanto antes empiece el tratamiento el niño en riesgo o el niño que ya muestre síntomas de TEA (antes de que se pierdan fases más largas de desarrollo y los síntomas sean más incapacitantes), más posibilidades habrá de que su desarrollo se aproxime más a la normalidad a largo plazo.

Gracias a nuestros estudios (así como a los colegas de profesión), hemos podido identificar las anomalías principales de los TEA que hemos descrito en el capítulo uno. Hemos definido estas anomalías mediante la observación del desarrollo de bebés y niños normales y de bebés y niños con un patrón evolutivo cercano a los TEA. Hemos observado, a través de cintas de vídeo domésticas, el comportamiento de niños que han desarrollado TEA y niños que no, y hemos analizado en profundidad los rasgos básicos de un desarrollo normal y las anomalías fundamentales. También hemos dirigido estudios sobre franjas de población con riesgo y, de este modo, hemos afinado nuestros análisis y definiciones. Gracias a nuestra observación, podemos afirmar que las anomalías principales de los TEA se muestran de manera gradual: comienzan en la primera infancia y pueden ser identificadas a medida que aparecen. Si observamos el progreso del niño en referencia a hiatos muy concretos, podremos distinguir a un niño que se desarrolla normalmente de otro que muestra TEA u otros trastornos (la Escala de Progreso Social y Emocional de Breenspan, que forma parte en la actualidad de la Escala del Desarrollo Infantil de Bayley y que fue validada en una población representativa de 1.500 niños [ver «Referencias bibliográficas] se puede utilizar para evaluar si un bebé o un niño posee las bases de un desarrollo sano».

En este capítulo, describimos las primeras manifestaciones de los TEA, las contrastamos con los rasgos de un desarrollo sano y resaltamos los síntomas de los TEA en niños de cualquier edad. La familia y los expertos pueden empezar a trabajar en el mismo instante en que se detecta la anomalía, aunque se encuentren inmersos en un proceso de evolución o de elaboración de un programa terapéutico. (En el bloque II explicamos lo que pueden hacer los padres para ir corrigiendo estas alteraciones).

Las anomalías biológicas ralentizan el progreso del niño con TEA en la senda de un desarrollo funcional y emocional correcto. En función de la gravedad de estas anomalías biológicas, el niño con TEA empezará a mostrar síntomas de disfunción en una u otra de las cuatro primeras fases del desarrollo. Algunos completan las tres primeras fases y después muestran síntomas de un trastorno; otros se quedan estancados en la primera fase. Muchas veces, los niños de uno o dos años que parecen mostrar una regresión (se han desarrollado normalmente pero han perdido ciertas habilidades) suelen mostrar anomalías muy evidentes en la cuarta fase o también pueden mostrar vulnerabilidades muy tempranas. La tabla 3.1 muestra las fases básicas del desarrollo y los primeros síntomas de TEA en niños en función de cada fase. También se tienen en cuenta los síntomas asociados.

Tabla 3.1. Primeras manifestaciones de TEA en bebés y niños

Mecanismos de interacción, comunicación y pensamiento	Primeros signos de síntomas primarios de TEA	Síntomas asociados
Atención conjunta y regulación de la atención (se desarrolla entre los cero y los tres meses): Interés calmado y respuesta propositiva ante el tacto, los sonidos, las visiones, los movimientos y otras experiencias sensoriales (mirar, volverse ante los sonidos)	Falta de atención sostenida ante visiones o sonidos	Comportamiento sin sentido o auto-estimulador
Empatía y relación (se desarrolla entre los dos y los cinco meses): expresiones faciales crecientes de apego y cercanía (por ejemplo brillo en los ojos y sonrisa súbita y mantenida)	No hay empatía; sólo expresiones fugaces de alegría en lugar de una empatía directa y manifiesta	Soledad o aislamiento
Interacciones emocionales y propositivas (entre los cuatro y los diez meses): repertorio variado de gestos, sonidos, movimientos de manos y cualquier otro tipo de lenguaje corporal para llevar a cabo interacciones	No hay interacción, sólo contactos breves y recíprocos con poca iniciativa	Comportamiento impredecible (impulsivo e inesperado)
Largas cadenas de señales emocionales recíprocas y de resolución conjunta de problemas (por ejemplo, atención conjunta)	Incapacidad de iniciar o responder ante interacciones sociales o intercambios de gestos emocionales	Comportamiento repetitivo o perseverante
Ideas nuevas (entre los 18 y los 30 meses) Uso de palabras y frases con sentido y juego de representación interactivo con cuidadores o iguales	Ausencia de palabras o uso mecánico de las palabras (por ejemplo repetición de lo que oyen)	Ecolalia y otras formas de repetición de lo que oyen o ven
Conexiones entre ideas Pensamiento lógico (entre los 30 y los 42 meses)	Ausencia de palabras o memorización de planes de acción junto a un uso aparentemente arbitrario de las ideas en lugar de lógico	Comportamiento irracional y uso incoherente de ideas

Primeras manifestaciones de TEA para cada etapa

Vamos a analizar en profundidad estas manifestaciones que todos los bebés o niños muestran en una u otra fase

Primera fase

Un bebé que se comporta adecuadamente siempre relaciona sus emociones con sus acciones y sensaciones. Por ejemplo, observa la sonrisa de su madre y escucha su voz cariñosa y gira su cabeza para mirarla. Un bebé con riesgo de padecer TEA es incapaz de relacionar sus emociones con sus sensaciones y sus reacciones motoras. Los síntomas de esta anomalía aparecen de muchas maneras distintas. En primer lugar, le cuesta realizar movimientos adecuados como girarse para ver a su madre. En segundo lugar, le cuesta coordinar y regular los movimientos en general. Sus movimientos no se rigen por un patrón determinado y no persiguen ninguna intención. En tercer lugar, al bebé le cuesta sincronizar sus movimientos con los de su cuidador.

Segunda fase

En esta fase, los bebés que son incapaces de relacionar los estímulos sensoriales con las experiencias emocionales y motoras no pueden establecer relaciones tan completas como los niños que no padecen el trastorno. Son capaces de experimentar placer y de sentir cercanía, pero les cuesta demostrar estos sentimientos con una sonrisa radiante y una expresión facial placentera y centrada en su cuidador. Como consecuencia, estas interacciones son más breves y el niño no toma la iniciativa. Los padres, al no verle reír ni escuchar sus sonidos de gozo, pueden sentirse menos motivados para seguir jugando con él o ella. Sin embargo, si intuyen el placer intrínseco del bebé (pese a la dificultad de mostrarlo), pueden animarlo e incentivarlo y crear empatía con él.

Tercera fase

El delicioso diálogo sin palabras que muchas veces se produce en esta fase y que implica un intercambio rápido de expresiones faciales y gestos requiere que el bebé relacione constantemente una sensación con la emoción que le produce, y esta sensación con una respuesta motora apropiada. Un ejemplo típico es señalar el chupete que sostiene la madre en la mano, cogerlo, mirarlo y devolverlo cuando ella extiende la mano. El bebé relaciona la visión del chupete con la respuesta emocional de placer o interés, y su sentimiento de placer activa la respuesta emocional de quererlo coger.

En esta fase es cuando se empiezan a observar las primeras anomalías en los niños con riesgo de autismo, pues este lenguaje recíproco y continuo de señas y gestos es muy complicado para los niños que poseen una conexión deficitaria del sistema afectivo, sensorial y motor. Los bebés con riesgo de autismo son capaces de iniciar respuestas e interacciones fugaces, pero no saben mantenerlas.

Cuarta fase

Los niños con riesgo de padecer TEA muestran síntomas muy claros de anomalías en esta etapa de interacción social y resolución de problemas. Incluso los niños que muestran magníficas habilidades receptivas, como entender palabras o incluso reconocer letras o números, pueden tener muchas dificultades para mantener una cadena de relaciones emotivas y sociales. Pueden mantener, como máximo, cinco o seis intercambios, pero no los treinta y pico a menudo necesarios para resolver un problema con alguien. La deficiencia de esta habilidad básica tiene repercusión en todas las capacidades que el niño desarrolla en esta etapa; entre otras, reconocer patrones, empezar a verse como un ser diferenciado y empezar a construir y usar símbolos.

Quinta y sexta fase (y subsiguientes)

Los niños con riesgo de padecer TEA dominan con dificultad la cuarta fase. Por este motivo, no avanzan en el uso creativo de palabras y símbolos. Como máximo, tienden a repetir las palabras de manera mecánica y secuencial. Otros niños no hablan. Algunos aprenden a señalar imágenes o fotos o a escribir con el ordenador. No obstante, el niño debe aprender a intercambiar señales sociales y emocionales y a usar las ideas de manera emocionalmente significativa para alcanzar niveles más altos de pensamiento imaginativo, creativo y lógico.

En el siguiente capítulo y en los bloques II y III le explicamos la manera de procurarle un aprendizaje saludable a su hijo en cada etapa y le animamos a que lo aplique lo antes posible. Como exponemos en el bloque II, si los padres o tutores perciben que el niño está en riesgo, se puede hacer mucho mientras esperan una evaluación formal.

Niños en etapa escolar y adolescentes

Los síntomas del TEA en niños que están en etapa escolar o en adolescentes y adultos son muy parecidos a los que describimos a continuación. La tabla 3.2 muestra los rasgos normativos de cada fase, los síntomas de TEA y los síntomas asociados.

Cuando acuden a nosotros los padres y expertos que quieren reforzar y fortalecer las habilidades de los niños en etapa escolar y de los adolescentes, les instamos a que apliquen las actividades descritas en el bloque II. La interacción con el niño debe construirse sobre la base de lo que le produce satisfacción y de su reacción ante el tacto, el oído, la vista y el movimiento. (Ver también el bloque III, concretamente el capítulo quince).

Intervención precoz

Cuanto más se investigue sobre las vías de desarrollo que puedan estar conectadas con los TEA, más oportunidades habrá de identificar antes los síntomas de los bebés con riesgo y de los niños y se podrán aplicar programas de tratamiento antes de que estos síntomas se agraven y los patrones de conducta se conviertan en crónicos. A continuación, mostramos una guía general para detectar el trastorno y aplicar el tratamiento adecuado.

La identificación temprana de los síntomas, «screening» incluido, debe considerar todas las competencias emocionales, sociales, intelectuales del niño, así como las habilidades motoras y sensoriales concertadas con aquellos. De este modo, se conocerán en profundidad los riesgos de padecer el TEA u otros trastornos. Esta perspectiva evita que los expertos señalen de antemano una «ventana mágica», es decir, un comportamiento específico o una respuesta fisiológica que determina el diagnóstico. Además de ello, los procesos apropiados de «screening» (que tienen en cuenta todas las competencias anómalas del TEA) garantizan la oportunidad de identificar una gran variedad de riesgos asociados al desarrollo óptimo de la salud emocional, social e intelectual.

La identificación temprana y los programas de intervención son muy importantes para el trabajo con bebés y niños. Si se consiguen detectar los factores de riesgo o las anomalías cuando el sujeto tiene una edad muy temprana, el programa de intervención cumplirá con dos objetivos: disminuir los riesgos o anomalías y facilitar las competencias emocionales, sociales e intelectuales en general. Si un programa de intervención precoz se centra en un comportamiento muy concreto o en ciertos síntomas, pero no mejora o favorece la interacción sana de los progenitores con el niño, este programa podría propiciar anomalías secundarias. Por ejemplo, imagínense un bebé de nueve meses que toca repetidamente un juguete. Si la intervención se centra exclusivamente en evitar esta acción repetitiva, está ignorando la adquisición de competencias beneficiosas y apropiadas como el intercambio de sonrisas, la vocalización y otros gestos. Por otra parte, si nos centramos en cambiar la disfunción de su comportamiento y en revertirla hacia interacciones espontáneas (por ejemplo, jugar a dejarle tocar el juguete e inmediatamente taparlo y destaparlo), no sólo le ayudaremos a superar la disfunción de su comportamiento, sino también a asegurarle un desarrollo saludable.

Cuanto más pronto se detecten los signos de TEA y cuanto más pronto se inicie un tratamiento adecuado, más posibilidades tendremos de asentar las bases propicias para su capacidad de interacción, comunicación y pensamiento (en otras palabras, modificar las disfunciones principales del autismo).

Tabla 3.2. Manifestaciones de TEA en niños en etapa escolar, adolescentes y adultos		
Competencias básicas de interacción, comunicación y pensamiento	**Síntomas de TEA (déficits nucleares)**	**Síntomas asociados**
Atención, empatía e intercambios emocionales: capacidad de poner atención; de mostrar cariño y de iniciar interacciones	Interacciones fugaces, intermitentes o nulas	Comportamiento ilógico, impredecible, autoestimulatorio, de aislamiento o de rechazo
Interacciones sociales continuadas y lógicas y resolución de problemas, incluyendo la atención conjunta: combinación de gestos y/o palabras como parte de la interacción social con el fin de encontrar algo, negociar, jugar o enfrentarse a retos. También se incluye la atención conjunta y la interpretación de las intenciones sociales y emocionales de los demás	Interacciones muy fugaces con muy poca iniciativa (por ejemplo, sólo respuestas) o interacciones nulas	Comportamiento perseverante o repetitivo

48

Ideas lógicas y creativas: ideas usadas para expresar necesidades, deseos, intenciones o sentimientos. Se aprecia en las conversaciones de los niños en edad escolar o en los adultos. Se relaciona con la capacidad de conectar ideas con lógica para que el juego de representación o la conversación tenga sentido	Incapacidad de aplicar ideas o ideas destinadas a un uso concreto y aislado (sin conexión lógica)	Ecolalia, lenguaje estereotipado, discurso repetitivo, ideas ilógicas o irreales
Pensamiento abstracto y reflexivo: disfunción del nivel más alto de competencias cognitivas: justificar los sentimientos o pensamientos, entender los sentimientos y pensamientos de los demás y hacer inferencias (aportar conclusiones nuevas y razonadas)	Pensamiento rígido, inflexible, ausencia de sutileza y de matices	Reacciones emotivas exageradas o rechazo de las situaciones sociales y emocionales (debido, en parte, a la falta de percepción y a la incapacidad de entender las complejas interacciones sociales.

Capítulo 4
Nuevos retos para los niños con TEA. El modelo DIR/Floortime

Tal y como afirmamos en el capítulo dos, en el pasado existían dos pautas básicas para tratar los TEA. Una de ellas, el modelo conductista, estaba encaminada a modificar los síntomas externos y el comportamiento de los niños, como la agresión o la desobediencia. Si bien esta perspectiva despertó resultados positivos al principio, diversos estudios recientes demuestran ahora que este modelo consigue progresos muy escasos en los niños y muy pocos beneficios sociales o emocionales (ver Smith, Groen, Wynn en el 2000 y Shea en el 2004 en el apartado de «Referencias bibliográficas»). Además de ello, este modelo no tiene en cuenta la manera única con la que cada niño procesa la información y responde ante las sensaciones (procesamiento sensorial y planificación motora).

El otro modelo de terapia consistía en trabajar sobre determinadas competencias cognitivas, guiados por las habilidades que se esperan en cada etapa. Al creer que los niños con autismo y otros trastornos de crecimiento aprendían mejor con la repetición, se les forzó a memorizar secuencias muy concretas, como «esto es un cuadrado», «esto es un círculo». Si bien el niño podía reproducir la forma en una situación preparada, no entendía, sin embargo, el significado de dicha forma.

Por otra parte, un niño que no presenta trastornos del desarrollo es capaz de generalizar conceptos y de aplicar el concepto de cuadrado o redondo a muchos círculos y cuadrados distintos. Y, finalmente, aprender geometría.

Nosotros hemos podido ir mucho más lejos de esas perspectivas iniciales. Cada niño y cada familia es diferente, pues posee sus competencias y sus deficiencias. En este sentido, hemos diseñado una terapia que se puede adaptar a cada niño y que implica a las familias mucho más que en el pasado. Nuestro modelo DIR/Floortime reúne la información más veraz y actualizada sobre el desarrollo de la mente y el cerebro y marca nuevas pautas de tratamiento para los niños con TEA y otros trastornos del desarrollo. Tres primeras pinceladas constituyen la clave de nuestro trabajo con bebés, niños y adultos:

• El lenguaje y la cognición, como las competencias sociales y emocionales, se adquieren a través de las relaciones con los demás, que exigen un intercambio con propósito emocional.

Ya sabemos que la mente y el cerebro se desarrollan muy rápidamente durante los primeros años de vida como consecuencia de la interacción con los padres o cuidadores. Como hemos afirmado, esas interacciones constan de diferentes conceptos clave, como la emoción, la seguridad, la regulación, el sentido de apego y pertenencia, el intercambio de gestos y expresiones emocionales, la resolución de problemas, el uso lógico y práctico de ideas y el pensamiento y razonamiento. Las interacciones múltiples son esenciales para el desarrollo de la mente y el cerebro, pues proporcionan un sentido de apego que es fundamental. Los niños que no adquieren este sentido de apego y pertenencia (por ejemplo, en el caso de los orfanatos) presentan un retroceso en el desarrollo del lenguaje y las capacidades cognitivas. En los casos más graves, también se ve afectado su crecimiento físico.

Las emociones conducen el desarrollo a todos los niveles (incluso cuando se trata de competencias avanzadas como el pensamiento abstracto). Para dominar el concepto de justicia, un niño tiene que haber experimentado previamente la sensación de haber sido tratado justa e injustamente. Por ejemplo, la acción de darle una galleta a un niño y darle, en cambio, tres a su hermana ya le permite saber lo que es la injusticia. A continuación, y como consecuencia de un proceso de abstracción de esta experiencia, puede crear categorías de cosas justas e injustas.

El lenguaje, la cognición y los conceptos matemáticos y cuantitativos se aprenden a través de experiencias y relaciones emocionalmente significativas. En efecto, las emociones son el impulso que nos conduce hacia el aprendizaje. Cuando enseñamos a los niños (sobre todo a aquellos con necesidades especiales), debemos trabajar con ellos en contextos de familia y comunidad, pues es en estos entornos donde se producen las interacciones emocionales.

• Cada niño posee unas capacidades potenciales motoras y sensoriales diferentes.

La investigación de los últimos veinte años ha determinado cuáles son las principales capacidades de procesamientos que subyacen al comportamiento del niño. Cada niño responde de manera diferente ante el tacto, el sonido y a otras sensaciones. El procesamiento auditivo y de lenguaje; el procesamiento viso-especial; y su planificación motora y secuenciación de habilidades. En referencia a la última citada, algunos niños sólo pueden realizar acciones repetitivas de un solo movimiento, como tirar un juguete al suelo o de dos movimientos, como introducir un coche de juguete en su garaje y sacarlo. Otros niños serán capaces de coger este mismo coche, querer llevárselo a casa de su abuela, tomar el té allí y volver con el coche a casa llevando un poco de té a su madre, que está en la primera casa. Esta idea es muy compleja, pues representa muchos pasos y movimientos. Muchos niños con TEA presentan anomalías en el dominio de la planificación motora y en secuencias, lo que explica en gran parte sus comportamientos repetitivos.

Por otra parte, cada niño modula las sensaciones de manera diferente, y esto se puede apreciar enseguida. Los niños que reaccionan exageradamente ante el sonido y el tacto se suelen tapar las orejas o alejarse de la gente que intenta acariciarlos. Otros niños necesitan sentir experiencias sensoriales y buscan constantemente contacto o ruido. También hay niños que necesitan experiencias sensoriales, pero que, por otra parte, son muy sensibles y enseguida les perturban, por lo que es muy difícil establecer un contacto sólido con ellos. Los niños que evitan el sonido o el tacto suelen preferir la soledad. Cabe afirmar, entonces, que los condicionantes biológicos del autismo no se expresan en un patrón global, sino a través de las reacciones e interpretaciones individuales a la visión, el sonido, el tacto y los patrones de movimiento que se producen en su entorno y forma de planificar las acciones. Al trabajar con las competencias subyacentes de procesamiento particulares de cada niño, podemos influir mucho en su comportamiento y ayudarle a manejar un amplio abanico de habilidades. Este procedimiento es mucho más útil que inculcarle competencias cognitivas o comportamientos aislados.

Además de ello, si los padres y expertos entienden el papel que desempeña en su vida diaria el perfil sensorial particular del niño, podrán adaptar el entorno al perfil de este niño para que pueda aprender con las máximas garantías. Un niño muy sensible al sonido que padece situaciones de estrés en un aula muy ruidosa puede que trabaje aceptablemente en un rincón de la clase con un compañero. Mientras tanto, los padres, terapeutas ocupacionales y logopedas pueden ir fortaleciendo sus capacidades de procesamiento.

• El progreso en todas las áreas de desarrollo está interrelacionado.

Antiguamente, los diversos aspectos del desarrollo de la primera infancia se analizaban de manera separada. En cuanto al desarrollo motor, había un calendario para sentarse, andar, etc. Un calendario de desarrollo determinaba cuándo los niños debían emitir los primeros sonidos, a decir las primeras palabras y las primeras frases. Según las diferentes áreas del desarrollo cognitivo, a cierta edad un niño ya tenía que saber buscar el objeto en la mano de alguien o a colocar piezas siguiendo un orden determinado. Atendiendo a su desarrollo social y emocional y, según esta regla, el niño tendría que saber saludar a los demás, jugar con sus iguales y empezar a desarrollar juegos de representación.

Actualmente, sabemos que los caminos del desarrollo del sujeto en su infancia están interelacionados. En lugar de analizar las competencias lingüísticas, motoras y socioemocionales por separado, debemos mirar lo bien que se integran en el niño, cómo los componentes trabajan juntos como un todo.

Después de basarnos en la investigación de los últimos veinte años y de analizar las seis fases de desarrollo que hemos descrito en el capítulo tres, presentamos un mapa de ruta evolutivo que representa la disposición mental del lenguaje, la cognición y las emociones. Hemos identificado las competencias motoras, lingüísticas y visoespaciales que se necesitan para cada fase. Con la integración de todas las partes de este esquema, podemos evaluar el tipo de desarrollo de un niño.

El modelo DIR
El nombre DIR (del inglés, *developmental, individual-difference-relationship-based* o *método basado en el desarrollo, las diferencias individuales y la interacción*) «desarrollo» se refiere a las seis fases o niveles de desarrollo descritos en el capítulo tres. «Diferencias individuales» remite a la manera única en la que un niño procesa la información e «interacción» nos da la clave del aprendizaje que recibe un niño a través de la relación con los demás, una relación que le permite avanzar en su progreso.

El modelo DIR se construye a partir de tres requisitos que se desarrollan más adelante para garantizar programas de intervención basados en la fase del desarrollo (de las seis existentes) alcanzada por el niño, en su perfil de procesamiento y en el tipo de interacción que más favorece a su desarrollo. El método DIR les permite a los padres, educadores y clínicas realizar evaluaciones y diseñar programas terapéuticos adaptados al niño que padece TEA.

Aunque el modelo DIR se identifica muchas veces con la terapia Floortime, esta terapia es uno de los componentes del modelo de tratamiento global DIR. La terapia Floortime se centra en crear interacciones emocionalmente significativas que le sirvan de aprendizaje al niño y que refuercen las seis fases de desarrollo del paciente (en el bloque II y III de este libro exponemos la terapia Floortime más detalladamente). Como expondremos en el bloque IV, el modelo DIR también incluye actividades semiestructuradas de resolución de problemas, logopedia, terapia ocupacional, juego, etc. El modelo DIR ha ayudado a muchos niños con TEA a relacionarse con adultos y con los niños de su edad con afecto, a comunicarse de manera lógica utilizando el lenguaje gestual y corporal, y a pensar con un nivel alto de razonamiento abstracto y a mostrar empatía.

Estos tres pilares básicos del desarrollo normativo son la clave para alcanzar las metas propuestas para los niños con TEA. Manejar las situaciones sociales, adquirir los conocimientos necesarios para sentarse y escuchar, y aprender las normas de comportamiento son objetivos muy deseables; de hecho, son metas que anhelan todos los padres, educadores y expertos. Sin embargo, estos aprendizajes situacionales y basados puramente en la inculcación de conocimientos tienen que aplicarse en un contexto que tenga en cuenta todo el desarrollo emocional y cognitivo. El modelo DIR permite aunar los aprendizajes emocionales, sociales, intelectuales y educacionales de cada niño.

Fases de desarrollo
Gracias a estos últimos veinticinco años de trabajo con niños que requieren necesidades especiales, hemos detectado una serie de fases que llamamos capacidades de desarrollo emocional funcional (CDEF). Las tablas 3.1 y 3.2 muestran algunas de estas fases. El dominio de estas fases no sólo es esencial para un desarrollo emocional adecuado, sino para un desarrollo cognitivo, de pensamiento y de madurez del «yo». Estas fases constituyen la pieza central del modelo DIR, pues el progreso del niño se mide a través de estas, mientras que el tipo de tratamiento ayuda a los niños a dominar las fases que les presentan dificul-

tades con el fin de retomar un camino de desarrollo óptimo y de alcanzar el siguiente estadio.

El desarrollo de un niño se ve determinado por seis fases iniciales y tres fases avanzadas; las últimas garantizan el desarrollo progresivo de adolescentes y adultos. Este modelo ha permitido introducir la noción de la interconexión existente entre las emociones y el intelecto. La mayoría de las teorías cognitivas no han explicado cómo mejorar el pensamiento avanzado porque han ignorado el rol de la emoción. En las décadas de 1940 y 1950, los investigadores y clínicas empezaron a analizar la influencia de las emociones primarias de los niños como base de su aprendizaje y del desarrollo de su personalidad. Posteriormente, otros estudios ahondaron en aspectos específicos de las emociones y las experiencias sociales como el apego. El esquema de análisis del modelo DIR se basa precisamente en esta noción y, partiendo de las experiencias emocionales más intensas, demuestra, por primera vez, cómo las emociones conducen al pensamiento simbólico y, por ende, a la inteligencia. (Ver en «Referencias bibliográficas» *The First Idea: How Symbols, Language and Intelligence Evolved from our Primate Ancestros to Modern Humans* o *La primera idea: cómo los símbolos, el lenguaje y la inteligencia evolucionan de los seres primitivos hasta los humanos,* de Stanley I. Greenspan y Stuart G. Shanker).

Los neonatos experimentan estados emocionales globales muy limitados, como la sensación de calma y bienestar. Al ir interaccionando con los padres, empiezan a diferenciar y a elaborar esos estados; por ejemplo, la voz suave de la madre les produce placer. A través de la interacción constante con las personas, los bebés aprenden a asociar las emociones con la experiencia física. Cada experiencia que asume un niño contiene una parte física y una cualidad emocional. Un abrazo remite a una sensación de unión (esta es su propiedad física), pero con un abrazo, un niño también se puede sentir seguro o asustado (este es el aspecto emocional). La superficie de una mesa puede ser fría, pero también puede ser agradable o desagradable. Un móvil de cuna es coloreado, pero puede ser interesante o molesto para el bebé.

Cada niño percibe las sensaciones a su manera. Hay sensaciones de tacto o sonido que tranquilizan mucho a un niño y lo sobreestimulan a otro. Estas diferencias físicas (presentes en los niños con un desarrollo adecuado y en los sujetos que padecen TEA) influyen tanto en la reacción física como emocional de un niño ante las sensaciones.

Siempre y cuando el padre y tutor vaya interpretando y respondiendo a las reacciones emocionales del niño, la interacción será un hecho y el desarrollo se verá facilitado. El sistema nervioso central de un niño le ayuda a crearse patrones. Por ejemplo, aprende que su expresión facial desencadena una respuesta en sus padres. De este modo, aprende a provocar respuestas con fines determinados y a usar estas respuestas para la resolución de problemas y, cada vez, construye patrones más complejos. De este modo se forja la inteligencia. Tal y como explicamos en *The First Idea* (*La primera idea*), estos intercambios son cada vez más complejos y llevan al pensamiento simbólico y a la adquisición ascendente de los diferentes niveles de inteligencia.

Cada fase del desarrollo emocional funcional exige el dominio simultáneo de las competencias emocionales y cognitivas. Por ejemplo, un niño aprende la relación de causalidad a través del intercambio de señales emocionales: yo te sonrío y tú me sonríes como respuesta. A partir de aquí, utiliza este conocimiento para entender que pulsar un botón provoca un ruido. Esta primera lección es tan cognitiva como emocional. De este modo, un bebé se sentirá implicado en la relación con sus padres si se ponen en juego sentimientos de amor que proporcionan un intercambio de señales sociales y si aprende a resolver problemas y a observar patrones de conducta. Las ideas emocionales («Estoy triste») preceden las conexiones lógicas entre estos patrones («Estoy triste porque no juegas conmigo»).

A veces se produce el hecho de que un niño domina sólo parcialmente una de estas fases de desarrollo emocional. En este caso, el desarrollo emocional presenta ciertas anomalías: las relaciones son más superficiales y menos íntimas y la empatía hacia los demás se limita a determinados sentimientos. A continuación, resumimos las fases del desarrollo emocional (se describen con más detalle en el bloque II, en el que también explicamos cómo reforzarlas).

Primera fase: regulación e interés por el mundo
En los primeros meses de vida, los bebés aprenden a mostrar al mundo sus emociones a partir de sus propias sensaciones internas; por ejemplo, cuando tienen gases. Para conseguirlo, deben tener la necesidad de mirar o escuchar; de prestarle atención al mundo que les rodea. Los padres intensifican esta necesidad a través de caricias, una voz suave, una gran sonrisa y unos ojos expresivos (es decir, todo aquello que el bebé considera emocionalmente placentero). Este proceso empieza inmediatamente en cuanto nacemos. Los neonatos de pocos días reaccionan a las

sensaciones de forma emocional. Por ejemplo, prefieren el sonido o el olor de la madre a cualquier otro. Succionan con más fuerza cuando el líquido es dulce. La respuesta emocional producida por las sensaciones le ayuda a diferenciar entre las diversas sensaciones. La inteligencia se desarrolla a través del uso de todos estos sentidos para percibir el mundo y construir patrones, empezando por la diferenciación de la voz del padre y la madre.

Si las primeras sensaciones son desagradables, el bebé deja de prestarle atención al mundo que le rodea. Como cada niño responde a su manera a la visión, el sonido, el tacto, el olor y el movimiento, los padres pueden deducir qué sensación prefiere si están atentos. Hay bebés que son muy sensibles y que necesitan caricias muy suaves; otros necesitan un contacto más enérgico y estimulador. Algunos necesitan guiarse por sonidos emocionales muy placenteros o ciertas señales para aprender a mirar o a escuchar.

En esta fase se desarrolla lo que denominamos atención conjunta: para aprender a interactuar socialmente, el niño necesita saber concentrarse, estar tranquilo e interiorizar información a partir de sus experiencias con los demás; de lo que ven, oyen, huelen, tocan y prueban y de su forma de moverse.

Segunda fase: relacionarse y desarrollar la empatía
Gracias a los cuidados que reciben, los bebés se implican y se interesan cada vez más por las personas que los rodean. Desde el primer día, el bebé aprende a distinguir a los cuidadores más importantes. Entre el segundo y el quinto mes, expresan sus preferencias a través de sonrisas y balbuceos. Cuando ya se interesa por sus verdaderos cuidadores y los ve como personas que le proporcionan placer, así como insatisfacción ocasional, empiezan a fluir las interacciones emocionales y se empieza a forjar un nuevo nivel de inteligencia. En este punto, el bebé aprende a diferenciar entre el placer de interactuar con personas e interesarse por objetos inanimados. El placer que le proporcionan sus cuidadores le permite construir categorías de voces y expresiones faciales que reflejan las intenciones y sentimientos del cuidador o cuidadores. Así empieza el camino hacia el reconocimiento de patrones y la organización de percepción en torno a categorías significativas.

Muchos padres de niños con TEA u otros trastornos sienten una gran frustración al no poder interactuar con su hijo o hija. En estos casos, se les suele aconsejar que fuercen la relación con el niño y que obliguen al niño a fijar la mirada. Muchas veces observamos cómo los padres caen en el error de sujetar la cabeza del niño para que los mire o le tocan la cara para forzarlo a mirar. Sabemos que lo hacen siguiendo instrucciones, pero estos procedimientos no incentivan sus deseos de mirar.

Cuando hablamos de relacionarse y desarrollar la empatía, insistimos en que se debe hacer con toda la pasión (la misma que sienten los padres porque su hijo se relacione con él). El niño debe sentir el deseo de ser integrante de una relación. Si ayudamos a un niño con TEA a que refuerce esta segunda competencia (tal y como explicaremos más tarde), no sólo conseguiremos que adquiera esta capacidad, sino que empezaremos a contrarrestar los síntomas de estrés que siempre conducen a la soledad y el aislamiento.

Tercera fase: interacción bidireccional y con propósito comunicativo

A los seis meses, los bebés empiezan a transformar las emociones en señales comunicativas. Para que esto se produzca, los padres deben interpretar y responder las señales del bebé e impulsarlo a interpretar y responder a las suyas. Mediante estos intercambios, los bebés empiezan a involucrarse en una interacción bidireccional. Por ejemplo, el bebé le sonríe a la madre y él obtiene una sonrisa a cambio, de tal modo que vuelve a sonreír. Esto se denomina cadena de comunicación. La sonrisa del bebé se vuelve propositiva: sonríe para obtener una sonrisa a cambio. Las expresiones faciales, las vocalizaciones y los gestos forman parte de este sistema de señales. Este hito es muy difícil de alcanzar para los niños con TEA.

Un niño que domina o empieza a dominar esta competencia básica puede comunicarse sin palabras y expresar, a su rudimentaria manera, lo que quiere. Un bebé que sabe transferir sus necesidades sufre menos frustración y llora menos que un niño que no domine esta competencia. En este último caso, el bebé puede desplegar su agresividad y su impulsividad agarrando, por ejemplo, el juguete de otro niño en lugar de señalarlo. Esta es una manera de ver saciadas sus necesidades sin comunicarlas. El dominio de la comunicación bidireccional también evita que el niño muestre comportamientos repetitivos, pues, al estar inmerso en un proceso de comunicación, la interacción le impulsa a centrarse continuamente en nuevas conductas propositivas.

Por otra parte, es también en esta fase de comunicación recíproca cuando empiezan a desarrollarse la lógica y el sentido de realidad. A los ocho meses, un bebé que se ha desarrollado de manera adecuada puede participar en muchas interacciones de causalidad o lógica. El bebé comienza a aplicar poco a poco estos nuevos conocimientos para percibir el espacio que le rodea y para planear acciones. Un bebé sigue con los ojos cómo cae un sonajero al suelo o mira y toca la mano de su padre que acaba de esconder el sonajero. Esta relación de causalidad marca el principio de su sentido de la realidad, que se basa en distinguir las acciones de los demás de las acciones de uno mismo: un «yo» le hace algo a un «no yo». El sentido de la consciencia va creciendo conforme experimenta con su propia identidad e intenciones.

Cuarta fase: resolución social de problemas, regulación del humor y desarrollo del «yo'

Los bebés realizan avances muy intensos entre los nueve y los dieciocho meses. En esta fase, refuerzan la comunicación bidireccional y la usan para resolver problemas. Aprenden a agarrarse de la mano de su madre, a hacerle gestos para que abra la puerta del jardín y a señalar al columpio para expresar que quieren subir. Por su parte, la madre responde a cada una de las señales, gestos o vocalizaciones del niño y cierra el círculo de comunicación. Durante esta fase emerge la resolución social de problemas: los niños actúan siguiendo patrones que implican tres o cuatro secuencias de acciones para lograr un resultado concreto. Más tarde, viene la ordenación de palabras en un enunciado y el pensamiento científico y matemático. Este progreso se construye sobre la base de la complejidad gradual de las interacciones emocionales y lleva a la adquisición de los niveles más altos de inteligencia. A continuación, analizamos cada uno de estos avances cualitativos.

Resolución social de problemas. Los niños que cogen al progenitor de la mano para buscar un juguete entienden una multiplicidad de elementos de un patrón. Parte de esos elementos son sus propias necesidades y deseos, la secuencia de acciones que implica coger el juguete, la ubicación visoespacial de moverse desde el suelo y llegar a la estantería donde está el juguete, la pauta vocal de captar la atención del progenitor (un grito o un quejido) y los patrones sociales que se ponen en juego cuando quiere encaminar a su padre hacia un fin determinado. El reconocimiento de estos patrones y la certeza de que estos elementos funcionan conjuntamente se interiorizan antes de que el niño aprenda a hablar. La negociación (o pacto) y el juego con los demás le permiten al niño experimentar los estímulos del mundo y participar de patrones conductuales integrados más amplios. Un niño que rechaza la compañía de los demás o que muestra dificultades en la relación con los demás no experimentará o no aprenderá a reconocer una multitud de patrones conductuales.

Regulación del humor y del comportamiento. En el intercambio diario de afecto y en las pequeñas riñas con los padres, el niño aprende a limar emociones extremas como el miedo y la rabia. En un bebé, la rabia es explosiva y la tristeza parece envolvente. En la cuarta fase, el niño aprende a modular sus sentimientos intensos a través de las señales emocionales o la negociación con los padres. Cuando ya es capaz de intercambiar señales emocionales rápidamente con los padres, pueden expresar cómo se sienten con una señal o gesto antes de que el sentimiento se vuelva demasiado intenso. Si está enfadado porque tiene hambre, puede señalar a la comida o hacer ruidos de desagrado. Una madre perceptiva enseguida le hará gestos comprensivos para indicarle que comerá rápidamente o que tendrá que esperar un poco. Sea cual sea su respuesta, lo importante es que el niño obtiene enseguida una señal emocional como respuesta. A partir de ahí, el niño puede seguir negociando con más gestos para modular más sus sentimientos. Cualquier sentimiento, desde la alegría hasta la tristeza o la rabia, puede formar parte de un intercambio perfeccionado con unos padres colmados de paciencia y dedicación.

Debido a multitud de razones, un niño puede que no tenga esta experiencia tan necesaria. Puede padecer disfunciones motoras que le impidan gesticular bien o enviar señales adecuadas o puede mostrar anomalías en la interpretación de las expresiones vocales o faciales de sus padres. También puede darse el caso de que los padres no sean expresivos y no le envíen ninguna señal comunicativa. Este tipo de factores causan déficits en lo que podría llegar a constituirse como sistema interactivo fino. Cuando el niño no puede expresar sus sentimientos o no obtiene respuesta por el motivo que sea, puede rechazar esta comunicación y volverse solitario. También puede ocurrir que sus emociones y su comportamiento se vuelvan más intensos y que muerda o pegue. En este último caso, los padres suelen buscar ayuda (a veces en forma de medicación) para aplacar la «agresividad» del niño. No obstante, si son asesorados, los padres pueden ayudarle a expresar sus necesidades y a interpretar sus señales para poder responder a ellas con consistencia y calma. De este modo, el niño podrá regular su carácter en unos meses. No obstante, sin la ayuda de los padres, el niño se perderá en el camino angosto de las emociones extremas y puede que se vuelva más agresivo, más impulsivo o, contrariamente, puede reaccionar aislándose y deprimiéndose.

Desarrollo del «yo». El niño parte de islas de comportamientos intencionales y se desplaza hacia patrones de comportamiento destinados a la resolución múltiple de problemas. En todo este proceso, los intercambios forman parte de la definición de su «yo». El niño ya no se limita a expresar uno o dos sentimientos y obtener la respuesta pertinente de su padre o madre, sino que es capaz de verter una gran cantidad de deseos y sentimientos. Más allá de estos, el niño percibe sus patrones de conducta (sus propios sentimientos y deseos, la respuesta de los padres, los sentimientos y acciones posteriores, etc). Con el tiempo, estos patrones se convierten en un «yo» y un «tú» y emerge un «yo» íntegro a partir de la propia interacción con otros «yos» también íntegros. En otras palabras, un «yo» contento y un «yo» enfadado se ven como partes de una misma persona, igual que una «mamá contenta» y «mamá enfadada».

En esta fase, los niños también aprenden el funcionamiento del mundo físico: estirar del tirador de un armario le permite coger la caja; tirar un objeto hace mucho ruido. Ver el mundo a través de estos patrones le ayuda a entender cómo funciona, a crearse expectativas y a dominar sus competencias. El niño utiliza esta habilidad para distinguir de entre múltiples patrones de expresiones emocionales de los demás aquellos que significan tranquilidad y seguridad de los que significan peligro. Puede diferenciar la aprobación y la desaprobación; la aceptación y el rechazo. El niño empieza a utilizar este conocimiento para responder de manera diferente a los demás en función del tono emocional con el que le hablen. Esta habilidad de analizar los intercambios humanos y entender la naturaleza de los tonos emocionales antes de hablar es un sentido muy especial que va mucho más rápido que nuestro propio conocimiento consciente. De hecho, es la piedra angular de nuestra vida social.

Esta fase es muy importante en la observación de los caminos que llevan al autismo. A los niños con autismo (aunque posean competencias verbales y un cociente de inteligencia por encima de la media) les cuesta mucho hacer inferencias, mostrar empatía hacia los demás y comprender las emociones de las personas. Después de haber estudiado a estos niños durante mucho tiempo, hemos descubierto que la mayoría de ellos, incluso los que presentaban un desarrollo adecuado al principio pero que iniciaron una regresión a los dos años, o más tarde, no dominaban totalmente las interacciones emocionales fundamentales para las competencias de los patrones de identificación. Si bien algunos sabían comunicarse gestualmente con sus padres, en general los demás no acababan de implicarse en la resolución compartida de problemas o en la recreación de un diálogo no verbal que regulase su comportamiento y estado de ánimo. Por este motivo, eran incapaces de desplegar y poner en práctica el abanico de competencias de más alto nivel. Tal y como explicaremos más tarde, estamos llevando a cabo un estudio cuya conclusión postula que los niños con autismo poseen una anomalía biológica consistente en no poder conectar sus emociones con su capacidad potencial de planificar y secuenciar sus acciones (ver apéndice B). Sin la guía de las necesidades y deseos, las interacciones complejas que requieren muchas acciones no son posibles, por lo que éstas se convierten en sencillas o se repiten. Afortunadamente, hemos descubierto que la práctica con interacciones de carácter emocional es muy beneficiosa.

Quinta fase: construcción de símbolos y uso de palabras e ideas
Al año y medio, las capacidades motoras del niño se han desarrollado hasta el punto de que pueden coordinar los músculos de la boca y las cuerdas vocales, y las competencias intelectuales han progresado de tal modo que pueden empezar a utilizar el lenguaje verbal para expresarse.

Para entender el lenguaje y usar palabras, el niño primero debe saber intercambiar señales emocionales complejas, para poder separar las acciones de las percepciones y retener las imágenes en la mente. También debe ser capaz de conectar esas imágenes a sus emociones para dotarlas de sentido y constituir, como consecuencia, símbolos e ideas (*La primera idea* describe precisamente este procedimiento). El lenguaje empieza a desarrollarse porque las imágenes adquieren significado a través de las experiencias y los intercambios emocionalmente relevantes. Así, por ejemplo, un niño o niña de dos años siente una necesidad de afecto repentina por su madre. Si en una fase más temprana de su vida sólo podría haberla abrazado, ahora es capaz de usar símbolos para expresar su afecto diciendo «Te quiero mucho». También puede metaforizar las acciones de pegar o gritar diciendo «¡Enfadado!».

Normalmente, se piensa que usar ideas forma parte de hablar o argumentar. Pero un niño puede decir «coche», «mesa», «silla» sin usar las ideas de esta manera. Muchos niños con TEA repiten o enumeran palabras constantemente: «coche, mesa, silla, coche, mesa, silla». Cuando hablamos de «usar ideas» nos referimos a usar palabras, imágenes o símbolos con propósito comunicativo. En general, es mucho más beneficioso para los niños usar palabras individualmente con un significado interactivo que recitar enunciados enteros o párrafos que hayan memorizado.

El uso funcional de ideas y símbolos se puede apreciar a través del juego de imaginación. En esta fase, el niño juega a recrear acciones reales o imaginadas, como tomar un café o luchar contra un monstruo. También usa símbolos para manipular las ideas de su mente sin tener que llevar a cabo acciones. Esto le permite ser más ágil en el razonamiento, en el pensamiento y en la resolución de problemas. Entre esta fase y el final de la siguiente, el lenguaje y el uso de símbolos han crecido en complejidad y han ido alcanzando los siguientes niveles:

• Las palabras y acciones se utilizan conjuntamente para expresar ideas.

• Las palabras representan estados físicos: «Me duele el estómago».

• En lugar de recurrir a las acciones, se hace uso de las palabras para transmitir un propósito: «Te pego».

• Las palabras representan ideas sobre sentimientos generales: «Te odio». Los sentimientos están polarizados (todo es bueno o todo es malo).

• Las palabras se utilizan para expresar deseos que pueden implicar diversos factores o razonamientos: «Tengo hambre; ¿qué hay para comer?».

• Las palabras se usan para representar sentimientos que no están directamente ligados a una acción: «No me hacen caso» o «estoy decepcionado».

La representación simbólica que desencadena el desarrollo del lenguaje es, también, el requisito indispensable para alcanzar altos niveles de inteligencia, que incluyen la ubicación visoespacial y la capacidad de planear acciones que obedezcan a propósitos simbólicos. Es natural entonces que los niños con anomalías biológicas que les impiden conectar las necesidades y emociones con las acciones tengan dificultades al atravesar estas etapas.

Sexta fase: pensamiento emocional, lógica y percepción de la realidad

A los dos años y medio, el niño mejora su capacidad de conectar los símbolos y de establecer una relación lógica entre ellos, abriendo la puerta al pensamiento y a la reflexión. Un niño puede preguntar: «Mama, ¿coche dónde?» o responder a la pregunta del padre «¿Dónde está?» con «¡Ahí!». Cuando le preguntas «Cariño, ¿por qué quieres el coche?», el niño, que ya puede conectar las ideas lógicamente, responde «Jugar». El niño está conectando dos ideas mediante una relación lógica: tu idea «¿por qué?» con su idea «jugar». En esta fase, el niño aprende que una acción lleva a otra («Hace viento y se cae mi juguete»); que las ideas tienen repercusión sobre el paso del tiempo («Si me porto bien, me comprarán una golosina») y que las ideas tienen repercusión sobre el espacio («Mamá no está aquí, pero está cerca»). Las ideas también pueden ayudar a explicar emociones («Estoy contento porque tengo el juguete») y a organizar las nociones del mundo.

Relacionar de manera lógica la idea de uno con la idea de otra persona es la base para adquirir una nueva consciencia de la realidad. El niño ahora sabe conectar las experiencias internas con las externas y sabe distinguirlas; es decir, sabe dividir las experiencias en categorías subjetivas y objetivas.

Infundir un carácter emocional a las relaciones permite a los niños diferenciar entre su interior (fantasías) y las ideas y el comportamiento de los demás. El pensamiento lógico siempre lleva a la adquisición de nuevas competencias, como la argumentación, el pensamiento matemático y el pensamiento científico. El niño ya es capaz de inventar cosas, como un juego nuevo, y jugar siguiendo las reglas.

Un niño que se desarrolle de manera adecuada maneja hasta seis fases a los cuatro o cinco años y está preparado para adquirir más competencias. Si el niño padece TEA o cualquier otro trastorno de desarrollo, el dominio de estas fases puede tardar mucho más. Las siguientes fases son más avanzadas y es importante recalcar que cada individuo presenta su propio progreso en estas (padezca o no TEA).

Séptima fase: pensamiento triangular y multicausal

En esta fase, el niño supera el simple esquema de razonamiento causal y ya es capaz de considerar las causas múltiples. Por ejemplo, si un amigo no quiere jugar, en lugar de deducir «Me odia», se plantea «A lo mejor quiere jugar con otro niño» o «A lo mejor no quiere jugar conmigo porque siempre juego con la Nintendo. Puede que si hago algo diferente, querrá jugar». La multiplicidad de causas le permite utilizar el pensamiento triangular. Por ejemplo, ya es capaz de comparar a dos amigos «Prefiero a Juan antes que a Javi porque Juan tiene juguetes que me gustan mucho». En casa, si su madre está enfadada, puede recurrir al padre para captar su atención.

Para adquirir el pensamiento multicausal, el niño debe desplegar su capacidad emotiva considerando diversas posibilidades. Por ejemplo, debe ser capaz de considerar a otro amigo diferente como su compañero de juegos en lugar de depender de un solo amigo. En esta fase, el niño ya entiende que la relación entre los miembros de la familia es dinámica en términos de relaciones entre distintas personas, y que ya no se entiende como una simple satisfacción de necesidades.

Octava fase: área gris. Razonamiento emocional y diferenciado
El pensamiento triangular y multicausal le permite al niño avanzar en la comprensión de los diferentes grados y la influencia relativa de los sentimientos, acciones o consecuencias (por ejemplo, «Estoy un poco enfadado»). En el colegio, no sólo aprenden a considerar las diferentes razones de una acción, sino a analizar la importancia relativa de estas acciones. Comparan sentimientos muy variados con los compañeros y negocian las normas del patio. Por otra parte, también comprenden y participan en las jerarquías sociales que contienen diferentes factores como nivel atlético, habilidades académicas, juicios de la persona, etc. En esta fase, el niño ya sabe llegar a un acuerdo y aplica nuevas maneras de solucionar problemas, sobre todo problemas de grupo que atañen a diversas opciones.

Novena fase: desarrollo avanzado del «yo» y guía de patrones internos
En la etapa de la pubertad y la primera adolescencia, se producen interacciones emocionales más complejas que ayudan al niño a interiorizar los pensamientos sobre las relaciones y a forjar un «yo» más maduro. El niño ya es capaz de juzgar sus experiencias. Por ejemplo, puede decir por primera vez «estaba más enfadado de lo normal». Puede analizar el comportamiento de los niños de su edad y decir: «A ellos les gusta hacer eso, pero, para mí, no está bien».

En esta fase, el niño aprende a hacer inferencias y a analizar más de un marco de referencia a la vez. Crea nuevas ideas a partir de las existentes y tiene una noción del futuro, del pasado y del presente. La habilidad de pensar en dos perspectivas a la vez separa a los individuos que se decantan por pensamientos concretos de los que alcanzan niveles más altos de inteligencia y de reflexión muy característicos de un adolescente sano y de un pensamiento maduro.

Una vez se alcanzan estas nueve fases del desarrollo emocional funcional, las personas siguen desarrollando la cognición a lo largo de la vida. Los adolescentes y adultos progresan y continúan su avance en unas siete fases más. Ante semejante trayectoria de desarrollo del ser humano, los padres de niños con TEA pueden empezar a plantearse que el desarrollo de las personas nunca se detiene; ni siquiera para los individuos que padecen TEA u otros trastornos. Estas fases comportan:

• Una noción expandida del «yo» que incluye, por ejemplo, las relaciones familiares y de la comunidad.
• La capacidad de reflexionar sobre el futuro de uno mismo.
• La noción estable y diferenciada del «yo» (que permite a los adolescentes sentirse seguros cuando se separan de la familia nuclear).
• Transmitir emotividad y marcarse propósitos (incluyendo los propósitos a largo plazo como los estudios, el matrimonio y la adquisición de una propiedad).
• Paternidad u otro papel de protección.
• Enriquecer las nociones sobre el tiempo, el espacio, el ciclo de la vida y los límites de la existencia.
• «La sabiduría de la edad»: un sentimiento de responsabilidad respecto al entorno y a las generaciones futuras y una noción de ubicación en el esquema de las relaciones humanas. (Esta es la fase más complicada del adulto, pues este saber sólo se adquiere en el transcurso del deterioro físico y mental, caracterizado por la intención de regresar a etapas anteriores en lugar de seguir madurando).

El bloque II del libro se centra en la mejora de todas estas fases de desarrollo en los niños con TEA y otros trastornos con el fin de asentar las bases necesarias para que el sujeto avance por dichas fases.

Bloque II
La importancia de la familia. La familia es lo primero: técnicas para utilizar el modelo DIR con el fin de mejorar la interacción, la comunicación y el pensamiento

Capítulo 5
Iniciativa «La familia es lo primero»

Los padres, el entorno familiar, los tutores y pediatras tienen muy presente el desarrollo del niño. Gracias a este conocimiento, pueden detectar los primeros síntomas de cualquier disfunción (cuanto antes, mejor) para ayudarle si está en riesgo. La iniciativa «La familia es lo primero» es una propuesta recién impulsada por la Fundación Floortime (ver «Referencias bibliográficas») para reforzar y enfatizar el importante papel que desempeñan los padres en el desarrollo del hijo. En el bloque I, hemos identificado los primeros síntomas del TEA y los objetivos que hay que alcanzar para garantizar un desarrollo sano de los pacientes. Más allá de formular un diagnóstico, estos síntomas ayudan a los padres a conocer mejor a su hijo/a y a detectar los problemas lo antes posible.

En este capítulo se marcan los primeros pasos que deben seguir padres y tutores para ayudar a los niños que empiezan a presentar anomalías. La propuesta «La familia es lo primero» ayuda a los padres a inculcarle conocimientos de interacción, comunicación y pensamiento al niño mientras esperan la intervención de expertos, una evaluación global y el inicio de tratamientos terapéuticos. Esta propuesta, además, puede aplicarse durante y después del tratamiento. Aunque el «screening» no encuentre indicios de TEA u otros trastornos en el paciente, esta perspectiva es igualmente útil porque está destinada al desarrollo sano del niño en cualquiera de los casos. Si un niño empieza a mostrar retrasos en el desarrollo y, tras el estudio correspondiente, se hace necesaria la aplicación de un modelo de tratamiento integrado, los primeros pasos que inicien los padres se pueden redefinir e intensificar con la ayuda del equipo de expertos. El «screening», la evaluación y la planificación del tratamiento llevan bastante tiempo. Las ventajas que ofrece la iniciativa «La familia es lo primero» es que el niño recibe ayuda justo cuando su sistema nervioso se esté desarrollando más rápidamente. Si se requiere un modelo de intervención convencional, el equipo de expertos y los padres podrán, entonces, trabajar conjuntamente con el fin de organizar un programa que mejore el desarrollo del niño.

Como hemos comentado, los niños con TEA u otros trastornos similares que realizan los progresos más notables son aquellos que se encuentran inmersos en interacciones constantes destinadas a su aprendizaje y adaptadas a sus necesidades. Esta es la razón principal por la que la familia constituye el centro de cualquier modelo de tratamiento. La iniciativa «La familia es lo primero» cuenta con la tesis demostrada según la cual hay ciertas interacciones entre el niño y el tutor que son esenciales para su desarrollo social, emocional e intelectual. Estas prácticas, además, pueden prevenir o minimizar el retraso en el desarrollo y pueden facilitar el progreso en bebés y niños que están en riesgo o que ya muestran síntomas de TEA.

La iniciativa «La familia es lo primero» comienza identificando las competencias asociadas a la edad del niño (descritas en el bloque I). A partir de ahí, los padres o tutores se centran en el trabajo preventivo con el niño en la fase que le corresponda. Más adelante proponemos actividades que los padres pueden realizar con los bebés o niños con el fin de mejorar su base para el desarrollo. Cada una de estas mejoras se comentan con más precisión entre los capítulos seis y diez.

Estas actividades se identifican con los juegos normales que hacen los padres con sus hijos. Se deben centrar siempre en los intereses del niño, ya que, de esta manera, se le guía de manera natural hacia la actividad. La clave es divertirse juntos, buscar señales de placer, como una gran sonrisa, sonidos de alegría y miradas de entusiasmo. Estas actividades se han de hacer durante quince o veinte minutos y se debe encontrar el momento en el que el niño está más activo y receptivo para realizarlas las veces necesarias. Los padres o tutores también pueden aplicar sus propias actividades siempre y cuando persigan los mismos propósitos.

Primera fase
Para mejorar la regulación y la atención compartida, observa su manera de escuchar, ver, tocar, oler y moverse. Por ejemplo, analiza qué tipo de sonidos le llaman la atención (graves o agudos, lentos o rápidos) y qué tipo de tacto (suave y ligero o suave y firme) le ayuda a sentirse calmado, feliz y satisfecho. Intenta aunar todos estos sentidos de la manera que le resulte más placentera para atraerlo hacia el mundo. Sigue analizando lo que le gusta mientras él o ella va dando sus pequeños pasos de desarrollo (ver capítulo seis).

• *El juego de «mira y escucha».* Sitúate cara a cara con el bebé, son-ríele y háblale sobre su boquita, sus ojos alegres y su pequeña nariz. Mueve lentamente la cabeza de derecha a izquierda, intentando captar su atención durante unos segundos. Puedes hacer este juego mientras lo coges en brazos o te puedes acercar a él mientras está en la sillita o en brazos de otra persona.

• *El juego de «nos calmamos».* Si el bebé está inquieto o cansado o si, sencillamente, quieres abrazarlo, siéntate en una mecedora cómoda y balancéate lentamente siguiendo un ritmo. Acaríciale la cabeza, los brazos, las piernas, la barriga, la espalda, los pies y las manos y, relajados por el movimiento rítmico, mueve sus pies y sus dedos y levántalos haciendo el juego de «la bicicleta». También puedes mover sus brazos, sus piernas, sus dedos y sus pies mientras le cambias el pañal.

Segunda fase

Para intensificar la empatía y mejorar la comunicación, es importante observar el tipo de interacciones (voces de broma, besos, cosquillas o juegos favoritos) que más le gustan o más placer le proporcionan al niño. Cuando el padre o la madre juega a esconder el juguete o a tapar-se la cara con las manos, son juegos visuales con los que el niño obtie-ne un gran estímulo. Las canciones acompañadas de palmadas también mejoran la audición del bebé, que, cuando crece un poco más, disfruta mucho jugando con coches e imaginando escenas de intriga. Aprove-cha al máximo estos «momentos mágicos» en que el niño está recepti-vo y alerta. Adáptate al ritmo del niño, a sus emociones y a su manera de utilizar sus sentidos y sus movimientos. Analiza sus intereses, aunque para ello tengas que hacer ruidos sin sentido, e incrementarás su satis-facción y su cercanía. En lugar de competir con un juguete por su aten-ción, conviértete en uno más de sus intereses: colócate un juguete que le guste especialmente encima de la cabeza y haz gestos divertidos (ver capítulo seis).

• *El juego de la sonrisa.* Usa palabras o expresiones faciales diver-tidas para animarlo a sonreír o utiliza otras expresiones faciales, como abrir mucho los ojos.

• *El juego de «baila conmigo».* Intenta incitar al niño a que haga rui-dos moviendo sus brazos, sus piernas y su torso en un movimiento rít-mico mientras le acompañas con la cabeza y emites sonidos. Puedes decirle: «¿Quieres bailar conmigo, cariño? Sí ¡cómo te gusta bailar!» y enseguida verás una chispa de alegría en sus ojos.

Tercera fase

Para contribuir a que se den interacciones emotivas con propósito comunicativo, tienes que mostrar una gran alegría mientras intercambias expresiones faciales, sonidos, gestos, palabras e interpretaciones con tu hijo/a. Busca deliberadamente esa sonrisa en los ojos de tu hijo que te permite saber que está receptivo y disfruta de la interacción. Considera todos los rasgos de su comportamiento (aunque parezcan casuales) como señales intencionadas. Por ejemplo, si mueve las manos de alegría, puedes utilizar este gesto como la excusa de un «juego con palmadas». Si observas que está empujando un coche hacia delante y hacia atrás sin demasiado sentido, puedes inventarte la escena de que tu muñeco está enfermo y necesita ser trasladado con el coche para que le curen en el hospital.

En primer lugar, ayuda a tu hijo a alcanzar sus propósitos con más facilidad. Por ejemplo, si señala a una pelota nueva, acércasela. A partir de ahí, anímale a hacer cosas, como acostar a su osito de peluche o súbetelo a los hombros mientras simuláis una batalla contra otra persona. Esta opción es mucho mejor que coger a tu hijo en brazos sin razón aparente. (Ver capítulo siete).

• *El juego de poner caras y voces divertidas.* Observa las caras que suele poner y los sonidos que suele emitir tu hijo/a cuando está alegre, enfadado, sorprendido, etc.; y repite estas caras y sonidos de manera humorística. Comprueba si responde de alguna manera.

• *El juego de la cadena de comunicación.* Indícale que te toque la nariz y haz un ruido extraño cada vez que lo haga. Observa, entonces, cuántos intercambios comunicativos obtienes. También puedes esconder un objeto inaudito en la mano y estar atento/a a las veces en que te intenta abrir la mano para cogerlo. Cada vez que responda a tus estímulos, el niño estará cerrando un círculo de comunicación.

Cuarta fase

Para conseguir que tu hijo intervenga en la resolución conjunta de problemas, debes ser creativo/a e inventar escenas o situaciones adecuadas. Por ejemplo, anuncia lo siguiente: «¡El coche no se mueve! ¿Qué hacemos?». De esta forma, interpones barreras u obstáculos muy interesantes para que el niño alcance sus propósitos comunicativos. No dejes de enriquecer el flujo de comunicación, pues el niño tiene una gran capacidad potencial de ampliar la cadena de comunicación con tu ayuda. Muéstrate muy animado/a y expresa tus sentimientos a través de la voz y la expresión facial para ayudarle a definir sus intenciones. Si se limita a señalar a un juguete y emitir quejidos, puedes fingir confusión; adoptar una expresión de desconcierto y coger el juguete equivocado. De este modo, los gestos y vocalizaciones del niño se volverán más complejos y elaborados y seguramente se incomodará al no poder expresar bien sus deseos. Ejercita su habilidad de planificar las acciones y movimientos y aprovecha sus sentidos y su capacidad de mimesis para aplicarlos en diferentes situaciones, como en los juegos de esconder objetos y de encontrar tesoros. (Ver capítulo siete).

• *El juego de «resolver el caso juntos».* Identifica el interés que tiene tu hijo/a por cada juguete (muñecos, peluches, coches, pelotas, etc.) e invéntate un problema, relacionado con tu juguete favorito, y que tenga que resolver con tu ayuda.

• *El juego del copión.* Imita los sonidos y gestos del niño y observa si se siente reflejado a través de tus expresiones, sonidos, movimientos y pasos de baile. Después de esta iniciativa, añade palabras al juego y utiliza estas palabras con fines comunicativos para ayudarle a satisfacer sus necesidades; por ejemplo, diciendo: «¡Muñeco!» o «¡Arriba!».

Quinta fase

Para contribuir al flujo de ideas nuevas, empújale a que exprese sus necesidades, deseos e intereses. Fuerza situaciones que le obliguen a transmitir sus sentimientos o intenciones. Anímale a usar ideas en el contexto de un juego simulado y en las interacciones verbales reales. Recuerda la guía «palabra, acción, afecto» (PAA): debes combinar siempre tus palabras o ideas con afecto (expresando tus sentimientos) y acciones. Fomenta la utilización de la máxima variedad de ideas y muestra una actitud abierta ante todas las emociones o intereses que el niño quiera explorar. Incorpora ideas nuevas sirviéndote de fotos, señales y diseños espaciales complejos aparte de palabras. (Ver capítulo ocho).

• *Estamos de palique.* Si el niño es verbal, inicia muchos círculos de comunicación con él y utiliza palabras, expresiones o frases cortas y centradas en sus intereses. De hecho, puedes aprovechar su respuesta de una palabra y adaptarla a una conversación larga. Por ejemplo, si estáis en la terraza y el niño se sube al columpio y dice «¡Empuja!», le puedes responder: ¿Quién quieres que te empuje?» para que diga «¡Mamá!». Entonces, sacude la cabeza y di: «No, mamá no puede ahora. ¿Quién?». En ese caso, se volverá probablemente hacia el padre y dirá: «¿Papá?». Inicia este tipo de interacciones.

• *Vamos a imaginar que…* Desarrolla la imaginación del niño ayudándole a realizar interacciones familiares durante un juego de representación. Más tarde, introduce nuevos argumentos: introduce un nuevo elemento en la escena que él/ella ha creado simulando que eres un perro, un gato, un superhéroe u otro personaje. Interpreta con entusiasmo este personaje y observa cuánto dura este juego. Préstale atención a sus juguetes o muñecos y simula que se alimentan, que se abrazan o que se besan entre ellos. También puedes inventarte que cocinan o que salen de paseo al parque para jugar. De vez en cuando, cambia tu protagonismo y deja de ser el personaje de la situación simulada para convertirte en narrador o comentador de la escena. Tus comentarios enriquecerán el argumento. Intercala resúmenes del argumento y anima a tu hijo/a a que lo alargue.

Sexta y séptima fase

Para desarrollar el pensamiento lógico, anímale a participar en el círculo de comunicación y a responder a tus estímulos mediante ideas (tanto si proceden de un juego como de una situación real). Guíale en la relación de ideas o de subargumentos en una escena simulada. De este modo, le ayudarás a enlazar las ideas. Expresa confusión si observas que su pensamiento es incoherente o poco consistente y, así, podrá rectificarlo: «Un momento. Pensaba que hablabas sobre el vecino, pero estás hablando sobre… ¡bocatas! ¡Yo no sé! Dime, ¿de qué quieres hablar?». Plantéale preguntas abiertas para que ordene y reconduzca sus ideas de manera lógica.

Si el niño no responde a tus preguntas abiertas, preséntale diversas respuestas. Propón alternativas absurdas: «¿Ha ido a clase hoy un elefante o una iguana?». Debes empujarle a justificar sus sentimientos, tanto en situaciones reales como en escenas simuladas: «¿Por qué estás tan contento (o triste o enfadado)?» y ayúdale a expresar su opinión en lugar de dar una lista de hechos por ti mismo/a. Siempre debes negociar y discutir acciones con tu hijo/a, exceptuando las normas básicas de comportamiento, como «nunca pegar».

Estimúlale en las conversaciones sobre situaciones reales y en los juegos y aprovecha para introducir conceptos del pasado, el presente y el futuro. Por ejemplo: «¿Qué harán los animales del zoo mañana?». Introduce, también, nociones cuantitativas: negocia con el niño cuando te pida una galleta más o un trozo de pan más o pregúntale cuántos vasos de refrescos se deberían servir a cada muñeca en la fiesta de cumpleaños. (Ver capítulo nueve).

• *El juego de ser el director*. Observa la cantidad de argumentos o tipos de acción que se puede inventar tu hijo cuando juegas a simular una escena con propósitos comunicativos. Si la fiesta de cumpleaños se vuelve un poco repetitiva y le falta algo de mando, guíalo sutilmente para que enriquezca el argumento anunciando hechos como: «¡Me duele la barriguita de comer tantas galletas en la fiesta de cumpleaños! ¿Qué podemos hacer?».

• *El juego de «¿Y por qué?»*. Cuando el niño quiere que hagas cosas por él, ponle a prueba con sutileza y respóndele: «¿Y por qué?» y analiza las respuestas que te ofrezca. A continuación, plantéale un compromiso conjunto como, por ejemplo, con el enunciado: «Vamos a hacerlo juntos». Puedes introducir este cambio cuando el niño quiera que le saques un juguete del armario o que cojas una nueva pieza de ropa para él.

Estos primeros pasos ayudan a los padres a ser más conscientes de los problemas o anomalías que presenta el niño y a impulsar su desarrollo en cada fase. Si el niño está en riesgo de padecer TEA, estos mecanismos serán fundamentales y se deberán trabajar en profundidad. Muchas veces, se detectan las anomalías cuando la edad del niño es más avanzada. Los capítulos del bloque II explican en profundidad cómo las familias pueden propiciar experiencias para impulsar cada fase de desarrollo como parte de la terapia DIR. El bloque III indica cómo la terapia Floortime puede fortalecer estas interacciones.

Capítulo 6
Captar la atención de tu hijo y mejorar la empatía. Llévalo hacia un mundo compartido

Robbie, un bebé muy simpático de diecisiete meses con unos enormes ojos marrones, empezó a mostrar retrasos de comprensión del lenguaje. Era hiporreactivo, tendía a repetir acciones sin sentido cuando se encontraba en una situación poco familiar y no respondía a los estímulos. Sus padres intentaban interactuar con él y querían saber qué podían hacer para que Robbie participase en las situaciones y aprendiera a comunicar mejor sus sentimientos y pensamientos con ellos.

Tal y como hemos comentado en el capítulo cuatro, el primer paso en la terapia DIR/Floortime es mejorar la empatía (introducirse en el mundo del niño y ayudarle a acercarse a un mundo compartido). No obstante, la atención y la interacción son precisamente los rasgos centrales del autismo y las anomalías más complejas. Por este motivo, se debe trabajar sobre estas anomalías y este trabajo debe ser el objetivo principal de padres, tutores y educadores.

El primer paso: interacción
La interacción (que se produce siempre después de la atención) es muy importante porque constituye la base del aprendizaje de los primeros años de vida. La interacción ayuda a un niño a sentirse confiado, seguro y cariñoso, lo cual constituye el principio del desarrollo social y emocional. Tal y como explicamos en el capítulo cuatro, un niño aprende la causalidad y la lógica (cómo y por qué ocurren las cosas) señalando y captando la atención de los padres mediante expresiones, sonidos o gestos que revierten en una respuesta. Para que este intercambio se produzca, el niño debe mostrar empatía. Las primeras manifestaciones de empatía son cruciales incluso para el desarrollo físico del niño, y los

niños que están privados de esta empatía enseguida se vuelven más apáticos y débiles.

Cuando un niño se aísla, puede mostrar la apariencia de estar calmado, sosegado y equilibrado o incluso puede parecer que se encuentra a gusto. Sin embargo, muchos niños que han aprendido a verbalizar sus sentimientos nos han explicado que, en su estado previo de incomunicación, se sentían solos y aislados y sólo buscaban calma. No sabían que existía la posibilidad de gozar de la comunicación. Más tarde, observamos que estos mismos niños que habían aprendido a relacionarse con los demás solían experimentar regresiones en estados de estrés y nervios, por lo que se aislaban aún más y se refugiaban en comportamientos autoestimulatorios. Les preguntamos cómo se sentían y respondieron que padecían una gran soledad cuando se veían afectados por esta regresión. Muchas veces, los padres y tutores piensan que le están exigiendo mucho al niño al pretender guiarlo hacia un mundo compartido, pero si se hace de la manera correcta (con cariño, seguridad y optimismo), el proceso es mucho más agradable para el niño. Cabe afirmar que un niño aislado e incomunicado no es un niño feliz.

Cuando los niños interactúan con los demás de una manera alegre y dinámica, se activan muchas consecuencias positivas. La confianza le empuja a mirar y escuchar al emisor y a estar atento a los sonidos, apariciones, olores y demás sensaciones del entorno. Si el niño no siente confianza hacia el tutor, es muy difícil que lo busque con la cabeza cuando oiga su voz, que le escuche o que intente comprender sus palabras. Si el niño no se siente cercano a él, no tendrá ninguna curiosidad por saber qué tacto tiene su pelo, qué se ha puesto en la nariz o de qué color tiene los ojos.

La empatía también equilibra su estado de ánimo, porque le empuja a centrarse en su tutor o educador principal. Si es muy nervioso, la voz tierna y cariñosa de un padre o una madre le ayudará a calmarse y, si se enfada con frecuencia, una sonrisa calmada y segura le consolará. Una vez haya conseguido centrar su atención en los rostros familiares, acabará prestando atención, también, a las personas menos conocidas.

Hay una enorme diferencia entre un niño que te mira porque está condicionado o porque no le dejas mirar a ningún otro punto y un niño que te busca con la mirada y transmite su alegría a través de esta. Por supuesto, si el niño se siente cercano a ti, te mirará de vez en cuando y, si retira la mirada, debido a que tu sonrisa es demasiado exagerada y le intimida, continuará queriendo acercarse a ti, pero desde una perspectiva más vergonzosa y cauta. (De hecho, es muy corriente que los adultos bajen la mirada cuando conocen a gente nueva en una fiesta o una reunión y eso no tiene nada que ver con su simpatía o su lado afectuoso. Precisamente, las personas tímidas suelen ser más cariñosas y generan más afecto que las personas con don de gentes. En este sentido, retirar o bajar la mirada al principio es un síntoma de timidez). Normalmente, si el niño se siente cercano al tutor, actuará de manera más espontánea o, si no acostumbra a realizar acciones espontáneas, quizá se acerque a él y exprese su confianza a través del tacto o el sonido (gracias al tutor, inicia su contacto con el mundo externo).

La interacción también le permite al niño perseguir una intención. Por ejemplo, si el niño se siente cercano a ti, querrá acercarse para que le abraces o le beses o, si te colocas un sombrero colorido, querrá cogerlo y ponérselo, pues disfruta haciendo lo que tú haces. Cuando haces algo diferente que comporta cierto placer o satisfacción, el niño quiere participar de esta dinámica. No se trata de saltar por ahí, mover sus manos sin sentido o disuadirle de mirar un ventilador; el niño quiere jugar contigo. Tan sencillo como eso. Quiere cogerte las gafas para ver cómo protestas o quiere buscar en tu mano una canica. La emoción y la satisfacción que le produce una relación comunicativa es lo que nutre sus acciones; las enriquece y las dota de sentido e intención.

Cuando un niño muestra empatía, expresa su deseo de comunicarse. La comunicación se da en interacciones provocadoras que llevan al enfado del niño (nunca a la rabieta) y en exploraciones en general. Se pueden producir miles de señales positivas y reveladoras cuando el niño empieza a usar gestos y sonidos para comunicarse. La comunicación conduce a la resolución conjunta de problemas. Por ejemplo, el niño lleva al padre a su habitación, le señala la estantería y emite los sonidos «mmm, mmm, mmm», sirviéndose de gestos para que el padre le coja un juguete. Pero esto no ocurriría si el niño no se sintiera parte del mundo, no gozara de la interacción, no experimentara placer.

La interacción también le ayuda a ubicarse en un espacio, pues él o ella está atento/a al padre y a la madre mientras se mueven por la casa. Esta ubicación espacial le ayuda a saber que estás en la otra punta de la habitación cuando te vas y que, cuando no vea al muñeco, puede ser porque está guardado en la caja.

Más tarde, cuando el niño aprende a imitar palabras, la carga emocional que le atribuye a vuestra interacción y a tu persona es la que le da significado a sus palabras: «Mamá» o «Papá» no son palabras vacías emocionalmente; contienen un sentimiento hacia el padre y la madre porque el niño o la niña ha invertido su emoción y su satisfacción en esas dos personas. Para decir «Mamá, cógeme» el niño sabe lo que significa «ser cogido» porque, quizá, le gusta que su madre lo levante para jugar al avión con él. «Mamá», «papá», «arriba», «abajo», «ven», «voy» son palabras cargadas con significado emocional en el marco de la relación que mantiene el niño con sus padres o tutores. En otros casos, el niño memoriza palabras como «libro» y «silla», pero tales palabras están vacías, despersonalizadas. El niño puede señalar fotos; puede ser ecolálico, repetir enunciados enteros sin intención comunicativa. La verdadera comunicación se produce cuando el niño se siente parte de un mundo compartido.

Incluso las matemáticas se construyen sobre la base de un intercambio emocional. Como explicaremos más adelante, el niño desarrolla su sentido de cantidad al querer un poco más o un poco menos de esto o aquello. De este modo, el sentido de cantidad, que más tarde se sistematiza en números, contiene un significado emocional; un significado relativo al deseo que, a su vez, le sirve de enlace con el mundo.

Cuando tiene que aprender a leer y a entender las lecturas (comprensión lectora), es necesario que el niño se involucre en las interacciones del día a día para entender conceptos como «amor» «avaricia» «competición» y «personaje». Si no se siente parte de dichas interacciones, tenderá a memorizar hechos o incluso murmurará alguna palabra. Pero, para comprender lo que lee y avanzar en historia, literatura, ciencia u otras asignaturas del colegio, debe aprender a utilizar símbolos con sentido emocional.

Comprender el mundo del niño y acercarlo a un mundo compartido es la base de todo el progreso que deseamos para él: social y emocional, habilidades motoras, visoespaciales y académicas y satisfacción en una vida de aprendizajes.

Técnicas de interacción

Seguramente, en este primer punto no seremos del todo convincentes. ¿Por qué? Muchos padres y tutores de niños con TEA están seguros de que la interacción es una meta imposible. Para aquellos padres que ya lo hayan intentado todo y que se hayan rendido, sólo podemos remitirnos a las palabras de Will Rogers: «Nunca he conocido a un niño (he dicho «nunca») que no pudiese mantener una interacción». Durante treinta años de análisis, trabajo y estudio, yo, el doctor Greenspan, también he dedicado la mitad de mi tiempo, como mínimo, a la práctica clínica. De entre los miles de niños que he tratado, no he conocido a ninguno que no pudiese mantener una interacción en algún sentido agradable, con independencia de la gravedad de sus anomalías neurológicas. Por supuesto, está claro que el grado de desarrollo lingüístico y de empatía ha sido muy variado, pero nunca he conocido a ningún niño que fuese incapaz de iniciar un proceso de interacción, de establecer la base del placer de las relaciones interpersonales y respecto al mundo exterior.

Intentar captar la atención de un niño totalmente abstraído que no muestra interés por los demás es una experiencia muy frustrante. Muchas veces, los padres se empeñan en hablar y jugar sin descanso, en la mayoría de casos escuchándose a sí mismos e ignorando la falta de respuesta de su hijo/a. Pero es muy importante detenerse en este punto: en la meta de captar su atención como garantía para iniciar una interacción. Los padres agotados y resignados suelen perder la alegría en su voz, de modo que el niño no encuentra señales de un posible estímulo. Los padres deben retomar la energía en su voz y deben ralentizar el ritmo de sus movimientos, pues los movimientos rápidos y bruscos desorientan al niño que muestra síntomas de TEA.

Los estímulos sensitivos (como colocar el brazo suavemente encima de su espalda para notar su respiración y adecuarse a ella) también le ayudan a prestar atención. A veces, un simple balanceo (tanto si es en un columpio como en los brazos del padre o la madre) puede estimularle para que se sienta más cercano/a si lo combinas con movimiento, tacto firme y sonidos alegres y expectantes. Es muy útil considerar todos los sentidos para captar su atención. A partir de ahí, tú, como tutor y cuidador, debes agacharte y colocarte a su altura para que pueda verte y sentirte y empiece a relacionar lo que dices con la expresión de tu rostro y el tono de tus palabras. Una vez hayas captado su atención, ya puedes interactuar con él cada vez más.

Déjale que lleve el liderazgo

El primer paso para iniciar una interacción es, como describiremos en el bloque III, el primer principio de la técnica Floortime: dejar que el niño lleve la iniciativa con independencia del tipo de intereses que tenga. Pero ¿qué ocurre si los intereses del niño no son normales y, por tanto, no los queremos favorecer? Esto no debería preocuparnos en primera instancia, pues sólo acercándonos a él a través de su punto de interés y seguir su iniciativa, encontraremos la primera clave que nos revelará lo que le interesa. Probablemente, no se mostrará entusiasmado mientras le atraemos hacia nuestro mundo y le enseñamos nuevos elementos que puedan captar su atención, pero este es, definitivamente, el punto inicial para conectar con sus intereses y adentrarse en su mundo.

Si el niño quiere quitarse constantemente una pieza de ropa, la madre acabará gritando «¡Para!» con voz cortante para marcarle el límite o le quitará esa pieza de ropa o le forzará a mirarla y le premiará con una galleta. Entonces, la madre puede pensar: «Al menos, se siente satisfecho y relajado al quitarse esa pieza de ropa; se la voy a quitar y voy a ver cómo responde». Entonces, lo que puede hacer es colocarse esa pieza de ropa encima de la cabeza y ver si el niño quiere cogerla. Si intenta cogerla, estaría bien que la madre lo convirtiera en un juego y le animara a frotar esa pieza de ropa contra su brazo o su nariz o a buscarla en sus manos. Más adelante, la madre puede hablar sobre una muñeca a la que «le encantan las piezas de ropa» e inventarse escenas así.

Si los padres intentan distraer al niño enseñándole algo para que se sienta interesado, es probable que se retraiga su mundo y piense que los padres no se preocupan por lo que a él o ella le interesa. Por ejemplo, ¿qué hacemos los adultos cuando queremos conocer a alguien en una fiesta? Empezamos a hablar sobre algo que pensamos que le interesa a esa persona y, más tarde, le hablamos de nuestras costumbres. Con los niños pasa lo mismo. Debes seguir su iniciativa para hallar la clave de su placer o satisfacción o de aquello que le calma y le relaja. De este modo, sabrás cómo acercarte a él o a ella y atraerle hacia tu mundo.

Pero debemos matizar algo muy importante: atender a su iniciativa no te supedita a hacer sólo lo que él quiera. Por ejemplo, en el caso de la pieza de ropa, después de hacer lo que él/ella te pide (quitarle una pieza de ropa), podrías mover lentamente la mano hacia la zona donde se está intentando quitar la pieza de ropa, de modo que intente apartar tu mano. De este modo, empiezas a introducirte en su mundo siguiendo su iniciativa y hay posibilidades de que le atraigas y le convenzas para iniciar una interacción. Así, has colocado tu mano en el centro de sus intereses, pero has respetado su deseo de quitarse esa pieza de ropa.

Si todo va bien, querrá apartar tu mano, pero también es probable que la ignore. En una ocasión, intenté aplicar esa táctica con un niño que quería limpiar una mancha del suelo, pero el resultado fue que se apartó y se centró en otra mancha. Lo que hice fue acercar poco a poco mi mano hacia la nueva mancha, pero él se volvió a apartar. Le miré directamente a los ojos: estaba un poco desconcertado, pero me miró durante unos segundos (de hecho, era la primera vez que me miraba) como si me quisiera preguntar: «¿Qué estás haciendo?». Volvió a apartar la mano y yo moví mi mano mucho más lentamente hacia la suya. Justo cuando yo estaba a punto de colocar mi mano debajo de la suya, respondió: «Uhnnn uhnnnn uhnnnn». Si bien yo no quería provocar una rabieta, sí quería hacerle enfadar un poco, ya que, de esta manera, conseguía que me mirase durante un momento y que emitiera sonidos con un fin comunicativo (no casualmente) y esto demostraba que había advertido mi presencia y que se estaba relacionando un poco conmigo, aunque no fuese una interacción alegre.

Retiré mi mano un poco para hacerle saber que me daba cuenta de su enfado y que le respetaba por habérmelo sabido comunicar. Parecía más satisfecho. Seguía ocupado con la mancha, pero su voz cambió de tono y empezó a entonar de manera más rítmica los sonidos «unnn, unnn, unnn». Me uní a él con algunos sonidos rítmicos de mi repertorio y me ocupé de otra mancha para acercarme a él durante unos segundos. Entonces, volví a aplicar el mismo patrón: acerqué mi mano lentamente y él hizo sonidos de alerta. Repetí este comportamiento dos o tres veces, pero cada vez lo hacía con una intención más lúdica y con una sonrisa en la cara. A la quinta vez, me cogió la mano y la apartó un poco. A la octava vez me paró la mano cuando la puse encima de su mancha favorita.

Entonces, empezamos a jugar a la captura y al acecho y quería apartar mi mano en lugar de limpiar la mancha mientras yo alejaba la mano y la volvía a acercar hacia él. Entonces, empecé a cerrar con suavidad mi mano alrededor de la suya cuando me la quería apartar. De este modo, le obligaba a hacer un sonido para que yo la abriera. Empezamos a jugar de esta manera y, en una segunda sesión, conseguí que sonriera en alguna ocasión. Yo acababa de entrar en su mundo y él se sentía más cercano a mí y realizaba actos con intención. Estábamos intercambiando un flujo constante de señales emocionales y estábamos poniendo en práctica la resolución conjunta de problemas, pero todavía nos quedaba casi todo el camino por recorrer. Sólo habíamos dado el primer paso en un proceso que consiste en proporcionarle sentido a las acciones y a las palabras y que conduce al progreso del niño.

Obstáculo lúdico

Seguir la iniciativa del niño sólo es el principio. Al acercarlo a nuestro mundo, debemos poner en juego mecanismos creativos que capten su atención, que nos revelen lo que le enfada y que le animen a dar un paso hacia el mundo compartido. Existe una técnica que se aplica a los niños más solitarios y que consiste en colocarse entre él y el objeto que esté tocando o lo que esté intentando hacer. De este modo, nos convertiremos en otro objeto lúdico en su mundo. Hemos llamado a esta técnica «obstáculo lúdico».

Por ejemplo, durante una sesión, un niño me ignoraba a mí y a sus padres y no paraba de abrir y cerrar una puerta. Yo le observé y puse la mano en la puerta para ayudarle sutilmente a abrirla y cerrarla. No le gustó y emitió un quejido parecido a «¡Rrrrrr!», así que retiré la mano. Pero, poco a poco, me fui colocando detrás de la puerta. El niño hacía ruidos y me intentaba apartar de la puerta; de este modo, comenzó a interactuar conmigo de manera propositiva. Y, como hice con el niño de la mancha en el suelo, le marqué un ritmo muy lento a la interacción, sin dejar nunca de ser sensible a sus reacciones. De este modo, conseguía que se enfadara un poco sin llegar a angustiarse y siempre me detenía si intuía que iba a tener una rabieta. Poco a poco, la interacción se fue convirtiendo en un juego y, finalmente, dijo: «No». Un poco más tarde, aprendió a decir «fuera» con una gran sonrisa de satisfacción porque él era el dueño de la puerta. Al sentirse más cercano a mí con esta aparentemente ilógica acción repetitiva con la puerta, le ayudé poco a poco a interactuar, utilizar gestos con una finalidad y concederle significado a las palabras «no», «fuera» y «déjame».

Cuando un niño se involucra en la resolución conjunta de problemas, ya no se centra exclusivamente en las acciones repetitivas. En los casos que hemos descrito anteriormente, los niños tardaron seis semanas en abandonar sus hábitos repetitivos y pasaron a realizar acciones más interactivas y agradables. En cuanto el niño empieza a disfrutar interactuando con los demás, ya no necesita tanto la autoestimulación. Sin embargo, puede regresar a ese hábito cuando está nervioso o angustiado, pues es muy difícil que lo abandone rápidamente. No obstante, muchos lo consiguen y se vuelven, entonces, más receptivos ante los cambios que están por llegar.

Descubre el perfil sensorial y motor del niño

Para introducirse en el mundo del niño, no hay que limitarse a intuir lo que le gusta. Se trata de un proceso sistemático. En primer lugar, los expertos y tutores deben conocer perfectamente cómo funciona el sistema nervioso del niño a través de una observación atenta de su manera particular de oír, ver, tocar, oler y moverse. Tal y como se expone en el capítulo once, los niños (sobre todo los diagnosticados con TEA) difieren mucho en su reacción sensorial. Algunos se sienten sobreestimulados ante determinados sonidos o sensaciones de tacto o, por el contrario, no muestran la más mínima reacción. Otros son muy sensibles ante ciertos olores. Por ejemplo, un perfume muy intenso puede provocar que un niño se sienta muy angustiado y huya de la escena.

Para contribuir a que el niño se sienta bien, tutores y expertos deben observarlo atentamente y detectar la sensación que más le relaja, la que más le estresa y la que no acaban de apreciar. Con independencia de la edad del paciente, siempre debemos comprobar cómo responde a distintos tipos de tacto en las diferentes partes de su cuerpo. También debemos experimentar con diferentes sonidos (graves, agudos, voz normal) y niveles de volumen para determinar cuál de ellos atrae su atención. Realiza esta prueba con cada uno de sus sentidos; así sabrás a qué sonidos puedes recurrir cuando quieras atraerlo hacia tu mundo.

El siguiente paso es observar cómo procesa las sensaciones. Por ejemplo, muchos niños, antes de saber hablar, responden al sonido de la voz de una persona como si se imaginaran lo que está diciendo. Otros se dan la vuelta como si estuvieran muy confundidos. Hay bebés que responden muy positivamente a secuencias vocales muy complejas, mientras que otros se sienten desconcertados y responden sólo a los sonidos simples. Otros niños, aunque no puedan entender lo que significan las palabras, tienen un repertorio de respuestas tanto para los sonidos complejos como para los simples.

Los niños también difieren en su percepción visual. Algunos aprecian mucho las señales complejas, como el gesto de alguien levantando y moviendo las dos manos, sonriendo y moviendo la cabeza. Otros niños se sienten muy tensos al observar tanto movimiento y responden mucho mejor ante una simple sonrisa. Hay niños que se sienten muy bien en un entorno ruidoso, acompañados de muchos niños y juguetes, mientras que otros niños prefieren estar en un rincón bien despejado acompañados de un solo adulto o, como máximo, de un niño para poder jugar.

Por otra parte, es muy importante observar el nivel de competencias motoras del niño. El escenario perfecto es viéndolo jugar. Por ejemplo, ¿se limita a coger su coche favorito y arrastrarlo hacia delante y hacia atrás (es decir, realiza un solo paso repetitivo)? Un patrón de comportamiento más complejo, formado por cinco secuencias, es aquel en el que el niño entra en una habitación, coge su muñeco favorito, se lo da al padre, le sonríe y se sube a su regazo para jugar con él. Podemos distinguir tres categorías básicas: niños que empiezan a secuenciar acciones, niños que ponen en práctica patrones un poco más complejos y niños que son capaces de realizar las acciones necesarias para resolver un problema.

El tipo de actividad que estimula al niño depende del nivel que haya alcanzado. Por ejemplo, si le encanta montar a caballo, el padre puede trasladarse al otro extremo de la habitación, simular que es un caballo y decir: «¿Quieres montar a caballo?». En este caso, espera que el niño se acerque, salte encima de él y le dé golpecitos en la espalda para empezar a cabalgar. Sin embargo, si el niño sólo puede realizar una acción que conste de una o dos secuencias, la madre lo tendrá que coger en brazos y le dirá: «Te voy a subir a la espalda de papá para que cabalgues». En ese caso, el niño sólo debe cumplimentar una acción, que es, por ejemplo, mover los pies para animar a su padre a avanzar. Si el niño sólo es capaz de realizar una acción de una secuencia, los padres deben adaptarse y empezar con acciones muy sencillas para ir complicándolas poco a poco.

Los niños también responden de manera diferente al movimiento en el espacio. A algunos les encanta sentir la sensación del aire, mientras que otros prefieren los movimientos lentos y seguros. Esto influye, sin ir más lejos, en la manera de jugar al juego típico del «avión». A algunos niños les encanta en movimiento lento, otros quieren que los agiten con más fuerza. A algunos les gusta mucho saltar y dar vueltas (eso les ayuda a equilibrar sus sensaciones). En cambio, otros niños son tan sensibles al movimiento que los padres les deben mover muy lenta y suavemente.

Cada niño que padece TEA u otro trastorno de desarrollo es único. (En este sentido, debemos recordar que el ritmo de desarrollo de cada niño también es único, pues cada uno tiene su propio perfil sensorial y motor, aunque no se dan muchos casos extremos). Si los expertos y tutores conocen las peculiaridades del niño (y, muchas veces, las intuyen), podrán entrar en el mundo del niño de una manera más efectiva.

Consigue que se interese más por el mundo exterior
La clave para atraerlo al mundo compartido y garantizar, de paso, su seguridad, su tranquilidad y su equilibrio es familiarizarse, primero, con sus habilidades existentes y trabajar poco a poco desde esa base. Cuando se ponga tenso, nervioso o irritable, debes retroceder hasta esa línea base

y empezar de nuevo más lentamente. En cuanto empiece a acercarse a ti, puedes ir incrementando su habilidad de entender y procesar las diferentes sensaciones, así como, también, su capacidad potencial de secuenciar acciones. Introduce cambios lentamente para que pase a realizar acciones de dos secuencias, tres secuencias, etc. Después de subir varias veces al niño a la espalda del padre, la madre lo puede dejar al lado del padre (en el suelo) y este le puede preguntar: «¿Montar a caballo?». Al cabo de un momento, el niño puede que empieza a dar golpecitos en la espalda del padre (sin soltar la mano de la madre), indicando que quiere empezar a cabalgar. Entonces, la madre lo debe subir y el niño puede que mueva las piernas para que el padre empiece a caminar a paso rápido. Así, la acción consistirá en dos pasos y será, por tanto, muy interactiva. Esta situación puede derivar, también, en un inicio de comunicación.

Han proliferado muchas técnicas innovadoras para captar la atención del niño y atraerlo hacia nuestro mundo. Los padres, tutores y terapeutas obtendrán unos resultados más positivos si ponen en práctica estas actividades como complemento de la terapia DIR/Floortime y si observan y responden a las señales del sistema nervioso del niño. La técnica o estrategia más eficaz consiste en una interacción que se adapte a estos parámetros; un juego que se adecue a su perfil particular y una estimulación que no pierda de vista el progreso escalonado del niño. Las diferentes técnicas pueden formar parte de una interacción espontánea o de un planteamiento de trabajo más estudiado y encaminado a reforzar competencias, como las lingüísticas o motoras.

El placer de la interacción

Muchos juegos que se llevan a cabo con los bebés se pueden poner en práctica con los niños con TEA y resultan muy útiles. Muchos niños, con independencia de sus trastornos neurológicos, disfrutan con el juego de esconder o tapar objetos. Si alguna vez pones caras divertidas y emites sonidos graciosos y consigues que tu hijo/a te mire, puedes aprovechar para ponerte una servilleta encima de la cabeza. El niño puede apartar la mirada o puede sentir la curiosidad de quitarte la servilleta para mirarte otra vez. Otros niños prefieren los juegos que estimulan su sistema sensorial, como la postura de hacer el avión o los saltos y bailes. Es muy beneficioso, también, cogerle de la mano y moverla rítmicamente siguiendo el sonido de tu voz mientras él o ella salta encima del sofá o de un colchón. Este es otro escenario perfecto para desarrollar la comunicación.

Si el niño es muy reservado, se abstrae con facilidad y evita tu acercamiento, debes pensar que separarse de ti le produce placer. En ese caso, sigue su iniciativa y deambula sin finalidad con él. Considera que, sea lo que sea lo que esté haciendo, se muestra a gusto y confortable e intenta profundizar en esa sensación de placer que él siente con el fin de convertirla en parte integrante de una relación interpersonal. Por ejemplo, el niño merodea sin sentido por la habitación, pero se fija en una pequeña manta. Coge la manta y la arrastra por la habitación. La madre entonces la coge y se tapa la cabeza con ella mientras lo sigue. Él responde estirando de la manta y ella la aguanta un poco. El niño empieza a sonreír y a jugar a estirar la manta y los dos acaban escondiéndose debajo de la manta y riendo.

El obstáculo mayor al que se enfrentan los padres en el momento de querer interactuar con su hijo/a es su propio sentimiento de que el niño no quiere relacionarse con ellos; de que les rechaza y se enfada con ellos. Esto les lleva a una situación de cansancio y hastío. Sin embargo, la pequeña protesta o el enfado no tienen nada que ver con la rabieta y no deben confundirse. Si el niño se muestra siempre muy abstraído, es totalmente normal que proteste cuando alguien le intenta estimular. Sin embargo, estoy en condiciones de decir que nunca he conocido a un niño que prefiriese la soledad después de haber trabajado con él. Incluso los niños que presentan un grave TEA empiezan a disfrutar de la interacción con otra persona si esta se produce de manera lenta, gradual, afectuosa y sutil.

Una vez el niño (tenga o no TEA) disfruta de la interacción con otra persona, esta sensación la percibe tan natural y satisfactoria que la busca cada vez más. La primera semana e incluso el primer mes son siempre muy duras, pero, después de este lapso de tiempo, el proceso se simplifica un poco. Así que si tú, como padre, madre o tutor, te sientes muy impotente porque el niño «te rechaza», intenta tranquilizarte, reorganizar tus pensamientos y vuélcate en tu tarea de presentar acciones y juegos simples, absurdos, divertidos y desinhibidos que se inserten justo en lo que el niño quiere hacer. Intenta convertirte en un motivo de juego en su vida. Si al principio no te muestra ningún afecto y te trata como un medio para que le alcances la botella de zumo o el juguete de la estantería, este hecho ya es positivo. Esta sencilla interacción es el primer paso hacia la confianza y la demostración de afecto. Poco a poco irán aflorando nuevas emociones que aumentarán su satisfacción y alegría.

Capítulo 7
Fomentar la comunicación recíproca y la resolución de problemas sociales

Los padres de Claire estaban desolados. Su pequeña se mostraba apática y absorta. A veces, se dejaba abrazar y respondía con una sonrisa, pero cuando intentaban hablarle en un tono alto o la forzaban un poco para que les cogiera de la mano, Claire se negaba y se cerraba aún más en sí misma. Sólo querían ser capaces de comunicarse con ella y pidieron ayuda porque no sabían qué hacer.

Comunicación preverbal

La comunicación es un aspecto fundamental para trabajar con un niño diagnosticado con TEA. Si el tutor consigue que le preste atención y que, además, se muestre calmado, equilibrado y predispuesto a interactuar cada vez más, es muy importante que el niño aprenda a comunicarse de forma propositiva. Si bien la comunicación se define muchas veces como un intercambio de palabras («Tengo hambre», «Dame ese juguete», «Vete»), en realidad la comunicación se inicia desde un nivel preverbal mediante gestos, cuando el niño señala a un juguete que quiere tener o emite un sonido como respuesta a otro sonido que oye. Esta comunicación preverbal se produce en las primeras etapas de la vida, con movimientos de cabeza, sonrisas o gorjeos que se acaban convirtiendo en un diálogo de sonidos, gestos, sonrisas y pucheros. Todo esto se produce antes de que el sujeto sepa utilizar y manejar el significado de las palabras.

En el segundo año de vida empiezan a tener protagonismo ciertas palabras, pero el niño no deja de lado este lenguaje gestual, sino que, precisamente al contrario, lo utiliza con más intención y más entusiasmo a un nivel más elaborado que los intercambios verbales. Las palabras tardan en aparecer y, aunque el niño aprenda a verbalizar sus intenciones, siempre subyace el lenguaje gestual. De hecho, las personas se comunican mediante expresiones faciales, tono de voz, expresión corporal, movimientos, etc.

Cabe afirmar, además, que somos muchos los que creemos más en la eficacia del nivel preverbal que en el verbal. Si un desconocido te dice educadamente: «Necesito que me ayude con este mapa. ¿Puede acercarse, por favor?», pero su lenguaje corporal y su expresión facial transmiten peligro, seguramente te alejarás de él. Vas a ignorar por completo el componente verbal y te vas a guiar sólo por las señales no verbales. Otro ejemplo típico es el de los políticos. Los asesores de imagen de las figuras políticas están tan pendientes del tono de su voz y de sus gestos como de lo que dicen. Así, el lenguaje gestual comienza siendo una herramienta de comunicación básica en la primera etapa de la vida y se utiliza constantemente a lo largo de la experiencia vital de todas las personas.

Las competencias verbales del niño se construyen sobre la base de este nivel preverbal. Para que las palabras adquieran significado pleno y el niño pueda manejar el lenguaje adecuadamente, primero debe dominar la comunicación gestual. Aunque ya sepa hablar, el niño (sobre todo el que padece TEA) necesita reforzar este nivel preverbal. Aparte de la evidente importancia de la comunicación, el dominio de este nivel es clave para el desarrollo de las competencias sociales y emocionales. Los niños que no saben interpretar ni responder a las señales sociales (expresiones faciales, gestos, lenguaje corporal) se sienten muy desorientados. Mucho antes de que puedan hablar, los padres y tutores le indican lo que es peligroso y lo que es bueno mediante una mirada, un sonido, un tono de voz o un gesto con la mano. De este modo, el niño que está a punto de meter los dedos en el enchufe ya sabe que eso es un «¡no, no!» mucho antes de que conozca el sentido de la palabra «no». Sencillamente, reconoce la alarma en la voz de su madre, su mueca, su gesto con el dedo y su manera de levantarlo del suelo y apartarlo del peligro.

De la misma manera, el cariño, la cercanía y el amor se comunican mediante las expresiones y tonos de voz. Un niño le ofrece una sonrisa a su madre, se muestra coqueto y hace un ademán para que lo coja y su madre le responde con una gran sonrisa, lo coge y le dice: «Como te quiero». Aunque el niño no conozca el significado del verbo «querer», recibe y siente un gran cariño gracias a estos gestos y el tono de voz que le proporciona su madre. Asimismo, en esta dimensión preverbal va aprendiendo normas y siente el cariño. Todas estas competencias sociales y emocionales, que le permitirán interpretar las señales sociales de los otros niños, se aprenden en primer lugar mediante la comunicación gestual.

Pero ¿cómo aprende el significado de las palabras? En el ejemplo planteado más arriba, el niño que alarga los brazos y que es cogido, besado y abrazado por su madre aprende el significado de la palabra «querer» (entre los dieciocho meses y los dos años y medio) porque esta palabra resume todas estas interacciones. De no producirse este intercambio, el niño no sabría lo que significa el verbo «querer». Se lo podrían explicar y podría memorizar la definición, pero no lo sentiría: no experimentaría su significado.

Lo mismo ocurre con otros ejemplos: un niño que ha comido manzanas y que ha jugado con manzanas conoce perfectamente el significado de esa palabra. Y la palabra «manzana» contiene un significado para él que no tiene nada que ver con la definición del diccionario. La palabra se convierte en la etiqueta de una noción que el niño ya conoce porque la ha experimentado, de tal modo que una de sus interacciones con el mundo le ha otorgado ese conocimiento mucho antes de saber hablar. Los niños que padecen retrasos en su producción de lenguaje gestual conocen más tarde el significado de las palabras y se sirven de interacciones que combinan el nivel verbal con el nivel gestual, pero utilizan el lenguaje gestual como base para interpretar las palabras.

Origen de las habilidades cognitivas

La cognición y la inteligencia también se construyen sobre la base de la comunicación gestual. Tal y como hemos señalado antes, un niño comprende el principio básico de la causalidad cuando comprueba que puede obtener una sonrisa de su madre si le sonríe, la arrulla o le hace pequeños gestos con las manos y pies. Si no se diera esta comunicación bidireccional, el niño tendría una noción muy limitada de las relaciones de causalidad, experimentando con el mundo físico, pero no tan pronto ni de una manera tan plena como mediante esta experiencia social o emocional en este sentido.

Las habilidades cognitivas (entre las cuales se encuentran las matemáticas y la ciencia) son, también, consecuencia de esta capacidad potencial para la comunicación preverbal. Por ejemplo, el niño aprende la noción de cantidad cuando negocia respecto a galletas o juguetes. La atención y la resolución conjunta de problemas se aprenden mucho antes de que el niño aprenda a hablar. El requisito fundamental para el desarrollo de la inteligencia y de las competencias académicas es la comunicación bidireccional que tiene lugar en la primera etapa de la vida y en la que inicialmente no hay flujo de palabras. Si se dan déficits en el desarrollo del niño que le impiden afianzar ese tipo de comunicación, los terapeutas y tutores deben favorecerlo y solucionarlo lo antes posible, pues las carencias en este nivel detienen el desarrollo del niño a niveles superiores y le dejan bloqueado en una conducta obsesiva y autoestimulatoria.

Déficits de comunicación

Muchos niños con TEA (como consecuencia de anomalías biológicas que repercuten en la coordinación motora, en la planificación de acciones, en el procesamiento visoespacial, en la modulación de estímulos sensoriales, etc.) presentan graves dificultades de comunicación. Los principios elementales del lenguaje verbal y, por consiguiente, de las competencias cognitivas y sociales se hallan anulados hasta que el niño recibe ayuda para comunicarse. Para empezar por algún punto (con independencia de la edad del niño) los clínicos observan, en primer lugar, cómo interactúa con los demás, observando si el niño se involucra en el mundo o prefiere la soledad. El siguiente paso es preguntar si el niño suele utilizar expresiones faciales y gestos manuales. ¿Encuentra la manera de decirle a sus padres (aunque no sepa hablar) lo que quiere? Al no poder usar palabras, ¿intercambia gestos para satisfacer su curiosidad o negociar? ¿Sabe utilizar palabras?

Si el niño (o adulto) es incapaz de involucrarse en una comunicación bidireccional con gestos, esto será lo primero que se deberá trabajar. Sin la comunicación bidireccional, los demás progresos no tienen cabida. Aunque los terapeutas puedan reforzar otras competencias verbales e incluso las competencias académicas, simultáneamente, si ignoran esta comunicación ralentizarán el avance del niño y la estructura que estén construyendo será débil.

Por norma general, la comunicación bidireccional en los niños que no presentan trastornos en su desarrollo comienza al año y medio y se vuelve más compleja a los dos años. No resulta sorprendente que, una vez evaluadas las competencias comunicativas y lingüísticas de muchos niños con TEA, se constate que tienen un nivel comunicativo inferior al de un bebé de doce meses. Esto se suele producir muchas veces porque el sistema preverbal no se ha consolidado como debería. Seguramente, estos niños saben pronunciar palabras o identificar letras o formas, pero no cuentan con las bases necesarias para su desarrollo.

Sirva como ejemplo el siguiente caso: en una ocasión, tuve que tratar a un niño que hablaba con «ideas fragmentadas e inconexas». Era capaz de decir «coche fuera», «juguete azul» y «camisa naranja». Muchas veces, sus padres no le entendían. Su comunicación era totalmente intermitente; estaba aislado, pronunciaba de repente un enunciado y volvía a retraerse. Siguiendo nuestro principio básico, le guiamos poco a poco para que participara en interacciones y le ayudamos a gestualizar y pronunciar las palabras en un flujo constante de señales comunicativas. Al final de la sesión y por primera vez en su vida, interiorizó el concepto de pregunta e incluso fue capaz de formular una pregunta con el encabezamiento «por qué».

Si bien este niño progresaba muy rápidamente, la mayoría de niños necesitan más tiempo. Algunos llegan a mejorar notablemente sus competencias verbales si los terapeutas y tutores trabajan sobre la base de una comunicación bidireccional. La comunicación constante también es vital para el desarrollo de la consciencia de la realidad y para regular la conducta y las emociones. Si el niño se muestra alternativamente absorto y comunicativo, recibirá solamente pequeñas muestras de la realidad, y no una panorámica continua. Si, en cambio, presta atención e interactúa con las personas constantemente, recibirá una retroalimentación del entorno. El niño podrá interpretar la cara seria de su madre y los gestos de su padre y podrá saber cuándo se están enfadando y por esto quizás no se mostrará agresivo. La habilidad de descodificar señales emocionales y sociales e interpretar las respuestas de sus padres le permite regular su comportamiento, su estado de ánimo y sus emociones. Así, por ejemplo, la voz sosegada de la madre puede ayudarle a calmarse cuando insiste en coger un juguete. Entonces, en lugar de optar por el enfado, señalará al juguete de manera enfática y la madre le indicará con la mano que enseguida lo podrá tener. Este intercambio constante de gestos y señales comunicativas previene el hecho de que se dé una disfunción progresiva. En una etapa posterior, esta competencia gestual ayuda al niño a trabajar en el contexto de grupos sociales y a dominar los intercambios comunicativos verbales y no verbales que se producen en el colegio. La comunicación bidireccional le sirve para construir un pensamiento lógico y para conectar lo que él siente con lo que siente otra persona, lo que él dice y lo que dice otra persona. (Por supuesto, está claro que todos nos servimos de fantasías e imaginaciones para poder enfrentarnos al mundo, pero en una persona competente lingüísticamente y que domina el pensamiento abstracto esto puede constituir una decisión voluntaria, y no simplemente una acción refleja de apartarse del mundo).

Fomentar la comunicación

En este punto, podemos mostrar los principios básicos de la comunicación bidireccional y la resolución conjunta de problemas con la terapia DIR.

Para empezar, como hemos señalado en el capítulo anterior, seguimos la iniciativa del niño: detectamos sus intereses, sus emociones y sus propósitos. Este conocimiento es imprescindible porque la comunicación se basa en la intencionalidad. La finalidad básica es ayudar al niño a tomar la iniciativa. El primer paso de la comunicación intencional es tener claro un objetivo.

Para conseguir una comunicación bidireccional con el niño, más que apartarle de su juguete u objeto preferido, el terapeuta incorpora precisamente este mismo juguete u objeto a la interacción. Por ejemplo, si el niño muestra una conducta repetitiva de abrir y cerrar una puerta constantemente, el terapeuta puede poner una calza en la puerta para que no la pueda mover y preguntarle: «¿Te puedo ayudar?» y le ofrece un gesto que indica que quiere abrirla y cerrarla con él. Si el resultado es positivo, el niño puede asentir, conducirle la mano hacia la puerta o realizar cualquier otro gesto que indique conformidad. En este caso, el terapeuta está estableciendo una comunicación con él o ella ayudándole a alcanzar sus metas. Luego, podemos desplazar la calza para que el niño pueda abrir la puerta. El siguiente paso es volver a poner la calza (a poder ser, sin que el niño lo vea). No hay que preocuparse por introducir este pequeño truco: es para su beneficio.

Pongamos por caso otro ejemplo: el niño está bailando por la habitación y el terapeuta le tiende la mano para comprobar si quiere bailar con él. El niño debe cogerle de la mano voluntariamente. De este modo, el terapeuta realiza una acción sencilla como extender la mano (sin cogérsela) para que el niño se atreva a dar un paso para demostrar sus intenciones, para demostrar que responde a sus estímulos de la misma manera que el terapeuta ha respondido a los suyos. Esto se llama abrir y cerrar un círculo de comunicación. El niño abre el círculo demostrando sus intenciones y el terapeuta o padre se basa en este estímulo para ofrecerle lo que él quiere. A partir de ahí, le ayuda a alcanzar su propósito y el niño, a su vez, cierra el círculo cuando aprovecha lo que le ofrece el terapeuta seguido de gestos y señas. En este sentido, el terapeuta se desplaza de un círculo de comunicación a otro impulsando la multiplicidad de interacciones.

Vamos a plantear otro ejemplo: hemos trabajado con un niño que jugaba con sus propios dedos, absorto y autoestimulándose. Eso nos proporcionó una serie de pistas para penetrar en su mundo. Puse mi dedo meñique encima de su mano y le dejé jugar con él. Entonces lo retiré, pero no mostraba la intención de ir a por él, de modo que le toqué la punta de su dedo meñique. Desplazó su mano hacia la mía y la puso encima; entonces, le dejé jugar un rato con ella. A continuación, retiré un poco la mano y le volví a tocar la punta del dedo meñique y entonces me la agarró.

Aunque pueda parecer una acción repetitiva, conseguí establecer una comunicación con él a partir de ahí. Al niño le gustaba el tacto firme, pero no demasiado, de modo que procedí de esta manera a tocarle los pies y su reacción fue acercarlos hacia mí e intentar atrapar mis pies con los suyos. A través de este juego, saltamos a un mundo de interacciones y acabamos cerrando más de veinte círculos de comunicación que exigían la resolución conjunta de problemas. Participó en este proceso con suma satisfacción.

Otra manera de establecer una comunicación bidireccional es a través del obstáculo lúdico, ya mencionado en el capítulo anterior. Tú, en tanto padre, madre o terapeuta, puedes introducir obstáculos. Por ejemplo, puedes inventarte que un policía obstaculiza la salida del coche que el niño empuja y, de este modo, el niño deberá combatir al policía o esquivarle. En el obstáculo lúdico, debes evitar la rabieta y, para ello, puedes ralentizar tu movimiento de modo que él acabe haciendo un gesto que indique su deseo de que pares. De este modo, se convertirá en dueño de sus propios gestos (él manda tan pronto como sea capaz de hacer gestos con fines comunicativos). Si lo consigues, él/ella se va a sentir gratamente estimulado/a y tú conseguirás uno de tus objetivos.

Si se trata de un niño que vaga por un espacio, se le puede aplicar el juego que hemos convenido en llamar «barrera humana». Consiste en seguir al niño y en rodearle con los brazos sin llegar a tocarle, de modo que tiene que levantar tus brazos, decir «vete» o gesticular de alguna manera si quiere seguir moviéndose por la habitación. En cuanto lo haga, hay que seguir su iniciativa.

Hay un número ilimitado de maneras de establecer comunicación bidireccional (taparse la cara, esconder objetos, iniciar actividades rítmicas, etc.). Puedes empezar escondiendo una galleta o su juguete favorito en la mano. El niño te abrirá la mano y la encontrará. Entonces, coges otro juguete pequeño y lo escondes en una mano, pero cierras los dos puños para que tenga que buscar en qué mano lo has escondido. Acabas de abrir dos círculos de comunicación. En una tercera ronda, te escondes las manos detrás de la espalda para que el niño tenga que mirar detrás de tu espalda y encontrarlas. En este caso, ya hay cuatro o cinco círculos de comunicación alerta. El próximo paso es emular que una muñeca coge la galleta y esconder la muñeca en algún rincón de la habitación, de modo que el niño la tendrá que buscar y tú le ayudarás mediante gestos y señales. Así, activas unas diez cadenas de comunicación.

Durante el transcurso de este juego, puedes introducir palabras e indicarle que tiene que decir «¡galleta!» si quiere encontrarla. Puedes empezar estimulándolo con una palabra, pero puedes complicar un poco la secuencia diciendo: «¿Galleta o zumo?». Primero, te limitas a repetir la palabra mientras realiza la actividad (como comerse la galleta) para que sepa qué significa. A continuación, le planteas opciones (siempre colocando en primer lugar la correcta y en segundo lugar la incorrecta), y así te aseguras el hecho de que la simple repetición de la última palabra no da con la respuesta correcta.

El objetivo principal es aumentar su motivación. Para ello, debemos considerar el principio básico de atender a los intereses del niño. Tú, como padre, madre o tutor, no tienes por qué repetir siempre el mismo juego: sea cual sea su respuesta, esta garantizará la apertura de un círculo de comunicación y el niño alcanzará nuevos propósitos en torno a este flujo comunicativo. Es tan importante llegar a un estadio de comunicación constante y recíproca que, una vez alcanzado, ya no necesitaremos contar los círculos de comunicación activados, pues el niño habrá entrado en una dinámica bilateral de intercambio comunicativo, siempre y cuando estés dispuesto a ayudarle.

Diferencias sensoriales y comunicación

El caso descrito al principio del capítulo es el de una niña que no respondía a los estímulos, no reconocía sonidos ni sensaciones muy bien. Además, al mostrar un tono muscular muy debilitado, era incapaz de tomar la iniciativa en ninguna acción. Para ella era muy complicado señalar, mirar o darse la vuelta. La interacción es muy difícil con este tipo de casos, pues tienden a mostrarse absortos y a preferir la soledad, puesto que no acaban de reconocer la voz de una persona ni su expresión facial. Hay que invertir mucha energía y motivación para conseguir, además, logros muy pequeños como una mirada.

Por otra parte, estos niños no sólo necesitan un gran aporte de energía y estímulos, sino que, además, pueden ser muy sensibles al sonido. Cuando uno trabaja con niños que presentan este patrón de conducta, se debe encontrar el nivel de voz, energía e intensidad adecuado. Es muy importante hablarles con una voz muy enérgica y motivada, pero eso no significa que el tono sea alto. El tono de voz alto no siempre atrae la atención; de hecho, una voz cercana al susurro puede ser mucho más eficaz. Asimismo, los padres de carácter calmado y sosegado deben aprovechar este rasgo para tratar con su hijo/a, aunque también deben mostrarse muy animados y receptivos para querer jugar con él/ella y animarle a tomar la iniciativa.

Es muy difícil establecer un flujo de comunicación constante con los niños que se abstraen enseguida. Tú, como padre, madre o tutor, puedes lograr una interacción muy positiva al principio (por ejemplo, haces rodar una pelota y el niño va a por ella), pero luego parece que lo pierdes y que no salta al siguiente paso. En lugar de devolverte la pelota, el niño mira por la ventana. El mecanismo es aumentar la expresividad de tu voz y el ímpetu de tus acciones y hacerle participar constantemente. No lo pierdas ni por un segundo. Sigue observándolo y, si pierdes el contacto visual o emocional, esfuérzate por recuperarlo. Si el niño sigue mirando por la ventana, colócate delante de él y bloquéale la visión. Puedes utilizar las palabras: «No te escapes; ¡estoy en todos los sitios!» es el nombre del juego para los niños que se abstraen fácilmente.

Otros niños son muy sensibles y enseguida se cargan de tensión ante la mínima sensación de tacto. Estos niños pueden ser muy irritables o enfadarse con facilidad, o distraerse enseguida con cualquier elemento del entorno. El propósito de nuestra terapia es ayudarlos a sentirse calmados y equilibrados y no debemos estresarlos, sino mostrarles un interés y una motivación sosegada.

Los niños que presentan más desafíos son los que se distraen tanto con sus movimientos que son incapaces de prestarle atención a otra persona. Estos niños son muy activos y huidizos y suelen mover los brazos y las piernas mostrando una conducta obsesiva y autoestimulatoria. En cuanto se le acerca el tutor o el terapeuta, el niño se aleja y se queda en un rincón del cuarto, esquivando su contacto. En esos casos, una técnica efectiva para evitar que se distraiga con sus propios movimientos es redireccionar su movimiento hacia la realización de un movimiento conjunto. Por ejemplo, si el niño de dedica a saltar y a correr, puedes cogerle las manos y unirlas con las tuyas para que los dos os suméis en un movimiento conjunto y tú puedas interactuar con él rítmicamente a su nivel de actividad. A partir de ahí, puedes ir ralentizando lentamente el movimiento con el niño. De este modo, le puedes ayudar a alcanzar un punto en común contigo y existe la posibilidad que, en este trance, empiece a gesticular y querer comunicarse, y que incluso utilice una palabra. Esta es una de las maneras de ayudar a los niños con graves disfunciones en la planificación de acciones y con actividades motoras distractoras, pues, siguiendo estos juegos, pueden llegar a organizarse y regularse, y a integrarse posteriormente en una comunicación bidireccional.

Rosemary White, prestigiosa terapeuta ocupacional, afirma que el comportamiento autoestimulatorio de un niño obedece, en realidad, a una serie de causas intencionadas. Por ejemplo, pongamos el caso de que una niña agita los brazos, produce zumbidos o salta y hace sonidos de impacto. Mientras lo hace, observa si mira a su alrededor o realiza alguna otra acción diferente. Arnold Miller ha sido el primero en investigar con plataformas elevadas. Los niños con anomalías de ubicación viso-espacial pueden ser colocados en un balancín, una cama o una mesa baja. Esto les ayuda a orientarse en el espacio y a retomar la atención y, al luchar contra su propio control postural y contra la gravedad, consiguen descargar tensiones. Este es, por tanto, el mejor escenario para una interacción, pues podrás jugar con él mientras se encuentre en una postura elevada (pero asegúrate de que el suelo es blando por si se cae) o también te puedes inventar el juego de que subes a la plataforma con él. Si quiere bajar, puedes negociar esta acción conforme a una meta. Otros niños prefieren balancearse en un columpio o saltar encima de un pequeño trampolín o potro.

Ayuda al niño a tomar la iniciativa

La base de la comunicación bidireccional y de la resolución conjunta de problemas es motivar al niño para que te haga algo. Esta opción es mucho mejor que el hecho de que tú hagas algo al niño. Tienes que formularte esta pregunta: «¿Qué puedo hacer para motivarla a hacerme algo?».

En una ocasión, un niño se tumbó boca abajo en el suelo de mi oficina e ignoraba a todo el mundo. Su madre, una mujer muy creativa, le dijo: «¿Quieres dormir? Muy bien, voy a dormir contigo». Esta firme persuasión le tranquilizó un poco pero, tras unos instantes, quiso echar a su madre. No sólo hacía un ademán con el brazo, sino que dijo: «¡Vete!». Este niño casi nunca hablaba y su madre consiguió estimularle para que tomara la iniciativa y para que se dirigiera a ella.

La mayoría de niños con graves tipos de TEA carecen de iniciativa. De hecho, uno de los primeros síntomas de este trastorno es que el niño no quiere tomar la iniciativa en las interacciones sociales y prefiere quedarse en un segundo plano. Como son capaces de repetir palabras o de identificar dibujos en un libro, parece que avanzan en cognición y en lenguaje, pero su desarrollo sigue latente y su relación con el mundo es poco fructífera. Por suerte, nunca es tarde para conseguir que el niño tenga iniciativa. A partir de ahí, todo puede cambiar.

Como padre, madre o tutor, debes centrar tus esfuerzos en que el niño tome la iniciativa. Prepara una escena en la que se interese por coger algo e invéntate estrategias para que persista en su acción. Si lo consigues, debes estar muy atento a sus reacciones, aunque aparentemente sean casuales. Si interpretas las acciones como si fuesen intencionadas, entonces habrás conseguido impulsar esa capacidad potencial de llevar la iniciativa de una manera bien sencilla, y el niño pensará que le prestas atención sincera en lugar de querer entretenerlo con cosas que a ti te parecen interesantes. Por supuesto, es importante que crees una dinámica muy atractiva para el niño para que acabe pensando: «Esto es lo que quiero hacer». Pero debes dejar que él/ella dé el primer paso y, posteriormente, apoyar su iniciativa de la mejor manera posible. Tal y como hemos comentado antes, una vez son capaces de interactuar y de verse inmersos en un flujo comunicativo, se apartan de los habituales síntomas de TEA. En este sentido, aprenden a interactuar con el entorno, consiguen equilibrar las tensiones y disminuir los episodios de rechazo, aislamiento y conducta obsesiva y autoestimulatoria.

El primer paso siempre es el más difícil. Debes motivar a tu hijo colocándote en la mano o en la cabeza, por ejemplo, su juguete favorito o un objeto que sea de su interés. Si quiere cogerlo, has superado ese difícil primer paso. Has hecho un gran avance. El segundo paso es convertir esa primera interacción en círculos de comunicación. Esconde ese muñeco u objeto en la mano o dentro de tu camiseta. Pónselo fácil. El siguiente paso es asomarte por la silla al lado del juguete. Cuando quiera abrir una puerta, ayúdale, pero tendrá que mostrar dónde tienes que poner la mano y cómo quiere que la abras. Piensa siempre en maneras de extender o de enriquecer vuestra comunicación y de ayudarle, de paso, a mostrar más iniciativa.

Cuando el diálogo con tu hijo active más de veinte círculos de comunicación y tu hijo sea capaz de tomar la iniciativa y de ser uno de los elementos discursivos de la interacción, habrás alcanzado el dominio de la dinámica comunicativa. No tengas miedo a experimentar. Lo que funciona, si el niño toma la iniciativa y empezáis a producir un flujo comunicativo, lo estás haciendo bien. No dejes de practicar. El único error es rendirse y perder la motivación.

Iniciar el flujo de comunicación: cuestiones centrales que se plantean los padres y tutores

1. «¿Atiendo a la iniciativa del niño y utilizo sus intereses como referencia?». Debes considerar siempre que tu hijo/a realiza las acciones persiguiendo un fin determinado, por casual que parezca su comportamiento. Es importante que te interpongas entre él/ella y la actividad y le ayudes a realizarla. A continuación, introduce pequeñas complicaciones.

2. «¿Le estoy estimulando para que tome la iniciativa?». Estimular al niño con caricias, palabras, vocalizaciones o hacer cosas por él no contribuye a iniciar una interacción. Debes incitarle a que te indique dónde le gusta que le hagan cosquillas (en la barriga, en la espalda, en los brazos, etc.). Finge confusión y actúa con gestos ingenuos como si no supieras dónde hacerle cosquillas y señala dos posibilidades; acepta cualquier gesto que provenga de él o ella como una indicación de dónde quiere. Debes interpretar desde el principio el más mínimo gesto comunicativo como una señal reveladora de algo que quiere.

3. «¿Creo expectación a través de la voz, los gestos y el lenguaje corporal?». Si dices: «¿Quieres una manzana? ¿Sí? ¡Uy! ¿Ahora dónde está? ¡Aquí! ¿La quieres?», estás creando expectación y transmitiendo motivación. Si te limitas a decir: «¿Quieres la manzana?, ¿quieres la manzana?», tu voz no destila expectación. Cuanto más animado/a estés, habrá más posibilidades de que el niño responda a tus sonidos o a tus expresiones faciales con alguna señal comunicativa. Cada vez que el niño se abstraiga, debes acentuar la alegría en tu voz (sin necesidad de chillar) y estar más animado/a que nunca: más motivado/a y expectante.

4. «¿Adapto las interacciones al sistema nervioso del niño?». Si el niño

muestra un tono muscular muy debilitado y se abstrae con mucha facilidad, ¿eres suficientemente enérgico/a con él? Si es demasiado sensible y activo, ¿te has parado a pensar si tú eres demasiado tranquilo/a con él? ¿Para el niño que aprende sobre todo visualmente, estás utilizando apoyos visuales extras? ¿Estás exagerando los sonidos para el niño que padece anomalías en el procesamiento auditivo? Intenta mantener siempre cierto ritmo, cierta expectación y la cantidad justa de energía en tu voz mientras pronuncias las palabras de manera muy didáctica.

5. «¿Vuelco todos mis sentidos mientras adapto nuestro juego a su perfil sensorial?». Debes estimular su vista, oído, tacto y movimiento teniendo en cuenta siempre lo que le gusta y lo que le perturba.

Capítulo 8
Símbolos, ideas y palabras

Todd, un niño muy vital de cuatro años, diagnosticado de TEA y que mostraba ligeras deficiencias en el sistema motor oral, usaba un gran abanico de gestos y sonidos para comunicarse con sus padres, pero era incapaz de utilizar palabras. Los padres querían apuntarlo a la guardería, pero sabían que necesitaba adquirir cierta competencia lingüística. No encontraban la manera de ayudarlo a pasar de los gestos a las palabras para expresar sus deseos y necesidades.

Los padres y tutores suelen sentir una gran satisfacción cuando comprueban que el niño interactúa con los demás y aprende a gesticular. Sin embargo, desean que su progreso avance para que acabe expresando sus ideas y sentimientos en palabras. Una vez hemos asentado las bases de la interacción y la comunicación, ¿cómo pueden empezar los niños a crear ideas y símbolos y a manejar el lenguaje como vía para comunicarse con los demás?

Las primeras ideas

El estudio de la evolución de los seres humanos nos ha permitido saber cómo se desarrolla el lenguaje en bebés y niños (en «Referencias bibliográficas», ver Greenspan y Shanker, *La primera idea*). El proceso es parecido para la gran mayoría de niños con TEA u otros trastornos, aunque posean anomalías biológicas. Uno de los aspectos más importantes para el desarrollo del lenguaje en los niños es la presencia de ideas en la mente, pues las ideas son la antesala de las palabras.

Hemos podido comprobar que deben separar para poder tener una idea los niños la percepción de la acción. En el caso de los bebés y de muchos niños con TEA, unen las dos en lo que hemos denominado patrón perceptivo motor fijo; esto significa que la visión y la acción se producen simultáneamente. Buen ejemplo de ello es cuando el niño ve a su madre y estira los brazos o escucha su voz y grita para que le coja. La percepción sensorial y la emoción del momento desencadenan una acción inmediata. En muchos niños con TEA, la acción consiste en una evitación o aislamiento: oyen un sonido que les parece desagradable porque altera sus sentidos y se quedan rígidos o callados u observan un ventilador y lo miran fijamente porque la visión les produce un estímulo positivo. Entre la percepción y la reacción, siempre se produce un tipo de emoción (miedo, ansiedad o conducta autoestimulatoria), pero la secuencia siempre sigue el mismo patrón.

Como hemos comentado en los dos capítulos anteriores, cuando los bebés aprenden a utilizar sus emociones para interactuar, se involucran en una comunicación recíproca de señales con los demás. Las señales preverbales son el origen de las acciones y reacciones. El niño mira a la madre con melancolía y se mueve o gesticula para que lo coja. La madre le responde con un gesto que indica que debe esperar; el bebé se calma y ya han negociado. Estas interacciones distinguen, por una parte, lo que el niño ve o escucha y la imagen que se crea en su mente y, por otra parte, la acción rígida de morder, pegar, agarrar o rechazar.

En cuanto se aleja de las acciones automatizadas, la percepción del niño (lo que ve y lo que siente) se convierte en una imagen separada. A partir de ese momento, el niño tiene una imagen de su madre en su mente que no está supeditada a acciones rígidas. Al principio, estas imágenes mentales están aisladas pero, poco a poco, se empiezan a crear conexiones entre las imágenes de la mente de un niño. Por ejemplo, la imagen separada de la madre va adquiriendo significado a través de las múltiples experiencias que el niño va viviendo con ella. La madre puede ser gratificante, frustante, alegre o le puede traer una comida determinada o cierto muñeco. El niño asocia todo esto con la madre y se conforma una idea global e integrada de ella. Todo lo que afecta a la vida del niño (padres, hermanos, mantas, comida) adquiere significado de esta manera. Cuando se empieza a imaginar a gente, objetos y acciones, puede rememorar el pasado y formular deseos para el futuro.

Mientras los niños le otorgan significado a los objetos y a las personas de su vida y empiezan a usar su imaginación, se produce un hecho muy interesante: se vuelven más sensibles y miedosos ante lo que se imaginan. De este modo, un niño que se encuentre en esta fase puede empezar a perder confianza y a mostrarse más dependiente y es probable que experimente miedos si se despierta en mitad de la noche. En el contexto del desarrollo simbólico, esto es buena señal: las pesadillas indican que el cerebro del niño está experimentando con ideas que dan miedo durante los períodos de sueño. Lo más importante, en este sentido, es brindarle al niño nuestro apoyo y nuestra confianza y, con el paso del tiempo, aprenderá a distinguir entre lo real y lo infundado.

Primeras palabras

La habilidad de tener ideas le permite al niño hacer dibujos y simular escenas con los muñecos (por ejemplo, alimentar a una muñeca o imaginarse que una muñeca es la madre). En este punto, los padres siempre ayudan a que los hijos verbalicen sus ideas. Queremos ayudarle a entender las ideas de los demás imaginándonos los sonidos que estos harán con el fin de expresar sus ideas en palabras.

El proceso normal es que, conforme activan más círculos de comunicación, vocalizan más y adquieren más control de los patrones orales motores finos involucrados en el movimiento de la lengua y las cuerdas vocales. Las palabras no llegan de repente contrariamente, a partir de los primeros meses del niño, los balbuceos son cada vez más complejos y la producción de sonidos emerge de manera gradual, con un aporte cada vez más cuantioso de vocales y consonantes, hasta que empieza a hablar. Este proceso se ralentiza en los niños con TEA debido a anomalías de coordinación motora, pero eso no significa que no aumenten su producción de sonidos.

En un proceso normal, el niño aprende a descodificar los gestos de la mano, las sonrisas, las muecas y la naturaleza de las vocales, aprende a interpretar los sonidos que acompañan a las señalizaciones, sonrisas y movimientos de cejas y, finalmente, es capaz de distinguir un sonido alegre de un sonido triste. La lengua y todo el área oral motora son capaces de generar una gran variedad de movimientos, y el oído humano puede percibir un enorme abanico de sonidos. Asimismo, mucho antes de que intervengan las palabras para ser utilizadas como significantes, los gestos vocales conforman una parte esencial de la comunicación. El cerebro humano es un centro natural de intermediaciones que organiza las interacciones desde el primer momento en que se producen. Casi todos los niños con TEA pueden desarrollar esta habilidad con el fin de reconocer los patrones comunicativos, aunque a veces esta habilidad experimente ciertos retrasos. En este caso, se necesita mucha práctica, en función del paciente y de su tipo de anomalía neurológica. Es frecuente que el grado de anomalías del niño no se conozca del todo hasta que no se le someta a un programa de intervención completo y se observe el ritmo de su progreso.

Así, mientras las ideas empiezan a penetran en la mente del niño, aprende a interpretar o a reconocer patrones auditivos y se siente capaz de emitir sonidos, de controlar las cuerdas vocales y de imitar sonidos. Si el niño ya entiende y reconoce las voces y es capaz de emitir sonidos, no es un gran avance para el niño empezar a repetir constantemente las palabras que oye. Pongamos este ejemplo: el niño quiere salir y coge a su madre de la mano y la agita en dirección hacia la puerta. La madre le dice: «¿Quieres salir? ¿quieres salir?». De repente, el niño dice: «Alí, alí». Su madre repite: «Salir, salir» y el niño dice: «Salir». En ese momento, la madre abre la puerta y el niño sale.

O se puede dar el caso de que el niño señala al zumo y dice: «Aggh, aggh» y el padre le responde: «Es el zumo. Zuuu» y el niño repite «zuuu» mientras intenta coger el zumo. En este caso, el niño no sólo aprende la palabra «zumo» o señala la foto de un zumo, sino que etiqueta el zumo real que se dispone a beber, entiende lo que es el zumo y relaciona la palabra con todas sus experiencias anteriores relativas al zumo. «Zumo» ahora es un símbolo o un significante real para el niño. De esta forma se aprenden de verdad las palabras.

Los padres y tutores también les pueden enseñar nuevas palabras ofreciéndoles alternativas para que tengan que pensar en lo que quieren. Así, por ejemplo, como hemos explicado en el capítulo anterior, siempre le debemos proponer al niño la opción correcta al principio y la opción incorrecta al final: «¿Quieres ir al parque a jugar o quieres dormir?». La segunda opción debe ser inadecuada y estrafalaria, de modo que, si el niño se limita a repetirla y dice «dormir» porque es lo último que ha oído, tú tienes que responderle: «De acuerdo, vamos a dormir», con el fin de forzar su respuesta negativa. Entonces, si de repente dice: «¡No, no!», le tendrás que preguntar: «Entonces, ¿quieres salir al parque y jugar o quieres irte a dormir (haciendo un ruido de bostezo)?». El niño no tardará en entender el significado de ambas ideas.

Siempre y cuando el niño aprenda de esta manera (de la misma manera mediante la cual todo el mundo procesa el lenguaje y los niños aprenden a hablar), él o ella estará haciendo un uso adecuado del lenguaje en función de cada situación comunicativa. Un niño siempre empieza estimulado por una idea que desea comunicar (por ejemplo, «Quiero abrir la puerta»). Entonces, los padres le enseñan el significado de esa palabra y le enseñan a utilizarla. Cuando una palabra se utiliza en un escenario emocional, enseguida adquiere significado pleno para el niño, que es capaz, además, de generalizarla y aplicarla a otros contextos. De este modo, el niño ya puede utilizar la palabra «open» en otro contexto (por ejemplo, en la escuela cuando descubre una caja de juguetes que se debe abrir).

Todas las lenguas empezaron con comunicación preverbal gestual, que incluía patrones vocales, que sirvieron para incrementar las interacciones vocales. Cuando este intercambio se nutrió de ideas nuevas, emergió el lenguaje formal. De la misma manera que esto fue un proceso gradual durante la evolución, la aparición del lenguaje es un fenómeno gradual en la vida del bebé y del niño. Un proceso todavía más gradual en el caso de los niños con TEA, que necesitan mucha más práctica.

El deseo de comunicar

¿Qué es lo que empuja a un niño a querer compartir información con los demás una vez han aprendido a usar las palabras para ver satisfechas sus necesidades? Para usar las ideas y el lenguaje adecuadamente (para ser capaz de decir: «Mamá, mira mi coche» o «Papá, estoy botando la pelota», en lugar de decir simplemente «Yo hambriento», o «Dame esto»), el niño tiene que sentir el deseo de usar palabras para compartir información. Este proceso se manifiesta de una manera muy interesante: el niño señala mejor los objetos de su alrededor, es capaz de activar y cerrar más círculos de comunicación, le enseña cosas a sus padres, sonríe, asiente, utiliza gestos emocionales para resolver problemas y aprende que puede sentirse muy unido a alguien a través del lenguaje emocional. No necesita que le besen o que le cojan o que le abracen para sentir cariño, cercanía y dependencia; estos sentimientos se pueden expresar mediante gestos o palabras. Escuchar la voz del padre desde la distancia no es tan bueno como darle un abrazo, aunque puede sentir el mismo cariño con ese estímulo auditivo. Eso ocurre porque nos hemos convertido en seres comunicativos distales.

El primer paso para canalizar el deseo de comunicar son los gestos. El intercambio de gestos o palabras ayuda al niño a sentirse más cercano, a verse integrado en una relación y a ser capaz de negociar y regular una interacción. Mientras todos estos procesos se ponen en juego, el niño empieza a considerar la comunicación como algo mucho más importante que el simple medio para conseguir una galleta o un abrazo, pues la comunicación por sí misma es tan satisfactoria como una galleta o un abrazo. Imagínate a ti mismo en una fiesta hablando con una persona muy simpática y cálida, que te escucha y asiente y que valora tus palabras. Empiezas a sentir una conexión y una sensación de cercanía que va mucho más allá de la simple coincidencia de ideas. Es un sentido de apego y pertenencia que el niño de cuatro meses experimenta a un nivel muy esencial cuando sonríe a la madre y esta le devuelve la sonrisa.

Al valorar la comunicación por sí misma, el niño se siente motivado para usar palabras y se convierte en un «parlanchín» (lo mira todo y balbucea constantemente, diciendo: «Mamá, mira esto» o «Papá, mira lo que he hecho»). En un progreso normal, esta fase empieza a los dos años y acaba a los cuatro años. De hecho, en esa fase los padres se agotan con la actividad del niño (suelen decir: «Un momento cariño, estoy hablando con la abuela por teléfono»). Por su parte, los niños con TEA llegan más tarde a esta fase, pero, cuando llegan, sienten el ímpetu de hablar y de verbalizar todas las acciones después de que les hayamos motivado lo suficiente como para descubrir las palabras y el lenguaje. El primer paso para este cambio es adornar la comunicación con la misma calidez y cariño que podamos sentir cuando le abracemos. Cuanto más disfrutemos del intercambio gestual con el niño y lo combinemos con su vocabulario, más posibilidades habrá de que valore la comunicación. Enseguida se dará cuenta de que la comunicación puede atender a muchas necesidades emocionales (placer, curiosidad y consciencia, exploración y bienestar, así como de los miedos y temores) y que los adultos la utilizan de esa manera.

Cuando la comunicación fluye adecuadamente, el niño imita a su padre o madre y aprende palabras rápidamente. La comunicación se asienta sobre las bases de la imitación y, sin este pilar básico, es mucho más complicada. Está claro que si, además, el niño presenta anomalías motoras de la cavidad oral, le costará mucho más pronunciar ciertos sonidos, pero siempre lo intentará y sustituirá, por ejemplo, unos sonidos por otros. No es perjudicial que el niño hable a su manera mientras tú intentas corregir sus anomalías motoras, pues así sabrás lo que quiere decir. Puedes inventarte juegos en los que el niño tenga que pronunciar expresamente determinados sonidos mientras aprende a imitar palabras.

Muchas veces los niños empiezan a hablar a partir del balbuceo o de la pronunciación casual de palabras. Podemos enseñarles a hablar con propósito comunicativo si les enseñamos a pensar. Si el niño dice «coche» sin dotar a esa palabra de ningún sentido, coge el coche y su muñeco preferido y observa cuál de ellos escoge. Pronuncia con suma claridad la palabra que simboliza lo que quiere y la que simboliza lo que no quiere: «¿Quieres el muñeco? ¿o quieres el coche?». Es probable que diga «muñeco» o que sonría y quiera alcanzarlo o que sacuda la cabeza delante del coche o, con suerte, diga «coche no». La clave para fijar el significado de las palabras es crear un vínculo altamente afectivo (en el ejemplo, el niño prefería el muñeco en lugar del coche porque era su muñeco preferido).

Juego imaginativo

El niño aprende el juego de representación cuando lo motivas para que interactúe contigo en escenas simuladas. Tú le das de comer a la muñeca y él/ella hace lo mismo. Tu muñeca se levanta y dice: «¡Abrazo!». Enseguida se desencadena una historia sencilla en la que las muñecas se abrazan, se alimentan la una a la otra, etc. En este sentido, lo más importante es motivar al niño para que tome la iniciativa. La imaginación y la simulación de escenas construyen un mundo simbólico y fomentan la habilidad del niño de usar palabras e ideas. En un principio, los niños se imaginan escenas de juego a partir de las acciones que ven en casa. Esto es positivo. Pero tiene que llegar un momento en que den un giro creativo a sus juegos. Pueden empezar dando de comer a una muñeca tal y como hace la madre, pero, de repente, esa misma muñeca rechaza la comida y dice: «¡No!». Los padres se preguntarán de dónde viene esta reacción y la respuesta es que parte de la imaginación del niño.

Es importante que tengas juguetes que sean una imitación de objetos de la realidad, pues así podrá jugar con ellos e imaginar escenas con ellos que estén basadas en experiencias reales de la vida; este es uno de los primeros estadios en los que la imaginación puede expresarse. Hay determinadas muñecas o animales de peluche que pueden representar a la familia y amigos del niño. Proporciónale también muchas experiencias reales (paseos, el supermercado, un museo interactivo para niños, el metro, la playa, etc.). Representa alguna de estas escenas con muñecos y observa qué escena prefiere el niño para poder jugar por sí mismo.

Para fomentar la representación de escenas, añade elementos de simulación en las actividades preferidas del niño. Así, por ejemplo, si le gusta jugar con accesorios de cocina, finge que ella es la cocinera y tú la ayudante. En primer lugar, el escenario debe resultarle cómodo y familiar. A partir de ahí, puedes animarle a que vierta su creatividad aplicando tus propios giros argumentales: si la muñeca de ella besa a la tuya, simula que tu muñeca se va y di: «Tu muñeca tiene que encontrarme para darme un beso». De repente, lo que se podría haber convertido en una rutina es un juego estimulante en el que su muñeca tiene que perseguir a la tuya. En el transcurso del juego, tienes que seguir añadiendo palabras e indicándole que te responda usando el plano imaginativo y el plano verbal. Lo más importante es gesticular y hablar sobre las características de tu personaje, tanto si es una muñeca o una marioneta o si eres tú mismo/a haciendo de caballo.

Hemos diseñado un sistema de aprendizaje llamado ABLC (Affect-Based Language Curriculum) o ALBA (aprendizaje lingüístico basado en el afecto) que plantea una enseñanza sistemática del lenguaje basada en esos parámetros. (Explicaremos este sistema con más detalle en el capítulo veinte). La característica fundamental de este sistema es que construye un mundo simbólico mediante la asociación de nuevos conceptos y palabras con significados relativos a experiencias de la vida real que inciden directamente en las emociones del niño. Este mundo simbólico también se construye mediante las escenas de juego (también emocionales) que le proporcionan significado simbólico al mundo interno del niño. A lo largo de los meses, el niño se vuelve más imaginativo y visualiza naves espaciales que viajan a la luna, monstruos marinos que asustan a todo el mundo o el baile de una bailarina que impresiona a la audiencia.

Durante las escenas de juego, los padres tienen que interesarse por el mundo imaginario del niño. Por ejemplo, si a la niña le encanta un coche, plantéate si puede subir a su muñeca en ese coche y habla en representación de la muñeca. Conviértete en la muñeca y demuéstrale que has entrado en su mundo simbólico. Esto le hará pensar en nuevas ideas y le ayudará a construir nuevos símbolos. En tanto muñeca, pregúntale: «¿Puedo subirme a tu coche? ¿Puedo? Si no dices que no, me voy a subir en tu coche». Entonces, coloca la muñeca encima del coche y es probable que tu hija «os lleve» de paseo. A continuación, puedes inventarte que otra muñeca es policía y que pregunta: «¿Dónde vais?, ¿vais a casa de la abuela o al colegio?», mientras señalas a los dos edificios. Seguramente, la niña no sabe lo que es la casa de la abuela o el colegio, pero puede acabar aprendiéndolo de esta manera. Señalará a uno de los edificios y dirá: «Uhh, uhh». Tú debes preguntar: «¿Ahí? Bueno, esa es la casa de la abuela». También puedes colocar una foto de la abuela en el escenario del juego para que la niña relacione la idea con la imagen de la abuela.

Los niños con anomalías de coordinación motora o de procesamiento muestran dificultades a la hora de imaginar el mundo y de simular escenas. Para los niños con deficiencias de procesamiento auditivo, las frases deben ser cortas, claras y concisas. Tampoco debemos hablar mecánicamente o a un ritmo muy lento; debemos encontrar un ritmo y una inflexión normal para que el niño aprenda a responder al estímulo emocional que le has planteado. Los niños con deficiencias visoespaciales tienen dificultades para retener las imágenes de objetos en la mente, y por ello no pueden imaginar o simular escenas. Si un niño con este trastorno cambia de juguete constantemente, ayúdale a conectar las imágenes volviendo a introducir los mismos juguetes. También es importante que guardes los juguetes agrupándolos por categorías fáciles de reconocer, y no todos juntos. Si el niño muestra anomalías de la coordinación motora y es incapaz de secuenciar acciones, ayúdale a practicar el juego simulado y la imaginación de escenas. Si estás jugando a cantar o a bailar, introduce elementos nuevos como discursos, aplausos, ovaciones, etc.

Comprender los intereses del niño

Los niños que necesitan el estímulo constante de sensaciones y que sienten la necesidad de moverse no suelen interesarse por los muñecos. Los padres suelen preguntarse: «¿Qué puedo hacer con este niño, si no le gusta jugar con muñecos?». En estos casos, los padres deben ser el juguete. El padre puede simular este papel: «Soy un león y voy a tu casa» o la madre puede convertirse en su personaje favorito de cuento o de cine, de tal modo que los dos pueden vestirse y actuar para representar la escena mientras intercambian sonidos y palabras.

Los padres muchas veces piensan que no tienen ideas buenas o no saben jugar con la muñeca. Si te sientes bloqueado/a, en primer lugar observa al niño y plantéate lo que le gusta. ¿Está intentando subir hasta el sofá? ¿Está enfrentando a dos muñecos entre sí? Muchas veces veo que el padre o la madre quiere enseñar al niño a que se abrazan dos muñecos, y el niño reacciona yéndose. Entonces, el padre o la madre le dice: «No, no te vayas. Ven a jugar con el muñeco» y el niño reacciona con una rabieta. Recuerda que tienes que enseñarle a poner en práctica ideas, pero en ningún caso debes forzarle a simular un juego concreto. Además, puedes enseñarle ideas y palabras en cualquier lugar: en la puerta, en el sofá…, o puedes imaginar diferentes escenas con el muñeco.

Si el niño sube al sofá es porque este mueble le interesa. Entonces, le puedes preguntar: «¿Quieres jugar aquí con el muñeco o subir al sofá?». Si el niño señala al sofá, le puedes responder: «¿Quieres estar debajo de los cojines o quieres trepar arriba del sofá?». En pocos minutos, el niño habrá aprendido a decir «¡trepar!» y le puedes responder: «Muy bien, vamos a trepar por el sofá. ¿Y el muñeco? Se va a poner muy triste. ¿Lo dejamos en el suelo o lo llevamos al sofá con nosotros?». Es probable que el niño mire al muñeco. Si no lo mira, llévatelo igualmente, hazlo escalar hasta el sofá y habla por él: «¡Quiero subir!, ¡quiero subir!». Colócale delante el muñeco y pregúntale: «¿Lo subimos con nosotros?». Si el niño coge el muñeco y lo tira al suelo, también puedes aprovechar esta reacción e inventarte otro juego con el muñeco en el suelo.

La idea es seguir su ritmo sin obedecer a todas sus exigencias. Su rutina puede consistir en jugar sin hablar, mostrarse apático, repetir el mismo juego constantemente o tener una conducta autoestimulatoria. Sea cual sea su rutina, enriquece sus juegos introduciendo variaciones. Propón un conflicto o reto nuevo y utiliza la respuesta negativa del niño para complicar el argumento. Los conflictos le empujan a inventar nuevas ideas. Puedes aplicar esta táctica cuando se canse del juego o se abstraiga, pero no lleves las riendas del juego. Es muy interesante, por ejemplo, que exageres la reticencia del niño («¡Entendido, jefe! ¡Todos los muñecos preparados para caminar en fila y salir!»). No veas el conflicto como algo negativo: se trata de incentivar su imaginación y de aumentar su creatividad.

Si consigues que el niño esté motivado para interactuar contigo en un flujo comunicativo constante y nutrido por ideas y palabras, al final valorará este intercambio como algo mucho más divertido que la conducta obsesiva o la autoestimulación. No pienses que eres muy exigente por empujarle a aprender todo esto. La clave es responder a sus intereses para crear un ambiente favorable de enseñanza. A partir de aquí, empieza muy poco a poco a simular escenas y a introducir sensaciones (sonidos, texturas, temas, retos de movimiento) que sean incómodas o difíciles de entender para tu hijo/a. (Por supuesto, si empieza a mostrar un gran nerviosismo y ansiedad, céntrate en sus experiencias sensoriales favoritas para que se calme).

No se trata de satisfacer inmediatamente los deseos del niño (por ejemplo, dándole el peluche con el que siempre duerme), sino de esperar un poco o mantener la tensión hasta que sea capaz de hacer un gesto o emitir una palabra que indique sus deseos. Y, si actúas confundido o desorientado, le vas a estimular más aún. Si le enseñas a expresar sus deseos mediante gestos o palabras, le estarás ayudando a visualizar lo que quiere simbólicamente, en lugar de estar bloqueado con la satisfacción inmediata e in situ de sus deseos. En ese caso, empezará a abandonar la reacción para centrarse en el pensamiento y este cambio es fundamental para su desarrollo.

En el bloque III vamos a analizar otras técnicas de juego imaginativo en el contexto de la terapia Floortime. Estas técnicas siempre trabajan sobre las mismas competencias: atención, empatía, propósito comunicativo, flujo constante de gestos emocionales e ideas. Este juego (que se adapta al sistema nervioso del niño) multiplica las ideas del niño al penetrar en su mundo.

Significantes

Los padres introducen en el universo simbólico al niño de una manera natural que se inicia en la primera etapa de su vida. Por ejemplo, el peluche que colocamos dentro de la cuna es su primera experiencia con un símbolo que representa su tranquilidad. El niño también aprende que no estás con él constantemente y lo suple llevándose el peluche a todas partes. Usamos los símbolos como alternativas a la realidad, pero los símbolos (palabras, representaciones u objetos) se integran en la relación que construyes con tu hijo desde el principio. Observa cuál es el juguete favorito del niño, aquel por el que siente especial predilección. Los niños escogen símbolos que varían desde los Teletubbies, muñecos o dinosaurios hasta una manta por la que sienten un especial apego. Estamos siempre rodeados de símbolos y, con independencia de tu influencia, tu hijo escogerá símbolos que tengan un gran significado para él. Pueden ser los primeros muñecos o juguetes que utilicéis cuando jugáis. En cualquier caso, debes ir cambiando los juguetes.

Los niños expresan sus pensamientos con gestos cuando cogen un juguete. Antes de que un niño pueda expresar que, por ejemplo, quiere ir en coche, aprende a empujar el coche de juguete. O aprende a dar de comer a una muñeca o a coger en brazo los peluches. En este caso, puedes estimularle poniéndoles voz a los peluches y muñecos y animando con palabras la acción que realiza y estarás facilitando su paso de gestos a palabras. Mientras le hablas al peluche o a la muñeca de tu hija, también la puedes animar a jugar y a imitarte. En este punto es donde empiezan a desarrollarse las competencias de coordinación motora y de planificación de acciones, y cualquier actividad que propongas debe tener un principio, un nudo y un desenlace. De hecho, en la vida real todo obedece a una secuencia de hechos: te levantas, te vistes, desayunas, etc.

Estudia las acciones que tu hijo/a realiza con su juguete. ¿Se limita a empujar el coche, o lo lleva a alguna parte? El interés inicial de empujar el coche adelante y atrás se puede convertir en una carrera o un accidente y, de este modo, la actividad imaginativa repercute en un final que vuelve a empezar llevando al coche, por ejemplo, hacia la piscina, el patio o el circo. El símbolo se convierte en un vehículo que le ayuda a conseguir lo que quiere. El pensamiento simbólico está siempre determinado por lo que sientes o lo que quieres. Los juguetes proporcionan unos significantes que conducen al niño hacia el pensamiento simbólico y emocional y, de este modo, vamos a conseguir que sean mucho más receptivos. (Los niños que presentan anomalías al coger los juguetes o en la planificación de secuencias o en la ubicación viso-espacial prefieren jugar a disfrazarse, porque para ellos es más fácil moverse ellos mismos que el juguete; planificar la acción de mover el objeto y su cuerpo es más complicado).

Explora los sentimientos

Debemos ayudar al niño a expresar sus sentimientos en la dimensión de lo real, de tal modo que no se limiten exclusivamente a reaccionar física y automáticamente ante sus propios impulsos. La simulación de escenas y el juego imaginativo le pueden ayudar a sentirse más cómodo con sus sentimientos y a trabajar sobre los aspectos emocionales. Cuando el niño juegue, mira mucho más allá de la simple acción que realice y observa las preocupaciones que está volcando en el juego y los sentimientos que está evitando. Hay muchos componentes emocionales en juego: dependencia, satisfacción, curiosidad, voluntad, agresividad, limitaciones, miedo, amor y control. Por supuesto, todos estos sentimientos se solapan, se complementan y se manifiestan en una simulación o situación fingida. Según la simulación, aflorará un sentimiento u otro, mientras que el comportamiento habitual del niño puede apelar a otros componentes emocionales.

Puedes ayudar a que tu hijo explore sus sentimientos en el contexto de un juego imaginativo o situación fingida. Por ejemplo, si una muñeca está triste, pregúntale si es porque su amigo se ha mudado. Ayúdale a identificar los sentimientos que surjan en el juego. Hasta el momento en que el niño es capaz de verbalizar un sentimiento, sólo es capaz de experimentarlo a través de impulsos físicos en lugar de reconocerlo como concepto abstracto. Si practicas mucho con tu hijo/a la separación entre sentimientos y acciones, habrá más posibilidades de que alcance antes los niveles superiores de pensamiento. Si el niño padece TEA, también le puedes ayudar a prepararse ante nuevas experiencias y a anticiparse a los cambios (como el nacimiento de un hermano, una mudanza o el primer día de colegio) a través del juego imaginativo.

El niño también debe encontrar la manera de expresar los sentimientos negativos. No interpretes sus expresiones o sentimientos negativos como si se tratara de algo personal. Debes reaccionar con empatía para hacerle saber que no es peligroso expresar sus angustias. Por supuesto, siempre debemos marcar los límites de esas manifestaciones. En primer lugar, debes demostrarle que entiendes sus sentimientos y debes ayudarle a calmarse. En segundo lugar, debes negociar con él y explicarle por qué no está bien pegar (en el caso de que lo haga). Llegados a este punto, tu tarea es ayudarle a hablar de los sentimientos que han provocado ese comportamiento.

Además del juego imaginativo, es muy importante que le hables sobre muchos aspectos de la realidad y que le expliques cuestiones de manera lógica. En ese momento, puedes aprovechar para preguntarle (sin sobrecargarlo) cómo se siente o qué piensa y por qué actúa así. Si te formula preguntas, no te limites a responder sí o no; ayúdale a llegar por sí mismo a sus propias conclusiones.

En resumen, al fomentar el desarrollo de las ideas y el lenguaje de un niño con TEA, se deben perseguir tres objetivos básicos:

• Hacer gestos constantes para mantener activos muchos círculos de comunicación en un orden coherente y ayudar al niño a que valore por sí mismo la comunicación.

• Propiciar situaciones emocionalmente significativas en las que puedas servirte de lo que tú quieras para introducir un aprendizaje nuevo (como «papá», «zumo», «abierto») o una palabra nueva. Debes asociar la palabra con una meta emocional. En el juego imaginativo, si le gustan los coches, los juguetes animados o los muñecos, utilízalos para introducir el juego por imitación. Cuando hayas conseguido penetrar en el mundo del niño, interpreta el papel de la muñeca, el coche o el juguete animado.

• Utiliza siempre las ideas de manera lógica, tanto en el juego imaginativo como en las conversaciones sobre aspectos de la realidad. Formúlale preguntas y espera. Busca una respuesta en él que satisfaga tu pregunta.

Capítulo 9
Pensamiento lógico y el mundo real

Ari era un niño de cinco años con un historial de anomalías de la coordinación motora y de la planificación de acciones. Era muy sensible al tacto y reaccionaba muy poco ante los sonidos, lo cual revertía en una abstracción constante. Aunque Ari era listo y cariñoso, estos trastornos le creaban una gran ansiedad y entorpecían sus relaciones con los demás niños de la guardería. Podía pensar de manera lógica, pero a veces expresaba cosas que carecían de sentido. Cuando estaba nervioso y se sentía frustrado, repetía las preguntas una y otra vez, lo que causaba una gran molestia a sus padres y profesores. Sus padres querían rebajar esa tensión que siempre sentía y querían ayudarle a pensar de manera más lógica y a relacionarse mejor con los otros niños.

Cuando hablamos de pensamiento lógico, nos referimos a un pensamiento lógico construido desde la realidad, pues muchas veces los niños pueden ser lógicos y demostrar, al mismo tiempo, una desvinculación total de la realidad. Un niño puede argumentar de manera muy lógica el hecho de que puede volar porque es como Superman, y Superman puede volar. En este caso, la lógica queda suspendida en un mundo imaginativo. Todos los niños (incluidos los que padecen TEA) deben aprender a entender el mundo desde una perspectiva lógica y realista. Es un componente psicológico esencial para poder desenvolvernos en casa, en el trabajo, en el colegio y en las interacciones sociales.

Los adultos se consideran personas con lógica; es muy extraño que alguien califique su propio comportamiento de ilógico, pues, si la persona en sí es ilógica, será incapaz de analizar su propio comportamiento o pensamientos. Una persona que diga: «¡Vaya!, ¡estoy actuando con muy poca lógica!», no es sólo una persona con sentido lógico, sino que, además, es muy consciente de sus actos. En cambio, una persona que actúe sin lógica, es incapaz de reflexionar sobre nada.

Pensamiento lógico: deficiencias y competencias

Vamos a poner el ejemplo de un adulto a quien llamaremos Juan. Juan piensa que los compañeros de trabajo murmuran cosas en su contra y se ríen de él. Interpreta que la gente quiere hacerle daño. La realidad es que todo el mundo se ríe de Juan, pero eso se debe a su comportamiento. Siempre está haciendo tonterías, tira cosas al suelo (con intención o no), choca contra todo y no se adapta a las normas sociales. La gente nunca sabe cuándo está de broma y siempre le toman el pelo. Él «se lo toma mal» (como dicen sus colegas) y a veces se enfada.

Juan es muy eficiente en el aspecto técnico de su trabajo y los demás interpretan estos enfados momentáneos y estas conductas aparentemente ilógicas como signos de genialidad. Además, Juan no sabe interpretar adecuadamente las señales sociales y actúa de manera ilógica en las situaciones sociales complejas. No es muy inhabitual que una persona tenga unas competencias técnicas o científicas muy elevadas y que, en cambio, no sepa interpretar el funcionamiento emocional y social de las personas o que sus opiniones políticas sean muy ilógicas. El pensamiento lógico y racional no se manifiesta siempre de la misma manera. Como padres y tutores, queremos ver que nuestros hijos se comportan de manera lógica en todos los ámbitos de su vida (en el colegio, en el trabajo —tanto si la actividad es artística como técnica— y en sus relaciones).

Los niños con TEA u otros trastornos (como el caso del chico que abre este capítulo) tienen graves dificultades a la hora de interiorizar la lógica y la realidad como consecuencia de sus anomalías lingüísticas, motoras y sensoriales. Por este motivo, se refugian en la fantasía. Por ejemplo, los niños que se ven muy afectados por la voz humana porque les parece muy aguda y molesta prefieren ausentarse y soñar.

En un mundo de fantasía, el niño controla los personajes y el diálogo y nadie le molesta con preguntas complicadas de cómo, cuándo o por qué. No les hace falta aplicar conocimientos como saber leer, escribir o demostrar nociones de aritmética. Es un mundo muy cómodo. Si saben hablar, se entretienen hablando para sí mismos. Muchos padres comprueban amargamente que su hijo/a habla solo y balbucea constantemente en un discurso pautado a modo de sermón y que muestra este comportamiento en clase, molestando y asustando a los demás niños. O que, en cambio, rechaza la compañía de los demás y evita a los padres y compañeros de clase.

Este tipo de niño muestra deficiencias en el desarrollo de un pensamiento adecuado a la realidad, porque uno de los primeros pasos para adquirir un pensamiento lógico es interactuar con el mundo y querer conocerlo. Si el niño empieza a mostrar deficiencias en el procesamiento de las sensaciones o de la información, el camino hacia el pensamiento lógico se ralentizará y será más dificultoso. El pensamiento lógico puede que sólo se desarrolle en ciertas áreas (como hemos comprobado en el caso de Juan). Pero, una vez que se asientan las bases del desarrollo, todo niño puede empezar a hacer progresos hacia un pensamiento sólidamente lógico.

Seguramente, querríamos que nuestros hijos fuesen como la señora Smith (y no como Juan). La señora Smith entiende a las personas. Se construye una estructura lógica para solucionar los problemas técnicos del trabajo, analiza sus propios errores y los corrige en los ensayos que escribe, y enseguida detecta si le falta información a un informe. Aplica estos mismos esquemas de razonamiento a su relación con la familia, amigos y compañeros de trabajo. Puede interpretar sus señales y entender su sutileza. Es capaz de hacer todo esto incluso cuando está cansada o estresada. Casi nunca cae en la trampa del pensamiento extremo y piensa en una gama de grises cuando debe analizar a las personas o juzgar las consecuencias de diferentes acciones. La señora Smith maneja muy bien el pensamiento lógico y el pensamiento reflexivo que abordaremos en el siguiente capítulo.

Primeros pasos hacia el pensamiento lógico

¿Cómo pueden conseguir los padres, tutores y profesionales que el niño con TEA consiga progresar constantemente hasta dominar el pensamiento lógico? Los primeros pasos se dan en una etapa muy temprana, justo cuando el bebé empieza a tener contacto con el mundo exterior. El pensamiento lógico requiere un aporte de información muy preciso; el primer paso que realiza un bebé es usar sus sentidos para conectar con el mundo y para obtener una visión general del mismo. Esto empieza en el tercer o cuarto mes.

El segundo paso es comprender el mundo desde una perspectiva emocional. Un bebé tiene la capacidad de ver, escuchar, oler y probar, pero prefiere no utilizar estos sentidos porque no conoce el mundo y quiere evitarlo. Así, el segundo paso consiste en fomentar el conocimiento del mundo y empujarle a confiar en lo que ve y en las relaciones que puede construir con los demás, tan importantes para el aporte informativo. Este no es un paso sencillo para los niños con TEA que son muy sensibles a las sensaciones o que no las procesan, pues necesitan un gran impulso para estar en contacto con el mundo. Lo mismo les ocurre a los niños con problemas de procesamiento, pues suelen estar siempre confusos. En el caso del pequeño Ari, yo les recomendé a sus padres que se mostraran tranquilos, relajados y seguros cuando él estuviera tenso. Además, debían compensar su desarrollo motor tardío introduciéndole con mucha energía en el mundo compartido y ayudándole a sentirse bien en la interacción con los demás.

El tercer paso es interactuar conscientemente con el mundo. Eso se manifiesta en acciones muy sencillas (un bebé coge un sonajero y lo examina o un niño coge un bolígrafo y empieza a escribir siguiendo las explicaciones de la profesora). Un niño tiene que saber actuar siguiendo un fin concreto, y esto es esencial para que comprenda el mundo (tocar el suelo para comprobar si está duro, tocar una pelota para comprobar si está blanda). De este modo, las acciones intencionadas son muy importantes para el desarrollo de la lógica, porque habitualmente conducen a una reacción. Tocar la nariz de papá produce cierta sensación en los dedos y conduce, quizá, a que él emita un sonido. Coger y palpar el sonajero conlleva a la percepción de una cierta textura y a la recepción de un sonido. La conexión entre acciones intencionadas y reacción es el principio del pensamiento causal y del razonamiento causa-efecto, que irrumpe en la psicología del bebé antes de que lleguen las ideas. Es un cambio que acostumbra a iniciarse durante la segunda mitad del primer año.

El cuarto paso en el desarrollo de la lógica es estructurar una secuencia de acciones intencionadas en torno a un patrón. Buen ejemplo de ello es cuando el niño busca un juguete y camina hacia la madre para que le ayude a encontrarlo. El niño también puede descifrar los obstáculos de una pista (pasar por encima del cebo, rodear el muro y atravesar el túnel para alcanzar su objectivo). Esto requiere poner en práctica muchos pasos de resolución de problemas y acciones intencionadas para conseguir el objetivo. Es el principio de la lógica avanzada, el razonamiento científico y el reconocimiento de patrones. Así, interactuar con el niño a muchos niveles y alcanzar el dominio de la resolución de problemas es esencial para que adquiera capacidad cognitiva y pensamiento crítico. Los niños con anomalías en la coordinación motora o en la planificación de acciones muestran muchas dificultades a la hora de llegar a este paso.

El siguiente paso es el uso de ideas. Es lo que solemos llamar pensamiento lógico basado en la realidad y constituye el quinto paso en el desarrollo del niño. En este punto, el niño tiene mucha actividad mental. No hace falta que busque la galleta por toda la casa, sino que deduce dónde puede estar. Deduce que puede estar en la nevera, en el armario o en la despensa donde la madre esconde ciertos alimentos. Por otra parte, usa el juego imaginativo para experimentar con ideas (las muñecas pueden encontrar esa galleta). De este modo, las ideas se convierten en un vehículo a través del cual los niños se imaginan el mundo y juegan mentalmente con él. Como se comentaba en el capítulo ocho, esto conlleva a un nuevo nivel de pensamiento: el pensamiento simbólico. En el contexto de un desarrollo adecuado, este pensamiento empieza entre los dieciocho y los veinticuatro meses.

Si el niño utiliza ideas de manera creativa, ya puede avanzar hacia la sexta fase, en la que construye conexiones entre ideas. Desde un punto de vista tradicional, este es el principio del pensamiento racional: el niño empieza a relacionar ideas lógicamente y a entrar en conversaciones. En esta etapa, los padres y profesores siempre intentan expandir su creatividad con el fin de avanzar en este tipo de pensamiento. Cuantas más ideas tenga, más elaboradas serán sus conversaciones y más rico será su pensamiento.

Por ejemplo, si le preguntas: «¿Qué es esto?», y el niño responde: «Una manzana» o «Un perrito», estamos delante de una respuesta lógica que conecta su idea con tu idea. En un principio, el niño sólo sabe responder a preguntas del tipo «qué», «dónde» y, a veces, «quién» o, si comentas «voy a ser un caballito», el niño responderá «¡sí, sí! ¡Corre caballito, corre!». Más adelante, el niño será capaz de responder a preguntas del tipo «por qué» y, cuando le preguntes: «¿Por qué quieres ir a casa de la abuela?», sabrá responder: «Porque me gustan sus juguetes» o «porque me gusta estar con la abuela».

Estas preguntas se pueden insertar en el juego imaginativo (recuerda que debes hablar a través del muñeco o juguete) o en una conversación en general. Son muy importantes las conversaciones sobre la vida real en las que tú le puedes preguntar sobre su comida favorita o sobre qué quiere hacer, sin dejar de lado el juego cooperativo de representación. En cualquiera de esos casos, no dejes de hablar. La estrategia, como ya hemos explicado, es atender a los intereses naturales del niño, propiciar la interacción, generar un intercambio bidireccional de gestos y, finalmente, construir palabras sobre ese trabajo asentado, procurando que el niño utilice esas palabras conscientemente. No hay una única manera de hacerlo y el único error que puedes cometer es no intentarlo.

Mientras tanto, tienes que motivar al niño para que sus palabras adquieran sentido. Por ejemplo, si dices: «Me voy a convertir en caballo» y el niño dice «árbol grande» y mira por la ventana, esa respuesta no se conecta a tu idea y tienes que estimularle para lograr esa conexión. Le puedes preguntar: «¿Caballo o árbol? ¿caballo o árbol?» señalándote a ti, como caballo, y al árbol de fuera. Es probable que el niño te mire y haga un gesto de negación refiriéndose al caballo y posteriormente señale al árbol. Entonces, le puedes preguntar: «¿Subir al árbol o mirar al árbol?», y puede que te ofrezca una gran sonrisa y responda: «Subir al árbol, subir al árbol» y empiece a apoyarse contra la ventana como si quisiese salir y trepar por el árbol. Es una manera de empezar a conectar las ideas y a dotarlas de significado.

En el caso de un niño con TEA, puede que se deban dar muchos pasos antes de que esto ocurra. Cuando empiece a saltar aleatoriamente de una idea a otra, intenta aplicar un poco de lógica sin resolverle del todo el ejercicio mental. Muchos padres y expertos creen que los niños aprenden imitando en lugar de razonando, pero tu meta es motivar al niño, no insertarle discursos en la memoria. Un niño que aprende a memorizar contenidos será incapaz de entablar una conversación o de pensar con lógica o creatividad. Los niños con TEA necesitan enfrentarse a más estímulos que los demás niños para reforzar su pensamiento lógico y creativo. Si le enseñamos a aprender discursos o conocimientos pautados, porque es más fácil, tendremos la falsa impresión de que el niño está utilizando la lógica (por ejemplo, con la frase: «Mamá, vete a dormir ahora»), pero esto va a perjudicar su progreso futuro. Podrá aprenderse enunciados de memoria, pero no será capaz de jugar con los compañeros de clase o entablar una conversación con la profesora nueva, porque no habrá aprendido a utilizar las ideas y las palabras de manera flexible y lógica.

Se puede dar la circunstancia de que el niño memorice largas frases y sea capaz de utilizarlas de manera adecuada. Es algo que hacemos todos cuando oímos un enunciado muchas veces. Es positivo siempre y cuando las frases se utilicen de manera lógica. Muchos niños con TEA poseen un pensamiento fragmentado: son creativos y son capaces de utilizar ideas, pero saltan de una idea a otra, por lo que su conversación en general se ve privada de cohesión y lógica. Cuando tratamos con niños que padecen TEA y muestran dificultades de procesamiento, debemos asegurarnos de que entienden lo que decimos para que puedan conectar las ideas utilizando la lógica. A veces, esto significa ser lúdicamente intrusivo. Por ejemplo, si le preguntas a un niño que te está ignorando: «¿Adónde va el coche?» y el niño sigue moviendo el coche sin responder, te puedes convertir en el guardia urbano de turno que dice: «No, el coche no se puede mover hasta que yo sepa adónde va». Lejos de sentirse frustrado, el niño puede responder: «Allí» o «a la casa». Así le has ayudado a conectar las ideas con lógica.

Los niños suelen llegar a esta etapa a los cuatro años. En el caso de los niños con TEA, puede que la alcancen más tarde. A veces llegan a este punto cuando saben responder a preguntas de «¿por qué?». En el caso de Ari, yo le recomendé a sus padres que siempre le estimularan para explicar la lógica de sus enunciados, sobre todo cuando su lenguaje era más ilógico, ansioso y repetitivo. En lugar de explicarle las cosas o de repetir respuestas negativas o afirmativas, tenían que conseguir que encontrara sentido a su mundo y a sus propios pensamientos. Por ejemplo, si les formulaba una pregunta como: «¿Vamos a comer pronto?», y la repetía constantemente, ellos le podían preguntar: «¿Por qué me lo preguntas tantas veces?, ¿tienes miedo de que me olvide de hacer la comida o de que me quede dormido?». Esta pregunta le podía ayudar a entender el origen de su preocupación. Finalmente, cuando Ari planteaba enunciados ilógicos, los padres podrían preguntarle: «¿Es una broma o es en serio?» y forzarle indirectamente a que lo razonara.

Otra dificultad a la que se enfrentan los niños con TEA u otras anomalías es la resolución de problemas, pues son incapaces de planificar acciones destinadas a este fin y deberían contar con esta competencia antes incluso de construir ideas. De este modo, si les falta esta competencia, no podrán aplicar ideas aunque las tengan. Para enseñarles esta competencia, los padres y tutores deben establecer un flujo constante de interacción lógica con el niño.

Distinción entre fantasía y realidad

Muchos expertos e investigadores sobre desarrollo cognitivo coinciden en que el pensamiento de un individuo se construye sobre la realidad cuando este ya sabe combinar ideas y canalizarlas hacia usos lógicos. Sin embargo, como hemos comentado antes, construir un pensamiento basado en la realidad también implica saber diferenciar entre fantasía y realidad. Este cambio necesita un gran aporte emocional, como ocurre con las otras fases. Para que una persona adquiera sentido de la realidad y lo diferencie de la fantasía, debe implicarse en el mundo con interés, confianza y valor.

¿Cómo sabemos diferenciar una experiencia interna de una experiencia externa? ¿Cómo sabemos cuándo un pensamiento proviene de nuestro cerebro o del de otra persona? ¿Cómo sabemos si una manzana o un dulce es una representación de nuestra imaginación (algo que nos hemos inventado) o un elemento real? En un sueño (construido sobre la base de la imaginación), nos comemos una manzana y percibimos su sabor bueno. En una ocasión, una niña muy aficionada a escribir relatos escribió una historia en la que explicaba su estancia en Disney World cuando nunca antes había estado. Cuando le pregunté por qué lo hizo, la niña me contestó: «Porque notaba una sensación muy buena. Seguro que es tan buena como cuando vaya». Muchas veces (sobre todo cuando nos referimos a niños con TEA), las situaciones imaginativas pueden ser tan satisfactorias como las reales y, por ese motivo, prefieren escapar de la realidad.

¿Qué podemos hacer para que los niños sean capaces de distinguir entre fantasía y realidad? Se deben tomar en cuenta unos cuantos aspectos. En primer lugar, el niño debe relacionarse con otros niños desde la primera etapa de su infancia, pues estos otros niños representan la realidad externa. Cuando la madre canta una canción de cuna, este sonido procede de fuera, de tal manera que el niño empieza a diferenciar lo interno de lo externo. Transcurrido un tiempo, si el niño quiere que el padre le coja un juguete, está a punto de confirmar esta diferenciación, pues se da cuenta de que hay una persona, separada de su cuerpo, que puede hacer cosas que él no puede.

Cuando el niño se inicia en el juego imaginativo con otra persona (por ejemplo, cuando le enseña a su madre un peluche de animal que emite ruidos y ésta responde: «¿Tiene hambre, el cerdito?»), percibe una voz externa, otra manifestación imaginativa que interactúa con ellos. Esto también le ayuda a establecer la diferencia entre lo interno y lo externo. A partir de ahí, en las conversaciones lógicas cuando su madre le pregunta: «¿Por qué quieres salir a dar un paseo?», observa que hay una voz procedente de la realidad que viene de fuera y que formula la pregunta. Esta percepción no es la misma que hacer un puzzle solo o jugar al ordenador, sino que se trata de una pregunta formulada por un ser humano, que se interesa por su respuesta y que añade: «Me tienes que decir por qué quieres salir e ir a jugar al parque». La negociación, el intercambio de opiniones y el debate también ayudan a establecer esta diferencia entre el niño y el mundo real. Cuanto más se justifique esta diferencia con medios de negociación emocionales (comunicación entre padre e hijo para saber por qué se comporta de una determinada manera, para ayudarle a darse cuenta de su comportamiento y para intentar calmarlo), habrá más posibilidades de que el niño desarrolle una identidad mejor definida. Este tipo de experiencias esclarecen la distinción entre los sentimientos internos y externos del niño.

Si los padres son demasiado exigentes, se muestran muy nerviosos o decepcionados y no saben encontrar la manera equilibrada y armoniosa de responderle, el niño se topará con más dificultades a la hora de marcar esa distinción y, como consecuencia, querrá refugiarse en la fantasía. Si respondemos de manera calmada y razonada ante los diferentes sentimientos que experimenta el niño a lo largo del día, le estaremos ayudando a diferenciar entre fantasía y realidad. Debido a sus anomalías biológicas, los niños con TEA necesitan un apoyo y un seguimiento especial en esta área.

Por otra parte, no debemos condicionar o reprimir al niño que sabe hablar pero que aplica el lenguaje exclusivamente en el ámbito de la fantasía. Es muy negativo decirle: «Deja de hablar solo», pues probablemente se abstraerá aún más y seguirá haciéndolo de forma más silenciosa. Lo que debemos hacer es ponerle en contacto con el mundo externo y estimularle con interacciones de carácter entretenido para que no recurra a la fantasía. Si el niño responde (como responden muchos): «No quiero jugar contigo, quiero jugar solo», puedes convertir esta tesitura en un juego. Siéntate en el suelo con él y negocia este hecho. Pregúntale: «¿Me puedo sentar aquí?». Te puede responder: «No, más lejos». Contraataca con: «¿Cómo de lejos?» y continúa en esta línea.

Todas las conversaciones y círculos de comunicación le conducen a un mundo compartido. Como tutor, siempre puedes preguntarle: «¿Puedo mirar cómo juegas?» y convertirte en su público, momento que puedes aprovechar para analizar cómo construye su juego imaginativo y para aplaudirle y animarle. En ese momento, es importante que introduzcas sugerencias para las escenas que esté recreando, de tal modo que su juego acabe convirtiéndose en una escena de juego interactiva en la cual tú eres el público y el apuntador, si bien puedes acabar siendo otro personaje de su juego imaginativo siempre y cuando hayas sido un buen público. Es una forma de convertir a un niño huidizo en uno que disfruta de la realidad.

Cuando tratamos con niños con TEA, es muy importante controlar el tiempo de televisión y de juego en solitario. Muchos niños que se refugian en la fantasía pasan horas y horas jugando solos, cuando precisamente necesitan aprender a disfrutar de las relaciones y la comunicación. El tiempo máximo para que vea la televisión y juegue solo son quince minutos. Sabemos que esta medida es extremadamente complicada para los padres trabajadores y, por este motivo, te recomendamos que cuentes con la ayuda de la gente de tu entorno (adolescentes, estudiantes y el hermano o hermanos del niño) para que interactúen con él/ella.

Todos los niños necesitan apoyo en las primeras etapas de desarrollo del pensamiento lógico, pues, de este modo, podrán sentirse totalmente estimulados para enfrentarse con las experiencias de la vida cuando sean adultos (incluyendo los cambios biológicos, las relaciones íntimas y amistosas y los cambios en su vida de relación) y aprender de estas experiencias. Los niños con TEA necesitan un aporte extra de práctica en la interacción con el mundo externo a través de los sentidos y de la confianza en los demás. Posteriormente, la conexión se hará mediante las ideas y, finalmente, mediante el pensamiento lógico construido sobre la realidad. A partir de aquí, las interacciones que tengan lugar en los diferentes ámbitos de la vida seguirán esclareciendo y redefiniendo la distinción entre realidad y fantasía, estimulando el pensamiento lógico.

Capítulo 10
Niveles avanzados de pensamiento abstracto y reflexivo

Danny, un niño de nueve años diagnosticado con autismo de alto funcionamiento, asistía a una escuela normal y estaba haciendo tercero, si bien contaba con el apoyo de un tutor individual. Tenía un amplio vocabulario y sus competencias básicas estaban aseguradas, pero le estaba costando seguir al resto de la clase en los niveles avanzados de pensamiento, tales como entender las instrucciones complejas (orales y escritas) de los problemas de matemáticas y de la lectura de textos. Era muy difícil para él hacer inferencias, como imaginarse lo que haría un personaje de novela en el siguiente capítulo dada su conducta anterior. Sus padres y profesores querían saber si era capaz de mejorar estas competencias o si se hallaba totalmente estancado.

Muchos programas y terapias destinadas a los niños con autismo se construyen sobre la tesis de que el niño no va a avanzar mucho más allá de las competencias comunicativas básicas, de los primeros estadios de pensamiento y de las interacciones sencillas de la vida diaria. Otras terapias son más ambiciosas. En cualquier caso, hemos descubierto que muchos niños que presentan varios grados de TEA pueden llegar a alcanzar no sólo las seis primeras fases de desarrollo, sino también las competencias adicionales que hemos descrito brevemente en el capítulo cuatro, como el pensamiento multicausal, el razonamiento emocional diferenciado e, incluso, el pensamiento abstracto y reflexivo.

Estadio avanzado de lógica
Cuando el niño ya es capaz de separar la fantasía de la realidad, lo lógico de lo ilógico, suele avanzar hacia el pensamiento multicausal o hacia el razonamiento múltiple de los hechos. Por ejemplo, en el enunciado

siguiente: «Hace frío afuera porque no hace sol y porque es invierno» o «quiero salir a jugar porque quiero bajarme del tobogán y estar en el parque y recoger manzanas del árbol». Cuando el niño empieza a elaborar diferentes razones para un hecho, su pensamiento se vuelve más complejo. El pensamiento multicausal, que no deja de ser una prolongación del pensamiento causal lógico, se fomenta cuando cuestionamos las respuestas del niño para que se exprese más ampliamente.

Por otra parte, existe lo que llamamos pensamiento triangular o indirecto, que guarda una íntima relación con el pensamiento multicausal. Es el pensamiento que el niño aplica cuando entiende, por ejemplo, que durante la Guerra de la Independencia de Estados Unidos, los colonos contaron con la ayuda de Francia porque Francia era enemiga de Inglaterra, que era enemiga de las colonias norteamericanas. Siguiendo un razonamiento similar, cuando Eddie quiere ser amigo de Johnny, pero ve que Johnny no le hace caso, se hace amigo de Billy, que es amigo de Johnny. A través de Billy, Eddie alcanza su meta.

Normalmente, los niños interiorizan este paso de manera natural: van a pedirle una galleta a la madre y, si la madre le dice que no, van a pedírsela al padre. Es consciente de que existe más de un camino para llegar a la galleta. Entonces, tú, como padre o madre, le regañas y le dices: «Eso no está bien» o «estás manipulando». Si, en cambio, el niño dice mentiras muy llamativas, eso es una manipulación bien distinta, y en tal caso deberías enseñarle el valor de la honestidad. Sin embargo, si lo único que demuestra el niño es inteligencia y agilidad para solucionar problemas utilizando nuevas vías, habrá adquirido una habilidad muy valiosa que le ayudará a profundizar en su pensamiento abstracto y reflexivo. Para conseguir que el niño desarrolle el pensamiento triangular, propicia varias causas y plantéale diferentes tipos de soluciones ante un problema con preguntas como esta: «Bueno, ¿y qué más haríamos?, ¿cómo lo haríamos?».

Si el niño se desarrolla de manera adecuada, manejará el pensamiento triangular y multicausal a los siete años. Los niños con TEA no dominan este tipo de pensamiento hasta los ocho o diez años (a veces, más tarde). En cualquier caso, el cerebro se acaba de desarrollar a los quince o dieciséis años, así que nunca es tarde. Nuestro modo de proceder es alcanzar siempre un nivel e ir a por el siguiente, de tal modo que, cuando trabajamos con niños, adolescentes o adultos que padecen TEA, siempre practicamos las habilidades que nos permitan alcanzar el siguiente nivel. Podemos entrenar el pensamiento del niño mientras este aprende a cruzar la calle, a coger el tren, a limpiar su habitación o, incluso, a comprarse una golosina (en este caso, le preguntaríamos: «¿Cuál es tu favorita?, ¿cuál?») o hacer los deberes del colegio («¿Por qué crees que actúa así el personaje de la novela?»). Todos estos conocimientos prácticos se pueden inculcar de manera mecánica o de manera más espontánea.

El siguiente nivel, el pensamiento individualizado, se adquiere cuando el niño es capaz de hacer comparaciones (normalmente referidas a más de una dimensión). El pensamiento individualizado consta de dos componentes: el pensamiento comparativo (por qué el brócoli es más sano que las galletas) y la argumentación sobre por qué es mejor que B o por qué una opinión se sostiene más que otra. Normalmente, a los ocho años los niños ya pueden entender y expresar la graduación de la realidad: si están más o menos contentos, tristes o enfadados; hasta qué punto prefieren A antes que B y en qué grado se parecen. El pensamiento individualizado es el que permite matizar o introducir peculiaridades en sus argumentos. Por ejemplo, el niño está leyendo Mark Twain y tú le pides que compare a Huck Finn con Tom Sawyer para que te diga por qué un personaje le gusta más que el otro. El niño podrá responder: «Me gusta más Huck Finn porque es más fuerte» o «Huck Finn es más listo» o «Huck Finn es más divertido». Es lo que llamamos pensamiento comparativo e individualizado. El niño compara ambos personajes y te dice que uno de ellos es más fuerte, más sabio o más listo. En esta argumentación entran las peculiaridades de su pensamiento.

Cuando el niño pone en práctica el pensamiento individualizado, no sólo compara dos entidades, sino que a cada una le atribuye un grado: «Bueno, Huck Finn es mucho más listo que Tom Sawyer, pero no es mucho más fuerte que él». Del mismo modo, al aportar tres razones sobre la Guerra Civil (como la esclavitud, la religión y los factores económicos), un niño entrenado en el pensamiento individualizado puede razonar la importancia de cada uno de estos factores. Aquí es donde se pone en juego un sentido de la lógica más refinado, pero si el niño no desarrollara el pensamiento individualizado, tendería hacia los razonamientos polarizados o extremos, de «todo o nada». Es cierto, también, que muchas personas se construyen este mundo del «todo o nada» en el que «o vas conmigo o vas contra mí». Estas personas muestran un pensamiento rígido que expresa que sólo hay una manera de hacer las cosas («¡Las cucharas van aquí!») y sólo hay una respuesta posible ante muchas cuestiones (en el campo de la política, de la historia, de la ciencia, etc.). Pero nuestro mundo es un mundo complejo, lleno de matices.

De este modo, los niños con TEA que muestran deficiencias en las primeras fases de desarrollo tienden hacia un pensamiento rígido o polarizado. Sin embargo, si los estimulamos para que profundicen en su capacidad emocional, creativa y lógica, podremos ayudarles, poco a poco, a ser más flexibles. Para fomentar el pensamiento individualizado, debemos pedirles su opinión sobre nociones de la realidad e introducir, de paso, un razonamiento lleno de matices: «Ya sé que te gustan los macarrones, pero ¿cuánto te gustan? ¿Qué razones tienes para preferir los macarrones en lugar del pescado?». Las respuestas negativas o afirmativas no son suficientes; las opiniones deben expresar matices, deben atender a la relatividad de los hechos.

Los niños con TEA pueden ser perfectamente competentes en el área del pensamiento individualizado si les estimulamos y trabajamos con ello este tipo de pensamiento. Las corrientes educativas tradicionales abogan por las respuestas afirmativas o negativas. Sin embargo, el pensamiento individualizado se construye con las conversaciones razonadas (sobre amistad, deporte, etc.). Tampoco se debe condicionar o modelar el pensamiento del niño; en el día a día se producen situaciones idóneas para practicar este pensamiento individualizado y matizado.

Existen muchas personas que no han alcanzado el pensamiento individualizado. El pensamiento polarizado o extremo se observa en muchos adolescentes y adultos que no tienen anomalías de desarrollo. Si nos empeñamos en que los niños memoricen conocimientos (o, en el caso de los niños con TEA, secuencias de palabras), nunca llegarán a desarrollar el pensamiento individualizado. En cambio, si fomentamos los debates y el intercambio de opiniones, habrá más posibilidades de que el niño alcance este nivel avanzado de pensamiento lógico basado en la realidad.

Finalmente, debemos considerar otro nivel de pensamiento lógico: la habilidad de pensar desde una dimensión interna, la habilidad de analizar los propios prejuicios. Esta habilidad no se manifiesta hasta la adolescencia y es la típica competencia que le permite a un alumno evaluar una redacción que ha escrito. Puede utilizar estos razonamientos: «He escrito una redacción bastante lógica y bien cohesionada. También he defendido mi opinión, pero he considerado muchas opciones y he matizado los hechos». O también puede decir: «La redacción no me ha quedado muy bien. Estaba muy cansado y no me ha dado tiempo de documentarme; además, he escrito ideas poco coherentes». En el terreno emocional, una persona puede sufrir un disgusto y decir: «No sé por qué me he alterado tanto. No suelo actuar así». Un niño también puede utilizar su razonamiento interno para decir: «Mis amigos han copiado en el examen y yo no lo pienso hacer nunca por mucho que vaya con ellos».

Se trata de una habilidad que nos permite analizarnos a nosotros mismos, confrontar nuestros razonamientos internos con las ideas de otra persona y analizar una situación con perspectiva en lugar de reaccionar automáticamente cuando se ven afectadas las relaciones diarias entre amigos o personas que comparten una actividad. Gracias a esta habilidad, juzgamos nuestros propios pensamientos, sentimientos y prejuicios. Es importante decir que no todos los adultos poseen esta habilidad, pues no es fácil llegar a ella. Para conseguir que el niño la alcance, sobre todo los que padecen TEA, debemos involucrarnos con él en un amplio abanico de conversaciones y debates y siempre debemos respetar su identidad. Le debemos brindar criterios y bases de razonamiento, y ayudarles a convertirse en sus propios jueces y mentores.

Pensamiento abstracto y reflexivo

Hace un tiempo se consideraba que los niños con TEA jamás podrían llegar a dominar los niveles avanzados de pensamiento abstracto y reflexivo (sobre todo la empatía, la teoría de la mente —entender el punto de vista de los demás— y las inferencias). Sin embargo, tal y como explicamos en el capítulo dos, contamos con el ejemplo de muchos niños que no sólo han alcanzado estas competencias avanzadas sino que, además, las han dominado con mucha madurez y sutilidad.

Lo que más ha influido negativamente en el desarrollo del pensamiento avanzado ha sido el tipo de programas educativos, terapias e interacciones en casa que ponían en práctica profesores, terapeutas y padres. Si nos limitamos a decirle: «Esto está mal» o «no, no no», no le estamos inculcando disciplina, sino que estamos haciendo una demostración de pensamiento extremo y polarizado. Cuando el niño coge una rabieta o muestra un comportamiento negativo, siempre pensamos que eso se debe a que no ha recibido la suficiente disciplina. Sin embargo, también puede influir que le hayamos inculcado una disciplina basada en los razonamientos extremos y no tanto en la relatividad del pensamiento. En este sentido, podemos ser firmes y persistentes y enseñarle valores y normas de comportamiento mientras le enseñamos a construir juicios razonados y un pensamiento individualizado.

El pensamiento abstracto es difícil para todos los niños. Las técnicas aplicadas para inculcar a los niños con TEA este nivel avanzado de pensamiento han hallado poco éxito hasta ahora, precisamente porque no se le estimulaba de manera correcta. Es evidente que los niños con TEA necesitan más práctica, del mismo modo que otros niños con otros problemas del desarrollo necesitan más práctica para caminar, levantarse o usar el léxico.

Uso del lenguaje para razonar y pensar

Los niños que sufren anomalías parecidas a las del niño que hemos descrito al principio del capítulo pueden demostrar un dominio de palabras y frases adecuado a su edad y, sin embargo, pueden fracasar cuando se trata de exteriorizar el pensamiento reflexivo como hacen los compañeros de clase. Un niño que tenga mucho vocabulario, que sepa definir perfectamente las palabras y que conozca perfectamente la estructura del lenguaje puede ser incapaz de razonar como le correspondería por su edad. El término «desarrollo lingüístico según la edad» se refiere al nivel de uso lingüístico en el que se sitúa el niño para razonar y pensar, comparativamente con los criterios de un desarrollo normal.

Hemos observado muchos casos de niños que padecían formas leves de TEA o el síndrome de Asperger y que se creía que tenían un lenguaje apropiado (o incluso avanzado) para su edad, porque tenían mucho vocabulario y velocidad de lectura (más perfeccionada de lo normal). Sin embargo, cuando les pedíamos que hicieran una reflexión sobre la lectura (más allá de centrarse en lo descriptivo) o intentábamos iniciar un debate o conversación sobre esos contenidos, demostraban una capacidad de razonamiento de dos o tres años por debajo de su edad cronológica. Es muy importante fijarse en este punto cuando los niños van a la escuela, pues estas dificultades se pueden superar si las abordamos correctamente, pero en estos casos debemos recordar que estamos tratando una anomalía muy específica y concreta más que un déficit rígido e incurable.

Pasos que hay que seguir para alcanzar el pensamiento abstracto

Lo primero que debemos hacer para inculcarle los niveles más avanzados de pensamiento es asegurarnos de que el niño domina los seis niveles básicos de desarrollo. Le puedes ayudar a afianzar estos primeros niveles mediante la conversación extensa e interactiva, recurriendo a gestos y palabras y a la estimulación constante para que utilice la lógica y la creatividad al mismo tiempo. Si el niño muestra un comportamiento incoherente, ayúdale a conectar las ideas fingiendo que no le entiendes. Recuerda que el niño va a poder dominar el pensamiento multicausal, triangular e individualizado y va a poder acceder a la lógica para analizar sus propias acciones siempre y cuando te dispongas a conversar ampliamente con él sobre cuestiones del día a día (amigos, familia, relaciones, colegio) y mediante el juego de representación.

Si conversas cada día con un niño que domina las competencias básicas y que, por el contrario, no sabe utilizar el pensamiento abstracto, intenta desviar los temas hacia la elaboración de opiniones y de pensamiento creativo en lugar de abordar sólo los hechos. Evita preguntas del tipo: «¿De qué color es la chaqueta que lleva el personaje?». En lugar de ello, pregunta: «Madre mía, ¿qué te parece lo que ha hecho el personaje?, ¿qué harías tú si estuvieses en esa historia?». Si ya sabes la respuesta que te va a dar, estás reforzando el conocimiento adquirido a través de la memorización. Formúlale preguntas diferentes y poco frecuentes o comenta, por ejemplo, lo enfadado que estaba un día en concreto y pregúntale por qué. Si su respuesta es mínimamente coherente, la pregunta ha sido positiva y exitosa.

Si quieres enseñarle conceptos abstractos a un niño con TEA, debes escoger una situación con un alto componente emocional. Pongamos por caso el siguiente ejemplo: una niña de diez años vino a mi consulta. Presentaba bastantes deficiencias de aprendizaje y retrasos cognitivos y lingüísticos. Una parte de los expertos que la habían tratado pensaba que padecía el trastorno del espectro autista, pero otro grupo lo descartaba. La madre se quejaba de que la niña mostraba un pensamiento muy concreto y que, a pesar de que hablaba mucho, su nivel de comprensión de ideas y conceptos abstractos correspondía a una niña de cinco o seis años. Yo le pregunté: «¿Qué tipo de conceptos no entiende?» y ella respondió: «No entiende, por ejemplo, lo que hace su padre». El padre era inspector de Hacienda y ella no sabía qué eran los impuestos.

Yo dije: «Vamos a ver si es capaz de saber lo que significan los impuestos». Su madre lo dudaba, así que creé una situación emocional y basada en la vida real. Dije: «Imagínate que aquí hay una pizza». Recorté un papel en forma de pizza y le pregunté a la niña en cuántas porciones la podíamos dividir. Ella quería seis porciones. Su hermano pequeño también estaba en la habitación y dije: «Tu hermano te quiere robar la pizza. Yo seré el policía. ¿Cuántas porciones de pizza me darías para evitar que te la robe?». Ella respondió: «Dos porciones». Yo le pregunté: «¿Cuántas te quedan?». Ella empezó a contar: «Una, dos, tres, cuatro». Le dije: «Vale, trato hecho». Y me dio dos porciones.

Continué: «Estas dos porciones son impuestos. Me has dado dos porciones para que te proteja de tu hermano. Entonces, ¿hay alguna otra razón por la que me darías porciones de pizza? Por ejemplo, ¿protegerte de la gente mala? ¿Me pagarías por limpiar las calles? ¿Me pagarías para que consiga que el agua llegue a tu casa y te puedas duchar?». La niña respondió: «Te pagaría con una porción para que estuviera todo limpio». Yo dije: «Muy bien, eso también son impuestos. Ahora, si tuvieses un montón de pizzas, ¿qué más harías?». Empezó a declarar una lista de acciones; entre otras, protegernos de la gente violenta, y retomamos el tema de los impuestos. Entonces, dije: «Ahora la mamá te preguntará qué son los impuestos». Y la madre le preguntó: «Cariño, ¿qué son los impuestos?». Ella respondió: «Impuestos son lo que yo doy para poder tener cosas que me ayuden, como la policía». La madre sonrió al darse cuenta de que ya entendía el significado de «impuestos».

Ayudé a esta niña a entender el concepto de «impuesto» utilizando un lenguaje cotidiano y creando una situación muy motivadora con elementos muy cercanos que le ayudaban a establecer la conexión (la pizza y su hermano). También he ayudado a niños a escribir redacciones (cuando los profesores siempre me decían que serían incapaces de escribir un párrafo) utilizando temas muy significativos para ellos, como: «Por qué soy mejor que mi hermano» o «Por qué mis padres me tendrían que dejar ver más la tele». El niño explicaba la redacción oralmente; yo la grababa y un compañero me la transcribía. En el momento de leerla, resultaba ser una redacción bien estructurada.

El hilo conductor de la explicación de los impuestos y de la redacción es que el niño se encontraba en un ambiente cómodo que incidía directamente sobre sus emociones. Cuando discutes sobre algo y defiendes un tema, si lo pasas por la lógica, estás poniendo en juego todas tus competencias para hablar de ese tema. Vemos a muchos niños que fracasan en la escuela y que, curiosamente, demuestran una agilidad mental meridiana: son muy buenos argumentando y vuelcan toda la lógica cuando se trata de temas como los amigos, los juegos de ordenador o las marcas de zapatillas deportivas. Pero no aplican esta habilidad en las materias de la escuela. Siempre alcanzamos nuestro nivel más avanzado de pensamiento cuando se ponen en juego las emociones.

Por este motivo, es mejor utilizar dos pasos para enseñar conceptos y el pensamiento lógico: en primer lugar, se debe crear una situación muy motivadora; en segundo lugar, presentar los conceptos; y, en tercer lugar, introducir terminología nueva. Por ejemplo, si un niño intenta entender conceptos y palabras nuevas sobre un libro y tiene que escribir, además, una redacción sobre este libro, comenta primero con él las ideas básicas. Deja a un lado la terminología y trabaja la parte conceptual. Una vez domine esto, habrá aprendido la relación entre las palabras y las podrá utilizar adecuadamente en una redacción. Pero es muy complicado dominar ambas competencias al mismo tiempo.

Los niños pueden sufrir una gran ansiedad durante la etapa del colegio, pero si están aprendiendo las bases de un pensamiento lógico en casa, esa ansiedad no les afectará a un nivel preocupante. Cuando dominen el pensamiento abstracto, lo aplicarán en las situaciones de ansiedad (de hecho, lo podrán utilizar como estrategia para enfrentarse a las situaciones). Cuando un niño que domina perfectamente el pensamiento abstracto sufre nerviosismo y ansiedad en la escuela o se aburre, es probable que utilice este pensamiento para defender sus intereses: ¿Puedo escribir una redacción sobre algo diferente? Es que este tema se repite mucho y ya he reflexionado sobre él bastante».

Trabajar con nuevos conceptos y palabras no es fácil; no sólo porque requiere memorización, sino porque se debe dominar la planificación de acciones. Muchos niños con TEA u otros trastornos muestran disfunciones en la planificación motora, y en la secuenciación de problemas se centran tanto en la memorización de palabras que se olvidan de la lógica, de modo que se limitan a acertar las respuestas. La clave para ello es que las palabras y conceptos sean familiares y las situaciones sean emocionalmente relevantes para ellos. Sabemos que los niños son discutidores excelentes cuando se trata de ver un rato más la tele o cuando te piden un helado, pero, en cambio, no saben redactar un resumen coherente sobre un libro. Si le inculcamos competencias de razonamiento mental en un contexto simple y emocionalmente significativo, el niño aplicará estas competencias al ámbito académico.

El siguiente paso para ayudarle a que desarrolle su pensamiento abstracto es crear diferentes perspectivas sensoriales destinadas al aprendizaje. Enseñar con imágenes, con acción y con juegos, además de palabras. Si el niño no sabe razonar por qué te comportas de manera injusta, enséñale dibujos o interpreta una escena. Entonces, habla con él sobre el dibujo o sobre la escena que ha presenciado.

Los niveles avanzados de pensamiento abstracto, como las inferencias, especulaciones o nuevas conclusiones también exigen que el niño posea la habilidad de juzgar sus propias conclusiones y de compararlas con las de otra persona. Para alcanzar este nivel de razonamiento, la persona debe contar con una identidad bien definida y una gran subjetividad en la que verse reflejada. Se trata de una práctica emocional e intelectual. Si queremos llevar al niño a este nivel, tenemos que asegurarnos de que dominan los niveles anteriores. En ese caso, deberás buscar juicios y razones y no contentarte con respuestas sencillas. Por ejemplo, cuando el niño expresa una gran emoción, le puedes preguntar: «¿Cómo te sientes? ¿Por qué te sientes así hoy?». De este modo, le animas a dar un paso al frente y observar y analizar sus propios sentimientos y convicciones. Se trata de un pensamiento crítico con las propias emociones y no es fácil llegar a él (de hecho, muchos adultos no lo dominan). En cualquier caso, la manera de cultivarlo es plantear preguntas.

Por otra parte, cuando se abordan tareas intelectuales, los niños muestran una mayor facilidad cuando se les pide que analicen la información y emitan conclusiones. De hecho, le puedes preguntar a un adolescente: «Bueno, ahora tienes que ser un poco el abogado del diablo. ¿Qué fallos ves en tu redacción? ¿Por qué no argumentas el otro punto de vista? ¿Cuál crees que es el más razonable, en vista de tu experiencia?». De este modo, le estás preguntando que relativice sus propias ideas, que se analice a sí mismo y que argumente el punto de vista contrario. Este nivel avanzado de pensamiento requiere años de entrenamiento mental.

La clave para ayudarles a dominar el pensamiento abstracto (sobre todo a los niños con TEA) es ser paciente, tomarse el tiempo que haga falta y seguir cada paso. Cuando hayas avanzado en un nivel de pensamiento, refuerza los niveles anteriores; trabaja todos estos niveles avanzados al mismo tiempo. Paciencia, emoción, práctica y situaciones familiares: estos son los componentes necesarios para promover el pensamiento avanzado en los niños con dificultades. Piensa que el niño siempre puede alcanzar un nivel más alto.

Teoría de la mente y empatía

La teoría de la mente (capacidad de entender los sentimientos de los demás o de ponerse en lugar de la otra persona) es una manifestación de la habilidad de pensar desde una perspectiva interna. Si quieres saber cómo se siente una persona ante determinada situación (por ejemplo, ser rechazada por otra en el plano del amor), primero debes preguntarte a ti mismo: «¿Cómo me sentiría yo si alguien me rechazase? Estaría triste y abatido». A partir de ahí, tienes que considerar las diferentes opciones: «Pero Johnny también abarca demasiado. Está intentando ligar con todas las chicas del instituto, pero en esta ocasión no quiere dar la apariencia de triste y parece muy alegre. Me parece que quiere aparentar que no le afecta. O, a lo mejor, no le gustaba tanto esa chica. O también puede ser que se haga el duro para que no se rían de él los compañeros».

La empatía es intentar sentir lo que siente esa persona y ponerse en su lugar mientras evalúas objetivamente las conclusiones y consideras otras vías. Cuando un adulto demuestra empatía, sabe entender cómo se siente la otra persona, pues, a través de sus preguntas y de su lenguaje emocional y corporal, realiza el ejercicio de ponerse en la piel de la otra persona sin exagerar los sentimientos. Todos conocemos casos de gente cercana que se indigna muchísimo cuando le explicamos algo que causa nuestra indignación. Curiosamente, acabamos aplacando su enfado cuando afecta a nuestra persona. Eso no es empatía. También existen numerosos ejemplos de personas que escuchan de manera mecánica; probablemente, formulan alguna que otra pregunta, pero no demuestran habernos entendido o que les importa nuestra explicación. Quieren demostrar empatía, pero no la saben llevar al terreno emocional. Por otra parte, también conocemos casos de adultos que utilizan la empatía con fines narcisistas. Así, no debemos confundir la empatía con la simple habilidad de escuchar a los demás.

La empatía es una habilidad muy difícil para los niños (especialmente para los que padecen TEA), pues necesitan construirla sobre un bagaje de experiencias vitales. Sin embargo, tal y como hemos explicado, hemos comprobado que muchos niños y adultos con TEA u otros trastornos pueden demostrar una gran capacidad de empatía si cuentan con el apoyo y el aprendizaje de experiencias correctas. Cada fase de desarrollo propicia una serie de experiencias que les pueden servir para acabar de dominar las fases anteriores. Nunca es tarde.

La empatía empieza con las primeras manifestaciones de amor y cariño entre el bebé y sus padres. Sin esta protección inicial, es difícil aprender a preocuparse por los demás, ya que para proyectar empatía hacia los demás debemos experimentarla primero en nosotros mismos. Lo que ocurre después de esta primera etapa es clave. Entre los ocho y los nueve meses, el bebé aprende a interpretar y a responder ante las diferentes señales emocionales como, por ejemplo, la sonrisa o el gesto enfadado de la madre. A partir de aquí, el bebé empieza a entender que su cuerpo está separado del de su madre y que realizan acciones diferentes. Además, aprende a interpretar y a responder más rápidamente a las emociones de la otra persona. Estos son los fundamentos de la empatía.

A los dieciocho meses, los niños suelen jugar juntos, respetar turnos para subirse al tobogán y reír con una broma compartida. No se están simplemente pegando (como a los catorce meses) o llorando cuando el otro se enfada, sino que comparten situaciones de humor juntos. Esto demuestra no solamente la habilidad de responder a los sentimientos de los demás, sino a participar en actividades compartidas en las que dos o más personas se sienten muy identificadas y comparten momentos de alegría y de decepciones.

Un poco más tarde, se empiezan a apreciar las primeras señales de altruismo: el niño se dirige a su madre y la abraza o la coge del brazo cuando la ve disgustada. Esto no es empatía, ya que la empatía implica entender intelectual y emocionalmente cómo se siente la otra persona, pero es un gesto encaminado hacia esa dirección, pues el niño, tanto si está imitando un comportamiento como si lo siente de verdad, intenta ayudar a la otra persona a que se sienta mejor.

El siguiente paso es la etapa de significados compartidos. Esta etapa se inicia cuando el niño aplica el juego imaginativo y la simulación de escenas y utiliza algunas palabras (entre los dieciocho meses y los dos años y medio o tres siguiendo un desarrollo adecuado). El niño participa en juegos imaginativos con los padres o con otros niños. Se halla, entonces, en el nivel simbólico de las palabras y las ideas; comparte sentimientos a través del juego imaginativo y empieza a pensar con empatía, aparte de sentir empatía. La empatía requiere una serie de competencias complementarias, pues el niño ya debe saber razonar en torno a la relación causa-efecto y razonar acerca de cómo se siente la otra persona. Cuando el niño pregunta: «Mamá, ¿por qué estás enfadada?» es porque ya sabe separar la perspectiva interna del mundo externo y porque, además se preocupa por ti.

Si esta etapa inicial se desarrolla como corresponde, el niño avanza a una dimensión más complicada en la que es capaz de analizar diferentes razones para una amplia gama de sentimientos y percibir la relatividad de los argumentos. Este tipo de empatía se refuerza cuando el niño entra en lo que llamamos política de patio: entrar a formar parte de un grupo social en el colegio y encajar en la jerarquía social de este entorno. ¿Quién es el más rebelde?, ¿el más popular?, ¿el que juega mejor a fútbol?, ¿el que saca mejores notas en matemáticas? Es muy habitual que el niño sufra cuando se compara con otro y se da cuenta de que no es tan bueno como él en determinados ámbitos. Como siempre le digo a los padres, es mucho mejor que el niño se acostumbre a sufrir decepciones en esta etapa que a los diecinueve años, cuando le traiciona un amigo o no es correspondido en el amor. Las primeras decepciones son mucho más difíciles de asumir en la etapa de la adolescencia.

Integrarse en un grupo social le permite al niño reforzar su capacidad de mostrar empatía. Podemos ayudar al niño a exteriorizar su empatía y a identificarse con los sentimientos de los demás, más allá de las experiencias que viva a corto plazo. ¿Muestra su empatía con los niños de diferente raza o religión? A este respecto, es importante añadir que es positivo mezclar a niños con TEA y a niños sin trastornos en una misma clase porque, de esta manera, aprenden a entender que cada niño posee sus habilidades.

Muchos niños con TEA avanzan a través de todos estos niveles de empatía, pero deben ir paso a paso. Cuando adquieran un nivel más alto de consciencia, se adaptarán al grupo social de la escuela, pero pueden sufrir las dolorosas consecuencias de verse diferentes a los demás y emergerán preguntas del tipo: «Mamá, ¿por qué no puedo hablar como Johnny o como Suzy? ¿Por qué se ríen de mí los niños? ¿Por qué aprendo ortografía mucho más rápido que los otros niños?». El niño debe afrontar estas diferencias para construirse su propia identidad y esta misma autorrevelación puede conllevar a reacciones de tristeza y decepción, pero también le puede proporcionar satisfacción. No obstante, si el niño no experimenta tristeza o decepción, difícilmente apreciará la alegría o el bienestar, o desarrollará su propia identidad, pues este crea su «yo» a partir de lo que yo llamo «sentimientos acotadores» (sentimientos que nos dicen quiénes somos).

Para identificarnos con la alegría, la tristeza o la desesperación de otra persona, tenemos que haber experimentado en nuestras carnes todos estos sentimientos (en mayor o menor medida). No es tan extraño que muchos adultos o jóvenes con TEA demuestren una gran empatía y desempeñen profesiones, de ayuda a los demás, pues ellos son los primeros que se han acostumbrado a experimentar sensaciones negativas (de rechazo). En este sentido, su sentido humanitario se ve reforzado. Para un niño, es muy duro enfrentarse a estas sensaciones, pero, con la comprensión y el apoyo de la familia, estas experiencias pueden ser valiosas para el futuro.

Finalmente, existe otro nivel de empatía: la empatía reflexiva. Esta empatía requiere un sentido del «yo» muy estructurado y definido, construido a partir de las experiencias definitorias de tristeza y alegría, decepción y amargura que se deben canalizar para entender una amplia gama de sentimientos en los demás y compararlos con los de uno mismo. La empatía reúne todas las emociones y los padres deberían apoyarles en su encuentro inevitable con emociones negativas mientras se hallan en la etapa del juego. Sólo de esta manera podrán entenderlas más profundamente.

Cuando se trata de evaluar el progreso de tu hijo/a en estas fases avanzadas de pensamiento, recuerda que los juicios en la vida se mueven en una escala de grises, de tal modo que nunca puedes estar completamente seguro/a de que el niño domina perfectamente cierta habilidad o competencia. En todo caso, existen los grados de competencia. Pongamos el siguiente ejemplo: el niño que aprende a caminar y se cae al suelo y se vuelve a levantar camina durante bastante rato, pero no camina ininterrumpidamente todo el rato. Hay niños que necesitan un mayor seguimiento para dominar una habilidad; puede que nos demuestren que la dominan si les estimulamos, pero no toman la iniciativa. De este modo, en lugar de buscar diagnósticos absolutos, intenta analizar hasta qué punto el niño domina el pensamiento abstracto, el pensamiento lógico o la empatía y si ha necesitado mucho o poco apoyo.

Capítulo 11
Factores biológicos determinantes I. Percibir el mundo a través de los sentidos

Todos los niños (los que muestran un desarrollo normal y los que padecen TEA u otros trastornos) tienen una manera singular de percibir el mundo a través de los sentidos. Si se adaptan a estas características intrínsecas, los padres, tutores y terapeutas pueden ayudar a estos niños, por muy rígido y estereotipado que sea su comportamiento. Si trabajan con ellos, conseguirán que muestren una conducta más flexible.

Hay una gran variedad de factores genéticos y ambientales que condicionan a nuestro sistema nervioso y a nuestro cuerpo incluso antes de nacer. Una vez nacemos (y mientras el cuerpo se empieza a desarrollar) seguimos sujetos a muchos condicionantes que nutren, inhiben o contribuyen de alguna manera a esas variaciones. Los niños con riesgo de padecer TEA se ven sometidos a influencias genéticas prenatales y posnatales que les llevan a presentar peculiaridades en la forma de percibir las sensaciones, planificar el movimiento y procesar y comprender lo que oyen y ven. Las denominamos «diferencias idiosincrásicas» porque los niños experimentan, planifican y ejecutan sus acciones conforme a los factores biológicos determinantes que les afectan. Debemos trabajar con estas diferencias con el inicio del tratamiento y con independencia de la edad del niño.

Cuando aplicamos el modelo DIR, analizamos la fase de desarrollo en la que se encuentra en niño y, a partir de ese dato, empezamos a construir interacciones con él en función de su capacidad de procesar la información. Estos rasgos diferenciados se deben apreciar enseguida, porque los niños nacen con sistema motor y sensorial, pero ambos sistemas deben unirse y trabajar juntos. Lo que ayuda precisamente a que estos sistemas se junten a niveles cada vez más elevados son las emociones. De este modo, las impresiones sensitivas que recibe un niño se conectan con sus acciones a través de las emociones (es decir, el afecto), y esto se produce en la primera etapa de su vida. Por ejemplo, cuando un niño mueve la cabeza y busca con ella la procedencia del sonido de la voz de su madre es porque esta voz le produce placer.

Por otra parte, si el sonido le produce tensión, un tono de voz normal le resultará muy desagradable, por lo que no podrá coordinar sus sentidos con los patrones motores. Esto le puede llevar a sufrir una gran ansiedad e, incluso, un trastorno de pánico. Se trata de una reacción similar a la de «lucha o huida» que pueden experimentar los adultos. En situaciones de miedo extremo, nervios o tensión, se producen «reacciones catastróficas» relacionadas con niveles primitivos de nuestro sistema nervioso.

Por el contrario, si el niño reacciona débilmente al sonido, seguramente no oirá a sus padres cuando lo llaman. No podrá conectar la percepción auditiva con el patrón motor de mirar, que debería ser guiado por el placer de oír la voz de sus padres. Si el niño muestra deficiencias en la planificación de acciones motoras, oirá la voz de su madre, y querrá volverse hacia ella, pero no podrá organizar su respuesta. El resultado es que mirará hacia otro lado por error, no verá a su madre, no intercambiarán sonrisas y no se sentirá motivado para querer experimentar más interacciones. Un niño que busque constantemente el estímulo de sensaciones puede ser tan activo que no tendrá tiempo de conectar sus impresiones sensoriales, emociones y actividad motora.

Si analizamos la manera en la que el niño procesa la información y planifica su respuesta, le podemos ayudar con sus dificultades de procesamiento e incluso convertir esos déficits en capacidades. En este capítulo vamos a tratar las manifestaciones más típicas de las anomalías de procesamiento de los niños con TEA, y en el siguiente abordaremos déficits visuales y auditivos más graves y cómo los padres y cuidadores pueden tratarlos.

Procesamiento auditivo y competencia oral

El procesamiento auditivo es la manera en la que oímos la información y comprendemos lo que oímos. Para entender el mensaje, tenemos que descodificarlo, es decir, saber diferenciar los sonidos agudos y graves, y entender el sonido en tanto palabras e ideas que expresa la otra persona. El lenguaje perceptivo incluye el procesamiento de sonidos y la formulación de ideas y pensamientos como respuesta a los demás. Los trastornos de procesamiento típicos de los niños con TEA son los que atañen al procesamiento auditivo y al lenguaje expresivo. Es muy habitual que estos niños no entiendan la información o que no sepan procesarla. También se pueden dar estos dos trastornos a la vez. Por otra parte, muchos niños que muestran un desarrollo normal también presentan dificultades en el procesamiento auditivo y en el uso del lenguaje. En el capítulo veinte describimos la utilidad del programa ALBA (aprendizaje lingüístico basado en el afecto) dirigido al desarrollo del lenguaje.

Hay niños, incluso bebés, que reconocen patrones rítmicos complejos como «la la lilo lilo lá». Incrementan su atención y muestran una mayor predisposición para oír el final de la secuencia. En cambio, otros bebés, aunque no muestren ningún trastorno, se sienten muy desconcertados con este patrón rítmico y son incapaces de responder o procesar estos sonidos rítmicos. Los adultos también poseen rasgos diferenciados en el procesamiento auditivo y la percepción del lenguaje: algunos escuchan y recuerdan perfectamente todo lo que han oído y otros sólo recuerdan el principio y el final y tienen que reforzar la memoria estudiando de nuevo la información.

Las anomalías en el procesamiento auditivo comportan otro tipo de repercusiones. Por ejemplo, una niña con una conducta perturbadora es incapaz de entender las instrucciones. Esto le lleva a sentirse muy frustrada y, como consecuencia, su tendencia agresiva se ve intensificada. Por otra parte, es muy importante recalcar que muchos niños con TEA y que padecen trastornos auditivos y del lenguaje son capaces de expresar la complejidad de sus pensamientos y de su imaginación a través del dibujo. Siempre debemos identificar su manera de canalizar los pensamientos. Hay niños que se expresan con gestos y, por este motivo, les resulta muy beneficioso inventar escenas y tramas. Muchas veces, les recomendamos a los padres que vean las actuaciones de Marcel Marceau con sus hijos porque estos disfrutan mucho viendo todo lo que se puede expresar a través de la mímica. Para otros niños, en cambio, hacer dibujos que representen lo que van a hacer durante el día les ayuda a enfrentarse a las situaciones complicadas.

Cuando le diagnosticamos un trastorno de procesamiento auditivo a un niño, les recomendamos a los padres que sometan al niño a un examen auditivo para asegurarse de que el niño percibe todas las frecuencias de sonido. Los niños que parecen oír bien en general puede que no perciban todas las frecuencias por un igual, y los audiólogos pueden ayudarles. En el siguiente capítulo vamos a analizar con profundidad los condicionantes biológicos que intervienen en los trastornos auditivos.

Planificación y secuenciación motora

La planificación y secuenciación motora se refiere a la manera de poner en práctica nuestras ideas como respuesta a lo que vemos u oímos. Esta habilidad empieza a desarrollarse cuando observamos que el bebé escucha una voz y la intenta buscar con la cabeza. Sin embargo, aunque parezca una respuesta automática, se dan una serie de pasos en el proceso. En primer lugar, el bebé debe registrar el sonido y parecerle interesante. A partir de ahí, organiza el movimiento de sus músculos para poder darse la vuelta y buscar el sonido. A continuación, tiene que girar el cuerpo, coordinando y planificando los movimientos musculares para que vayan en la dirección correcta. Finalmente, mira a la persona que posee esa voz y reconoce a una cara relacionada con esa voz. En una etapa posterior (a los dieciséis meses aproximadamente), el niño ya podrá coger a su madre de la mano, llevarla hacia la nevera y señalarle lo que quiera. Este gesto exige un repertorio mucho más complejo de acciones, secuenciación de movimientos otra vez y la utilización de las emociones para conseguir lo que desea.

Esta planificación y secuenciación motora también constituye la base de una habilidad posterior llamada capacidad ejecutiva. La capacidad ejecutiva es la habilidad de ejecutar una serie de acciones destinadas a un fin. Se trata, por ejemplo, de la habilidad que demuestra un niño de siete u ocho años para resolver problemas y concentrarse en sus actividades hasta que se haya resuelto el problema. Es una capacidad difícil para muchos niños, no sólo para los que padecen TEA, sino tambien, los que tienen problemas de atención. Cada persona posee su capacidad ejecutiva única.

Procesamiento viso-espacial

Durante los primeros años de vida, los niños aprenden a través de sus acciones (a través de las acciones manuales. Aprenden de esta manera mucho antes de saber hablar, pues se puede pensar sin hablar. La percepción viso-espacial es fundamental. Los niños con TEA u otros trastornos cuya vista es correcta pueden padecer trastornos en la capacidad viso-espacial, aquella capacidad que organiza nuestro mundo y nos ayuda a tomar consciencia de los hechos: cómo se forman los patrones o cómo operan los objetos con relación a nuestros cuerpos. Esta capacidad nos permite dominar el conocimiento académico necesario para resolver un problema de matemáticas o analizar un texto o una imagen. El bebé muestra los primeros síntomas de trastorno del procesamiento viso-espacial cuando le cuesta concentrarse en la visión de su padre o cuando no desvía su mirada de un sonajero hacia la sonrisa del padre y viceversa, es decir, cuando no pone en práctica la atención conjunta.

Cuando empiezan a crecer, los niños con trastornos del procesamiento viso-espacial pueden mostrar un pensamiento fragmentado; es decir, no se dan cuenta del espacio físico que ocupa la otra persona o se relacionan de manera mecánica e irrelevante con su entorno físico. Cuando desarrollan el habla, tienden hacia el lenguaje estereotipado, repetitivo y desestructurado en lugar de utilizar un discurso lógico y cohesionado. Por ejemplo, se les cae un objeto al suelo y no se dan cuenta o no son capaces de encontrarlo o tiran un vaso al suelo cuando van a por otro objeto. Está claro que los trastornos del procesamiento viso-espacial repercuten irremediablemente en las actividades diarias del niño.

En una ocasión tuvimos la oportunidad de colaborar con Harry Wachs, optómetra e investigador pionero en su campo que trabajó con el psicólogo infantil Jean Piaget, y desarrolló, junto a Hans Furth, la teoría de Piaget sobre la cognición aplicada al pensamiento viso-espacial. El procesamiento viso-espacial se puede dividir en seis habilidades básicas, que van de la autoconsciencia sobre la relación con el propio cuerpo, el mundo externo de objetos o el procesamiento de la relación de estos objetos con uno mismo, hasta la comprensión de conceptos, como la correspondencia individual, la conservación y los niveles avanzados de pensamiento simbólico viso-espacial. De este modo, hemos trabajado con el doctor Wachs para profundizar en estos conceptos y relacionarlos con el modelo DIR.

Si bien las explicamos de manera secuencial, estas habilidades se desarrollan simultáneamente. Normalmente ya se aprecian algunas manifestaciones de estas habilidades durante los primeros seis años de vida, las cuales se basan en habilidades anteriores.

Consciencia corporal

La primera habilidad viso-espacial es la consciencia corporal: entender las diferentes partes de uno mismo y nuestra ubicación en el espacio. Esto empieza en el momento posterior al nacimiento, cuando el bebé encuentra su mano, se la lleva a la boca y se da cuenta de que lo puede hacer repetidas veces. La consciencia de la boca, que es el órgano más importante en esta primera etapa de su vida para la supervivencia, es un hecho crucial. Durante el primer año, a medida que el bebé realiza más movimientos conscientes, también conoce cada vez mejor su propio cuerpo. Gracias a un ilimitado número de experiencias diarias (tocar los barrotes de la cuna, coger un sonajero, comer, tocarse los pies), el bebé empieza a construirse un esquema mental de su cuerpo. Cuando empieza a gatear o se tambalea, se cae y se levanta, entiende que puede ejercer cierto control sobre su cuerpo en referencia al entorno y que se puede mover por el espacio. Por ejemplo, puede gatear más rápido para ir al encuentro de su madre cuando llega del trabajo.

De este modo, el primer ejercicio de consciencia es el que atañe a nuestras propias sensaciones y movimientos. Algunos bebés con riesgo de padecer TEA no desarrollan esta consciencia corporal debido al funcionamiento particular de su sistema nervioso. Asimismo, si no cogemos al bebé ni lo mantenemos en posición vertical o no lo sentamos, no sabrá lo que es mantenerse de pie sintiendo la gravedad y le resultará muy complicado moverse por sí mismo. Por este motivo, es muy importante realizar actividades interactivas y rítmicas con estos bebés, de tal modo que puedan conocer la sensación placentera que acompaña a estos movimientos. Por supuesto, estas actividades también serán muy beneficiosas si las aplicas a un niño de cuatro años que no se involucra totalmente en las interacciones y que no es muy consciente de su propio cuerpo. Si estimulamos a los niños con actividades rítmicas y muestran un gran interés por prolongarlas, esto significará que las están gozando.

Una vez pasada la etapa de la infancia, la integración corporal se manifiesta a través de acciones que persiguen un fin (por ejemplo, cuando un niño se pasa la pelota con su padre) y que tienen mucho que ver con la consciencia de los límites corporales de uno mismo y de los demás, con la relación del propio cuerpo con los demás, en un contexto físico y temporal, y con la manera de utilizar el cuerpo para llevar a cabo acciones coordinadas. Muchas veces observamos cómo los niños con TEA buscan la mano del padre o la madre para hacer algo, en lugar de utilizar su propia mano. No son conscientes de que pueden coger y manejar los objetos. En un momento puntual, se dan cuenta de que la mano del padre o la madre lo puede hacer mejor, puesto que no han practicado con sus propias manos en tanto extensiones funcionales de sus cuerpos. Debemos trabajar mucho con estos niños para que superen este tipo de anomalía, recurriendo, por ejemplo, a los juegos de manos, palmadas o bailes en los que se deben utilizar las dos manos en el mismo espacio. También les podemos estimular para que levanten la tapa de una caja con el fin de coger su juguete preferido o tirar de un lazo para abrir un paquete. Tenemos que conseguir que el niño utilice las dos manos y las lleve al centro del cuerpo, ya que, de esta manera, sentamos las bases de la posterior habilidad de cruzar la línea medial del cuerpo para realizar tareas como escribir.

A medida que nos movemos, experimentamos sensaciones en nuestros cuerpos. Tales sensaciones son, por naturaleza, afectivas, puesto que nos producen una reacción emocional. Las sensaciones pueden ser indiferentes, frías o excitantes, como se produce en un golpe perfecto de tenis o en un paso perfecto de baile. Si el niño muestra deficiencias en la consciencia corporal y conseguimos motivarle con sensaciones placenteras, aumentará su consciencia corporal.

Ubicación del cuerpo en el espacio

En esta fase, el niño entiende la relación entre las diferentes partes de su cuerpo y posiciona su propio cuerpo en el espacio. Los bebés empiezan a moverse en el espacio y entienden, después, que los objetos y las personas se mueven en el espacio y se relacionan entre sí. De niños, empiezan a moverse conscientemente siguiendo patrones de movimiento (menear un peluche o apilar unas piezas) y, un poco más tarde, aprenden a planificar el movimiento antes de actuar y, finalmente, aprenden a jugar en equipo.

Un niño con TEA y dificultades de procesamiento visual que no es consciente del alcance de movimiento de sus manos será incapaz de coger una pieza y colocarla. Los niños con TEA que son un poco más mayores y desconocen su ubicación en el espacio, así como la funcionalidad de su propio cuerpo, deben estar expuestos a una gran actividad; deben aprender a escalar y a correr, a realizar movimientos dirigidos a un destinatario (por ejemplo, pasar la pelota a su madre o a un amigo) y a participar en los típicos juegos infantiles. Juegos como el escondite, el pica-pared, el pilla-pilla, las carreras de relevos, la pata coja, la piñata, etc., son muy importantes para los niños.

Los niños que padecen TEA tardan más en entender las secuencias de una acción. Por ejemplo, no siempre tienen clara la dirección por la que deben ir. En estas situaciones, el padre o la madre le puede ayudar actuando como si fuese un compañero. En lugar de decirle cómo hacer algo, cógele de la mano y dile: «Venga, vamos». Si guías su cuerpo a través de diferentes actividades, acabará desarrollando la habilidad de ubicarse en el espacio. Es muy beneficioso dar por sentado que lo van a hacer muy rápidamente. Si conseguimos que se fije en los juegos sociales antes de participar, notaremos la diferencia. En una ocasión, una niña con TEA quería jugar al pica-pared, pero no sabía cómo, de tal modo que su madre (una mujer muy creativa) decidió filmar a sus hermanos mientras jugaban al pica-pared y le enseñó el vídeo. En pocos días, ya sabía jugar. Ayuda a tu hijo a observar lo que hacen los demás facilitándole el medio y procura ser siempre muy paciente y motivador.

Relación de los objetos con uno mismo, otros objetos y las demás personas

Los bebés experimentan muy temprano con el efecto que ejercen sobre los objetos (por ejemplo, cuando tiran juguetes fuera de la cuna) y sobre las personas. Cuando tienen un año, también desarrollan de forma rudimentaria la «constancia de objeto» (por ejemplo, cuando estiran de la bufanda de la madre para ver su reacción). De niños, experimentan con los objetos de manera deliberada (moviendo un coche rápida o lentamente, por ejemplo) y también se dan cuenta de que los símbolos pueden ocupar el lugar de las personas u objetos.

Conforme van creciendo y son más conscientes de las personas u objetos de su entorno, ya no juegan a tirar o agitar juguetes. Mientras están desarrollando la consciencia de los límites entre ellos y los demás, no dominan completamente la organización en torno a una fila (por eso hay pisadas de colores en las guarderías). Los niños que no tienen consciencia corporal en esta etapa tampoco suelen dominar la percepción. Por ejemplo, no suben las escaleras alternando los pies porque no saben imaginarse la situación de sus pies respecto a las escaleras. También se les caen los objetos y no se dan cuenta, lo que conduce al probable enfado del padre o la madre al no entender sus anomalías.

Entre los tres y los cinco años, los niños empiezan a entender las normas sociales y a participar en juegos más sistemáticos, como el juego de las sillas, los juegos de tablero o los juegos de equipo (con pelota). También aplican alguna de estas competencias a la vida diaria: se quitan los zapatos y saben introducir los calcetines en la cesta de la ropa sucia. Los niños con trastornos del procesamiento visual necesitan pistas visuales para poder realizar las tareas del día a día. Por este motivo, debemos poner la ropa por separado (en lugar de apilarla) para que recuerden qué es lo que necesitan y el orden en el que debe ir la ropa.

Esta habilidad de planificar acciones (solucionar un problema que exige varios pasos y, a veces, varios objetos como en el ejemplo anterior) requiere un aporte de ingenio y creatividad, es decir, que el niño tenga una idea o intención, diseñe un plan de acción para llevar a cabo esa idea y no lo abandone. Cuando veamos los primeros problemas que atañen a la planificación, le tendremos que conceder más práctica al niño y fortalecer los otros sentidos. Por ejemplo, hablarle mientras dure el proceso en el caso de que no obtenga lo que quiere. Además de ello, tenemos que avivar su interés por lo que hace, puesto que es mucho más fácil para él/ella planificar las acciones cuando se siente motivado.

Conservación del espacio

La concepción de un recién nacido sobre el espacio es muy limitada. Cuando ya tiene un año, el niño empieza a percibir el espacio como algo tridimensional y entiende que, aunque parezca que con su movimiento cambia el entorno, no es el espacio lo que se mueve, sino él. A esto se le llama «conservación del espacio» y es básica para el desarrollo de las capacidades viso-espaciales. Por ejemplo, cuando un niño tiene miedo a deslizarse por el tobogán, puede padecer una dificultad asociada a la conservación del espacio, puesto que no comprende que la distancia desde la parte de arriba del tobogán hacia el suelo es la misma que del suelo a la parte de arriba del tobogán.

El niño que padece este trastorno suele cerrar los ojos cuando se le acerca una pelota o encogerse cuando otro niño juega con él a luchar con espadas. Es capaz de avanzar para atacar al contrario, pero se retrae enseguida cuando se le ataca a él. Esto se debe a la incapacidad de concentrarse, de disponer de sus ojos trabajando al unísono. Muchos niños que padecen TEA se apoyan en la visión periférica y no saben seguir con la mirada a un objeto que se mueva delante de su cara. Este trastorno es una de las causas por las que muchos de estos niños tienen un contacto visual pobre.

Los niños con trastornos de procesamiento viso-espacial tienen dificultades para relacionar adecuadamente el tiempo y el espacio, como correspondería para su etapa. Necesitan, por tanto, mucha práctica en este ámbito: aprender a coger y tirar una pelota hinchable grande y blanda les permite conocer la relación entre velocidad y distancia. De este modo, la práctica también lleva a la consciencia corporal, necesaria para ejecutar acciones coordinadas. Para ir en bicicleta o en triciclo, los niños deben saber que pueden usar diferentes partes del cuerpo de maneras distintas. Muchas veces observamos a niños que van en bicicleta o en patinete y que chocan con gente o con coches aparcados. No lo hacen a propósito; sencillamente necesitan más práctica de coordinación entre las diferentes partes de su cuerpo. Es muy importante subrayar que los niños con TEA presentan más dificultades a la hora de dominar estas habilidades y que necesitan más práctica.

Si observas que el niño rechaza este tipo de actividades porque las ve muy difíciles, deberás hacérselas practicar y de manera que sean divertidas para él. Para ayudarlo, empieza desde un nivel sencillo (pasos fáciles que pueda realizar, reforzados por juegos creativos que le diviertan). A partir de ahí, puedes ir aumentando la complejidad de la actividad mientras le ayudas a mejorar su capacidad viso-espacial.

Razonamiento visual y lógico

Cuando el niño aprende la relación causa-efecto de las acciones, suele tratar a los juguetes como si fueran reales; por ejemplo, vestirse con las ropas de una muñeca o conducir el coche de juguete. En lugar de advertirle de que el juguete es demasiado pequeño o de que no es real, los padres tienen que dejar que compruebe por sí mismo las consecuencias; por ejemplo, cuando intenta ponerse el zapato de la muñeca o se empeña en que ladre el perro de juguete. Cuando se da cuenta de esta realidad, es el momento de empezar a usar los juguetes simbólicamente, de introducirlos en el juego imaginativo y de entender que son imitaciones de la realidad. Este paso es crucial para su desarrollo.

Después de este paso, el niño empieza a utilizar el pensamiento lógico para solucionar problemas y planificar acciones; por ejemplo, poner la mesa. Este paso atañe a la habilidad de razonar. En estos momentos, mientras utiliza el espacio, se pregunta por qué las cosas están organizadas de una determinada manera. Si le dejamos participar en las actividades del día a día (cocinar, ir a comprar, lavar el coche), el niño podrá organizar sus necesidades y ubicar los objetos. En esta etapa, los niños también empiezan a dibujar o a representar visualmente lo que ven, mientras adquieren una consciencia más avanzada de la constancia de los objetos, es decir, el hecho de que los objetos existen aunque no los vean.

Pensamiento representativo

Cuando el niño ya tiene dos años y está a punto de cumplir tres, da un salto enorme en su habilidad de representar pensamientos o deseos a través de las palabras, los sonidos y los gestos. El pensamiento representativo o simbólico constituye la última capacidad viso-espacial y es muy importante para la adquisición del pensamiento avanzado. Poco a poco, los niños perfeccionan y son más conscientes de lo que representan y, para ello, utilizan el lenguaje o los dibujos. También empiezan a percibir las relaciones entre los objetos y se imaginan grupos conceptuales de objetos que les gustan y no les gustan, por ejemplo. Además de las técnicas que hemos explicado en capítulos anteriores, podemos aplicar actividades destinadas a su desarrollo simbólico como, por ejemplo, indicarle que escriba tu «código secreto» o que dibuje una «copia de tu llave» para poder entrar en el castillo de juguete. Siguiendo con la misma actividad, también le puedes pedir que dibuje diagramas para representar cómo van a luchar los soldados del castillo o puedes plantearle una escena de su libro favorito.

Regulación sensorial

La última capacidad de procesamiento que caracteriza a los factores biológicos determinantes del niño es la habilidad de regular las sensaciones. Así, por ejemplo, muchos niños con TEA reaccionan con mucha ansiedad ante las sensaciones, de tal modo que cuando les tocamos suavemente, pueden tener la sensación de que les estamos restregando papel de lija por la piel o, si les hablamos con calma, perciben un ruido alto y chirriante. En el campo visual, les puede perturbar la luz intensa, los colores y el movimiento (de hecho, incluso los rayos solares les pueden resultar molestos).

Situándonos en el otro extremo, muchos niños son poco sensibles a ciertos sonidos, sensaciones de tacto o visiones. Por ejemplo, muchos niños no se dan cuenta de que estás compartiendo el mismo espacio que ellos por mucho que les hables o les toques. Estos niños pueden retraerse porque sienten que no hay nada que les una con el mundo. Otros niños, en cambio, necesitan sentir el estímulo del movimiento, del tacto o del sonido. Los niños que son poco sensibles a las sensaciones y que, al mismo tiempo, necesitan estímulos suelen deambular entre las personas para obtener sensaciones complementarias. Pueden reaccionar débilmente al dolor, no sintiéndolo como los demás niños y, por ese motivo, parecen no inmutarse cuando se caen o cuando chocan con objetos. También se puede dar el caso de que un niño sea muy sensible a las sensaciones y, al mismo tiempo, necesite estímulo constante (y que alcance, por tanto, un alto nivel de ansiedad). Debemos entender cómo perciben y regulan las sensaciones si queremos ayudarles a mejorar.

Variaciones diarias y nivel de habilidades

Los niños pueden cambiar de un día para otro con relación a su perfil individual de desarrollo. Hay días en que se sienten más sensibles al tacto y al sonido y al revés. Los niños tienen días buenos y días malos, como los adultos. Puede deberse a diversos factores: las horas de sueño, lo que comiste ayer, etc., pero a menudo es difícil encontrar una explicación.

La idea principal es que el sistema nervioso varía de un día a otro en su manera de funcionar. Cuando el niño está aprendiendo a andar, esta variación va a influir en el hecho de que se caiga más o mejore en un día concreto. Cuando el bebé está aprendiendo a interactuar con nosotros, esta variación determinará su respuesta hacia nosotros o su falta de atención. Estas variaciones afectan especialmente a los niños con TEA y repercuten en las últimas habilidades que han aprendido porque son las más vulnerables. En principio, debemos interpretar estas variaciones como algo natural y no deben ser causa de preocupación.

Asimismo, la pregunta que debemos hacernos no es: «¿Qué puede hacer mi hijo/a?», sino «¿En qué nivel se encuentra?». Las habilidades de procesamiento, como cualquier otra competencia, se estructuran en una escala de niveles. En la parte superior se encuentran las habilidades que domina el niño en su mejor momento, mientras que en la parte inferior se hallan representadas las habilidades que llega a alcanzar el niño en sus peores momentos. Esta escala de niveles puede ser bastante amplia. Por ejemplo, el niño que se orienta y juega por la casa sin problemas cuando está en plenas facultades puede, otro día, sentirse confundido y perdido. Estos dos extremos revelan el nivel de desarrollo en el que se halla el niño.

Una vez hemos identificado su nivel, no debemos empeñarnos en que domine las habilidades superiores del mismo, sino hacer ascender todo el nivel por la escala de desarrollo, de manera que la parte inferior actual corresponda a la superior anterior. Es muy importante motivar siempre al niño (cuando realiza una mejora y cuando se encuentra a medio camino), porque de este modo le ayudamos a avanzar constantemente y a aspirar a habilidades cada vez más altas.

Cuando los niños no muestran perseverancia para alcanzar metas, los padres suelen decir, entre lamentos: «Sí, la semana pasada hizo ese puzzle una vez, pero desde entonces no lo ha vuelto a conseguir». En lugar de preocuparse porque el niño no rinde siempre al máximo de su nivel, los padres deberían preocuparse por identificar su nivel y ayudarle a ascender por la escala. Pongamos por caso un niño que, actuando en la parte inferior de su nivel choca contra los objetos y no encuentra sus juguetes. Puedes motivarle inventándote el juego de que hay que buscar tesoros escondidos por la casa o jugando con una pelota de playa muy grande que pueda seguir con facilidad. Debemos reconocer el nivel que puede llegar a alcanzar el niño y adaptar las interacciones a este nivel para que pueda seguir ascendiendo por la escala, con independencia del día o la situación por la que atraviese.

La importancia del movimiento sincrónico

Una de las primeras formas de interacción de los niños con los demás es mediante la sincronía de movimientos, expresiones emocionales y vocalizaciones con el padre o la madre. A los niños con riesgo de padecer TEA les cuesta mucho alcanzar esta armonía, debido, en parte, a que su sistema nervioso es diferente del de otros niños. Cuando estés ensayando este importante ritmo, adáptate al niño y, a partir de ahí, varía el ritmo para ayudarle a regular su movimiento. Por ejemplo, si el niño muestra una actitud de ansiedad, tienes que empezar imitando su movimiento para captar su ritmo y, en ese momento, ralentizar el ritmo y suavizarlo para someterlo a un patrón más organizado. Si se trata de un niño que responde poco a los estímulos y que muestra una conducta evasiva, en primer lugar debes adaptarte a su ritmo y hablarle posteriormente con una voz mucho más animada para captar su atención. Si el niño responde poco a los estímulos, pero enseguida padece ansiedad, en cuanto eleves su energía y captes su atención, deberías mostrarte inmediatamente más sosegado.

Muchos padres y madres ponen en práctica todo esto de manera intuitiva. Con un bebé de cuatro meses, el padre o la madre pueden hablarle con una gran energía para captar su atención y, a partir de ahí, intentarla mantener con un tono más calmado. Es parecido a lo que hace un director de orquesta, que marca un ritmo al principio intenso, luego suave e intenso de nuevo. Primero debes ajustarte al ritmo del niño, lo suficiente como para mantener su atención, y si el niño domina la correspondiente fase, debes poner en práctica la comunicación bidireccional, utilizando gestos o palabras.

Si quieres que te preste atención un niño sensorialmente poco sensible, nunca le cojas la cabeza ni la gires forzosamente hacia ti. Como hemos comentado antes, tú quieres que te mire porque le planteas una situación interesante, divertida y entretenida. Si le planteas juegos animados dándole golpecitos en los hombros o jugando con sus manos o pies al ratón y al gato, conseguirás captar su atención. Si está mirando hacia un punto, puedes deslizar los dedos por ese punto para que te mire. También puedes ejercer cierta presión sobre su cuerpo abrazándolo con cuidado o apretando suavemente su mano o su pierna con el fin de que adquiera consciencia de su cuerpo. Procura estar delante de él/ella y no detrás y, así, le facilitarás su ámbito visoespacial de actuación contigo. Si notas que no te sigue el ritmo, esto puede deberse a que su tono muscular, este día, es más débil de lo normal.

Los niños nos plantean sus propias soluciones ante sus anomalías de procesamiento sensorial. Depende de nosotros entender esta propuesta y mejorarla a través de la interacción. Por ejemplo, un niño sensorialmente poco sensible que está tumbado en el suelo boca abajo y empuja un coche hacia delante y hacia detrás, en realidad está buscando apoyo en el suelo. Si quieres interactuar con él, estírate en el suelo delante de él y ve al encuentro de su coche con el tuyo, empújalo o hazlos chocar. Una vez se sienta estimulado y empiece a ampliar su repertorio de movimientos, puedes aprovechar para impulsar su desarrollo, utilizando sus necesidades sensoriales como guía para las interacciones.

Cuando se trata de un niño que quiere moverse, pero que presenta deficiencias de la coordinación motora y tienes miedo de que se caiga, lo mejor es distribuirse el trabajo con el otro tutor o cuidador (marido, mujer o niñera). Mientras uno le coge de la mano o se mantiene a una distancia prudencial por si se cae, el otro puede interactuar con el niño (jugando al escondite de cara, a encontrar tesoros o a resolver problemas como una carrera de obstáculos). Esta es la manera de interactuar con el niño y someterlo a la resolución social de problemas sin necesidad de preocuparte por su integridad física. La idea es conformar una situación y un entorno seguros (comprobar el estado del suelo y apartar los muebles con cantos afilados) para poder relajarte y divertirte con el niño.

A veces, buscamos la manera ideal de acercarnos al niño (o la clave mágica) cuando, precisamente, nos está indicando lo que necesita mediante sus acciones y su manera de procesar lo que ocurre. Tenemos que observar y analizar las acciones del niño para ayudarlo in situ y saber cómo debemos acercarnos a él.

Muchas veces, los padres encuentran la manera de adaptarse al ritmo del niño hablando con otros padres. Una persona que se halle en una posición externa al hogar puede detectar los fallos en la interacción. Este observador puede plantear sugerencias muy concretas, señalando, por ejemplo, que el tutor debe ser más enérgico o debe mostrarse más sosegado o debe intentar cogerle de la mano. Este observador externo también puede delimitar el tipo de ritmo adecuado. En este sentido, el observador no sólo debe limitarse a lanzar sugerencias, sino que debe ponerse en el lugar del tutor y decir: «Bueno, ya te la has ganado. Ya te la has ganado. Ahora, prueba con esto: cógele de la mano. Creo que va a funcionar. ¡Sí, ha funcionado! ¡Mira!, ¡ya hay contacto visual! ¡Mira cómo ha cambiado vuestra relación!». El ritmo de su voz guía el ritmo que está creando entre el tutor y el niño; está mostrando el ritmo que cree que va a ayudar al tutor a conectar con el ritmo de la niña. Se trata, pues, de un ejercicio rítmico a tres bandas. La persona que sirve de apoyo complementario y de consejero no tiene por qué poseer más conocimientos sobre el tema que la persona que realiza este trabajo, pero sí que sabe calibrar el ritmo de manera más eficiente desde su posición externa.

Hay tutores que recurren al asesoramiento externo y otros no. En cualquier caso, es importante que siempre mantengas un ritmo constante de voz y movimiento. He comprobado muchas veces cómo los terapeutas, padres y tutores se callan y esperan cuando no saben qué hacer. Esta no es una buena manera de actuar. Si tú no sabes qué hacer o qué decir, describe simplemente lo que hace el niño. Pongamos por caso que está merodeando por la habitación y no sabes si aplicar el obstáculo lúdico con él o estimularle con un juguete. Mientras piensas en la estrategia que vas a utilizar, puedes decirle: «¡Anda, sí que te gusta saltar! ¡Ala, vaya salto!, ¡pero qué salto más impresionante! ¿Qué piensas hacer ahora? Ya veo que te gusta este juguete. ¡Pero qué bonito es!». El niño oye el ritmo de tu voz y siente el ritmo de tu emoción. Ambos estáis conectados porque adaptas tu ritmo y tu voz a los movimientos del niño. La consecuencia es que estás estableciendo una conexión, por mucho que el niño vaya a la suya.

Los niños con anomalías del procesamiento auditivo son los que más necesitan oír el ritmo de una voz, así que, en lugar de optar por el silencio, repite lo que has dicho con más énfasis. Por ejemplo, si el niño está sentado en la escalera, le puedes decir: «¿Quieres subir escalones? ¡Subir, subir! Venga, vamos a ello. Esto es arriba. Esto es abajo. ¿Qué prefieres? ¿Quieres subir?». Lo más importante es ajustarte a su ritmo y, a partir de ahí, compartir el ritmo con él/ella. Lo mismo ocurre con las expresiones faciales: si el niño padece anomalías del procesamiento auditivo, tienes que ralentizar y señalar con mayor claridad tus expresiones y patrones de movimiento.

Si se trata de un niño con capacidades orales que muestra dificultades en el procesamiento auditivo de la información, o a la hora de responder a las preguntas, nos plantearemos cuánto tiempo le debemos dar para que responda, pero manteniendo el sentido y el ritmo. Mientras piense la respuesta, debes gesticular para motivarle con una sonrisa, y con movimientos corporales y manuales. También debes asentir con entusiasmo, ayudándole a construir la respuesta. El resultado será que tu hijo/a empezará a moverse rítmicamente atendiendo a tu movimiento y ello le ayudará a formular la respuesta. A veces es importante repetir la pregunta para reubicarle (siempre utilizando palabras diferentes).

Si el niño no puede responder, puedes abrir un abanico de posibilidades recurriendo a soluciones que promuevan la empatía, de tal modo que le puedes responder: «Sí, es una pregunta difícil. Es difícil pensar en la respuesta. Bueno, te doy varias opciones». Como hemos comentado repetidas veces, siempre que le ofrezcas varias opciones, propón la opción correcta al principio y la absurda al final. Así no se limitará a repetir la última palabra o enunciado.

Convertir los déficits en capacidades

Cuando el niño acaba dominando un déficit potencial, lo puede convertir en una capacidad. Así, por ejemplo, un niño hiperreactivo ante los estímulos sensoriales puede mejorar mucho en su capacidad intuitiva y desarrollar su capacidad de mostrar empatía y sensibilidad ante las necesidades de los demás. Los rasgos diferenciados particulares pueden constituir la fuente de un problema o una capacidad inusitada, dependiendo siempre del tipo de estímulo que reciba el niño. La manera de interactuar con el niño define siempre su capacidad potencial, ya que su mente y cerebro no están plenamente desarrollados.

Mientras el niño asciende por la escala del desarrollo y domina cada una de las competencias emocionales básicas, aprende a manejar los factores biológicos determinantes e intrínsecos a su crecimiento, en lugar de dejarse dominar por estos. Por ejemplo, si el niño ya sabe intervenir en un intercambio recíproco de información y sabe participar en la resolución conjunta de problemas, será capaz de decirte, mediante gestos o expresiones faciales, que tu tono de voz es demasiado alto en lugar de limitarse a correr, escaparse o bloquearse. Una vez adquiera vocabulario, se podrá adaptar al entorno y plasmar sus necesidades diciendo: «Mamá, demasiado ruido» o «Papá, necesito que me abraces» o «¡Quiero salir a pasear!». Y pueden comunicar estas necesidades incluso antes de aprender a hablar si saben conectar veinte o treinta círculos comunicativos gestuales con el fin de alcanzar lo que llamamos interacciones emocionales correguladas. En este tipo de interacciones, el niño no reacciona ante el padre o la madre, sino que lo estimula tanto como el padre a él. En lugar de dedicarse a correr sin sentido, el niño puede mostrar la intención de empujar al padre, retirarlo de su silla y gesticular para que lo coja y le haga el juego del avión. A partir de aquí, cuando el niño aprenda a poner en práctica ideas, podrá ser capaz de decir: «Oh, estoy agobiado», y se adaptará conscientemente a su entorno. En ese caso, se habrá convertido en un participante activo en la comunicación con sus padres o tutores y tomará la iniciativa para solucionar los problemas que atañen a sus factores biológicos determinantes.

Monólogo

Los niños que padecen trastornos de procedimiento auditivo y anomalías del lenguaje perceptivo suelen entregarse a prolongados monólogos. Estos monólogos pueden consistir en pensar en voz alta o una defensa frente a la dificultad de relacionarse con los demás. Por ejemplo, los niños que tienen mucha dificultad para procesar lo que dicen los demás, y que se aíslan, pueden darse cuenta que hablar con ellos mismos es más fácil. Los monólogos pueden constituir una manera de fantasear en voz alta para inhibir otros estímulos. Intenta descubrir qué falla en el perfil de procesamiento sensorial del niño como para que los monólogos le sean más fáciles que la interacción.

Para interactuar con niños que tienden hacia el monólogo, primero debemos observarlos y aplicar diferentes tipos de interacciones. Si reaccionan poco y siguen prefiriendo la soledad porque no se sienten estimulados por el entorno o, si sus trastornos de procesamiento auditivo les impiden concentrarse en las ideas de los demás y les llevan a recrearse en sus propios pensamientos, o si se plantean ambas situaciones, les tenemos que hablar de manera sencilla, pero enérgica y entusiasta: «¡Ey! ¡Qué haces! ¿Qué te apetece hacer? ¿Has visto esto?». Los enunciados sencillos y motivadores les atraen cada vez más hacia el tipo de interacción que necesitan.

En la escuela, el niño que tiende hacia el monólogo, que reacciona débilmente a los estímulos sensoriales y que padece un trastorno de procesamiento auditivo necesita sentirse integrado en un grupo pequeño de dos o tres niños, con la supervisión del profesor, tutor o experto. También es posible que el niño necesite una interacción individualizada para adaptarse al entorno. En este sentido, es importante resaltar que el niño debe aprender a comunicarse de manera adecuada con una persona antes de interactuar en un grupo. Aunque padezca trastornos de procesamiento auditivo y tienda hacia el monólogo, puede dominar la comunicación bidireccional, si bien necesitará sentirse involucrado en un grupo de niños muy pequeño para ir aprendiendo a comunicarse con cada uno por separado. Con unas bases sólidas, el monólogo se irá erradicando poco a poco.

El siguiente capítulo analiza los trastornos visuales y auditivos y enseña la manera de trabajar con niños incapaces de ver u oír con el fin de que dominen una serie de competencias emocionales e intelectuales. Los bloques III, IV y V profundizan más en el tema y explican cómo los factores biológicos determinantes se pueden reconducir con la aplicación de la terapia Floortime, con programas educativos y con un tratamiento adecuado para los síntomas específicos.

Capítulo 12
Factores biológicos determinantes II.
Trastornos visuales y auditivos

Hay dos factores biológicos determinantes que requieren un análisis pormenorizado: los trastornos visuales y auditivos. ¿Cómo podemos ayudar a los niños que no ven o no oyen? ¿Cómo podemos conseguir que utilicen los otros sentidos y las emociones para desarrollar su identidad y dominar competencias emocionales e intelectuales? En este capítulo, planteamos una guía para ayudar a los niños con trastornos en un área sensorial específica. Con independencia del sentido afectado y del grado de trastorno, siempre seguimos los mismos principios de intervención:

1. Fortalecer el canal tanto como sea posible con la ayuda de los conocimientos médicos.
2. Utilizar los otros sentidos para construir una consciencia y una noción del mundo que tendría que venir proporcionada por el canal afectado.
3. Conseguir que todos los sentidos trabajen al unísono.
4. Ayudar a este *equipo* de sentidos a que alcancen los distintos niveles de desarrollo.

Contrarrestar los trastornos visuales
Muchos niños nacen con distintos grados de trastorno visual. Nuestro modelo DIR ayuda a niños con TEA que padecen también déficits visuales (así como a aquellos que no padecen TEA) y los estimula para alcanzar cada fase del desarrollo emocional mientras desarrollan, al mismo tiempo, su habilidad para interiorizar las experiencias, incluso aquellas que requieren la intermediación de la vista. Los padres que sospechen que su hijo tiene problemas de visión deben acudir al pediatra y, si hace falta, al oftalmólogo.

El interés que muestra un bebé por el mundo a través de todos los sentidos (vista, oído, tacto, gusto y olor). Un bebé se da la vuelta, atraído por la voz de su madre, y observa su amplia sonrisa y la arruga en sus ojos. Pero ¿qué ocurre si no ve?, ¿cómo le podemos ayudar a desarrollar una noción espacial del mundo?

Si te mueves con cuidado hacia la derecha y la izquierda mientras le hablas en un tono muy dulce y cariñoso, será capaz de entender el movimiento y de localizar dónde te hallas, a través del sonido aunque no pueda ver. En efecto, el bebé se guía a través del sonido y construye un «campo visual»: la percepción del lugar que ocupan los objetos en el espacio. Si se da la vuelta cuando oye tu voz, pero no puede acertar dónde estás, le puedes coger la mano y acercarla a tu boca para que note su movimiento. Entonces, podrá *ver* de dónde procede ese sonido a través de su experiencia de tacto. Puedes aplicar el mismo procedimiento con el olor cuando el bebé crezca un poco: mojándote la mano con un olor particular como el zumo de limón para que el niño se interese por este olor y sitúe tu mano en el espacio.

La idea es comenzar por las capacidades perceptivas principales del niño (sus emociones o su afecto hacia ti) y ayudarle a interesarse por el mundo externo y a utilizar, entonces, todos sus sentidos en pleno rendimiento con el fin de que se construya un esquema espacial. Si tu hijo/a ya tiene quince o dieciséis meses y sigue sin construirse su mapa espacial, o no sabe dónde están las cosas ni siquiera cuando ha estado deambulando un rato por la casa o en su habitación, puedes aplicar el mismo ejercicio, aunque tendrás que adaptarte a su nivel motor. Por ejemplo, le puedes estimular con un juego que consista en encontrarte y premiarle con besos o galletas cuando te encuentre. En este caso, conseguirás que se sienta lo bastante motivado como para construirse un mapa espacial y para recorrerlo.

Esta idea o principio se aplica para cada fase (en la fase en la que el niño es bebé y debemos prevenir los trastornos de desarrollo y en la fase en la que el niño crece y debe ir dominando las diferentes competencias para su desarrollo). Durante la segunda fase (la interacción), es muy importante que el niño sienta placer a través del sonido, el tacto, el olor y el movimiento rítmico, ya que, de esta manera, se conformará una imagen mental del padre o la madre sonriéndole muy alegre. Así, cuando un padre le ofrece una enorme sonrisa a su hija de tres meses, esta escucha muy claramente la alegría en el tono de su voz. También es capaz de devolverle la sonrisa, pero, como no puede ver la sonrisa de su padre, éste le lleva las manos de ella a su cara, para que pueda tocarle la cara y ser besada en las manos. De esta manera, la niña percibe la procedencia de este sonido placentero. La niña también distinguirá el olor de la madre y del padre, de tal modo que acabará creando una imagen sensorial de cada uno de sus progenitores y se sentirá muy íntimamente ligada a esta imagen.

Pongamos el ejemplo de una niña de tres meses que padece TEA, además de trastornos visuales graves. Esta niña también muestra rechazo hacia los demás y una conducta estereotipada. Si quieres ayudarla a que se sienta más motivada y a que se muestre más comunicativa contigo, puedes poner en práctica este ejercicio: hacer vocalizaciones muy rítmicas y comunicativas (aunque te des cuenta de que estáis compartiendo sonidos absurdos) y dejarla que te toque la cara para poder comprobar de dónde proceden esos sonidos alegres. A esta edad, la niña ya habrá adquirido cierto control motor, de tal modo que la puedes estimular para que te toque. Por ejemplo, te puedes colocar su juguete favorito encima de la cabeza y guiar su mano hacia él, y luego puede que alargue la mano para volverlo a tocar. Si consigues crear un vínculo con ella, la ayudarás a construir un mapa espacial.

En la tercera fase (interacción bidireccional con propósito comunicativo) es muy habitual observar cómo el niño busca algo en la mano de su madre, lo coge y lo tira. Es una fase muy difícil para este niño, puesto que no puede ver el collar que le está poniendo su madre para jugar. Tenemos que inculcarle la noción de que los objetos existen gracias al tacto. En ese caso, la madre tendrá que colocar el collar en la palma de su mano para que lo toque y lo acercará lentamente hacia su cara para que lo coja y lo aprecie si le interesa su textura. La madre también puede aprovechar el balbuceo propio del niño para estimular su tacto aún más exclamando: «¡Sí, sí!, ¡aquí está!». El niño reconocerá el sonido, lo localizará y descubrirá que, cuando se acerca, puede coger el collar (o un sonajero, pongamos por caso).

Al acercarse al sonido, el niño actúa de manera consciente. Le quita el collar a la madre y esta le pregunta: «¡Oh!, ¿me lo devuelves?» y le toca la mano. La madre, entonces, puede retirar el collar y volverlo a poner a su alcance. Este juego combina vocalizaciones, movimientos, tacto y, quizá, el estímulo del olor y el gusto (experimentando con todo tipo de objetos, no sólo comida), de tal modo que el niño ejercite sus sentidos de manera conjunta e individualizada.

Es muy importante trabajar las emociones. El niño no puede ver las expresiones faciales, pero sí puede percibir la alegría en la voz. Debes modular tu voz de una manera muy enfática, pues el niño está aprendiendo el abanico emocional de las expresiones (alegría, sorpresa o enfado si muerde o araña) que va ligado a los sonidos y, éstos, a las expresiones faciales. Si el niño le estira del pelo a la madre, esta debe responder: «¡Ay! ¡Me haces daño!», y llevar la mano del niño a su cara para que se dé cuenta de que las expresiones faciales varían (igual que la voz) cuando estamos alegres o enfadados. Por lo tanto, a través del tacto, el sonido y el movimiento el niño percibe las emociones de la otra persona, con el fin de modular las suyas propias, como parte de un intercambio gestual bidireccional.

Este patrón también funciona con los niños más mayores con TEA y trastornos visuales que todavía no dominan los gestos. Cuando el niño tiene dos, tres o, incluso, cuatro años podemos establecer estas interacciones con él, adaptándonos siempre a su nivel intelectual e intereses emocionales. A lo mejor utilizas un juguete u objeto diferente (o, quizá, hablarás con él, si el niño ya habla), pero el propósito es siempre el mismo: propiciar una comunicación recíproca en la que intervengan los sonidos o las palabras, el tacto y el movimiento. Por ejemplo, si al niño le gusta mucho un avión de juguete, lo que puedes hacer es mover el avión y preguntarle: «¿Dónde está?». Tu voz le indicará dónde está el avión y el niño alargará el brazo para cogerlo. Cuando lo coja, dile: «Vaya hombre, ahora tiene que venir conmigo. Estoy aquí; tiene que volver y aterrizar aquí» y observa atentamente si lo coloca encima de tu mano. Con este ejercicio, estás estableciendo una comunicación bidireccional a través de un mapa espacial.

Cuando se trate de dominar la siguiente fase, la resolución social de problemas, será igualmente importante este sentido de colaboración y el intercambio de emociones más sutiles y complejas. El propósito es reunir todas las emociones importantes de la vida (dependencia, cariño, sinceridad, curiosidad, enfado) y expresarlos a través de cincuenta, sesenta o setenta círculos de comunicación. De esta manera, el niño aprende a unificar sus sentidos y a canalizar la información que recibe a través del sonido, de la vista (si ve), del tacto, del olor y del movimiento. Además, esto también le ayuda a integrar los circuitos cerebrales.

Durante el primer año de vida muchas áreas del cerebro trabajan por separado. A los dos años, estas áreas empiezan a construir conexiones. En niños con TEA podemos estimular estas conexiones si las hacemos trabajar al unísono, siempre dirigidas por los intereses emocionales del niño. Si el niño no puede ver, tendrás que construir un escenario de experiencias aún más rico a través de los otros canales, con el fin de fomentar la resolución social de problemas. Si el niño ya sabe caminar, podemos adecuar el juego del «tesoro escondido» a sus déficits visuales usando, por ejemplo, muñecos con ruido, como una muñeca que llora o una caja de música. Otra opción es jugar con el muñeco o juguete y ponerle voz. En ese caso, si el padre es quien le pone voz, el niño lo buscará por la habitación de la mano de la madre (que actúa como compañera de juegos) hasta que descubra de dónde proviene el sonido. Si nos movemos hacia la derecha, hacia la izquierda, hacia delante y hacia atrás, creará una imagen móvil de la habitación.

Cuando encuentra al padre, su ubicación se confirma en su mapa mental. El goce de descubrir, a través del tacto, que el padre tiene su juguete o su golosina favorita en la mano le añade más satisfacción al juego. Esta interacción (además de la interacción con la madre para encontrar al padre), le permite practicar al niño el intercambio de un gran número de señales orales y emocionales: «¡Estás muy cerca! Oh, nos hemos alejado. ¿Dónde puede estar?». Aunque el niño no tenga un repertorio de vocabulario muy amplio, es perfectamente capaz de interpretar la entonación y entiende las palabras «frío» y «caliente», aunque no sepa qué significan. Si el niño juega sin compañero, el padre le tendrá que enviar constantemente señales comunicativas: «No, no… te estás alejando. ¡Estoy aquí!» y, mientras el niño vocalice, ría y balbucee, se producirá un intercambio recíproco de señales emocionales que mejorará, de paso, su coordinación motora y sus competencias orales. De este modo, el sistema nervioso se puede desarrollar plenamente aunque el niño padezca un trastorno de visión.

La interacción destinada a la resolución de problemas también ayuda al niño a regular su estado de ánimo y su comportamiento. Normalmente, en esta etapa los niños empiezan a mostrar su afecto por los padres y observan la sonrisa del padre mientras juegan en la otra punta de la habitación (no necesitan estar sentados en el regazo para apreciarla). Son un poco más independientes y pueden recibir apoyo y cuidado mediante una comunicación distal; es decir, que pueden diferenciar lo bueno de lo malo a través de la vista. Los niños que padecen trastornos visuales pueden aprender esto a través del oído, pero sus padres deben ser mucho más enfáticos y didácticos con sus vocalizaciones.

Si tu hijo/a juega con piezas de construcción mientras tú lees una revista en la misma habitación y el niño no es muy comunicativo, tienes que hablarle constantemente. Si el niño sabe relacionarse y quieres que adquiera cierto sentido de independencia, puedes decirle, de vez en cuando: «¡Madre mía! Vaya torre». El niño oirá el tono de tu voz y, gracias a esta, se sentirá más cercano a ti. Entonces, cada cierto tiempo le puedes decir: «Ven aquí, ¡dale un abrazo a la mamá!». De este modo, utilizará el oído para saber dónde estás y su sistema motor para llegar a ese punto, darte un abrazo y volver a jugar con las piezas, mientras oye tu voz elogiando su acción. El niño siente tu ubicación en el espacio y es consciente de que apruebas lo que hace.

En la siguiente fase (creación de ideas), es importante asegurarnos de que los símbolos y las ideas que crea son multisensoriales. Si se trata de un niño (de cualquier edad) que padece trastornos visuales y no domina el juego de representación, la mejor manera de ayudarlo es construir un mundo imaginativo a partir de todos los demás sentidos. El padre puede poner voz de presentador de televisión o puede leer un cuento e interpretar al personaje mientras le describe las acciones al niño. La madre también puede interpretar el papel de un dibujo animado o hacer de perro, gato u otro animal. También pueden ponerle voz a un peluche o juguete muy apreciado por el niño y que tenga una textura y unas dimensiones muy interesantes para él; de este modo, además, le resultará más fácil imaginárselo.

Ponle voz al juguete y, a continuación, formúlale preguntas para que siga la trama; si sois dos, uno puede colocarse detrás del juguete y regularle la voz al otro: «¡Oh, mira, un coche! Vamos a subirnos. ¿Subimos al osito?». Ayuda al niño a colocar al osito en el coche y pregúntale: «Muy bien. ¿Adónde va el osito? ¿Viene hacia mí? ¿Dónde estoy yo?». Con todas estas preguntas, estás estimulando al niño para que dirija el coche hacia ti. La idea básica es usar el tacto, el movimiento, el sonido y las palabras para crear una escena imaginativa que tiene lugar en un espacio determinado. En este sentido, la clave es ayudar al niño con trastornos visuales a que dé este paso adelante y se adentre en el mundo de la imaginación, sirviéndote de juguetes muy interesantes desde un punto de vista táctil y manteniendo su atención con vocalizaciones muy animadas.

No siempre los padres consiguen ponerse en el lugar del niño; sobre todo cuando este padece trastornos visuales. En última instancia, el padre o la madre pueden hacer un pequeño ejercicio que consiste en cerrar los ojos mientras juegan con el niño. Así comprobarán que puede ser muy divertido introducirse en un mundo imaginativo a través del tacto, el sonido, el olor y el gusto. A veces, proyectamos mucha más angustia y tristeza sobre el niño de lo que realmente siente él, sobre todo si padece trastornos de visión desde su nacimiento. Este niño percibe el mundo con otros sentidos e incluso es probable que posea una concepción mucho más profunda; por este motivo, debemos ayudar al niño a sentirse orgulloso por el uso especial y perfeccionado de los otros sentidos.

En la siguiente fase (conectar ideas), se puede mejorar mucho el desarrollo del niño a través de la conversación oral, pero el niño también tiene que ser capaz de conectar el mundo espacial. Aprenderá a mover el coche desde la casa de muñecas hasta la escuela o construirá una pequeña ciudad. ¿Dónde van las muñecas y por qué? Tenemos que formularle preguntas abiertas: «¿Por qué Barbie quiere ir a la escuela? ¿Por qué el monstruo de las galletas tiene frío?». Tenemos que ayudar al niño a conectar la lógica de las palabras con la lógica de las conexiones espaciales, sobre todo si padece trastornos de visión. ¿Cómo aprende la noción de cantidad? De nuevo, a través del tacto y del movimiento. El niño puede tocar cinco céntimos y cincuenta céntimos; si los analiza con los dedos, enseguida verá la diferencia. El niño se crea una imagen mental de estas dos monedas y disfruta mucho cuando se le pide que las guarde.

Debemos introducir, por tanto, conceptos de cantidad y conexiones entre las diferentes partes del espacio y tenemos que construir diálogos orales formulándole preguntas abiertas para que conecte las ideas. La mejor manera para conseguirlo es a través del juego imaginativo y de las conversaciones lógicas. Si logramos avanzar hacia un pensamiento multicausal y elaborado, habremos canalizado la capacidad espacial y oral del niño. Si empieza a mejorar en sus razonamientos, puedes motivarle oralmente con las siguientes preguntas: «¿Por qué prefieres jugar con Johnny antes que con Eloise?, ¿cuántas ganas tienes de jugar con él?». También puedes mejorar su sentido espacial con la siguiente pregunta: «¿Cuánta sopa quieres?» y, a continuación, colocarle tres boles encima de la mesa para que los toque y aprecie la diferencia de tamaño. Cuando realizas este ejercicio en referencia a algo que le interesa mucho, el niño mezcla sus emociones con la idea de cantidad y de medida.

Por otra parte, también existe lo que llamamos «perspectiva general óptima» (valorar los hechos en su conjunto y no fijarse en los pequeños detalles). Cuando un niño con trastornos visuales avanza hacia los niveles superiores de pensamiento, siempre le debemos inculcar una perspectiva general de los hechos para que sea capaz de analizar las cosas en su conjunto. Por ejemplo, si el niño te explica cómo le ha ido el día en el colegio y te cuenta que el profesor les ha mandado muchos deberes y que un niño de la clase se ha portado mal, lo mejor es que le preguntes: «Bueno, en general, ¿cómo te ha ido el día?». Él puede responder: «En general, ha sido un día malo» o puede valorar, también, las experiencias buenas y llegar a la conclusión de que ha sido un día bueno. Esta sencilla afirmación le ayuda a unir las piezas y a tener una visión global de los hechos.

Finalmente, si el niño que padece trastornos visuales empieza a mostrar un pensamiento más maduro, tenemos que seguir estimulando su motricidad y su capacidad espacial. Así, si el niño lee en Braille o escucha cintas, tenemos que seguir trabajando sobre sus competencias básicas como el equilibrio, la coordinación, las coordenadas izquierda-derecha y la resolución social de problemas. Los niños invidentes también pueden jugar a juegos de tablero sobre bancos o propiedades, utilizando tableros especiales que le transmitan los diferentes significados a través del tacto.

Contrarrestar los trastornos auditivos

Muchos niños nacen con trastornos auditivos agudos y no perciben el sonido debido a una clara disfunción biológica. De la misma manera que procedemos con los niños que padecen trastornos visuales, debemos interactuar con ellos para que desarrollen sus capacidades sociales y emocionales y para que refuercen sus competencias cognitivas a pesar de su déficit auditivo. Deben utilizar, por tanto, los otros sentidos para dominar las seis fases de desarrollo.

El niño con trastornos auditivos siempre experimenta más dificultades en el momento de avanzar por estas fases. El recién nacido utiliza siempre el oído para aprender a situarse y a encontrar el equilibrio. Los bebés con trastornos auditivos tendrán que utilizar, por tanto, la vista y el tacto. Como no es útil el tono de voz suave, aunque sí que es beneficioso hablarle para que se acostumbre a ver a las personas utilizando este tipo de comunicación, tendrás que asentir repetidas veces y tocarle suave y rítmicamente para proporcionarle la misma seguridad y tranquilidad. Cuando practiques con él la coordinación de los *inputs* motores y sensoriales, tienes que usar la vista y el tacto, o incluso experimentar con diferentes olores. Los niños pueden volverse muy sensibles a los diferentes grados de placer y de confort que le proporcionan estas sensaciones diferentes.

Puedes asentar las bases de una comunicación bidireccional a través del intercambio de objetos, expresiones faciales o sensaciones táctiles. En la resolución social de los problemas, debes mantener su atención visualmente al no poder utilizar los sonidos para guiarle. Tienes que transmitir expresiones faciales enfáticas (tanto si se trata de un «no-no», como de un alegre «ahá») y demostrar motivación durante todo el proceso. El niño también puede aprender a regular su estado de ánimo y su comportamiento, por la manera de cogerle la mano (con suavidad, cariño o firmeza para marcarle límites). Tienes que ser más abierto, más expresivo y más ingenioso cuando se trate de estimular al niño utilizando los demás sentidos.

En cuanto al uso de ideas y símbolos, debemos confesar que operan los mismos principios. Es evidente que esta fase le resultará mucho más complicada si padece trastornos auditivos, pero puede crearse un simbolismo basado en dibujos y en el juego imaginativo. Si el niño está aprendiendo a leer los labios y a vocalizar, es aún más importante que los padres vocalicen, gesticulen y marquen las palabras con total claridad. A partir de ahí, pueden enseñarle a emitir sonidos por imitación de los movimientos de la lengua y la boca.

Si el niño con trastornos auditivos lleva un implante coclear, se aconseja muchas veces que los padres se coloquen detrás del niño o se tapen la boca para forzarlo a usar el oído. Según nuestra experiencia, esto es contraproducente, pues toda experiencia saludable debe ser multisensorial. Un sistema repercute en otro y un símbolo contiene información visual, táctil, olfativa, móvil y, si el individuo oye, auditiva. Por tanto, si uno de estos canales se bloquea, tienen que funcionar todos los demás. Si el niño lleva un implante coclear, tendrás que combinar su nueva experiencia de sonido con todas las demás para que adquiera una imagen mental rica y multisensorial. En caso contrario, estamos creando un problema artificial que se añade a la dificultad natural que sufre el niño con TEA al intentar integrar los diferentes sentidos. Podemos ejercitar aisladamente su oído en el caso de realizar actividades muy concretas, pero nunca debemos perder de vista que el niño necesita integrar todos los sentidos durante las experiencias más importantes.

Muchas veces se identifica a un niño con trastornos auditivos con aislamiento. No tiene por qué ser así, aunque el riesgo existe. Si estimulamos las otras experiencias sensoriales, podremos minimizar este riesgo. Colócate justo delante del niño y asegúrate de que percibe tu énfasis y tu gesto animado. Tócale de manera afectuosa y sincera y, de este modo, obtendrá la información necesaria para ver y sentir un estímulo que no puede oír.

Si el niño padece trastornos sensoriales más graves, es muy habitual que los padres dejen de comunicarse con él de esa manera. Si el niño es sordo, los padres dejan de hablar con él. Sin embargo, es muy importante que mantengan el flujo de comunicación y que inviertan la misma energía y emoción, tanto si el niño oye como si no. Este tipo de ritmo o vibración, combinado con el tacto, los gestos expresivos y las señales, van a estimular al niño y lo van a guiar hacia el siguiente paso comunicativo.

El objetivo es propiciar experiencias que promuevan la habilidad del niño para abarcar todas las emociones mediante la estimulación de sus sentidos, con el fin de construirse una identidad adecuada y un rango de competencias sociales e intelectuales apropiadas para su edad.

Bloque III
Terapia Floortime

Capítulo 13
Terapia Floortime dirigida a las familias

Un matrimonio tenía dos hijas. Anna, de ocho años, presentaba rasgos moderados de autismo y era necesario un gran aporte de energía por parte de sus padres para mantenerla activa y motivada. Darcy, de trece años, era una niña muy brillante que sacaba buenas notas en el colegio. Cada vez que la madre cuidaba a Anna, hacía actividades con ella, hacía la comida o cantaba para animarla. Darcy, en lugar de centrarse en los deberes, intentaba llamar su atención. La madre no sabía qué hacer para educar a las dos a la vez.

En lugar de referirnos a niños con necesidades especiales, deberíamos referirnos a familias con necesidades especiales, puesto que, cuando un niño desarrolla cualquier trastorno (puede ser TEA o cualquier otra disfunción oral o motora) la familia entera tiene un problema. Las familias siempre responden de dos maneras ante el diagnóstico del autismo. La primera es la positiva, pues canalizan la crisis y lo convierten en un ritmo de vida muy disciplinado en el que toda la familia se involucra para trabajar sobre el problema y buscar nuevas soluciones constructivas. Es una reacción muy común entre las familias y las comunidades.

Por desgracia, en demasiadas ocasiones una respuesta diferente se pone en medio de la constructiva. El estrés que le genera esta situación a la familia desemboca en un bloqueo y en cierta rigidez mental. De la misma manera que los niños con TEA pueden ser muy rígidos e inflexibles cuando nos acercamos a ellos, las familias pueden reaccionar de la misma manera. Podemos extrapolar esto a otras situaciones de la vida, puesto que una crisis siempre puede crear una polarización de posturas ante el mismo tema.

El estrés provoca, con frecuencia, rigidez, ansiedad, pensamiento extremo y estrechez de miras. De hecho, todas las familias padecen estos estados de ánimo. Hay días en que somos más optimistas, asumimos los problemas de manera conjunta e incluso contamos con la ayuda de las personas externas a la familia, y otros días estamos más ofuscados, desmotivados y pesimistas. Por este motivo, es muy importante que los padres o tutores cuiden su estado de ánimo durante todo el proceso de trabajo con el niño autista y de aplicación de las técnicas Floortime descritas en los siguientes capítulos.

Puntos fuertes y débiles

Las dificultades que plantea el cuidado de un niño con TEA dificultan el mantenimiento de una perspectiva constructivista. Esta perspectiva supone conocer las virtudes y las flaquezas de cada una de las personas implicadas (padres, abuelos, profesores, hermanos y terapeutas). Todos tenemos puntos fuertes, pero también tenemos flaquezas. En una ocasión, conocimos el caso de una familia. La madre era una mujer muy entregada y entendía muy bien el lenguaje gestual de su hija, por lo que siempre construía diálogos gestuales muy interesantes con ella. Sin embargo, cuando la madre se ponía nerviosa, se volvía demasiado protectora y no estimulaba lo suficiente a la niña. Cuando tenía inseguridad, en lugar de animar a la niña para que tomase la iniciativa acercándose a ella y abriendo la mano para que descubriera el juguete, la madre abría la mano, cogía el juguete y se lo ponía en la mano de la niña, de tal modo que ella ya no podía participar para solucionar el problema.

Reaccionaba de la misma manera con su marido: cuando estaba nerviosa o angustiada, «agobiaba» a su marido (según palabras de este) y le hacía sentirse agotado. Cuando lo hablamos en grupo, descubrimos que la madre siempre actuaba así cuando se sentía mal. Era su manera de descargar la rabia: tratar a otra persona de manera agresiva tanto si quería como si no. Al analizar entre todos este problema de conducta, la madre empezó a enfrentarse con sus frustraciones y consiguió mantener su motivación y cuidar de los suyos de manera adecuada. Con su actitud cariñosa, se convirtió en una experta de la terapia Floortime.

El padre trabajaba de informático y era una persona muy rigurosa; dirigía una importante sección de una gran empresa y tenía que tratar con muchas personas, de tal modo que sus capacidades organizativas y su pensamiento sistemático le iban muy bien para su trabajo. En casa, buscaba y organizaba todas las terapias y servicios y hablaba constantemente con el personal del colegio para que su hija tuviese cubiertas sus necesidades. No obstante, cuando aplicaba al juego la terapia Floortime y su hija no le hacía caso, se volvía muy estricto e irreverente. En lugar de favorecer el aspecto lúdico de la situación con estas palabras: «¿A qué no puedes encontrar a papá? ¡Me voy a esconder! ¿Dónde estoy?», le ordenaba: «¡Mira aquí!». La niña se ponía nerviosa, se aislaba y recaía en el comportamiento estereotipado, deambulando por la habitación y mirando las luces.

A través del asesoramiento, ayudamos al padre que fuese más flexible con la niña. De hecho, tenía un magnífico lado lúdico; era capaz de relajarse, inventar juegos divertidos, aplicar la picardía y estimular a su hija para que jugara con él mediante el simple gesto de ponerse sombreros de broma o esconderse detrás de cualquier objeto para que ella tuviese que correr por toda la habitación para encontrarlo. De esta manera, se conectaban muchos círculos de comunicación y ambos disfrutaban de la misma actividad. En esos momentos, la niña se mostraba comunicativa, interactiva y cariñosa y empezó a utilizar algunas palabras. Sin embargo, se retraía y se ausentaba ante el tono autoritario.

Si queremos ayudar al niño a progresar en los pasos explicados en el bloque II y aplicar la terapia Floortime que se explicará en los siguientes capítulos, lo primero que tiene que hacer la familia es tener muy claros los puntos fuertes y débiles de cada miembro de la familia.

La familia puede actuar por sí misma o requerir la ayuda de un experto. Lo más importante es que los padres y tutores sean capaces de sentarse a hablar cada cierto tiempo y hacerse la pregunta: ¿Cuáles son nuestros puntos fuertes y débiles? Los padres con los que trabajamos siempre se plantean esta pregunta, sobre todo cuando les preguntamos directamente: «Cuando el día va mal, estáis nerviosos y el trato con vuestro hijo/a se hace difícil, ¿cómo reaccionáis?, ¿qué soléis hacer?». Si no saben qué responder, les ayudamos con las respuestas típicas: «Queréis estar solos, os volvéis autoritarios o agresivos o demasiado protectores u os superan los nervios y perdéis de vista los objetivos». Tampoco hay una mayor variedad de reacciones, de modo que siempre suele ser alguna de estas. No obstante, las conductas constructivas que podéis hacer son mantener una actitud más equilibrada, tranquila, afectuosa y protectora que considere en todo momento la interacción, el apoyo verbal y la relación creativa y comunicativa.

Cuando nos sentimos frustados, solemos reaccionar de alguna de estas maneras. Los terapeutas pueden ayudar a los padres a superar estos sentimientos, aunque los padres también son perfectamente capaces. Si, por ejemplo, el padre no logra combatir este estado de ánimo, normalmente le preguntamos a la mujer qué flaquezas y virtudes considera que tiene su marido. A menudo, el cónyuge las detecta enseguida; nunca nos hemos encontrado con un matrimonio que no se conozca en este sentido.

Una vez identificamos las flaquezas y virtudes de los padres, observamos cómo se comportan en ciertas situaciones. En primer lugar, analizamos el progreso del niño en el contexto de las fases del desarrollo. ¿Cómo se puede aplicar su conducta a una interacción óptima? ¿Consiguen expresar calma y serenidad y regular la atención del niño para que se muestre receptivo, atento y relajado? ¿Son capaces de fomentar afecto, una interacción motivadora, empatía, comunicación gestual y facial? ¿Conectan círculos de comunicación social y emocional y las aplican a la resolución de problemas?

El segundo aspecto a tener en cuenta son los rasgos de personalidad de los padres; su relación entre ellos y el ambiente familiar. Es muy probable que se traslade la actitud incorrecta en el trato con el niño (por ejemplo, en el caso anterior, caracterizado por el tono autoritario del padre) a otras situaciones familiares (por ejemplo, cuando los padres comen juntos o van a hacer recados o hablan sobre la evolución del niño en la escuela). El padre puede sentirse frustrado y actuar con poca sutileza y la madre se deprime. Si el matrimonio no se lleva bien, es muy difícil construir una comunicación beneficiosa con el niño. En este sentido, las flaquezas y defectos de la pareja repercuten muy negativamente en la relación con el hijo que padece TEA y con los otros niños y en el matrimonio en sí.

Cuando estáis reunidos en familia, ¿mostráis una gran empatía?, ¿hay buena comunicación?, ¿hay resolución conjunta de problemas?, ¿aplicáis la creatividad y la imaginación a las palabras o al juego de representación?, ¿aplicáis el pensamiento lógico (conectar las ideas, entender a los demás e introducir y desarrollar ideas como alternativa a cambiar constantemente de tema)? Si estáis comiendo y el niño dice: «Coche azul, coche azul» y alguien le responde: «¿Dónde está el coche azul, cariño?» y el niño señala y responde: «Quiero jugar. Comer no. Jugar», en este caso la familia habrá descodificado y entendido un mensaje que, en otra circunstancia, habría pasado por ser un simple comentario sin sentido.

Cuando los padres y tutores trabajan individualmente con el niño, deben fomentan su progreso, mientras que si la familia actúa de manera conjunta, se producirán muchas distracciones, rechazo y conversaciones paralelas y se descartará el uso creativo de ideas, así como la comprensión e interpretación de diferentes ideas. Si cada miembro habla por separado o se cruzan las conversaciones, si los padres se contradicen o discuten abiertamente o los hermanos compiten negativamente, acabarán aflorando muchos problemas.

Las familias de niños con TEA (como las demás familias) deben saber si están fomentando y favoreciendo las seis fases del desarrollo emocional del niño y los niveles avanzados de pensamiento abstracto e individualizado. En cuanto los padres identifiquen y analicen estos datos, enseguida observaremos que actúan de la misma manera en el contexto de otras relaciones familiares, pues somos animales de costumbres y tendemos a reaccionar siempre de la misma manera cuando sufrimos estrés. Repetimos estos patrones de conducta cuando estamos nerviosos, dubitativos o angustiados y adquirimos estos patrones a través de las familias respectivas. Es recomendable (aunque no es esencial) analizar la historia familiar de tales hábitos. ¿De dónde proviene nuestra actitud autoritaria o excesivamente protectora cuando estamos nerviosos? ¿Hay algo en nuestra familia que nos haya llevado a actuar así?

Los padres tienen que mejorar sus defectos. ¿Cómo? Los que alguna vez han jugado a tenis enseguida lo reconocerán: si nuestro golpe de *drive* es mejor que nuestro revés, nos movemos para golpear más de *drive* que de revés. O, en el instituto, si se nos da mejor la literatura que las matemáticas, siempre nos acabaremos apuntando a cursos de literatura. Tenemos la tendencia a evadir los defectos y a reforzar las virtudes, y esto lo aplicamos en todas las situaciones de la vida. Por tanto, lo mismo ocurre en el seno de una familia que trata el TEA de uno de los hijos. El matrimonio intenta esquivar los defectos que cada uno posee, cuando deberían analizar sus defectos y flaquezas y no rendirse ante ellas.

Retomando el ejemplo del padre que se vuelve muy autoritario cuando los hechos se tuercen, debemos subrayar que este hombre debería darse cuenta de ese hábito y ser consciente de que, cuando su hija se muestra cerrada y obcecada, él le habla en un tono muy exigente e imperativo. Así, a través de un esfuerzo consciente y, aunque no sea una actitud natural para él, siempre puede refrenarse antes de reaccionar de esa manera. Aunque esté pensando: «Se comporta como una niña mimada. No puedo con ella. Tiene que aprender disciplina y la realidad de la vida», tiene que aprender a plantearse: «Sólo tiene dos años y medio. Tenemos veinte años por delante para ayudarle a enfrentarse con la realidad de la vida. No tiene por qué saberlo todo ahora».

Si los padres se empeñan en seguir con su actitud, les advertimos de que sólo van a conseguir empeorar las cosas. El niño será más problemático. Si este padre se da cuenta de que tiende a ser autoritario, será capaz de aplacar este defecto. O la madre excesivamente protectora puede parar a tiempo y decir: «Bueno, voy a hacerlo de otra manera». Probablemente recaiga en esta actitud protectora, pero no actuará así constantemente. Una vez hayas detectado tus defectos, puedes introducir cambios para trabajar sobre tus virtudes. El padre puede decir: «Voy a cambiar un poco y voy a jugar más con ella» y realizar este esfuerzo de manera consciente. La madre puede hacer esta reflexión: «Voy a cambiar un poco y motivar más a mi hija». Al principio, nunca es fácil, pero cuando os hayáis planteado muchas veces esta reflexión, al final podréis cambiar de actitud. La curva de aprendizaje puede ser muy rápida si nos preguntamos: «¿Qué estoy haciendo?». Los miembros del matrimonio se pueden ayudar entre sí diciendo: «Has vuelto a ser un sargento» o «Ya te has pasado de superprotectora». Intenta utilizar una palabra clave que a tu pareja le sirva para interpretar el fallo y dedica todo el tiempo que haga falta para hablar sobre estos temas. La clave es compartir las preocupaciones para luego contemplarlas. Debemos ser comprensivos, no dominantes. Estas indicaciones nos van a venir muy bien mientras apliquemos la técnica Floortime.

Aporta lo mejor de ti mismo

Es el principio básico para los padres y tutores: aporta lo mejor de ti mismo. Normalmente, tendemos a entorpecer los hechos con nuestro carácter. Analicemos, de nuevo, el ejemplo del padre autoritario y la madre excesivamente protectora. (En ningún caso queremos estereotipar a estas dos figuras. En muchas familias es precisamente lo contrario: la madre es muy exigente y el padre es demasiado protector. Por supuesto, cada caso es diferente). Cuando el padre es muy estricto, la madre se enfada con él por acobardar a la niña y le manda: «¡No hagas eso!». Eso conduce a que el padre se ponga aún más tenso, el clima sea más airado y todo se deteriore. O al revés: la madre se dedica plenamente a la niña y el padre se siente mal porque su mujer no le hace ningún caso. Al final, él se distancia de ella o la rechaza y ella perpetúa su actitud porque es su única manera de enfrentarse a la ansiedad y este esquema de conducta tiende a intensificarse.

En lugar de pensar: «Es que ya no compartimos nada. Por su culpa tenemos todos esos problemas», podrías preguntarte: «¿Cómo puedo aprovechar sus virtudes para que podamos trabajar mejor con el niño?». Si estás divorciado, tienes que guiarte por la misma filosofía, pues las batallas legales siempre deben ir aparte.

Por muy resentido/a que estés con tu pareja, sigue siendo el padre o la madre de tu hijo. Trátale, por tanto, como a alguien valioso y sigue las recomendaciones. Por supuesto, sabemos que es duro para ti, pues es muy difícil separar el divorcio de los asuntos que os unen a vuestro hijo/a.

Si tu mujer está siendo muy rígida y sabes que siempre se comporta así cuando se siente insegura, intenta ayudarle a relajarse y a estar más alegre. Lo mejor en estos casos es recurrir al sentido del humor diciendo, por ejemplo: «¡Oído, jefe! Pero vamos a escuchar a mamá, que es la que manda». También puedes hablar con el niño y con tu pareja después del juego en un entorno relajado (comiendo un helado). Como conocemos los límites de la otra persona (lo que le conmueve, lo que le relaja, etc.), siempre podemos fomentar una situación relajada para él/ella con el fin de que podamos hablar y razonar con resultados positivos. No te pongas a la defensiva; de hecho, cuando estamos nerviosos, ansiosos o enfadados, lo que necesitamos es cariño, dedicación y cercanía con la otra persona, pues el comportamiento negativo suele proceder de los nervios y la tensión. Si no sabemos encajar estas situaciones, nos sentiremos inseguros y al final pensaremos que nuestro hijo/a tiene problemas por nuestra culpa. El matrimonio se debe apoyar, respetar y valorar.

Si un aspecto no funciona, otro puede que sí. Las familias que afrontan los problemas con una perspectiva constructiva nos suelen decir: «Los problemas de Susi nos han unido más como familia». Enseguida se nota esa conexión y ese trabajo en pareja. En estos casos, la familia descubre un aspecto nuevo en sus vidas que abre sus corazones y refuerza aún más su relación. En lugar de preocuparse sólo por los partidos de fútbol de uno de los hijos o en las vacaciones que van a hacer o en la etapa de instituto que van a empezar Juan y Susana, están atentos a temas más importantes como el cariño, la empatía, la dedicación y la confianza. Estas familias sufren la misma frustración, rabia y decepción que aparece en una familia cuando se les comunica que su hijo padece TEA; la única diferencia es que abordan estos sentimientos hablando e intercambiando impresiones; de esta manera, se sienten mucho más cercanos y tienen mucha más confianza entre ellos.

Sabemos que este proceso es muy difícil. Muchas veces, el matrimonio no encuentra razones para apoyarse y se atacan el uno al otro, intentando llevar el mando. Las familias que no consiguen conectar se encuentran ancladas en la frustración, la rabia y la debilidad o, sencillamente, están agotadas por el estancamiento de sus sentimientos. Si la familia sufre y no sabe cómo enfrentarse al trastorno del espectro autista, no hay nada malo en pedir ayuda. Por ejemplo, si se trata del caso de una pareja que ha hablado y ha intentado combatir sus defectos, pero siguen sin orientarse (sigue habiendo conflicto y presión entre ellos), lo mejor es que pidan ayuda.

Puedes recurrir a la ayuda de la persona que esté dirigiendo la terapia del niño (en el capítulo veinte describiremos varios tipos de especialistas) o de alguien recomendado por el terapeuta o por un amigo. Podría ser, incluso, un buen amigo que sepa tratar estos asuntos. Lo más importante es encontrar a alguien que sepa explicaros vuestra actitud en el contexto de lo explicado anteriormente. Decidle a esta persona que estáis dispuestos a aceptar y a corregir vuestros defectos. A veces, pensamos que la pareja nos está atacando cuando, en realidad, su reacción responde más a una sensación de estrés y ansiedad, pero tendemos a personalizar. Si aplicáis estos consejos, retomaréis el rumbo.

Cuidar el matrimonio

Cuando una pareja tiene problemas (o cuando está bien), es muy importante pasar un tiempo a solas para recuperar la intimidad del matrimonio. En los próximos capítulos veréis por qué llamamos a esto terapia Floortime para los padres. Es normal que los progenitores se sientan exhaustos o estén muy nerviosos cuando no se fían de una niñera, no tienen a la familia cerca y no saben con quién dejar al niño. Además de ello, la pareja no encuentra el momento de intimar o apoyarse dando un paseo, yendo a cenar juntos o yendo al cine. Muchas veces, las parejas se mueven, salen, entran y salen y llevan cada uno su vida (llevar al niño a terapia; hablar con los profesores y tratar los síntomas del TEA; batallas por la comida, por la hora de irse a la cama; problemas de conducta que pueden incluir agresiones y autoagresiones). Esta actividad estresante, unida a la falta de intimidad de la pareja, puede conducir perfectamente al divorcio.

Los momentos de intimidad son el combustible que le permite avanzar a la pareja y, si eso falta (el cariño, las caricias, la charla íntima), la confianza y la empatía se verán afectadas. Estos sentimientos son muy importantes en la pareja (y en la relación con los amigos). Si no los experimentas, no se los transmites al niño. El desarrollo del niño siguiendo la terapia DIR/Floortime depende del estado emocional de los padres. Si sus emociones están sesgadas por una perspectiva negativa de matrimonio caracterizada por la rabia, la impotencia, la depresión o el agotamiento, será muy difícil que le proporcionen al niño los sentimientos que este necesita. La base de la terapia Floortime tiene que ser el cariño y la empatía que desarrolles con tu hijo/a de tal modo que prefiera jugar contigo antes que retraerse en su propio mundo. Todo eso se lo puedes proporcionar. Es muy importante que la pareja se reserve un tiempo (una vez a la semana, como mínimo) para gozar de la intimidad. Por otra parte, piensa en alguien de confianza (un familiar, el hijo mayor o la niñera) para que cuide del niño, como mínimo, un par de horas mientras vais de paseo o salís a comer. También es muy beneficioso disponer de media hora o una hora para vosotros solos cada noche (tres veces a la semana, como mínimo) cuando los niños estén durmiendo, para hablar o cuidaros el uno al otro.

Cuidar a los hermanos

El hermano o hermanos de un niño con TEA también pueden padecer problemas (como explicamos en el caso que abre el capítulo). Siempre se suele asociar la reacción del hermano como celos o resentimiento porque el niño con TEA recibe más atenciones y el hermano se siente abandonado. Sin embargo, existen otras reacciones que no se suelen considerar: ansiedad y nervios por saber que hay un familiar con problemas y preocupación (muy típica de niños) porque le pueda pasar lo mismo a él. Los hermanos mayores suelen mostrarse muy protectores con su hermano o hermana autista, de tal modo que ya no se produce ninguna rivalidad «normal». En este sentido, un niño de cinco o seis años se puede convertir en un pequeño «padre» en relación con su hermano/a, lo que puede provocar una incapacidad para desarrollar en la vida sus sentimientos con competitividad. Por otra parte, hay hermanos que se comportan de una manera diametralmente opuesta: son muy agresivos e impulsivos con su hermano y no respetan su vulnerabilidad porque les da demasiado miedo reconocerla. Esto se puede traducir en una actitud egocéntrica de cara al futuro.

Muchas veces, un sentimiento toma la apariencia de otro, como en el caso del miedo, que muchas veces se convierte en una actitud de vergüenza ante los demás. En este sentido, el hermano de un niño con TEA puede sentirse avergonzado delante de sus amigos porque en el fondo tiene miedo a que estos se rían de él y de su hermano. Los padres también se ven afectados por esta reacción y se sienten avergonzados cuando, por ejemplo, el niño empieza a dar vueltas sobre sí mismo en el supermercado y todo el mundo lo mira o muestra un comportamiento estereotipado cuando viene alguien a casa. Si los padres se sienten avergonzados, el hermano se sentirá así con más motivos. No es un sentimiento que se deba imitar, pero es comprensible.

Si entendemos estas reacciones en su contexto (por supuesto, cada familia tiene su manera de actuar) y hablamos abiertamente de los problemas mientras reconocemos nuestros propios fallos, podremos llegar a una empatía y una unión muy profunda que solidifique aún más a la familia. Si quieres que el hermano plantee sus sentimientos y deseas responder a todas sus preguntas (sobre todo si el hermano es más pequeño que el niño que padece TEA), tendrás que explicarle la situación con un realismo apropiado a su edad.

Seguro que también deseas que el hermano le ayude. Hay padres que no quieren agobiar a su hijo con los problemas de su hermano. Es un error. Si no le planteas los problemas a los que se enfrenta la familia, el hermano se sentirá excluido. Podemos afirmarlo porque los hermanos nos lo han confesado en muchas ocasiones. En efecto, muchas veces hemos oído la frase: «Se piensan que no sé jugar con mi hermanita Susi», «Se creen que le voy a hacer daño», «No me dejan jugar con ella». De esta manera, estamos contribuyendo a que el hermano se sienta marginado. Los padres deben ayudarlo a sentirse implicado mediante situaciones constructivas y nunca le deben tratar como si fuese un obstáculo. Es evidente que no quieres sobrecargarlo o convertirlo en adulto dándole demasiadas responsabilidades, pero tampoco debes excluirlo.

La mejor manera de encarar estas situaciones es a través de la terapia de grupo Floortime (como explicaremos en el capítulo quince). Si el hermano que no padece TEA es el mayor, los padres tendrán que ayudarle a conectar círculos de comunicación. De este modo, el mayor aprenderá a utilizar el Floortime y, tras unas semanas de práctica, podrá utilizarlo de manera espontánea cuando juegue con su hermano y tú podrás dedicarte a otras tareas o a cocinar mientras ellos juegan. Si el hermano mayor es suficientemente responsable y hay una diferencia de edad considerable entre los dos (por ejemplo, el mayor tiene nueve años, y el pequeño, cuatro), el mayor será capaz de cuidar al pequeño. En este caso, es muy beneficioso valorar su labor y pagarle una cantidad simbólica, pues valorará su trabajo y también practicará para otras ocasiones en las que tenga que hacer de canguro. Si el mayor tiene nueve años, no es recomendable que los padres le dejen solo en casa con el pequeño. Sin embargo, si le dejan ejercer esta tarea y aprender a jugar e interactuar con su hermano pequeño, el mayor mejorará su empatía con su hermano y se sentirá muy orgulloso y contento de su contribución. Es una situación similar a los procesos de integración en el aula entre niños con TEA y niños que no sufren trastornos. Partiendo de la complicación de estimular a un niño que tiende a abstraerse, los niños aprenden a relacionarse, conectar y reforzar la empatía con sus compañeros afectados por tales trastornos, lo que constituye una experiencia muy constructiva para todo el mundo.

Es evidente que no hay que involucrar al hermano hasta el punto de que deje de hacer sus actividades extraescolares. Es muy habitual que el hermano requiera tu atención (como en el caso de Darcy expuesto al principio del capítulo), por lo que deberías pasar, como mínimo, media hora al día con él/ella y cederle todo el protagonismo en esas secuencias de tiempo. Podéis dedicaros al Floortime, a una actividad preparada o, sencillamente, a disfrutar de vuestra compañía, pero él/ella debe ser el protagonista, tanto si estáis dando un paseo en bici como paseando y comiendo un helado o jugando a algo. Es muy beneficioso hacer estas actividades antes de que se ponga a hacer los deberes; en caso contrario, no se concentrará y aflorarán conflictos en ese rato reservado a tareas escolares. Además, el hermano también puede recuperar los deberes que no ha hecho durante el fin de semana.

Estas situaciones de «resolución de problemas diarios» también son muy beneficiosas para los niños que empiezan a hablar (favorecen, también, a los niños con TEA que empiezan a adquirir competencias orales, como explicaremos en un capítulo posterior). Son situaciones que pueden desencadenarse durante la cena, los viajes en coche o los momentos de calma en el sofá. En estos momentos, podéis jugar a lo que hemos llamado «pensar en mañana», un juego que consiste en pensar en los hechos positivos que se van a suceder y en las tesituras a las que el niño deberá hacer frente (por ejemplo, hacer los deberes, sentir celos por su hermana o ser reñido en el colegio). De este modo, le ayudas a visualizar la situación y las sensaciones que puede experimentar. Si hay otra persona implicada, el niño también puede hacerse una idea de sus sentimientos. A continuación, el niño tiene que explicar cómo actuaría en alguna de estas situaciones (por ejemplo, si la madre se enfada con él por estar celoso). Le puedes preguntar: «¿Cuál es tu manera de conseguir que te haga caso cuando ves que estoy demasiado con tu hermanita? ¿Qué es lo más inteligente que has hecho nunca?». Si tiene once o doce años, le encantará explicar cómo te desafía. En ese caso, en lugar de molestarte, tienes que pedirle que te explique más métodos. Le puedes preguntar, de paso, qué haría él/ella si fuese el padre o la madre; quizá te sorprende con una buena sugerencia. Así, se dará cuenta de que valoras su punto de vista y se sentirá apoyado/a.

Siempre recomendamos que los niños, tanto si sufren de TEA como si no, salgan, como mínimo, cuatro veces a la semana a jugar al parque. De esta manera, garantizarás el cambio de compañía progresivo de tu hijo, pues este debe pasar de jugar contigo a jugar con sus amigos. Si sólo sale una o dos veces durante la semana y la madre se convierte en el pilar del juego, el niño perpetuará su dependencia hacia ella. Sin embargo, cuanto más salga y más compañeros de juego conozca, más importancia le dará a este mismo juego. La madre le seguirá proporcionando un sentimiento de seguridad, cariño y resolución de problemas, pero no la asociará con salir y dar un paseo con la bicicleta.

Finalmente, la familia debería compartir muchos ratos de unión, de tal modo que se sintiesen implicados en la misma misión. A veces, es suficiente con que la familia se reúna al completo y se divierta jugando en el suelo (por ejemplo, la madre, el padre, el niño con TEA y el hermano o hermana). En ese caso, se deberá fomentar la interacción entre los hermanos y entre los hermanos y los padres. Cada hermano se halla en una etapa de desarrollo diferente, pero se pueden hallar puntos en común, actividades entretenidas que estimulen a todos por igual (bailar, cantar, organizar una pequeña gincana, etc.). También puedes cambiar los papeles de cada uno e inventarte que el hermano mayor es el cocinero o el camarero. Conseguirás, además, que el pequeño intente imitarlo.

Cuando la familia se divierte unida (jugando, cocinando, paseando), se producen interacciones muy estimulantes, gesticulación y resolución conjunta de problemas. Acciones tan sencillas como plantar unas semillas o ayudar a colocar la decoración para una fiesta de cumpleaños conllevan un uso creativo de las ideas y un refuerzo del pensamiento lógico y reflexivo. Cada niño se halla en una fase diferente de desarrollo, pero, si todos participan, todos se benefician. El pequeño se siente motivado y el mayor puede llevar un poco el mando a través de sus razonamientos. De este modo, los padres observarán cómo empiezan a emerger multitud de competencias y habilidades creativas que en cualquier otra situación no aflorarían.

Lo más importante es analizar vuestra situación como familia corrigiendo los defectos, reforzando los puntos fuertes de los demás, aportando lo mejor de cada uno o fomentando la buena relación entre los hermanos e involucrándolos desde una perspectiva constructivista, pero respetando sus propias vidas. Si se producen muchas situaciones de tensión y conflicto, debéis analizar la raíz de estos problemas y buscar las respuestas en vuestras cualidades y en vuestros defectos. Es muy importante, también, fijarse en si la familia está controlando los hitos emocionales. Pide ayuda si los problemas son demasiados para poderlos manejar y daros tiempo y oportunidades para que la familia pueda estar unida.

No se puede alcanzar la perfección; no es humano. Esto es particularmente cierto para las familias con un hijo con TEA u otro trastorno. La cualidad más importante que tenéis como familia es la capacidad de generar cariño, espontaneidad y situaciones emotivas. Si intentáis ser perfectos, tenderéis hacia la rigidez. Todas las familias tienen defectos y virtudes y la vida misma es un proceso continuo de compensación de tales atributos.

Capítulo 14
Floortime: utilidad real

Una madre quería practicar el Floortime con su hijo. Daniel era un niño de seis años que tendía a abstraerse y la máxima intención de su madre era estimularlo. Daniel no parecía muy interesado en lo que le rodeaba; sólo se preocupaba por sus juguetes de superhéroes y no quería realizar ninguna actividad ni jugar con otros muñecos. En una sesión de observación, comprobamos que la madre intentaba captar su atención e introducirse en su actividad provocando que el hermano pequeño de tres años, Sergio, le rompiera un castillo de piezas que había construido. Como consecuencia, Daniel se enfadaba y se aislaba. Entonces, enseñamos a la madre a seguir y fomentar los intereses de Daniel y a romper su ciclo de juego repetitivo.

El método Floortime es el componente principal del modelo DIR, un programa completo para bebés y niños con trastornos de desarrollo (entre otros, el TEA). Tal y como comentamos en el bloque I y analizaremos con mayor profundidad en el bloque IV, un programa global siempre debe abordar el tratamiento emocional con el niño y crear una relación de aprendizaje con los padres, tutores y expertos adaptada siempre a los rasgos diferenciados del niño para ayudarle a ascender en la escala del desarrollo. Este programa incluye no solamente Floortime, sino también otras terapias como programas educativos de apoyo a los padres, programas intensivos para la casa y la escuela y otros contextos de aprendizaje como son el juego en grupo, las lecciones musicales, clases de gimnasia, etc. La terapia Floortime es una práctica destinada al entorno del hogar y puede complementarse con cualquier otra actividad integrada en el programa.

La terapia Floortime es una técnica específica (con sesiones de veinte minutos, como mínimo, de juego en el suelo con el niño), pero también es una filosofía completa que se debe aplicar a todas las interacciones diarias con el niño. A continuación, vamos a ver qué es y qué no es Floortime y vamos a explicar por qué es la piedra angular y la actividad de desarrollo básica del modelo DIR.

Las dos metas de la terapia Floortime

La terapia Floortime persigue dos metas básicas. A veces, se llega a ellas fácilmente, y otras veces se obtienen por oposición, pero nunca hay que perderlas de vista. La primera y más conocida meta es seguir la iniciativa del niño y aprovechar sus intereses naturales. ¿Cómo podemos seguir su iniciativa? Históricamente, todos los educadores han coincidido en la afirmación de que no se debe dejar a los niños hacer lo que quieran, pues son seres instintivos que nunca se socializarían si siguiéramos siempre su mandato. Sin embargo, con la terapia Floortime obtenemos la información necesaria gracias al niño, pues sus intereses son la puerta que nos permite acceder a su vida emocional e intelectual. A través de la observación de sus intereses y deseos intrínsecos, nos conformamos una idea sobre lo que le gusta, lo que le proporciona placer y lo que le motiva. Si el niño mira fijamente un ventilador, se obsesiona con una mancha del suelo o camina descalzo, nuestra primera reacción es corregir estas actitudes, pero existe un componente en este comportamiento que es intencional; realiza estas acciones porque le proporcionan algún tipo de satisfacción.

Debemos empezar formulando esta pregunta: «¿Por qué actúa así?». Argumentar que lo hace porque padece un trastorno no es una respuesta válida. El niño puede padecer un trastorno o incapacidad, pero él no es el trastorno en sí. Es un ser humano, con sentimientos, deseos y anhelos. Si no puede expresar sus deseos, tendremos que deducir lo que gusta a través de lo que hace. En este sentido, debemos tener claro que la terapia Floortime se inicia siguiendo la iniciativa del niño y adentrándose en su mundo.

La segunda meta se basa en atraer al niño hacia un mundo compartido. No obstante, hay que evitar forzarle o gritarle; tiene que querer estar en el mundo compartido. El niño puede preferir la soledad por muchos motivos. De aquí el razonamiento de la primera meta: el niño se siente cercano a la otra persona si ve que esta le respeta y quiere participar en lo que a él le interesa. Así, por ejemplo, en el capítulo seis explicamos formas de atraer su atención y estimularlo, como deambular por una habitación imitando su comportamiento. En cuanto te empiece a dedicar miradas de curiosidad y simpatía y veas que no se enfada ni huye de ti, notarás que empieza a entrar en el mundo compartido.

En cuanto empiece a disfrutar participando con nosotros, podemos empezar a ayudarle a manejar las habilidades básicas de interacción, comunicación y pensamiento descritas en el bloque II. La finalidad básica que se esconde tras el hecho de atraerlo a un mundo compartido es ayudarlo a utilizar la empatía, la lógica, la creatividad y el raciocinio.

¿Cómo es posible que consigamos que domine estas competencias siguiendo su iniciativa? Esto nos lleva a la verdadera esencia de la terapia Floortime. Cuando nos referíamos a las seis competencias básicas y a los tres niveles avanzados de pensamiento, hemos tenido en cuenta una gran variedad de estrategias que respondían a la iniciativa del niño y que, posteriormente, estimulaban al niño y le ayudaban a adquirir una nueva competencia.

Por ejemplo, si el niño prefiere jugar con su muñeco favorito en lugar de interactuar contigo, podemos aplicar la estrategia (explicada en capítulos anteriores) del obstáculo lúdico: coger este muñeco, colocarlo en la palma de la mano; a continuación, colocarlo encima de la cabeza, gesticular y poner caras cómicas y esperar a ver si lo intenta coger. A continuación, podemos colocarlo detrás de la puerta sabiendo que él nos mira. Si se lanza a por él detrás de la puerta, le podemos preguntar: «¿Te puedo ayudar?» y enseguida querrá colocar nuestra mano en el pomo de la puerta. Finalmente, puede que diga: «Abre», para que abramos la puerta y le cojamos el muñeco.

Así, siguiendo la iniciativa del niño, hemos despertado su atención, la interacción, el propósito comunicativo, la resolución social de problemas e, incluso, el uso de palabras. Estas estrategias son útiles incluso con los niños ariscos y solitarios.

Hay niños que tienen una atención muy focalizada y que tienen muchos problemas a la hora de estar atentos a una persona y a un objeto al mismo tiempo. Para ayudarle a mejorar la atención, los padres deberían unirse a su juego y convertirse en personajes de la escena (nunca deben actuar como intrusos negativos como hemos explicado al principio del capítulo). De este modo, vamos a propiciar un diálogo fluido y creativo con el niño.

En otras ocasiones, es tan sencillo como guiarle hacia sus objetivos.

Si se dedica a empujar un coche hacia delante y hacia atrás y tú, como padre o madre, construyes un túnel ficticio con la mano, puede que nos sonría y que decida hacer pasar el coche por el túnel. En este caso, ya hemos conseguido obtener atención conjunta, estimulación, acción consciente y algo de resolución de problemas. Para acabar este ejercicio, podemos introducir la palabra «coche» y observar si la repite. Le podemos dar opciones: «¿Lo quieres meter en el túnel o llevarlo a la casa?». Es probable que responda: «Cass» y señale hacia la casa de juguete. En ese caso, hemos conseguido que relacione un pensamiento con una palabra.

Cuando utilizamos la terapia Floortime, respondemos a la iniciativa del niño, para penetrar en su mundo emocional, le ofrecemos un abanico de oportunidades y lo estimulamos para que llegue a adquirir niveles más avanzados de interacción, comunicación y pensamiento. Cuando le motivemos para que adquiera estos niveles, siempre debemos reforzar y ampliar las habilidades que posee. Si empieza a demostrar un poco de intención comunicativa, debemos trabajar con él para que incremente y agilice esta intención. Si es capaz de iniciar tres o cuatro círculos de comunicación, tenemos que incrementar el número hasta diez y más. Si sabe decir algunas palabras, debemos ampliar su léxico hasta que sepa manejar conversaciones simples.

Es importante recalcar que siempre debemos adaptar todas estas estrategias y ejercicios a las características particulares del niño (como afirmamos en los capítulos once y doce). Por otra parte, también debemos analizarnos como padres y tutores. ¿Cuáles son nuestras virtudes y defectos? ¿Hacia qué actitud tendemos? Una persona muy enérgica siempre es ideal para un niño abstraído que necesita energía y estimulación, pero esa misma persona no sabrá sosegarlo. Si el niño es excesivamente sensible, le irá muy bien tener un padre o una madre muy tranquilo, pero este rasgo será muy perjudicial si el niño es hiporreactivo. Si el niño se muestra muy reacio al contacto, ¿te afecta de manera personal y dejas de hablarle o dejas de interrumpir su juego y de forzarle a que te escuche? Si nos planteamos estas preguntas, podremos perfeccionar nuestras estrategias y no perder de vista sus deseos y necesidades.

Aprendizaje a través del Floortime

El Floortime no es un ejercicio que se haga bien o mal. Es un proceso en el que tú y tu hijo/a os veis involucrados y aprendéis constantemente. Responder a su iniciativa no significa darle tu opinión o imitarle; significa conectar con él e interactuar con él a un nivel básico. Como tienes que darle una razón para que quiera jugar contigo, es importante observarlo durante un rato para descubrir sus intereses y, a veces, se produce la circunstancia de que estos intereses no tienen nada que ver con su comportamiento. Por ejemplo, puede dedicarse a alinear juguetes, pero, en el fondo, puede tener la intención de poner orden o de hacer cierto diseño. Si coloca los muñecos en línea recta, ofrécele otro muñeco para que lo coloque o cambia esta trayectoria colocando un muñeco a la derecha y demostrándole, con una amplia sonrisa, que quieres jugar con él.

En cualquier caso, la interacción debe ser siempre agradable y sosegada. Si se da cuenta de que no vas a interrumpir su juego ni a crear restricciones, probablemente haga una pausa, te mire y coloque otro muñeco en la línea para ver si vas a colocar otro muñeco en la misma trayectoria. Siempre debes pensar que eres un compañero de juego.

Cuando el niño ya no tiene miedo de que interfieras en sus intenciones, te deja unirte al juego porque es más divertido jugar entre dos. Ayúdale a conseguir sus objetivos. Divide un problema motor en diferentes partes. Pongamos tres casos de ejemplo: el niño quiere abrir una caja, encontrar un juguete o llegar a una estantería. Dependiendo del niño, puedes utilizar juegos en vuestra interacción o tú mismo puedes ser una excusa de juego junto a otros objetos simples. Si a tu hijo le gusta correr y escalar, puedes aprovechar este rasgo convirtiéndote en un obstáculo humano: se imaginará qué vas a hacer y reaccionará consecuentemente. Lo importante es que se dé cuenta de que es un juego.

Cuando termine la sesión de Floortime, analiza todo lo que ha pasado y recuerda todas esas acciones que han intervenido positivamente en el flujo de la interacción (como comentamos en el capítulo trece, si el matrimonio o pareja tiene tiempo de practicar a la vez la terapia Floortime y de compartir impresiones posteriores, será muy positivo que analicen respectivamente su contribución). ¿Has usado pistas visuales y diferentes estrategias? ¿Le has hablado con un tono de voz vivo, alegre y energético o muy sereno y relajado? Recuerda que la voz es una de las herramientas básicas para trabajar con el niño. Con independencia de que entienda tus palabras, el mensaje real se deduce del tono, el ritmo, el volumen y la tranquilidad de la voz. Analiza y relaciona las características de tu voz con la reacción de tu hijo/a.

Lo más importante es adaptarse a su fase de desarrollo. Muchas veces, los padres se deprimen porque el niño no juega como ellos habrían esperado. Si este es tu caso, significa que no estás respondiendo a la iniciativa del niño. Si queremos que actúe con coherencia, debemos dar por sentado que actúa con coherencia. Primero debes ayudarle a conseguir sus objetivos y, una vez consiga lo que quiere, empezamos a trabajar con él desde ese punto. Si está jugando con un coche y, de repente, empieza a hacer aspavientos, intenta comprobar si quiere más coches y, antes de que te des cuenta, estaréis jugando a construir un aparcamiento. No te preocupes tanto por pensar en qué vas a hacer con él a continuación e intenta continuar con el juego que ha iniciado tu hijo; es muy importante para profundizar en la actividad o el juego que estés llevando a cabo con tu hijo.

La importancia de objetos y símbolos en la terapia Floortime

La interacción y el flujo comunicativo constante son la meta principal de la terapia Floortime. De este modo, tenemos que ayudar al niño a interactuar con personas y objetos al mismo tiempo y a construir símbolos e ideas.

Es muy habitual que el niño sienta predilección por cierto muñeco o juguete, por ejemplo, un dinosaurio que se lleva a todas partes. Acepta siempre el objeto de tu hijo. Tanto si es un peluche, un muñeco de los Lunnies o un personaje de Barrio Sésamo, la forma de jugar de tu hijo te ofrecerá pistas sobre su estado emocional y sobre su lista de prioridades. Cuando el niño esté preparado para utilizar juguetes en la terapia Floortime, puedes empezar a crear un flujo comunicativo en torno al juguete. Puede ser tan sencillo como construir un pequeño tobogán. Si dejas un muñeco en la parte superior del tobogán, es muy probable que el niño acabe empujando este muñeco. Plantéate que su muñeco favorito es el compañero de juegos.

Cuando consigas que tu hijo juegue con el muñeco o juguete, intenta que le dé un significado simbólico. Por ejemplo, si tu hijo está comiendo, ponle voz a su muñeco favorito y di: «¡Dame comida!». Un día te sorprenderá acercándole la comida al muñeco. A partir de este primer estímulo, el niño empezará a aplicar experiencias familiares a su juego y empezará a utilizar la casa de muñecas, utensilios de médicos, o piezas de construcción. Asegúrate siempre de que escoge el juguete porque le merece cierta importancia. A partir de ahí, puedes introducir un elemento que vaya en concordancia con sus intenciones. Las palabras mágicas en este caso deben ser: «¿Qué más? ¿Qué más podemos hacer?». Lo más importante es mantener la interacción. Revisa si le estás aportando todo lo que necesita para desarrollar las competencias básicas de procesamiento o para fomentar su sistema regulador, la motivación y la iniciativa y plantéate, de paso, si estás respondiendo de manera adecuada. Si el niño está distraído, asegúrate de que no le estás distrayendo. Intenta deducir qué es lo que le causa el bloqueo. Recuerda siempre que esto es un proceso (no hay respuestas correctas o incorrectas) y, si ves que algo empieza a fallar, sigue respondiendo a la iniciativa y las acciones del niño y ya tendrás otra oportunidad de construir un juego más elaborado.

No te preocupes por el contenido; el contenido nunca es más importante que el proceso en sí. No podemos construir historias elaboradas y dotadas de simbolismo ni poner en práctica el juego imaginativo si no hemos conseguido primero una buena interacción con el niño. Antes de guiarle hacia el siguiente nivel en la escala de desarrollo, profundiza y refuerza el nivel en el que se encuentra porque será mucho más fácil trabajar y crear una interacción significativa en este punto. No hay prisa. Si no sabes qué hacer, espera un momento y observa la actitud de tu hijo/a, intenta volver a conectar con él y trabaja a partir de esta conexión. Cuando jugamos con el niño, estamos fomentando su desarrollo.

Cuando el Floortime parece muy difícil

Muchas veces, los padres no se animan a practicar la terapia Floortime o no se atreven a poner en juego interacciones emocionales porque, en el fondo, creen que van a fracasar y tienen miedo. Cuando hablamos con los padres y conseguimos que se liberen de sus estrategias defensivas, nos suelen decir: «A mí no se me da bien jugar, no lo voy a hacer bien. Lo que tengo que hacer es corregir el comportamiento de mi hijo». Es normal que los padres se bloqueen en el transcurso de la terapia Floortime; creen que han agotado sus recursos y que no pueden hacer nada más.

En estas situaciones, siempre aconsejo lo mismo: no te presiones a hacer muchas cosas. Cuando te sientas un poco colapsado, espera, da un paso atrás, relájate y observa su comportamiento. Quizá el niño no hace nada particularmente útil; quizá está jugando con los dedos. Eso ya es algo. Un niño siempre está ocupado en algo. Piensa en qué puedes hacer a partir de este comportamiento. Puedes unir un dedo con los suyos o aplicar otra estrategia que te ayude a relacionarte con él o ella.

Si el niño es particularmente retraído o arisco, a veces la mejor manera de iniciar una interacción es a través del juego sensorial; por ejemplo, tumbarte en el suelo con él, dar vueltas y chocar en el suelo, hacer ruidos divertidos o, sencillamente, abrazarlo y hacer movimientos rítmicos. No hay nada mejor que la intimidad y el cariño de estos momentos.

La intención subyacente es disfrutar con tu hijo/a haciendo algo juntos. Eso implica probar si le gusta el movimiento rítmico, el tacto o el sonido. Aunque no te entusiasme gatear con tu hijo en el suelo, a él esta misma actividad le puede reportar una gran alegría. En cuanto consigas esta reacción placentera, empieza a incorporar más elementos que le gusten, como su muñeco favorito, un juego con comida o una escena inventada. Le puedes presentar varias opciones y él escogerá la que quiera.

Todo parte de un requisito básico (ya comentado en el capítulo siete): estimular al niño para que tome la iniciativa. Por ejemplo, si le encanta subirse a tus hombros, concédele esta actividad. Sin embargo, después de tenerlo un rato encima de los hombros moviéndote hacia diferentes direcciones, párate en seco. De este modo, le forzarás a que gesticule, haga algún sonido o señale adónde quiere ir. Por otra parte, cuando le acaricies la espalda, déjale que te indique dónde quiere las caricias (en el brazo, en la espalda o en la barriga). Si el juego se convierte en repetitivo, introduce variaciones. Así, vas a conseguir que él también varíe sus acciones, aunque se trate del mismo juego o la misma idea originaria.

Si la interacción se va desarrollando, se produce empatía y propósito comunicativo reforzado con gestos y alguna palabra y, además, te presta atención, podrás plantearte la segunda meta (y la más complicada) consistente en interactuar y comunicarte con el niño durante diez o quince minutos seguidos. Hemos visto muchos casos de niños con TEA que saben leer, hacer ejercicios de matemáticas e incluso emitir enunciados largos y, sin embargo, no saben mantener una conversación larga y bidireccional.

Lista de prioridades en el Floortime

La terapia Floortime consiste en responder a la iniciativa del niño y en atraerle hacia nuestro mundo. A partir de ahí, se produce una práctica estimuladora que le tiene que llevar a dominar las diferentes competencias básicas. Para ello, debemos fijarnos en sus diferencias particulares de procesamiento y de su sistema nervioso, en los patrones de conducta de la familia y en nuestro propio carácter como padres o tutores. Todo ello es necesario para aprender a trabajar con el niño.

Cuestionario Floortime de preguntas

- ¿Le gusta relacionarse con juguetes o conmigo?
- ¿Inicia las interacciones? ¿Reacciona ante los estímulos?
- ¿Conecta algún círculo de comunicación o prefiere seguir el flujo comunicativo?
- ¿Le gusta introducir ideas nuevas en el juego imaginativo?
- ¿Exige que siga su ritmo o prefiere responder a mis ideas y aplicar las suyas al mismo tiempo?

Capítulo 15
Floortime donde y cuando haga falta.
Crear entornos de aprendizaje

Noelia tenía tres años. Padecía una forma leve del trastorno de autismo y déficits motores. Iba dos veces a la semana en coche al terapeuta para hacer las sesiones de terapia. El viaje en coche duraba hora y media y su madre quería utilizar este tiempo para mejorar su comunicación con Noelia.

Cuando aplicamos el modelo DIR, siempre partimos de una premisa muy importante: la terapia Floortime se aplica donde y cuando haga falta. Esta terapia se debe aplicar muy a menudo (unas ocho veces al día y más de veinte minutos) y en diferentes lugares. Cualquier rincón de la casa es apropiado. Si hace buen día, en la terraza. También se puede practicar en el supermercado o en el parque. Se puede ejercitar con los amigos, los hermanos o con un adulto. Se puede hacer en cualquier momento del día, después de cenar, en la bañera o en la cama. Puedes practicarlo al final del día, cuando estás agotado y sólo te apetece sentarte en el suelo, pues el niño estará cansado del colegio y sólo le apetecerá sentarse. Se puede hacer en un trayecto, largo o corto, en coche. Por otra parte, también puedes aprovechar los intervalos cortos de tiempo cuando pones una lavadora, lavas los platos, sales a la terraza o vas a comprar. Se podría practicar en muchas otras situaciones. El Floortime se practica en el lugar y el momento que haga falta.

Involucrar al hermano y a los compañeros del colegio

¿Cómo podemos practicar el Floortime si tenemos todos estos lugares para escoger? Por una parte, debemos aprovechar la presencia de hermanos y amigos. Hemos oído que muchas veces los padres decían: «No tengo tiempo para estar con Juan o Susana y hacer Floortime porque Cristina, la pequeña, o Tomás siempre están por aquí». ¡Mucho mejor! Como ya dijimos en el capítulo trece, los amigos y los hermanos pueden colaborar y ayudar mucho. De hecho, es muy recomendable que el niño con TEA juegue cuatro veces a la semana como mínimo con su amigo o amigos con el fin de practicar sus competencias comunicativas. Cuando intervienen los amigos o hermanos, se puede realizar la terapia Floortime de grupo. En un principio, es mejor que el grupo sea reducido y que sólo haya un niño más, de tal modo que estéis tú, tu hijo y el niño. Un poco más tarde, se puede añadir otro niño. También pueden participar los padres, apoyados por un experto o por el hermano mayor. En este caso, podrías hacer dos grupos para iniciar la terapia.

En la terapia Floortime de grupo, debes concederle a cada niño su turno para ser el líder, de tal modo que el niño que no padezca el trastorno tenga un momento para estar con el padre o la madre y se sienta motivado. El líder escoge el juguete o actividad y tú, como padre, madre o adulto, intentas atraer al otro niño hacia la interacción. Por ejemplo, si el líder se limita a saltar, puedes decir: «Muy bien, vamos a jugar al juego de saltar», acompaña esta actividad con música y salta al mismo ritmo que él o ella, animando al hermano o al amigo a saltar.

Si el niño con TEA se aparta de ti para saltar, indícale al hermano que te coja de la mano para hacer un círculo humano alrededor de él. Si se quiere ir, dile: «Si te quieres ir, levanta los brazos» y, de esta manera, tendrá que escabullirse por debajo, levantar los brazos o intentar romper la barrera de las manos para salir (siempre se lo tienes que facilitar). Así, puede recurrir a los gestos con propósito comunicativo o puede emitir un sonido parecido a «levanto brazos». Enseguida se convertirá en una actividad muy entretenida y divertida para todos.

Si le toca llevar la iniciativa al otro niño (vamos a llamarla Susi) y quiere hacer correr un coche o un camión y meterlo en una casa, pero Juan, el niño con TEA, prefiere ir a su aire, ¿cómo puedes mantener su atención mientras Susi marca las directrices del juego? Es una situación complicada. En primer lugar, diseña una especie de barrera que le impida salir de la habitación. Cuando Susi dirija el coche hasta la casa, tienes que estimular y motivar a Juan para que mire el coche. Si te ignora, dile a Susi: «Juan nos tiene que ayudar a abrir la puerta de la casa, porque si no no podemos meter el coche». A continuación, coloca la casa delante de Juan y dile: «Abre la puerta por favor, abre la puerta». Susi también te puede ayudar diciendo: «Abre, abre, abre, por favor». Pídele que la abra para enseñárselo a Juan. Susi empuja la puerta y, si hay suerte, Juan le copiará. Si Juan quiere irse igualmente, colócate delante de él y dile a Susi: «¿Le enseñamos a Juan cómo abrimos nosotras la puerta?», y déjale a ella que tome la iniciativa. Si lo intentas tres o cuatro veces y Juan continúa mostrándose arisco, abre la puerta y di: «Esta vez lo hago yo», y deja que Susi introduzca el coche en la casa. Tienes que intentar involucrar a Juan en la siguiente actividad que haga Susi.

A veces lo conseguirás, otras veces no. Por otra parte, es imposible enseñar a un niño con TEA a que sea un jugador cooperativo día y noche. Sin embargo, con el tiempo, si el hermano/a también le estimula, aplicáis el obstáculo lúdico y recreáis escenas divertidas, conseguirás que sea más comunicativo. El objetivo no es enseñarle a que abra esa puerta de la casa de muñecas, sino conseguir que se relacione con su hermano/a y contigo. De este modo, si bloqueáis su salida y empieza a dar vueltas en torno a vosotros, se está empezando a relacionar con vosotros. Es el primer paso. Con el tiempo, se relacionará cada vez más y enseguida empezará a sonreír, a reír y a imitar lo que haga su hermano. Es un proceso lento; la clave es no rendirse y seguir probando alternativas de juego.

Una manera de mejorar la comunicación entre dos hermanos es pedirle a cada uno que sea el mensajero del otro durante el día. Si quieres darle algo a un hermano, indícale al otro que se lo dé, y viceversa. Esto ayudará al niño con TEA a prestarle más atención a su hermano, pues este le da lo que él quiere. Otra idea es proponer actividades y juegos que requieran la presencia de dos participantes, y así cada uno entenderá que es más divertido jugar en pareja que solo. Si el hermano es mucho más mayor y ya no tiene esos entretenimientos, lo mejor es pagarle para que haga de canguro y, además, aplique la terapia Floortime con su hermano (que previamente le habremos explicado.

Si practicamos el Floortime en la terraza o el jardín, podremos realizar muchas más actividades de motricidad gruesa (correr, escalar, bajar del tobogán). En este entorno, también hay que tener claro que debemos fomentar la relación humana y no tanto el simple ejercicio físico. ¿Quién ayuda a Juan a subir al tobogán? Pongamos por caso que Juan se sube en el tobogán. Una vez subido, tú o Susi os podéis situar enfrente de él, bloqueando su movimiento, hasta el punto de forzarle a decir: «Quiero bajar» o «Estoy preparado». Incluso te puede pedir que apartes los brazos para que pueda bajar. Esto le va a estimular lo suficiente como para prestaros atención y mostrarse comunicativo. Entonces, cuando se levante para subirse otra vez, Susi puede correr también para subirse y acabarán intercambiando gestos y expresiones faciales para decidir quién sube primero. Todo esto lleva a una relación del niño con el padre o madre y el hermano/a mientras realiza una actividad que le gusta.

Aplicación del Floortime en diferentes contextos

El Floortime se puede practicar en cualquier contexto, incluso en el supermercado. A los niños les encanta sentarse en el carro de la compra; puedes aprovechar su situación para preguntarle hacia dónde quiere ir, de tal modo que tenga que señalar o emitir un sonido para indicar la estantería y los productos que prefiere. Si sabes que no se va a poner nervioso, no pasa nada si coges latas o productos que no vas a comprar. En este caso, pídele que te ayude a volverlas a poner en su sitio. Por otra parte, también podéis experimentar con los diferentes tipos de sonido que se producen al coger una lata o una caja. En un supermercado, siempre podemos hacer muchos ejercicios interesantes, lo más importante es estimularle para que sienta curiosidad y dirigir la actividad indirectamente.

Si tenéis que hacer un viaje en coche, uno de los padres y el hermano mayor se puede sentar detrás con el niño y jugar. Pueden mirar libros mientras el mayor le indica que le señale el dibujo que más le gusta. Es probable que el niño responda con ruidos al señalar el dibujo. Pueden jugar, también, con marionetas de dedo. Si el niño prefiere mirar por la ventana, el hermano o tutor tiene que responder a su iniciativa comentando el paisaje. Planta tu mano en su ventana para que tenga que apartarla para seguir mirando.

Cuando sólo vais tú y tu hijo/a en el coche, la primera responsabilidad es conducir con seguridad y el niño debería ir en el asiento de atrás, pero, igualmente, puedes hablarle, cantar con él, jugar a hacer sonidos, etc. De hecho, la ventaja de ir en coche es que el niño es tu «audiencia fiel». Si habla, puedes jugar a un juego de repetición como: «He ido al zoo y he visto una…» y terminas: «… cebra». Él tiene que añadir otro animal y repetir la secuencia: «… y he visto una cebra y un oso». Y así sucesivamente. Con este juego, practicarás la memoria y la agilidad mental de ir hacia delante y hacia detrás de las secuencias y repetir nombres de animales. Por otra parte, también puedes practicar este juego con otras categorías que sean de interés para el niño, como trenes o comida.

Existe otro juego idóneo para practicar en el coche que ayuda al niño a visualizar objetos: es el clásico juego de las adivinanzas, que podemos simplificar haciéndolo más descriptivo. Tendrás que describir su animal favorito, un juguete o una persona y tienes que esperar a que visualice o se imagine lo que estás describiendo. Por ejemplo: «Tiene cuatro patas, es todo marrón y peludo y ¡le encanta ladrar y saltar por toda la casa cuando llegamos!». Por otra parte, las pistas serán más evidentes si el niño presenta anomalías receptivas u orales o menos evidentes si el niño domina ciertas competencias básicas. En esta línea, le puedes describir o escenificar cuando el padre llega a casa, o cuando la abuela envió un paquete muy grande y le puedes recordar ese personaje de dibujos que tanto le gusta, o aquella vez en que lo pasasteis tan bien en un lugar determinado. El aprendizaje personalizado contribuye a una conexión basada en el afecto que mejora las habilidades de procesamiento del niño. Cuando lo veas factible, anímale a que describa algo para que lo adivines y recuerda que tienes que hacerte la despistada para forzarle a darte más pistas (¡también puede hacerle mucha gracia verte despistada!). Si es necesario, conviértete en su compañero de juegos y enséñale una foto o un dibujo para ayudarle a describir algo y para que el hermano o a la madre lo adivinen. La habilidad de visualizar es muy importante para desarrollar la capacidad de imaginar (recuperar mentalmente la imagen de una persona que no está o imaginar las escenas de un libro de cara a entender su contenido) y para hacer frente a la ansiedad, preparando al niño para la situación que tendrá que afrontar.

Existen otros juegos para practicar en el coche que mejoran la capacidad viso-espacial, como señalar un tipo determinado de coche u otro objeto llamativo. Le puedes indicar a tu hijo que dé un suave codazo o un golpecito a alguien cuando vea un coche rojo. De esta manera, añadirá un movimiento físico y reforzará la coordinación de realizar las dos actividades a la vez mientras se divierte. Es muy útil, también, explicar al niño todo lo que está pasando en la calle. Por ejemplo, en el caso de que pase un camión de bomberos, lo primero que debes hacer es apartarte y explicarle por qué te has apartado. A continuación, cuestiónate en voz alta qué debe haber pasado para que haya un coche de bomberos. Pueden ocurrir multitud de escenas en la vía: una grúa levantando un coche abandonado o mal aparcado, un coche policía corriendo o el enorme camión descargando comida en la tienda. Son oportunidades muy buenas para transmitirle cierto conocimiento incidental al niño, siempre a través de comentarios casuales. Sin embargo, un niño con dificultades de procesamiento no puede prestar atención al momento, por lo que es muy importante respetar su lentitud, hacerle preguntas y hablar sobre experiencias incidentales de este tipo que te ocurren día a día. Un poco más tarde o en otra ocasión, el niño puede comunicarte lo que ha visto y tú, de paso, puedes ayudarle a mejora su explicación, sobre todo si esa experiencia o visión es nueva para él y está reforzada por una carga de afecto proveniente de la conversación pasada.

Si el viaje en coche es muy largo, también puedes poner cintas o CD de historias y cuentos, pues suelen presentar bastantes sonidos y efectos sonoros. Comienza por una historia que le resulte familiar porque ya se la has explicado e introduce nuevas historias. Puedes parar la cinta y preguntarle: «¿Qué crees que va a pasar a continuación?», o también le puedes pedir su opinión sobre la idea central del cuento. Es una buena oportunidad de explorar y reforzar la simple escucha, sin dibujos añadidos. Hay niños que necesitan un poco de ayuda para escuchar un cuento narrado en cinta. En estos casos, lo mejor es ir parando la cinta e interactuar con él constantemente para estimularlo. Le puedes explicar, también, tus propias historias o inventarte cuentos. Empieza con «érase una vez» y estimúlalo para que complete esta idea. A continuación, puedes añadir matices a sus ideas y los dos construiréis un cuento lleno de información recíproca. El cuento no tiene por qué tener coherencia o sentido, pero, en cambio, puede ser muy útil para mejorar la comunicación bidireccional y, por otra parte, muy divertido.

Lo más importante es disfrutar de la actividad. Si entablas una conversación sobre lo que vas a hacer mañana o sobre lo que ha pasado hoy, estás contribuyendo a reforzar la empatía. Si el niño no domina las competencias orales, deja siempre en el coche una bolsa con juguetes que hagan ruido; pregúntale cuál es su preferido y anímale para que juegue con él. Hay niños que disfrutan mucho yendo en coche, se memorizan el camino y se enfadan si, algún día, tomamos un camino diferente. En este caso, puedes aprovechar esta capacidad visual para animarle a que se fije en las señales de tráfico o en los límites de velocidad. Pregúntale, entonces, por qué van cambiando estas señales. En esta situación, puedes transmitirle muchos conocimientos incidentales. No obstante, si todas estas actividades te distraen mucho de la conducción, ponle una cinta de música o lleva material para que haga actividades motoras, como escribir en una pizarra mientras le hablas de los semáforos o de otras señales. Podéis cantar, también, juntos. Cualquier actividad interactiva es beneficiosa.

Puedes practicar la terapia Floortime cuando el niño está en el baño, sobre todo si le gusta el agua. Puedes introducir juguetes en el baño o dejarle jugar con el jabón (¡a muchos niños les gusta salpicar!). Cuando llegue el momento de irse a dormir, puedes enseñarle dibujos de un libro o hacer juegos más relajados. La actividad tiene que ser tranquila, pero interactiva. Recuerda siempre que debes estimularle para que lleve la iniciativa e interactúe contigo. ¿Cuál es el dibujo que más le gusta del libro? Puedes enseñarle escenas o dibujos nuevos y releer (aunque te resulte pesado) sus cuentos favoritos. Ponlo a prueba cambiando alguna palabra del cuento o saltándote una página; si el niño se ha memorizado la historia, reaccionará y focalizará toda su atención en ti. La lectura siempre va acorde con el desarrollo del niño y es muy beneficiosa para interiorizar ideas y profundizar en sentimientos. Empieza siempre con libros muy sencillos y plagados de dibujos cuyo argumento se despliegue en las diferentes páginas para que el niño empiece a conocer la diferencia entre introducción, nudo y desenlace de una historia.

Al final del día, estás agotado y el niño también nota el cansancio de la escuela. Es el momento idóneo para acostaros juntos y relajaros. En estos momentos, puedes acariciarle la espalda o moverle los pies. La actividad más nimia y sencilla te sirve para interactuar con él o ella. Coloca algunos cojines para que descarte el que quiere o, si le estás dando un masaje, pídele que te indique lo que prefiere (por ejemplo, dile que levante un pie o el otro si quiere que continúes acariciándole). Estas pequeñas interacciones con propósito comunicativo se van volviendo más complejas poco a poco y este es el objetivo que nos ocupa. En el capítulo seis y en el catorce explicamos diferentes estrategias de interacción creativa destinadas a los niños más ariscos y solitarios; esas estrategias se pueden utilizar en cualquier contexto.

La terapia Floortime y las actividades rutinarias: trabajo y desarrollo del pensamiento

Es muy importante incorporar actividades diarias y cotidianas a la terapia Floortime (cocinar, limpiar o prepararse para salir). Estas actividades le ayudan a entender la naturaleza de las acciones y las secuencias que se deben realizar. Tan pronto como el niño te preste atención y quiera realizar la actividad, puedes explicarle los motivos por los que esta es importante. Por ejemplo, cuando saques al niño de la ducha, en lugar de envolverlo automáticamente con la toalla, le puedes decir: «Madre mía, estás empapado. ¿Qué es lo que necesitamos?». Entonces, es probable que el niño mire la toalla, la señale o, en el mejor de los casos, alargue el brazo y la coja.

Puedes preguntarle: «¿Tienes frío?» y, así, aprenderá a decir: «Mamá, coge la toalla que tengo frío». Muchas veces, realizamos actividades o les indicamos a los niños lo que tienen que hacer, pero no les argumentamos el motivo. ¿Tu hijo sabe por qué guardas la leche en la nevera, por qué cierras la puerta de casa, por qué llevas puesto el cinturón de seguridad o por qué le tapas en la cama? Durante el día, se producen muchas ocasiones para explicarle los motivos de una acción. Puedes empezar a argumentar el motivo, pero enseguida tienes que formularle preguntas e intuir sus pensamientos. No te quedes estancado en los patrones fijos de pregunta-respuesta guiados por el «por qué…». Existen otras maneras de entrar en un razonamiento; por ejemplo, con las fórmulas: «¿Cómo sería…?» «¿Y si…?» «¿Qué pasaría si…?». Quizá el niño necesita familiarizarse con el tipo de lenguaje apropiado para el razonamiento con frases como «Tiene que haber un motivo para…» o «¡Qué buena idea!» cuando observas que ha transmitido un sentimiento o idea muy interesante. Por ejemplo, le puedes decir: «¿Qué te pasa?, ¿es que te enfadas cuando mamá dice que hay que limpiar?, ¿por eso tiras todos los juguetes?». O, si tu hijo quiere jugar a la fiesta de cumpleaños por décima vez, puedes decirle: «¡Qué buena idea! ¡Nos encanta jugar a la fiesta de cumpleaños! ¿Cómo es eso?». Así, aunque el niño no pueda argumentar por qué le gusta jugar a la fiesta de cumpleaños, puede entender el significado de cumpleaños y todo lo que simboliza. En este mismo juego, puedes aprovechar otro momento para plantear el tema «lo que más te gusta de las fiestas de cumpleaños» y ofrecerle alternativas para enriquecer el juego.

Otra manera de profundizar en la interacción es cambiar un poco la dinámica de las acciones. Los niños enseguida se acostumbran a la rutina y no siempre les dejamos participar en las actividades. Así, la novedad y la sorpresa le ayuda a estar más activo, de tal modo que puedes incurrir en errores intencionados y darle un tenedor cuando en realidad necesita una cuchara o sentarte en su silla. La idea es introducir elementos nuevos para empujarle hacia la resolución de problemas o para que exprese sus preferencias.

Las actividades destinadas a la resolución de problemas son muy útiles para desarrollar las capacidades de planificación motora. El objetivo no es crear, simplemente, problemas, sino observar su reacción y su manera de encajar estos pequeños problemas (por ejemplo, cuando tiene que abrir una caja para coger algo). Puedes estimularle para que practique la planificación de acciones situándole ante una actividad y preguntándole, por ejemplo, qué va a hacer en la piscina o en el parque o puedes indicarle que se haga su propia mochila. Muchos niños saben lo que hay en la bolsa de mamá, pero no siempre saben por qué lo pone. Cuando tu hijo quiera ir a algún sitio, dile: «¡Estás preparado!», de tal modo que si quiere ir a la piscina (y es una actividad que le encanta), ayúdale a escoger el equipamiento que necesita mediante preguntas del tipo: «¿Y si te quieres secar? ¿y si tienes sed? ¿y si tienes hambre? Hace mucho sol. ¿Qué te vas a poner para no quemarte? ¿Y si la ropa se ensucia o hay que cambiarte el pañal?». Todas las acciones a las que te refieras van acompañadas de una argumentación. El niño aprenderá a localizar lo que necesita, a traerlo y, si habla, te responderá por qué lo necesita. Puedes empezar hablando de dos objetos y alargar la lista si observas que sigue tus argumentaciones y que es capaz de decirte lo que necesita para la piscina y por qué lo necesita. Puedes aplicar la misma dinámica para la escuela: preguntarle si está preparado y observar si coge o se interesa por la bata, la pequeña mochila y el almuerzo. Finalmente, puedes formularle estas preguntas en el momento de salir al parque con el fin de que coja el calzado y el abrigo si hace frío. El juego que hemos titulado «¿Estás preparado?» se puede aplicar a multitud de ideas y costumbres, desde la hora del baño hasta escoger muñecos o juguetes que quiere tener a su alcance.

De manera similar, los niños también disfrutan de las actividades reales, pues son muy importantes y significativas para ellos. Lo cierto es que a los niños les encanta ayudar a preparar la comida y aprender cada paso, cada medida y cada requisito. Por otra parte, también les gusta realizar otras tareas (sobre todo si hay un componente sensorial). Cuando un niño nos ayuda a lavar el coche o a limpiar las ventanas, aprende la secuencia de pasos necesaria para realizar estas acciones, practica las habilidades motoras necesarias y encuentra soluciones para problemas que puedan surgir. Si, además, el resultado es positivo, el niño siente una gran satisfacción.

Estas actividades diarias representan una oportunidad única para negociar y aplicar las habilidades de resolución de problemas, sobre todo cuando el niño juega o realiza cierta tarea contigo o con su hermano/a. Por ejemplo, en lugar de insistirle en que tiene que compartir las cosas por turnos, anímale a hacer tratos. Si bien los turnos son una buena estrategia para compartir, dejar el juguete significa, para el niño, desposeerse de su actividad. Introduce elementos de negociación. Si el niño quiere algo que tú tienes, ¿qué te puede dar a cambio? En estos casos, el niño se pone en tu lugar y puede pensar en lo que te gusta. Si el niño habla, ayúdale a expresar lo que quiere y a explicar las razones por las que no quiere compartir. Observa si entiende cómo se puede sentir su hermana. Respeta sus motivos para no querer dar o dejar algo y anímalo para que solucione el problema. Pregúntale: «¿Qué podemos hacer, entonces?». Probablemente te sorprenda con una idea que no habías pensado o responda de manera inesperada en el proceso.

La negociación (desde el trato más sencillo hasta el más complejo) tiene que adaptarse a la fase de desarrollo del niño. La negociación puede tomar cualquier forma y se debe practicar con la supervisión de un adulto que actúe como compañero de juegos. Por otra parte, tu hijo no puede acostumbrarse a conseguir siempre lo que quiere pronunciando sólo las palabras clave. Tienes que inculcarle las diferentes estrategias a aplicar cuando está con un adulto o con un amigo, pues esas estrategias llevarán a resultados diferentes. Así, se sentirá motivado para negociar, hacer tratos contigo, hacer algo que te gustará, realizar una actividad juntos o esperar al momento adecuado para pedirte lo que quiera. El niño puede realizar este tipo de tratos cuando juegue con otro una vez le hayas propuesto la negociación. Las reglas de comportamiento social cambian drásticamente cuando el niño empieza la escuela y tiene que acostumbrarse a oír frases típicas como «Yo lo vi primero» o perder de vista definitivamente un juguete cuando se lo deja en clase.

Ponte en la piel de un compañero de juego de tu hijo/a (es mejor recurrir al hermano). En este caso, podéis emular una escena de juego y rituales sociales y tu hijo/a podrá practicar todas aquellas interacciones necesarias que se producen más tarde en la escuela y en el patio. Es muy importante actuar como su compañero de juegos para practicar el Floortime en cualquier entorno.

Todas las investigaciones realizadas hasta el momento demuestran que, cuando recreamos escenas de aprendizaje emocionalmente significativas para el niño (pues los involucramos y conseguimos que se interesen por la finalidad del juego), este manifiesta su deseo de aprender. Diferentes estudios de imagen cerebral revelan que, cuando nos involucramos en estas experiencias de aprendizaje, las diferentes partes del cerebro trabajan conjuntamente para procesar la experiencia. Hemos comprobado, por nuestra parte, que los niños que aprenden siguiendo esta dinámica son más capaces de generalizar y aplicar lo que han aprendido a otras situaciones. Si un niño aprende, desde casa, a socializarse y pasarlo bien en los intercambios comunicativos y emocionales, sabrá aplicar esta actitud y este componente social en diferentes contextos (en casa, en la escuela, etc.) y con diferentes personas (abuelos, amigos, padres) porque generaliza lo que ha aprendido.

Siempre queremos que el niño aplique ideas con sentido lógico. Sin embargo, para ello el niño debe revestir una imagen (mamá, papá, mesa, silla) con un significado emocional. Debes centrarte en el interés emocional del niño para crear experiencias de aprendizaje. No es un proceso sencillo si el niño es muy solitario o arisco. Lo primero que debemos hacer es recordar las metas a alcanzar (objetivos que hemos descrito entre el capítulo seis y el capítulo diez) sobre las competencias básicas y empezar por las actividades que ya domina. Luego, tenemos que desplegar dos dinámicas en función del entorno de aprendizaje (la casa o la escuela).

La primera dinámica es adaptarse a las diferencias de procesamiento particulares del niño (como indicamos en los capítulos once y doce). Por ejemplo, si el niño se pone muy tenso ante el sonido y el tacto, no podemos dejarlo en una habitación ruidosa lleno de niños. En un entorno así, es imposible que adquiera una experiencia placentera de aprendizaje, sino todo lo contrario: es probable que sufra un ataque de pánico, por lo que no podrá pensar y se sentirá agotado y sin fuerzas. En el caso contrario, si el niño reacciona débilmente al sonido y el tacto y nosotros, como padres, nos mostramos muy formales y rígidos y mantenemos un flujo de energía muy escaso, no podremos satisfacerle a ningún nivel, ni motivarle ni comunicarnos con él.

Pongamos otro ejemplo. Un niño demuestra una gran competencia en el aprendizaje visual, pero no sabe entender e interiorizar las palabras. Si le hablamos constantemente utilizando un vocabulario variado (aunque nos mostremos didácticos) sin recurrir al soporte visual, le vamos a confundir irremediablemente. Sitúate delante de tu hijo cuando quieras decirle algo, de tal modo que compruebe que coincide lo que escucha y lo que ve a través de tus gestos, expresiones faciales, señalizaciones, melodías cantadas o aprehensión de objetos. De esta manera, su capacidad de comprensión va a mejorar ostensiblemente. Si te mueves para captar su atención visual e incluso le preparas para decirle algo importante, conseguirás que se fije en ti y que te entienda. Por ejemplo, puedes decirle: «¡Susi! Te tengo que decir una cosa!» o «David, ¿has visto este...?». Un niño confuso siempre tiende a sentirse ansioso y puede mostrar una conducta impulsiva o violenta. Si adaptamos estas experiencias de aprendizaje al funcionamiento intrínseco de su sistema nervioso, podremos configurar un ambiente de aprendizaje idóneo.

La segunda dinámica es asociar cada pequeño problema a una sensación de placer para que el niño quiera aprender cada vez un poco más. Si el niño es retraído, solitario y miedoso, es fácil que nos sintamos inútiles y frustrados. Si no te mira durante la interacción, parece que lo más fácil es forzarle a que te mire agarrándole la cabeza. Pero, por mucho que nos mire, eso no significa que haya aprendido algo. A lo mejor, le intimidamos al mirarlo o al sujetarle la cabeza para que nos mire y, si no quiere, tampoco mirará a la abuela a no ser que le digamos: «¡Mírala!». La parte negativa es que, cuanto más forzamos a un niño a que nos mire, menos querrá mirarnos.

La emoción siempre es previa al comportamiento. Para aprender, el niño tiene que disfrutar de la relación con los padres, los amigos o los profesores. Por este motivo, no debemos centrarnos en el comportamiento, sino en el estado emocional subyacente del niño. Cuando el niño se siente cómodo y satisfecho en el momento de relacionarse con los demás y aprender cosas nuevas, su comportamiento mejora. Ya hemos comentado muchas técnicas para conseguir interacciones satisfactorias. Necesitamos mucha imaginación y perseverancia para motivar al niño. Si bien muchos padres nos dicen: «Es muy duro, no puedo hacerlo», nunca nos hemos encontrado con un padre o tutor que no supiera motivar al niño; es más, la mayoría han acabado haciéndolo de manera ejemplar después de un tiempo de prueba. La respuesta es que los adultos también han disfrutado de la experiencia. Una vez te acostumbras a esta dinámica, es mucho más divertida de lo que habrías imaginado. Sin embargo, debes ser muy consciente de las dificultades y problemas que afloran en todo momento.

Un grupo de clínicos e investigadores ha desarrollado una gama de técnicas destinada a enseñar a los niños las competencias básicas a partir de sus intereses naturales. El modelo DIR/Floortime aporta un marco global y sistemático para estas técnicas. En el capítulo veintiuno, explicaremos cómo aplicarlas a un entorno escolar. En casa, cuando el niño ya sabe interactuar con sus padres utilizando gestos y empieza a hablar, necesita poder jugar y comunicarse con amigos. Es muy importante que el niño aprenda a utilizar palabras y gestos y a relacionarse con los adultos y los amigos simultáneamente. Si no se relacionan con los amigos, luego este aprendizaje será más difícil. Muchas veces, los niños dominan antes ciertas competencias de pensamiento que las de relacionarse con sus amigos, y es porque hemos practicado más con ellos las primeras.

Por estos motivos (tal y como señalábamos antes), recomendamos que, cuando el niño esté en etapa escolar tenga, como mínimo, cuatro compañeros de juego externos al colegio. Cuanta más confianza tenga con cada uno de ellos, más desarrollará su capacidad de leer las señales emocionales de los demás. Cada niño tiene sus propias competencias académicas y físicas (algunos son más ágiles y, otros, menos ágiles por deficiencias de su capacidad motora) y cada niño viste de manera diferente. Hemos observado cómo, en general, los niños aceptan estas particularidades y se respetan entre sí sin considerar raro a nadie, siempre y cuando entiendan y sepan intercambiar señales emocionales. Si el niño con TEA juega con otros amigos externos al colegio, podrá practicar el intercambio de señales emocionales.

La terapia Floortime en la escuela

La filosofía de los colegios suele ser muy rígida y pautada. Los directivos persiguen objetivos comunicativos de obediencia y puntualidad y descuidan la comunicación, la interacción, la resolución de problemas, el pensamiento lógico y el pensamiento creativo. En el capítulo veintiuno veremos que en el marco escolar se pueden enseñar tareas específicas como parte de objetivos más amplios. Si los padres buscan una escuela apropiada para su hijo con TEA, deben fijarse en que se aplique un programa basado en los mismos parámetros que hemos definido al explicar la situación de aprendizaje en casa: crear interacciones destinadas al aprendizaje y adaptadas a las diferencias individuales del niño y fomentar la gama de intereses del niño en un ambiente espontáneo y semiestructurado

Si se trata de un niño con TEA que está aprendiendo a hablar, es muy beneficioso que se sienta parte de un grupo en el que haya varios niños con capacidades interactivas y comunicativas, pues enseguida reaccionarán o responderán ante sus palabras o acciones. Por este motivo, preferimos que los niños con TEA u otros trastornos se integren en las clases normales con la ayuda de un educador, tutor o terapeuta. Es indiferente que el tutor sea el padre o el canguro: su objetivo es trabajar con el profesor para facilitar la interacción entre el niño o niños con TEA y los demás. No debe jugar con ellos de manera aislada o paralela, sino que debe garantizar el intercambio de señales emocionales y la construcción de cualquier tipo de interacción entre los niños con TEA y los demás. Si le da más seguridad y confianza tener a su padre cerca, su presencia será muy importante. Si, en cambio, el padre es tan absorbente que sólo quiere que el niño se siente en su regazo, lo mejor será que actúe un tutor o educador externo para facilitar su juego con los demás.

Asimismo, en un contexto integrador, el tutor o profesor tiene que explicarles a los demás niños las anomalías y dificultades de los niños con TEA. Por norma general, tenemos que describirles sólo lo que observan. Por ejemplo, si hay un niño en silla de ruedas, los demás lo observarán. De este modo, es muy constructivo explicar lo siguiente: «Mirad, Susi necesita una silla de ruedas porque le cuesta mucho caminar y a veces nos tendréis que ayudar a desplazar la silla para que ella también pueda ir a diferentes sitios». Si hay un niño que no puede hablar, les explicaremos lo siguiente: «Juan está aprendiendo a hablar, le podéis ayudar hablándole un poco cada uno». Explícales lo que están observando con el fin de facilitar su interacción con el niño que necesita ayuda.

Los padres también se decantan por un colegio que desarrolle el perfil académico y social de los niños (la atención, la interacción, la comunicación, la resolución de problemas y el pensamiento lógico y creativo) y no se centre sólo en un aprendizaje mecánico. Esta perspectiva les concederá un entendimiento global del mundo, pues los contenidos académicos y sociales vendrán después. Siempre recomendamos el aprendizaje individual y en un grupo reducido (de dos a cuatro niños por adulto) cuando se trata de un niño con TEA. De esta manera, nos adaptamos a las diferencias individuales de cada niño y a su nivel de desarrollo. El aprendizaje individual puede estar dirigido por un educador, un profesor o, incluso, un voluntario muy motivado. Antes de enseñar al niño, el educador o profesor tiene que saber cómo procesa las sensaciones y qué es lo que le gusta. En todo caso, el grupo debe ser pequeño para examinar estas particularidades.

Si bien en la escuela se enseña a compartir, a respetar y a esperar el turno, cuando se trata de niños que están iniciando la interacción, todas estas normas sociales deberían estar reforzadas por la enseñanza de las competencias básicas. En efecto, si el niño va a una escuela en la que se divulgan esos valores pero no se enseñan las competencias básicas, será totalmente inútil para él. Por ese motivo, las interacciones individualizadas y el trabajo en grupos pequeños ayudarán a estos niños a dominar las competencias básicas como requisito para dominar las habilidades sociales.

Los padres deben completar el trabajo educativo que se realiza en la escuela. La casa y la escuela deberían trabajar en la misma dirección.

Desde una perspectiva ideal, los educadores deben observar cómo trabajan los padres con los hijos y los padres deben observar cómo los educadores interactúan con los niños.

Es evidente que el principio básico del «Floortime donde y cuando haga falta» es útil para todos los niños (no sólo para los que padecen TEA). Cuando practicamos el Floortime animados por la motivación y el afecto, promovemos la empatía, la comunicación y la cercanía con el niño. Les podemos ayudar, de paso, a emitir juicios sobre ciertas acciones y a analizar sus propios pensamientos y sentimientos: «Escucha, ¿qué piensas sobre la rabieta que has tenido antes? ¿Te ha gustado ponerte así?». Esta manera de encarar los hechos les ayuda a madurar y a ascender por la escala del desarrollo con independencia de sus problemas. En resumen, el Floortime se debe aplicar donde sea, cuando sea y para quien sea.

Capítulo 16
La fase más difícil del Floortime. Responder a la iniciativa del niño y estimularle al mismo tiempo

La pregunta que más nos hacen los padres (y que más confusión les genera) es la siguiente: «¿Cómo puedo responder a la iniciativa de mi hijo y estimularle al mismo tiempo para que aprenda nuevas competencias o habilidades?».

Lo cierto es que seguir su iniciativa y estimularle son las dos caras de la misma moneda. A veces, un proceso nos resulta más fácil que el otro y sentimos la tentación de centrarnos sólo en uno, pero los dos son básicos y primordiales para la terapia Floortime y el método DIR. Tal y como hemos explicado, el método DIR/ Floortime se basa en la idea de que la emoción es clave para el desarrollo de la mente y el cerebro. Si respondemos a la iniciativa del niño, estamos respondiendo ante sus emociones. Nosotros siempre solemos preguntar: «¿Qué es lo que le interesa a este niño? ¿Qué es lo que le satisface?». Sea lo que sea, sus intereses son la pista o la llave que nos permite acceder a sus sentimientos. De este modo, tenemos que observarlo para conectar con su mundo emocional. Cuando ya sepamos lo que le interesa, lo utilizaremos para empujarlo por la escala del desarrollo que describimos en el bloque II.

Para fomentar su desarrollo, tenemos que estimularlo, y eso nos lleva a la otra cara de la moneda. Pongamos por caso la siguiente escena: si la niña se dedica a empujar un coche de juguete y tú empujas otro coche con ella, a lo mejor consigues que te mire una o dos veces, pero no habrá aprendido ninguna capacidad relevante. Por otra parte, si a la niña le gusta mucho un coche, tú pones la mano encima de este coche y esta reacciona apartando tu mano, se está produciendo una interacción entre los dos y estás desarrollando la tercera fase del desarrollo emocional funcional: la comunicación bidireccional. Si coges el coche y te lo pones encima de la cabeza y la niña responde con una gran sonrisa e intenta atraparlo, estás fomentando la interacción y la comunicación bidireccional a la vez.

Partimos de los intereses del niño para ayudarle a prosperar en la escala del desarrollo constituida por competencias como la atención conjunta, la interacción, la comunicación bidireccional, la resolución de problemas y el uso creativo y lógico de ideas. Para ello, no sólo debemos responder a su iniciativa, sino también motivarle. En este sentido, cuando decimos «seguir la iniciativa del niño», no nos referimos a copiarlo o imitarlo, sino a fijarnos en las pistas que nos proporciona con el fin de construir nuevas interacciones y experiencias. Cualquier preferencia del niño (por absurda que parezca) se puede convertir en un motivo de interacción y en un reto para ayudarle a ascender por la escala de desarrollo. Para responder a su iniciativa y estimularlo al mismo tiempo, empieza uniéndote a él en cualquier actividad autocontemplativa, pero, a continuación, conviértete en un perrito que se queda quieto delante de las piernas del niño y así se apartará y te rodeará.

Cuando respondemos a la iniciativa del niño (y entendemos sus intereses), enseguida intuimos cuál es la mejor manera de estimularlo. Si el niño está jugando con un avión de papel y te empeñas en enseñarle a colocar una pieza de círculo dentro de una forma de círculo y una pieza de triángulo dentro de una forma de triángulo, no te estás fijando en sus intereses. Si le das una pieza de círculo y señalas hacia la forma de círculo, es muy posible que la tire al suelo y te ignore. Por otra parte, por mucho que el niño lo haga porque lo ha practicado muchas veces o porque es obediente, no se producirá ningún contacto interesante entre vosotros. Si, por el contrario, el niño mueve el avión de papel en varias direcciones y tú también mueves otro avión de papel y lo encaminas hacia la trayectoria de su avión, el niño tendrá que decidir si quiere seguir tu trayectoria, esquivarte o chocar contigo. En este caso, le estás estimulando para que realice una acción con fines comunicativos, con lógica, e interactiva, a partir de la pista que te han proporcionado sus intereses.

Si el niño está jugando con una pieza o cubo, puedes ahuecar la palma de tu mano y decir: «¡La señora mano quiere el cubo!». Si el niño te pone el cubo en la mano y te sonríe, has conseguido su atención y has logrado interactuar con él. Finalmente, puedes coger y sostener en la mano el panel con los huecos de las diferentes formas y observar si los rellena con las formas de círculos, cuadrados y triángulos.

Le puedes enseñar ilimitados conocimientos cuando su interés natural te lleva a muy variados terrenos de aprendizaje. Lo más importante es captar su atención una vez hayas seguido su iniciativa, pues, de este modo, activarás sus emociones y fomentarás su desarrollo óptimo. No caigas en el error de repetir constantemente lo que el niño haga; el ejercicio de repetición tiene que durar dos o tres minutos, lo suficiente como para centrarte en sus intereses y hacerle saber que quieres compartir cosas con él. Por otra parte, tampoco debes plantearle ninguna dificultad o reto que no vaya acorde con sus intereses. En cambio, sí que te puedes inventar actividades con juguetes que interesen y diviertan al niño.

Responder a la iniciativa del niño contribuye al éxito de la terapia Floortime, porque el niño nos muestra sus intereses a través de sus acciones; no los tenemos que adivinar. En este caso, nos tenemos que plantear, entonces, cómo nos podemos insertar en los intereses del niño para conseguir motivarle. Como hemos comentado en capítulos anteriores, una manera perfecta de convertirse en el blanco de sus intereses es pasar a ser «el juguete», aplicando la técnica del obstáculo lúdico o siendo el receptáculo para un juguete concreto que el niño quiere depositar en algún sitio. La clave es que tenga que resolver un problema o colmar un deseo. Los niños saben salirse con la suya siempre, aunque se empeñen en realizar una actividad absurda, como andar en círculos. Sea lo que sea, tenemos que interpretarlo y responder ante el hecho como si fuese útil y, así, conectaremos con sus acciones.

En otras ocasiones, el niño reacciona abandonando la actividad que le has obstruido en parte, pero eso sigue siendo una muestra de interacción. Los padres muchas veces se preocupan porque su hijo les rechaza o se enfada, pero estas son reacciones válidas que nos dan pistas. Cuando el niño piensa: «Qué bien, voy a escurrirme de los brazos de mamá y voy a coger el juguete», está demostrando intencionalidad. Por otra parte, si se enfada y emite un ruido que podría significar: «¡Me estás molestando!» y te mira, está poniendo en práctica un flujo de interacción. Huelga decir que nunca debemos estimularle u obstaculizarle el juego hasta tal punto que coja una rabieta o abandone la actividad; este estímulo debe ser siempre agradable.

A continuación, te mostramos varios ejemplos para entender y dominar la práctica de seguir su iniciativa y estimularlo al mismo tiempo.

Fomentar la atención

Muchas veces, los padres intentan interactuar con el niño antes de captar su atención. Pongamos por caso la siguiente situación: un padre le habla a su hijo e intenta conseguir que busque un objeto escondido o que realice cualquier otra actividad, pero el niño mira a todas partes y está muy distraído con su propio movimiento. Muchas veces, fallamos en el proceso de captar su atención e incurrimos en este error cuando tratamos, también, con niños que saben hablar o que saben aplicar estrategias de resolución compartidas de problemas.

Es más fácil de lo que piensas. A veces basta con situarnos delante del niño y decir: «¡Cariñoo!» con emoción en la voz. «¡Cariño! ¿Vas a escuchar a mamá o a mover este coche todo el rato? ¡Cariño! ¿Quién soy: el coche o mamá?». En este caso, coloca la mano encima del coche con sumo cuidado (sin provocar su enfado) para que te mire y, probablemente, sacudirá la cabeza y seguirá empujando el coche, pero habrás captado su atención.

Si captamos su atención, tendrás que ajustar las sensaciones que transmites (cadencia y volumen de voz, expresión visual, firmeza en el tacto, etc.) a la biología particular del niño (como ya comentamos en los capítulos once y doce). Hay niños que responden mejor a un ritmo vocal más rápido aunque padezcan anomalías de procesamiento auditivo, pues este ritmo contiene una emoción en tu voz que faltaría si lo ralentizaras. Buen ejemplo de ello es cuando los padres juegan al escondite con sus hijos. En esos casos, ralentizan el ritmo de sus palabras inconscientemente para estimular al niño: «Voyyy aaa por tiiiii. Te voy a coger». Estas palabras expresan afecto y emoción, además de fluctuación entre el movimiento físico y la voz. El niño relaciona el ritmo con la impaciencia ante ser descubierto, cogido, besado y abrazado.

Si el niño presenta anomalías de coordinación motora y de planificación de acciones y empieza a mover los brazos para distraerse, le puedes coger de las manos y mover sus brazos al ritmo de tu voz, introduciendo un juego de cambiar de patrón rítmico cada cierto tiempo. En este caso, respondes a su iniciativa de mover los brazos, pero también le estimulas para que participe en el pequeño «baile» que estás inventando con el fin de expresar su ritmo preferido. Si te mueves lentamente, a lo mejor intenta acelerar el ritmo, o viceversa. Ya has conseguido crear una interacción rítmica y él o ella está tomando cierta iniciativa en lugar de moverse de manera desorganizada. De forma parecida, los niños que necesitan moverse en el espacio prestan más atención cuando se pueden balancear en un columpio que les sostenga con cierta firmeza.

De todo ello se deduce que debemos observar el sistema sensorial del niño y aplicar experiencias sensoriales y afectivas que retomarán su atención (tanto si habla como si no) de cara a dar el primer paso. En caso contrario, si el padre o la madre le habla al niño sin contar con su atención, lo más probable es que se desanime. Los padres o tutores pueden tardar cinco minutos en captar su atención y en empezar a estimularle, pero, a partir de ahí, podrán llevarle hacia diferentes interacciones y relaciones comunicativas.

Fomentar la comunicación

En una segunda fase, respondemos a la iniciativa del niño (estrategia que le proporciona placer) para fomentar su comunicación con los demás. No debemos competir con la fuente de placer del niño (ya sea un peluche, un sonajero, un libro, etc.) y no le debemos forzar a que nos mire ni a realizar ningún movimiento concreto. El objetivo no es una mirada mecánica, sino una sensación de que el niño goza relacionándose con los demás. De este modo, usamos los intereses del niño y participamos en la adquisición de su objeto de deseo de tal forma que nos fusionamos con este objeto. Si el objeto es un libro, aparte de mirarlo con el niño, el padre puede ponérselo encima de la cabeza o esconderlo detrás de la espalda. Otra opción es sentarse encima de él para que el niño lo intente empujar con el fin de cogerlo. (Huelga decir, de nuevo, que el padre se lo tiene que poner fácil y que no debe frustrarlo en ningún caso, si bien un poco de frustración reactiva el interés del niño). La idea es arrancarle una sonrisa de diversión. Por ejemplo, si puedes llevarte el objeto a la boca sin peligro, el niño se sentirá muy intrigado, querrá quitártelo y, de nuevo, lo puedes convertir en un juego. Debes tener ganas de jugar, como si fueses un niño travieso.

Para fomentar la comunicación, motívale para que haga algo dinámico. Todos los padres caen en el error de hacérselo todo (hacerle cosquillas, moverle la cabeza, etc.) para que reaccione. Sin embargo, resulta más útil animar al niño para que lleve la iniciativa en la interacción. Mientras lo animas, si de repente te das cuenta de que se siente frustrado, es importante simpatizar con él: «Ah, no, cariño. Es verdad, eso no es lo que querías». Las palabras no son tan importantes como el mensaje alentador de tu voz. Esto le ayudará a seguir aunque se tope con ciertas frustraciones, porque juntos habéis traspasado la línea de la novedad y la diversión para situaros en un plano un poco más complicado que le resulta difícil.

No dejes de observar sus reacciones, pues esto te servirá de guía para estimularle de cara a coger un juguete o apoyarle en otras ocasiones para que sienta que lo ha hecho bien. Por ejemplo, estáis jugando con un cohete de juguete y lo colocas en una posición muy alta. Si no puede cogerlo y abandona la actividad, puedes cambiar la posición y decirle: «¡Muy bien! Ahora, ahora, ¡cógelo!». Aparte de animarlo, también querrás que el niño sienta que puede ganar gracias a la comunicación contigo. Dale tiempo para responder, pero evita las pausas largas entre las acciones. Si no sabe qué hacer a continuación, le puedes guiar un poco.

Enriquecer la comunicación bidireccional

En esta fase, el propósito es conseguir que el niño interactúe contigo con intención comunicativa, activando y desactivando muchos círculos de comunicación. Por ejemplo, puedes estimular al niño para que señale lo que quiere, lo cojas, te lo quite y te lo devuelva, hasta que consigas crear un flujo constante de comunicación bidireccional. Para conseguirlo, tienes que ayudarle a llevar la iniciativa. Si le haces cosquillas diez veces seguidas y se ríe diez veces seguida, no estás practicando una comunicación bidireccional, pues cada círculo de comunicación debe ser diferente al anterior: el niño sonríe y tú sonríes; le sacas la lengua y pone cara de alegría; lanzas un sonido divertido y él responde con otro ruido de gozo, etc.

Ten en cuenta lo que le interesa: ¿una muñeca?, ¿jugar a hacer ruidos divertidos?, ¿saltar encima de mamá?, ¿apagar y encender la luz?, ¿tirar de la cadena del inodoro? A continuación, plantéate lo siguiente: «¿Cómo puedo convertir esta actividad que tanto le gusta en un motivo de interacción, haciendo que él tome la iniciativa?». Pongamos un ejemplo. A los niños más pequeños les encantan las puertas. En mi oficina, hay una puerta que lleva a la sala de espera y otra que lleva a mi comedor. Todos los niños que vienen quieren abrir las puertas para explorar a dónde conducen y casi siempre intentan abrir la puerta que lleva a mi salón. La respuesta típica de los padres es: «¡No! Eso no se hace!» y, con estas palabras, se acaba la interacción y se pierde la oportunidad de descubrir cosas.

No hay que decirle «no» a no ser que corra el riesgo de hacerse daño, de hacer daño a otra persona o a un objeto. Lo que debemos hacer (como hemos indicado en capítulos anteriores) es crear interacciones a partir del deseo de abrir la puerta. El padre puede poner el pie en la puerta para que no la pueda abrir y el niño querrá empujar para abrirla, de tal modo que el padre le puede ofrecer ayuda (con palabras o gestos) ofreciéndole, por ejemplo, su mano para que el niño la coja y la coloque encima del pomo. A continuación, el padre deberá gesticular y decir: «¿Abrimos puerta?» y el niño asentirá. En este caso, habremos realizado un ejercicio de comunicación bidireccional. Este ejercicio se puede completar con otras propuestas: el padre puede expresar que necesitan la ayuda de la madre, de tal modo que el niño vaya a buscar a la madre. Seguramente, el resultado será volver a la sala de espera después de haberle prestado la atención necesaria. Después de estar unos minutos en la sala de espera, el niño querrá volver a ese escenario de juegos. Si no le podemos dejar irse de la sala de espera por varios motivos, al final tendrá que distraerse con otro entretenimiento y le podemos decir: «No, ahora no se puede. Más tarde a lo mejor». Aunque no le guste o se enfade, sí es cierto que hemos podido conectar, como mínimo, diez círculos de comunicación o más, y el niño ha tomado la iniciativa. Todo ello se ha conseguido respondiendo a su iniciativa y animándole a alcanzar el siguiente nivel.

Este tipo de interacción nos permite desarrollar la comunicación gestual: llamar a una puerta, darle la vuelta a la llave o jugar con el pomo son ocasiones de interacción. El obstáculo lúdico sirve para comunicarle que entiendes y apoyas su propuesta (abrir la puerta) en lugar de reprimir automáticamente sus acciones. Esta actitud comprensiva le anima a querer seguir tomando la iniciativa para conseguir lo que quiera y eso le llevará a la siguiente fase.

Iniciativa y resolución social de problemas

El propósito de esta fase es ayudar al niño a tomar la iniciativa para resolver un problema contigo. El ejemplo de antes relataba el principio de este proceso. Pongamos otro ejemplo: un niño está jugando con un juguete animado. Lo deja caer al suelo y se va a mirar por la ventana. Tú recoges el juguete y lo colocas en la estantería. En ese momento, se da la vuelta y empieza a buscar el juguete. Le puedes preguntar, con tono de sorpresa: «¿Y dónde está?». El niño, puede que te mire a ti y alrededor de la habitación y, si no lo encuentra, le puedes decir: «¡Anda! Creo que el señor juguete se ha ido hasta la estantería» y señalar hacia ella. Cuando el niño lo vea y se estire para cogerlo, puedes levantar los brazos y preguntar: «¡Bueno! ¿Cómo lo vamos a coger?». Después de treinta círculos de comunicación, es probable que consigas que el niño vaya a por una silla. En ese caso, los dos la arrastraréis y la colocaréis para que él se suba y pueda coger el juguete. Por otra parte, también puedes conseguir que se quiera subir a tus espaldas para cogerlo. Si, en estas situaciones, el niño se pone tenso enseguida, lo mejor es que bajes la dificultad del problema (por ejemplo, colocando el juguete en una estantería baja para que pueda cogerlo sin problema).

Sea cual sea el problema u obstáculo que introduzcas, siempre tiene que estar basado en los intereses del niño, y obligarle a utilizar un flujo de comunicación constante contigo para poder solucionar el problema. En otras palabras: tienes que utilizar el interés o la predilección del niño por un juguete o actividad concreta y proponerle una serie de barreras que deberá solucionar para conseguir su objetivo sirviéndose de las estrategias de resolución conjunta de problemas contigo. Resulta también útil ayudar al niño a alcanzar sus objetivos de tal manera que tenga que tomar la iniciativa para interactuar contigo. Por ejemplo, si quiere ir a caballito, tú te puedes mostrar dispuesta, pero no te muevas hasta que no haga algún movimiento comunicativo con las piernas. En este caso, puedes crear, incluso, un sistema de comunicación en el que dos patadas al aire significan «empezar» y una patada significa «parar». Así, el niño ejercerá cierto control y se expresará cuando no quiera seguir con la actividad.

Cuando hablamos de «crear un problema» no nos referimos, sencillamente, al hecho de plantear una serie de obstáculos. Es muy importante que los niños se topen con problemas en su entorno habitual. Muchas veces, se producen experiencias rutinarias en el entorno de casa con las que podemos provocar reacciones emocionales inusitadas al niño. ¿Qué pasa si quiere galletas y éstas se han acabado? ¿Intenta recurrir a tu ayuda para solucionar el problema? O, si está haciendo la mochila para ir a la piscina y no le has hecho la merienda, ¿te la pedirá? Si le gusta la piscina, seguramente querrá resolver este problema. De todo esto se deduce que no tienes que esforzarte o intentar estar inspirado para crear problemas, pues lo único que tienes que hacer es trabajar sobre los intereses del niño.

Finalmente, queremos señalar que el progreso siempre parte de dejar tomar la iniciativa al niño. El error más común es decirle constantemente al niño lo que tiene que hacer o solucionarle las cosas para provocar en él una respuesta, en lugar de estimularle para que tome la iniciativa o solucione un problema contigo. La iniciativa es la pieza del puzzle que falta en los niños con TEA (aunque sepan hablar). No han aprendido a tomar la iniciativa para resolver los problemas y esta es la piedra angular del desarrollo del pensamiento. No podemos ignorar esta fase.

Impulsar el pensamiento creativo y lógico

En la fase quinta y sexta, la meta es responder a la iniciativa del niño, estimulándolo para elaborar escenas de juego imaginativo y construir conexiones entre ideas. Si la niña juega con una muñeca y la está dando de comer, puedes estimularla para que le añada un poco de complejidad a la escena. Puedes unirte al juego imaginativo haciéndote pasar por muñeca y hablando por ella: «Mmm, qué bueno, me gusta. Dame más» o «¡No!, ¡no! no me gusta la sopa, ¡quiero la galleta grande!, ¡dame una galleta!». De esta manera, entras en su juego y la motivas para recrear un nuevo escenario sin decirle directamente lo que tiene que hacer. Puedes crear un gran número de interacciones en el marco del juego imaginativo que profundicen en el argumento que ha propuesto la niña.

En cuanto empiece a usar las ideas creativamente, tenemos que estimularlo para que piense con lógica y coherencia, tenga la edad que tenga (en un proceso de desarrollo adecuado, este tipo de pensamiento emerge entre los tres y cuatro años y, en el caso de un niño con TEA, se ralentiza el proceso). Si la niña está jugando con osos de peluche, puedes introducirte en la escena preguntando: «¿A dónde va el osito, montado en ese coche? ¿Señor osito, a dónde va usted?». En este punto, se puede aplicar una técnica muy útil que consiste en utilizar dos voces: la del muñeco («¡Soy un osito hambriento! ¡Quiero galletitas saladas!») y la del acompañante que comenta la escena («¡El osito tiene hambre! Vamos a ayudarle a encontrar el paquete de las galletitas saladas»). Tampoco es necesario bombardear a tu hijo con preguntas para conseguir que interactúe en el juego imaginativo. Sencillamente, tienes que crear una pequeña gama de personajes e invertir mucha emoción en esta interpretación para mantener su atención. De esta forma, el niño podrá desarrollar diferentes identidades en el juego imaginativo.

Si se trata de otra situación en la que estás hablando con el niño y le preguntas qué quiere de cena o qué libro quiere leer cuando se vaya a la cama y por qué (es indiferente el tema de conversación), fíjate bien en que sus respuestas estén bien elaboradas desde un punto de vista lógico. Una buena manera de empujarle a utilizar más palabras es fingir despiste u olvido: fingir que no has entendido algo en lugar de completar las frases del niño porque ya sabes lo que va a decir o porque intuyes que se va a equivocar. Deja de preocuparte por el uso de la gramática y céntrate en fomentar un intercambio fluido de palabras o enunciados cortos (o, en su defecto, símbolos como los dibujos si el niño presenta anomalías de motricidad oral). De esta manera, el niño aprende a desarrollar el lenguaje pragmático. Cuando observes que es capaz de mantener una conversación espontánea, creativa y lógica de unos quince minutos, podrás corregirle la gramática si lo ves necesario. Antes de que llegue esta fase, tienes que estimular al niño para que sea un parlanchín, a ser más imaginativo y a usar la lógica.

Capítulo 17
Terapia con niños en etapa escolar, adolescentes y adultos con TEA I. Toda una vida de aprendizaje

Capítulo escrito con la colaboración del médico Henry Mann

Toni era un chico muy afable de catorce años que tenía el síndrome de Asperger. El colegio le iba muy bien hasta que entró en la etapa de la pubertad, pues Toni empezó a padecer trastornos a la hora de tomar decisiones simples: a veces se bloqueaba cuando le preguntaban, por ejemplo, si quería jugar dentro o fuera y, cuando se enfrentaba a situaciones nuevas, su lenguaje se volvía ecolálico y repetitivo, y también se estaba volviendo más negativista. Los padres de Toni no sabían qué pensar y se planteaban si su comportamiento era típico de la pubertad o si estaba sufriendo una regresión en su desarrollo, y cómo debían actuar.

Cuando trabajamos y aplicamos terapias a los niños en etapa escolar, adolescentes y adultos con TEA, nos enfrentamos a varias dificultades y es muy fácil incurrir en los diagnósticos incorrectos. Uno de los mitos más extendidos es aquel que reza que los niños llegan a una esfera de desarrollo muy concreta y limitada que ya no se puede sobrepasar. En realidad, el cerebro y el sistema nervioso se siguen desarrollando durante la adolescencia y la edad adulta. Las áreas del cerebro que regulan las emociones y la planificación de acciones e ideas y que influyen en el pensamiento abstracto y en la construcción de conceptos se siguen desarrollando cuando la persona tiene cincuenta y sesenta años (de ahí la afirmación general según la cual nunca acabamos de madurar).

Como consecuencia de esta creencia errónea, muchos terapeutas enseñan competencias superficiales y ejercicios rutinarios y repetitivos, en lugar de reforzar y estimular el desarrollo y la capacidad de procesamiento de niños, adolescentes y adultos con TEA. El diagnóstico de TEA o de cualquier retraso mental comporta que los padres limiten sus expectativas sobre el niño o el adulto. No es muy conveniente apoyarnos en las evaluaciones y tests prototípicos, pues no se suelen adecuar al perfil de aprendizaje particular del paciente y acaban pronosticando que las anomalías de este son inmutables. Los diagnósticos que implican límites (como el retraso mental) sólo deben realizarse después de verificar que el niño ha participado en un programa terapéutico durante tres o cuatro años y no ha mostrado ningún avance. Los diagnósticos prematuros de trastorno crónico sólo aportan resignación y niegan cualquier posibilidad de estimular al niño para que avance en su desarrollo.

Los retos de los aprendizajes están íntimamente ligados con la observación de alteraciones sensoriales en el procesamiento de la información (viso-espaciales, motoras, auditivas). Cuando aplicamos el modelo DIR, trabajamos sobre cualquiera de las vías sensoriales afectadas, mientras reforzamos las demás, pues cada una contiene varios componentes, con sus puntos fuertes o débiles. Esta terapia exige un mayor esfuerzo por parte de padres y terapeutas, pero les concede una mayor esperanza a los niños y adultos previamente clasificados como incapaces de progresar en su desarrollo. Si podemos ayudar al adulto a pasar de un comportamiento no comunicativo, no intencional e, incluso, autoagresivo a un patrón de conducta comunicativo, intencional, participativo y resolutivo, habremos conseguido un gran logro. Aunque sigan planteando anomalías y limitaciones, su calidad de vida se habrá incrementado considerablemente al haber mejorado en diferentes competencias.

La edad y la envergadura de la persona repercuten en el tipo de cuidado que recibe. Un individuo mayor y grande en envergadura no inspira la misma ternura que un niño. En esta misma línea, los padres o tutores no responden de la misma manera ante un adolescente enfadado, nervioso o esquivo o ante un niño de tres años que muestre esta misma actitud. Si este niño quiere salir a la calle a pisar la nieve con los pies descalzos, intentamos razonar con él y persuadirlo para que se dé cuenta de que esa decisión es incorrecta. En cambio, si muestra esta misma reacción un adolescente enfadado de diecisiete años, le vamos a responder de manera bien distinta. El miedo ante las consecuencias y la falta de control afectan a los tutores, tanto si se trata de miembros de la familia como de educadores que trabajan en la escuela o en un centro psiquiátrico. Las reacciones se suelen basar en parámetros de contención, incorporación de límites e imposición de restricciones en lugar de intentar contextualizar la situación del paciente, hacerle comprender ciertas nociones y estimularle para que sienta la necesidad de cooperar en las interacciones del día a día.

Principios básicos para trabajar con niños en etapa escolar y adultos con TEA

Los principios básicos del modelo DIR también se pueden aplicar a adolescentes y adultos, siempre y cuando se incorporen ciertos matices. A continuación, os mostramos un ejemplo de evaluación y tratamiento de adolescentes y adultos con TEA.

Jim era un hombre de treinta años que presentaba TEA y otros trastornos de desarrollo asociados. Vivía con su madre y pasaba mucho tiempo en casa. Ella conocía el modelo DIR y describió a su hijo como una persona cariñosa, sensible y capaz de interpretar las señales no verbales de los demás. No obstante, a pesar de todo el trabajo realizado, a la edad de veinte años Jim seguía sin dominar la comunicación bidireccional. Cuando estaba preocupado o angustiado, gritaba. La madre entonces detectaba que le pasaba algo e intentaba ayudarle. Como ella quería que su hijo mejorara, asistió a un seminario sobre la enseñanza del lenguaje a través del teclado y estuvo enseñando a su hijo a comunicarse mediante mecanografía durante diez años. Al final, aprendió a comunicar que gritaba porque se sentía angustiado ante la incapacidad de usar palabras y escribió: «No salían las palabras y sólo podía gritar». A los treinta años, Jim podía asistir con normalidad a un museo y explicar todo lo que había visto a través del teclado o podía ir a una fiesta y relatar posteriormente todas las sensaciones que había sentido.

Le costó diez años aprender a verbalizar sus sentimientos mediante el teclado. Su madre le ayudó a escribir en el teclado partiendo de palabras sueltas o enunciados sencillos como «coche no», «comprar galleta» o «cansado, voy a la cama». Fue un proceso lento y laborioso. Además, el tono muscular de Jim era muy débil, por lo que la madre le tenía que sujetar el brazo mientras escribía. El progreso que había realizado Jim a los treinta años (partiendo de expresiones verbales muy sencillas) ilustra la utilidad de las intervenciones, aplicadas a cualquier edad, pues, si se realizan con perseverancia y consistencia, llevan a un avance inusitado.

La madre de Jim también practicaba con él otros retos, como aprender a interactuar en el marco del juego imaginativo, pues se sentía insatisfecha con su progreso en esta área y el bajo tono muscular de Jim seguía interfiriendo negativamente en la comunicación bidireccional y en el desarrollo de las competencias asociadas. No obstante, en cuanto empezó a saber utilizar palabras, pasó de abstraerse y mostrar un comportamiento solitario a buscar el contacto y la atención de los demás con frases como: «Siéntate conmigo». Empezó a participar de manera relativamente espontánea en el juego imaginativo con su padre e interpretaba a su personaje favorito de dibujos. Jim también empezó a leer en voz alta libros de nivel inicial acompañado de su madre y, cuando ella le preguntaba cómo había aprendido a leer, él respondía: «He aprendido por mí mismo».

La madre de Jim estaba preocupada porque este era muy nervioso. Le gustaba mucho escuchar música y ella notó que le relajaba ver vídeos con su música favorita. Sin embargo, el problema central era la frustración de Jim cuando no podía decir las palabras que buscaba. Está claro que Jim se enfrentaba a las mismas dificultades que padece un niño de cuatro años que está empezando a hablar y que no ha acabado de elaborar la comunicación gestual y los principios de la interacción, si bien posee rasgos muy incipientes de interpretación o reconocimiento de las palabras de los demás. Es mucho más habitual de lo que parece. El concepto clave es que podemos realizar intervenciones a un hombre de treinta años que sean similares a las que practicaríamos con un niño de tres o cuatro años.

El principio básico que atañe al trabajo con adolescentes y adultos es empezar por los intereses primordiales de la persona. En el caso de Jim, la intervención tiene un matiz distinto en el sentido en que sus intereses podrían corresponderse con los de una persona adulta (por ejemplo, la música). Por este motivo, como tiene preferencias personales más arraigadas, la comunicación con él puede resultar más difícil que en el caso de un niño. No obstante, con Jim debemos trabajar sobre unos principios parecidos a los que utilizaríamos con un niño que presentase el mismo perfil de desarrollo. De este modo, si estamos construyendo una escena de juego imaginativo y Jim no se quiere sentar en el suelo, tendremos que improvisar un escenario informal de teatro en casa o en una clase de improvisación con adolescentes y adultos que presenten TEA. Cuando un individuo interpreta a diversos personajes en una misma escena, se refuerza su capacidad creativa de enfrentarse a diferentes situaciones y su flexibilidad. Al verse integrado en un programa de desarrollo en el que se realizan diferentes actividades adaptadas a cada edad, Jim forjará sus competencias básicas en el marco de un entorno agradable.

Por otra parte, también es muy recomendable fomentar su interés por la música para mejorar el ejercicio del juego imaginativo. La actividad es escuchar la música con él y, a continuación, empezar a dramatizar la melodía. Los padres de Jim le pueden preguntar qué pieza de música prefiere según su estado de ánimo (si prefiere el ritmo enérgico y relajado), y esto les proporcionará otra clave para seguir con la dramatización. Otra manera de interpretar la música es mediante dibujos o animación de muñecos. El uso de dibujos le resultará particularmente útil a Jim (así como, también, a otros individuos que se hallen en su fase de desarrollo), pues es un código que le permite reconocer e interaccionar rápidamente y que refuerza el desarrollo lingüístico. Como Jim padece un trastorno muy específico del lenguaje, se hace necesario practicarlo constantemente y utilizar dibujos en los que se representen secuencias de escenas. Un buen ejercicio es recortar fotos de revistas y usarlas para construir una historia. Se podrían utilizar, para ello, fotos de personas, animales u objetos de la vida diaria. El uso de fotos y dibujos le ayudará a expresarse cuando se sienta angustiado, pues podrá señalarlos para indicar sus intenciones o preocupaciones. Si se pudieran utilizar imágenes en escenas reales e imaginativas, las fotos y dibujos le podrían ayudar a empezar a hablar.

El segundo principio se basa en el avance progresivo por todas las fases del desarrollo mencionadas entre los capítulos seis y diez. Por desgracia, muchas veces se acaban los tratamientos dirigidos a adultos, niños y adolescentes cuando se observa que han alcanzado cierta fase de desarrollo lingüístico. Si el individuo todavía es incapaz de apreciar y reconocer diferentes tipos de pensamientos y sentimientos, se necesita seguir trabajando su desarrollo. Las personas que se hallan en la etapa de las operaciones concretas tienden a ser impulsivas o a tener rabietas, porque todavía no entienden el concepto de relatividad, tiempo o cantidad. No saben anticiparse al futuro para planificar acciones ni tampoco saben ser pacientes.

Las técnicas que describimos en el capítulo diez y que le sirven a Jim para desarrollar su pensamiento relativo consistían en formular preguntas cuando el individuo se sentía angustiado o enfadado: «¿Cómo de enfadado?, ¿un poco?, ¿mucho?», y en estirar los brazos para indicar el alcance de un sentimiento. Si Jim es incapaz de anticiparse al futuro, le podemos formular preguntas sobre el futuro y basadas en una noción emocionalmente importante para él. Por ejemplo: «¿Quieres una galleta de chocolate ahora y un helado de vainilla mañana o un helado de vainilla ahora y una galleta de chocolate mañana?». A continuación (subiendo la dificultad), le podemos plantear un pensamiento hipotético basado en diferentes posibilidades y transferido mediante preguntas del tipo: «¿Quieres comer una galleta ahora o esperar y, a lo mejor, comer un cucurucho de dos bolas de vainilla más tarde?». Aprender a anticiparnos es muy importante para nuestra autorregulación social y emocional.

La mayoría de adultos que siguen programas para necesidades especiales no avanzan más allá del nivel de los diez o doce años de edad debido a las limitaciones de estas propuestas educacionales. Sin embargo, muchos de ellos tienen la capacidad potencial de progresar y superar la etapa de las operaciones concretas; el fallo es que las técnicas terapéuticas no les estimulan lo suficiente y los tratamientos que se aplican tienden a reforzar el pensamiento concreto.

En el caso de Jim, nuestra propuesta es seguir apoyando el trabajo de su madre consistente en facilitar su habla y su escritura a través de dibujos y fotos que sirven para desarrollar el pensamiento individualizado. Por otra parte, también le recomendamos que aproveche su interés por la música para fortalecer las competencias básicas referidas a la comunicación, la interacción y el lenguaje gestual. Aunque a veces Jim prefiera estar solo, en otras ocasiones puede que escuche a sus padres cuando le propongan escuchar cierta pieza de música con él en un ambiente muy relajado, reunidos en una habitación y fomentando, de paso, la atención conjunta. En este sentido, sería muy positivo que los padres lo llevaran a tiendas de música para que él pudiera seleccionar y llegar a un acuerdo sobre los discos de música que quisiera comprar, lo que implica elegir entre un CD u otro. De este modo, lo atraerían hacia un escenario social en el que se sentiría motivado a interactuar con los demás y a expresar sus sentimientos. Esta actividad forjaría un pensamiento integrado y mejoraría su capacidad de interactuar con los demás.

El tercer principio en la terapia con niños en edad escolar y adultos son los entornos de aprendizaje emocionalmente significativos. Es muy habitual que un niño con TEA aprenda cierto vocabulario y sepa responder a preguntas abiertas, pero sea incapaz de dominar conceptos abstractos. Esta concepción limitada del mundo se perpetuará en la etapa de la adolescencia y la edad adulta. Muchas veces, observamos este rasgo no sólo en individuos con síndrome de Asperger o TEA, sino en los que presentan trastornos cognitivos, retraso mental o dificultades de aprendizaje. Además, todos estos casos se ven afectados por dificultades graves de procesamiento que impiden el desarrollo normal de la capacidad de reflexión o del pensamiento individualizado. La clave para progresar en estos aspectos es, como ya comentamos en el capítulo diez, utilizar conceptos abstractos en un contexto emocionalmente significativo.

Por ejemplo, la justicia es una noción abstracta. Siempre estamos redefiniendo el concepto de justicia a través de nuestras experiencias (más justas o menos justas). Le podemos ofrecer una definición de diccionario al niño, pero no le ayudará en nada. Sin embargo, si recreamos una situación real en la que el hermano de una niña recibe muchos regalos y ella ninguno, la niña enseguida será capaz de decir: «Es injusto». Le habrá dado un tratamiento adecuado al concepto de justicia. Si le planteamos una situación emocionalmente significativa al individuo, este aprenderá el concepto básico. A partir de ahí, podrá redefinirlo a través de otras experiencias.

Todos los conceptos (como el amor) contienen por una definición sencilla, pero, en realidad, encierran significados mucho más complicados que se van adquiriendo a lo largo del tiempo a través de las experiencias emocionales. Para un niño, el amor son besos y abrazos; para un adulto, el amor remite a besos, abrazos, cariño, compenetración, deseo, devoción y compasión. El concepto de dimensión (que tiene su vertiente física y matemática) también se va complicando conforme pasan los años. De pequeños, nos imaginamos el concepto de «grande» y «pequeño», pero cuando somos más mayores, conocemos nociones como «alto», «largo», «ancho», «profundo» o «tridimensional».

Cuanto más graves sean las dificultades de procesamiento, más intensamente emocional tiene que ser la experiencia de aprendizaje. Cuando se trata de inculcar el pensamiento avanzado e individualizado, nos damos cuenta de la importancia de los contextos emocionalmente significativos. De hecho, si no se diera la profunda motivación de una experiencia muy emocional como un conflicto en la escuela o un regalo muy especial, el progreso de la persona podría ser imposible. El pensamiento abstracto y cohesionado es crucial para el desarrollo de la persona; sin esta habilidad no podemos entender las motivaciones de los demás y sólo dominaremos un número limitado de conocimientos académicos. Los individuos con capacidad de memoria basada exclusivamente en la lectura y en los conocimientos aritméticos se toparán, también, con muchas limitaciones académicas.

La relación con los compañeros

Cuando trabajamos con adolescentes y adultos con autismo y alteraciones del desarrollo, es muy importante ayudarlos a mejorar la cantidad y la calidad de su relación con los compañeros. Hay muchos niños con síndrome de Asperger que presentan las suficientes competencias académicas y orales como para seguir las clases normales. Sin embargo, muchas veces estos niños se sienten marginados y alienados y pueden llegar a sufrir mucho. Son conscientes de la importancia de tener amigos y de pertenecer a un grupo, pero se obsesionan con la falta de aceptación de los demás. Los adolescentes y adultos con trastornos similares suelen experimentar, también, estos sentimientos.

Pongamos el siguiente ejemplo: David, un chico de quince años, asistía a terapia con un psiquiatra debido a una grave depresión y aislamiento que prosiguió a la muerte de su abuelo. Ya había pasado por un terapeuta que le había diagnosticado síndrome de Asperger y le había recetado una mezcla de medicamentos antipsicóticos y estimulantes. Según este terapeuta, David invertía una nula emoción en las interacciones y no mostraba ningún interés en relacionarse con los demás. Hablaba, dominaba la lectura y entendía el lenguaje lo suficiente como para hacer los deberes de clase ayudado por un tutor especial. Era hipersensible al sonido y al tacto y presentaba un tono muscular muy débil y bastantes alteraciones en las capacidades motoras finas y gruesas. Con este perfil (en la línea de trastornos comunes), la familia no daba con un tratamiento adecuado para él en el que también se incluyeran sesiones de fisioterapia. Entonces, el nuevo psiquiatra de David dedujo que sus profundas preocupaciones eran la pérdida de su abuelo y su incapacidad de hacer amigos. En un tiempo pasado, David mantenía conversaciones por teléfono diarias y muy largas con su abuelo. De hecho, su abuelo había rellenado su hueco social y en esos momentos no tenía nada en lo que apoyarse.

David acudía cada semana a la terapia con el psiquiatra y este le hablaba por teléfono cada día unos cinco o diez minutos. Aparte de las sesiones habituales, el psiquiatra le propuso interpretar personajes y David aceptó de buen grado. El psiquiatra interpretaba el papel de adolescente charlatán, odioso e irrespetuoso (el tipo de compañero con el que David había tenido problemas en la escuela). El propósito de estas conversaciones era interactuar con David y entrenarlo en el uso de aspectos no verbales en la comunicación entre adolescentes (por teléfono y cara a cara). Después de cuatro meses de tratamiento, el tono de voz deprimido, neutro y gris de David cambió drásticamente. El ritmo, la intensidad y el color de su discurso mejoraron de manera notable y su propuesta discursiva se empezó a parecer a los discursos de sus compañeros. Después de cinco meses, empezó a relacionarse con un círculo pequeño de amigos, a salir con una chica y a trabajar como voluntario de servicios sanitarios. El psiquiatra había fortalecido las bases de estas relaciones y había trabajado con él la interacción con compañeros desde una perspectiva realista basada en las experiencias del día a día. (En el siguiente capítulo abordamos con mayor detalle la relación de adolescentes y adultos autistas con compañeros o personas de la misma edad).

Medicación

Si bien los adolescentes, adultos y niños en etapa escolar con diferentes trastornos requieren medicación, es importante afirmar, no obstante, que la medicina se utiliza como sustituta para no trabajar las competencias básicas con el individuo. Los medicamentos pueden ser complementarios a la terapia si el paciente presenta una ansiedad extrema, una gran depresión o da muestras de pensamiento fragmentado. Por desgracia, como explicaremos más tarde, los adolescentes y adultos que se sienten angustiados y reaccionan con agresividad acostumbran a depender fundamentalmente de un tratamiento basado en la medicación que anula completamente las fases de desarrollo del individuo y, de paso, al propio paciente.

Fases finales del desarrollo

Algunos adolescentes y adultos con TEA u otros trastornos dominan relativamente las seis fases de desarrollo, pero presentan limitaciones cuando se trata de alcanzar los niveles de pensamiento avanzado que describimos en el capítulo diez: el pensamiento triangular, el pensamiento individualizado y el pensamiento subjetivo.

Los niños suelen mostrar más interés por el mundo que les rodea y suelen padecer, también, más miedos y ansiedades. Los adolescentes y adultos que alcanzan el pensamiento triangular pueden volverse más manipuladores. La adquisición de las fases finales de desarrollo generan una multitud de cambios en el individuo que repercuten en una gran ansiedad y nerviosismo en los padres y tutores, pero estos tienen que seguir apoyándoles y ayudándoles a interiorizar sus propios juicios, si bien deben calmarles un poco ante el ímpetu de su recién estrenado pensamiento asertivo. También debemos procurar que mantengan la riqueza de su pensamiento en un nivel realista y manejable.

Pubertad y TEA

En la etapa adolescente, se producen cambios muy importantes que se focalizan en el cuerpo del individuo. En primer lugar, empieza a sentir un interés creciente en la sexualidad y su capacidad de agresión es mucho más potente, porque los músculos de su cuerpo se están desarrollando y las hormonas se encuentran en proceso de transformación. El incremento de testosterona en los chicos puede repercutir en su capacidad agresiva, mientras que la percepción sobre su propio cuerpo en constante cambio les puede producir ciertos miedos.

La adolescencia ya es una etapa bastante dura para los/las chicos/as que no presentan trastornos de procesamiento y que han alcanzado todas las fases del desarrollo. ¿Cómo puede afectar el período de adolescencia a los/las chicos/as que se han quedado anclados en la etapa de operaciones concretas, que dominan los conceptos verbales básicos y que saben responder a preguntas abiertas pero sin llegar a dominar el pensamiento triangular? ¿Y los niños que ni siquiera saben responder a preguntas abiertas? ¿Qué ocurre cuando emerge el interés sexual y el componente agresivo en niños con habilidades de procesamiento muy pobres y con una capacidad de autoanálisis muy incipiente? Si una persona no posee una buena capacidad viso-espacial, no podrá desarrollar una imagen corporal adecuada. En esta etapa, los padres empiezan a tener problemas con sus hijos adolescentes por su propensión hacia las demostraciones de agresividad o sexualidad.

El despertar sexual de los adolescentes con autismo que se hallan en una fase de desarrollo equivalente a la de un niño de tres, cinco o siete años es un motivo de grave preocupación para los padres, pues este cambio se debe tratar en el contexto de la fase de desarrollo en la que se encuentra el chico/a. Tendemos a explicar historias angelicales cuando, en realidad, debemos dejarle claro que siempre hay un lugar y un momento para tocarse. Si tratamos con un chico de quince años en una fase de desarrollo equivalente a la de un niño de siete u ocho años, es muy útil apoyar nuestras explicaciones con un libro que contenga fotos y aclaraciones sobre el funcionamiento del cuerpo en los diferentes ámbitos. Hablar con el/la chico/a sobre el abuso sexual, sobre las enfermedades de transmisión sexual es, en definitiva, hablar de autoprotección, y debe llevarse a cabo de acuerdo con el nivel cognitivo de la persona.

Recuperando el caso de Toni (el chico cuyo caso planteábamos al principio del capítulo), les aconsejamos a los padres que no juzgaran sus reacciones como algo definitivo. Todos los niños muestran cambios de humor durante la etapa de la pubertad como consecuencia de los cambios físicos y biológicos que experimentan. Los amigos y profesores exigen una demanda social más intensa, los deberes del colegio son más difíciles y los padres esperan más de ellos. Los adolescentes también quieren adquirir un sentido de independencia, si bien todavía son emocionalmente dependientes. Si presentan trastornos de desarrollo, necesitarán sentirse apoyados, pero también querrán expresar su deseo de libertad. Como consecuencia, van a albergar más problemas en el contexto de su propia necesidad hacia los demás y querrán esconder esta necesidad, lo cual incrementará su actitud de oposición.

En los adolescentes con TEA, todos estos rasgos se multiplican. En estos casos, lo mejor es no separar los problemas de pubertad de los problemas asociados al desarrollo. Tampoco debemos obviar los problemas asociados con la pubertad, pues debemos enfrentarnos a todas las manifestaciones de agresión o nerviosismo y entender su contexto. Para ello, debemos mostrarnos calmados y equilibrados y debemos invitar al adolescente a colaborar con nosotros para resolver el problema. Respeta su deseo de ser independiente. En otras palabras, asume las necesidades de dependencia del/de la chico/a con cariño, confianza y cercanía procurando compartir el tiempo con él en escenas como, por ejemplo, los viajes en coche, y escúchalo cuando te hable de sus sentimientos. Respeta y escucha su música e intenta jugar a los juegos que a él le gustan. De este modo, vas a conseguir que piense que es más independiente (aunque en realidad no lo sea).

Lo más importante (y más difícil) es mantener una relación enriquecedora con un adolescente o adulto con dificultades del desarrollo. Al haber crecido y ya no ser tan entrañables, los padres y tutores empiezan a reducir sus demostraciones de cariño, cercanía y confianza. Como consecuencia, la necesidad de seguridad y dependencia del adolescente o adulto no se ve colmada, de tal modo que el individuo busca esta completitud en otras fuentes. Como consecuencia, pueden ser atraídos por el abuso de sustancias, el sexo con riesgo o relaciones y actividades peligrosas. Existen muchas maneras de transmitirles cariño y cercanía a los adolescentes y adultos con autismo, como, por ejemplo, largos paseos, preparación conjunta de la comida, ir al cine, etc. (dependiendo siempre de sus intereses). En todas estas situaciones, el individuo encontrará la seguridad que le falta.

En la etapa adulta (tanto si el individuo vive con sus padres como si no) siempre se produce una separación de los progenitores y otro tipo de relaciones (sexuales o de amistad) pasan a ocupar la función parental. Esta transición de relaciones puede resultar un poco caótica cuando el individuo espera mucho de los demás. En efecto, los adolescentes con trastorno del desarrollo quieren establecer estas relaciones, pero suelen topar con la ansiedad, la depresión y el pensamiento fragmentado en el momento en que surgen conflictos inevitables. Los padres y tutores deben tener muy presente este período de confusión y apoyar al hijo más que nunca.

Los ciclos de la edad adulta (carrera profesional, pareja, mediana edad y resistencia a envejecer) pueden ser particularmente importantes para un individuo con leves trastornos del desarrollo. Por tanto, debemos reconocer los conflictos añadidos por el hecho de padecer TEA y la necesidad de apoyo familiar o profesional. Cada individuo posee habilidades y trastornos únicos y cada individuo se interesa en la etapa adulta a su manera, pero todos se merecen recibir un apoyo y una guía adaptada a su desarrollo particular.

Adultos con alteraciones graves de desarrollo
Las técnicas y estrategias que hemos descrito hasta el momento se aplican a individuos con trastornos leves o moderados. En el polo opuesto, todos aquellos adolescentes y adultos que son incapaces de relacionarse y que muestran un comportamiento agresivo, desorganizado o exento de carga intencional presentan carencias muy profundas en la planificación de acciones o en el manejo de gestos. Si les ayudamos a superar la fase de actividades no intencionadas y empezamos a establecer círculos y relaciones con ellos para que usen gestos sencillos con intención comunicativa, estaremos mejorando ostensiblemente su calidad de vida. El siguiente paso es la resolución de problemas y la interacción en torno a acciones de cinco o seis pasos (por ejemplo, llevanos a la cocina para enseñarnos que quiere comer). A partir de ahí, podemos enseñarles el nivel básico del lenguaje simbólico con el fin de que usen dibujos o fotos para comunicarse.

Cuando nos encontramos delante de una persona con trastornos del desarrollo muy arraigados, siempre nos sentimos tentados a abandonar, pues no sabemos cómo reaccionar ante sus limitaciones. Puede dar la impresión que no responden o pueden mostrar mucha agresividad hacia ellos mismos o hacia los demás, aparte de comportarse de manera incoherente o revulsiva. Ante semejante escenario, los padres recurren a soluciones primarias, como la contención física y la medicación. No obstante, debemos afirmar que hemos aplicado el modelo DIR a adultos institucionalizados cuyas deficiencias del desarrollo habían sido diagnosticadas como crónicas y hemos obtenido resultados destacables.

Pedro, paciente de treinta años, fue institucionalizado a los cinco años con un diagnóstico de retraso mental por su incapacidad de desarrollar el lenguaje (de hecho, tampoco dominaba la comunicación no verbal). De niño, padecía rabietas incontrolables y requería una vigilancia permanente. Mientras crecía, también se incrementaban sus ataques contra el personal especializado y los demás pacientes. Le estuvieron suministrando durante mucho tiempo medicamentos psicotrópicos y estabilizadores del humor, pero no surtían efecto. Necesitaba una vigilancia constante, hasta que introdujeron Risperdal en su lista de medicamentos y se redujo la intensidad y frecuencia de sus episodios de rabia. Asimismo, estos episodios pasaron a convertirse en reacciones de frustración y cambio de hábitos.

Pedro parecía incapaz de superar las fases primarias del desarrollo. Era capaz de fijarse en varios objetos que le llamaban la atención, como latas de gaseosa, trozos de papel y bolis, y se llevaba todo esto a la boca. No se relacionaba con el personal ni con los compañeros del centro psiquiátrico y no dominaba la comunicación bidireccional. Tampoco entendía los gestos o las palabras de los demás. Su vida diaria consistía en ser cuidado y obedecer pasivamente las reglas.

Cuando un experto comenzó a aplicar la terapia DIR con Pedro, limitándose a imitar sus sonidos y movimientos, Pedro enseguida le prestó atención al terapeuta. La técnica mencionada es la que usan las madres para captar la atención del bebé en sus primeros meses de vida y era la apropiada para Pedro, porque el primer objetivo terapéutico era captar su atención y basarse en esta atención para ayudarle a relacionarse y a interactuar con capacidad intencional.

A continuación, se le empezó a aplicar la terapia Floortime en sesiones de treinta minutos diarios dos veces al mes (no se le podían aplicar más sesiones debido al rígido calendario del centro). La meta era mantener su atención y crear entornos adecuados para el intercambio emocional y la comunicación bidireccional, y trasladar estos progresos a la relación con el personal del centro para que pudiesen trabajar con Pedro desde una perspectiva diaria. En la primera sesión de Floortime, Pedro respondió rápidamente y se consiguió que se acercara al terapeuta y quisiera rozar su cabeza con él. En la segunda sesión reaccionó a todo lo que había sucedido en la primera dándole la espalda al terapeuta hasta diez veces. Finalmente, optó por sentarse cerca de él, pero miraba hacia la distancia y no quería mantener ninguna interacción con él. Cuando se daba cuenta de que el terapeuta le miraba o le prestaba atención, le daba la espalda o apartaba la mirada.

La tercera sesión de Floortime reveló comportamientos diametralmente opuestos. Pedro entró en la sala haciendo fuertes ruidos guturales. El terapeuta le respondió con un sonido parecido y con tono amigable. Estuvieron diez minutos sentados uno frente al otro produciendo estos sonidos. Pedro no reaccionaba antes los sonidos del terapeuta, pero su persistencia y sus miradas ocasionales de interés eran un indicador muy claro de que estaba emergiendo la comunicación y la interacción.

Al final de unas cuantas sesiones, Pedro había incrementado su repertorio de sonidos y había incluido combinaciones cortas de vocales y consonantes en secuencias rítmicas que el terapeuta imitaba. Empezaba a mostrarse un poco más comunicativo y era consciente de que el terapeuta respondía o repetía los sonidos que él producía. En el transcurso de unas cuantas sesiones más, acabó demostrando su interés hacia el terapeuta y le intentaba quitar las gafas, le cogía el boli y se lo metía en la boca o se acercaba a él. Estas manifestaciones de interés duraban unos tres minutos y siempre iban seguidas de una reacción de regresión que duraba el mismo tiempo o más. Sin embargo, con el tiempo, surgieron respuestas de cercanía que empezaron durando veinte segundos y se fueron alargando hasta durar tres o cuatro minutos. En una de las sesiones, intervinieron dos trabajadores del centro y Pedro respondió de manera positiva ante todos. Se intercambiaban miradas, se sonreían y se pasaban objetos.

Se pudo comprobar que Pedro era muy sensible al tacto y al sonido y que sus capacidades viso-espaciales (encontrar objetos) estaban mucho más desarrolladas que su procesamiento auditivo (era incapaz de entender órdenes verbales). Los trabajadores del centro empezaron a aplicar la terapia Floortime con él cada día mientras el terapeuta los supervisaba. Las sesiones empezaban con la imitación del comportamiento de Pedro para iniciar la interacción. Los trabajadores procuraban no interferir en su sensibilidad táctil o en su procesamiento auditivo y se servían de la animación gestual dirigida a sus superiores capacidades de resolución visual de problemas. Si bien en un principio el personal del centro se mostraba bastante escéptico sobre su progreso, enseguida empezaron a descubrir los beneficios del Floortime.

Pedro mejoró en su capacidad de relacionarse con los demás. En una sesión de Floortime, Pedro mantuvo la atención hacia el cuidador durante veinte minutos. Pedro también empezó a producir sonidos más complejos y las sesiones de Floortime se convirtieron en un intercambio intencionado de sonidos muy variados y con cambios en volumen. Por otra parte, también empezó a gesticular de manera intencionada; por ejemplo, vocalizando y moviendo la mano hacia un objeto determinado. Los cuidadores se dieron cuenta de que podían interpretar sus respuestas. A continuación, se sucedieron intercambios de miradas y sonrisas. Finalmente, Pedro ya era capaz de acercarse al cuidador, vocalizar e indicar con un movimiento de brazo que quería comer cierto alimento. Este progreso demostró definitivamente que Pedro podría ser capaz de utilizar el lenguaje para comunicarse y su estado de ánimo cambió considerablemente. Antes de que se le aplicara el programa DIR, cada primavera Pedro atravesaba por dos meses de intensa agitación, nerviosismo, irritabilidad e insomnio. Después de la terapia, su nivel de actividad se intensificaba al llegar la primavera, pero ya no padecía períodos de agitación o depresión.

Alicia era otra paciente de cincuenta y nueve años que padecía trastornos graves de la motricidad y que ingresó en un centro psiquiátrico de pequeña con un diagnóstico de autismo y retraso mental profundo. Rechazaba todo contacto con los demás, era muy aislada, no hablaba ni mantenía contacto visual. Además, se mostraba totalmente indiferente ante las personas del centro (pacientes y cuidadores). Con frecuencia, sufría episodios de lloros y sollozos que no podían relacionarse con ningún factor del entorno. Una de las cuidadoras, Kim, se interesó por el método DIR/Floortime y quiso aplicarlo con Alicia. Kim, con supervisión, empezó a captar la atención de Alicia y a relacionarse con ella copiando sus gestos y sonidos. Después de unas cuantas sesiones y siempre supervisada por expertos, Kim ya captaba enseguida la atención de Alicia con total normalidad y empezó a trabajar con ella tres veces a la semana en sesiones de treinta minutos.

Alicia fue respondiendo a estas sesiones con gestos, como estirar los brazos hacia Kim y mantener el contacto visual. Después de unos cuantos meses, Alicia empezó a demostrar su interés por Kim: expresaba alegría cuando Kim entraba en la habitación, cogía su mano y se la llevaba a la cara para acariciarse. Si bien nunca antes había mostrado señales de placer o satisfacción, empezó a sonreír de manera espontánea. Sus episodios de llanto descendieron. Después de unos cuantos meses más aplicando la terapia Floortime, Alicia empezó a estirar los brazos como gesto de alegría hacia los demás y a mantener el contacto visual con otros y cuidadores. Después de seis meses, muchos cuidadores que no habían valorado positivamente la terapia Floortime empezaron a utilizar algunas técnicas de esta terapia para relacionarse con Alicia.

Cuando nos encontramos ante un adulto que muestra trastornos graves, el primer paso es fomentar su atención, la interacción y la comunicación bidireccional. Si el individuo prospera y avanza en estos aspectos básicos, su adaptación emocional y social mejorará notablemente.

Capítulo 18
Terapia con niños en etapa escolar, adolescentes y adultos con TEA II. Las comunidades de aprendizaje

El objetivo que perseguimos cuando tratamos con niños en etapa escolar, adolescentes y adultos es el mismo que el de los niños: maximizar el aprendizaje y el desarrollo humano. Cuando el individuo presenta trastornos específicos o anomalías graves del desarrollo, el tratamiento de estos problemas puede durar toda una vida. Ocurre lo mismo cuando una persona intenta ser competente en un área específica (leer, jugar a tenis, hacer ballet o tocar la guitarra). Todos nos sentimos satisfechos cuando mejoramos en una capacidad. De hecho, el organismo humano se caracteriza por la necesidad creciente de adquirir nuevas competencias y de adaptarnos a diferentes entornos.

Cuando se trata de individuos que no padecen ningún trastorno, estos pueden dominar con gran éxito ciertas competencias a una edad prematura y, por otra parte, tardan mucho tiempo en interiorizar otros conocimientos. En cambio, los adultos con TEA invierten mucho tiempo en adquirir competencias básicas como el lenguaje y la construcción del pensamiento y no las interiorizan en ningún caso de manera prematura, pero las desarrollan sin descanso a lo largo de la vida. Nuestras investigaciones nos indican que la curva de aprendizaje no deja de prolongarse y extenderse durante la edad adulta de los individuos con TEA. Por este motivo, los padres, profesionales y legisladores tienen que crear comunidades de aprendizaje y programas educativos sobre prácticas comunicativas que ayuden a estos individuos a seguir prolongando su aprendizaje.

La cuestión es cómo crear estas comunidades. En principio, las escuelas se preocupan por la educación primaria y la integración de los niños con TEA, pero cuando estos son adolescentes y acaban la etapa del instituto, hay muy pocas comunidades de aprendizaje o programas educativos a los que acudir. La consecuencia es que los mismos padres crean sus propios programas y aplican técnicas vocacionales, sobre todo si el individuo es capaz de llevar a cabo una tarea ocupacional. No obstante, ha habido pocos programas educativos que se centren en las relaciones sociales y en las competencias cognitivas y lingüísticas básicas de los adolescentes y adultos con TEA. Este capítulo proporciona un modelo de programa. Normalmente, estos programas exigen mucho sacrificio y esfuerzo, pero es peor no hacer nada o limitarnos a observarlos en su nivel estancado de desarrollo. Tenemos que ayudarles a convertirse en miembros de la sociedad y a encontrar su sitio en la comunidad de aprendizaje.

Modelo de comunidad de aprendizaje

Un entorno de aprendizaje adecuado tiene que incidir en las habilidades de procesamiento del individuo y en su desarrollo emocional y funcional. Este entorno debe plantear un escenario interpersonal cotidiano en el que los individuos pongan en práctica estas habilidades de manera intencional y adecuada a su fase de desarrollo y a sus intereses. Un individuo de veintidós años puede tener los intereses de uno de doce, de tal modo que debemos plantearle intereses adecuados a esa edad equivalente. En cambio, un individuo de treinta años puede tener las competencias lingüísticas de un niño de seis años y los intereses de una persona de su edad en cuanto a música o arte. De este modo, tendremos que acercarnos a él o ella mediante estos intereses últimos. El objetivo es siempre considerar los variados intereses del individuo y hacerle pertenecer a una comunidad de aprendizaje. Esta comunidad debe promover la interacción social. Un adolescente o adulto con TEA puede que se aísle porque es demasiado sensible al sonido o porque no posee las habilidades necesarias para negociar los gestos sociales más sencillos, pero, en el fondo, es posible que quiera relacionarse con los demás. En estos casos, la clave es trabajar sobre el sistema nervioso de cada individuo con el fin de que el proceso de aprendizaje comunicativo sea satisfactorio y significativo para el individuo y no le represente ninguna aversión, temor o nerviosismo. Aparte de las relaciones uno a uno, la comunidad de aprendizaje debe fomentar las conexiones e interacciones sociales de cada individuo y las actividades en grupo.

Por ejemplo, en Estados Unidos, en Bethesda (Maryland), existe un grupo de teatro llamado Imagination Stage que reúne a niños con diferentes trastornos, entre otros, síndrome de Down, TEA y síndrome de Asperger. Todos estos niños hablan en mayor o menor grado y muchos de ellos se hallan integrados y acompañados de niños funcionalmente sanos en los diferentes talleres de teatro. Se dedican a escribir, montar y ensayar las diferentes obras de teatro que interpretan varias veces al año. Durante todo este proceso, además, construyen unos vínculos sociales muy fuertes. Cada niño se ocupa de una tarea distinta en función de sus habilidades y todos disfrutan mucho de su labor. La interpretación es una actividad muy enriquecedora para las personas con TEA, ya que incide en las competencias básicas del individuo (gesticulación, comunicación, simulación) y contribuye a la relación conjunta entre todos los agentes implicados (el público y los actores).

En una ocasión, puede observar la manera en que se relacionaba un grupo de chicos (todos con anomalías en el habla o en la coordinación motora) antes de interpretar una obra. Tenían veinte años y estaban exultantes (como si fueran adolescentes) por el hecho de estar juntos. Era un lujo ver lo bien que se sentían por formar parte de un grupo y el sorprendente sentido de compañerismo que habían desarrollado.

Estas comunidades de aprendizaje deberían brindar la oportunidad, para aquellos que tengan la suficiente capacidad, de realizar un trabajo fructífero y un aprendizaje significativo. El trabajo debería garantizarse como vía para el aprendizaje. Por ejemplo, si se trata de un grupo de individuos cuyos trastornos les impidan asistir por sí solos a un centro de estudios estándar, pueden contribuir con tareas administrativas, manejo del ordenador o mantenimiento del jardín en el seno de la propia comunidad de aprendizaje. Hay individuos con competencias especiales que, por otra parte, presentan limitaciones en otras áreas. Las personas que posean más habilidades pueden ganar dinero ayudando a cuidar a los que padecen trastornos. En este sentido, si en la comunidad existe cierta gestión del trabajo, esta podrá ser parcialmente autosuficiente.

Una comunidad de aprendizaje puede acoger individuos de una edad comprendida entre los dieciséis y los noventa y cinco años. Cada uno poseerá sus competencias singulares, por lo que se deberá desplegar un apoyo adaptado a cada fase de desarrollo. De la misma manera que contamos con residencias para gente mayor en las que estos son atendidos y gozan, al mismo tiempo, de cierta libertad para llevar a cabo sus aficiones, y que al mismo tiempo ofrecen asistencia a la gente que requiera ayuda, podríamos contribuir a la creación de comunidades similares para adultos con trastornos de desarrollo. Las personas que necesiten sólo un poco de guía o supervisión de sus hábitos, o ningún apoyo, sólo un poco de estructura, pueden convivir con personas que requieran distintos grados de apoyo.

El personal de la comunidad (incluyendo las personas con autismo de alto funcionamiento) debería estar cualificado para realizar dos tareas: impulsar el desarrollo intelectual y social en el contexto de las fases de desarrollo emocional y reforzar las capacidades de procesamiento. Tal y como exigen nuestros programas de tratamiento para chicos (descritos en el bloque IV), cada día se deben practicar las habilidades de procesamiento básicas y se debe fomentar el desarrollo social e intelectual de cada individuo a partir de sus intereses particulares.

La interpretación, el baile, el arte, la música y la jardinería son actividades que facilitan el desarrollo motor, viso-espacial y lingüístico del individuo, así como la planificación de acciones. Son ocupaciones que, además, proporcionan a menudo mucha satisfacción a las personas que padecen TEA. Aparte de ello, los individuos que sufren anomalías en el habla suelen tener un sentido musical muy desarrollado o una gran sensibilidad en el área de las artes visuales, de tal modo que suelen desempeñar estas actividades de manera intuitiva y natural. Por otra parte, se pueden proponer otros talleres (por ejemplo, de informática), dependiendo siempre de los intereses y habilidades del individuo.

En la comunidad de aprendizaje también se podría dedicar otra parte del día a practicar las seis fases del desarrollo del aprendizaje de interacciones y el ejercicio de los niveles de pensamiento avanzado. Por supuesto, el personal debería dominar perfectamente las estrategias a aplicar (tanto en las interacciones comunes como en las sesiones especiales). En principio (y en función de las necesidades del individuo), se deberían realizar entre cuatro y ocho sesiones para trabajar en las competencias básicas.

Finalmente, aquellos individuos que fueran capaces de ello podrían dedicarse a la práctica de oficios (tanto dentro como fuera de la comunidad) con el fin de reforzar sus habilidades naturales. De este modo, podrían generar ingresos y compensar el coste que implica su cuidado. Alguna comunidad podría, incluso, organizar y crear negocios, como una panadería o floristería, que proporcionara fondos para el grupo. Además del trabajo realizado, en la comunidad se promoverían valores como compañerismo laboral, apoyo e identidad de grupo.

Cinco principios básicos de toda comunidad de aprendizaje

El programa de una comunidad de aprendizaje puede garantizar estos objetivos por caminos distintos. Sin embargo, proponemos cinco principios que hay que recordar:

1. La comunidad de aprendizaje debe proporcionar las herramientas necesarias para que los individuos se desarrollen durante toda la vida. No se debe guiar por criterios de edad cronológica sino de desarrollo. La sociedad educa a niños y adolescentes con la filosofía de proporcionarles una base educativa para que se desenvuelvan posteriormente solos en el mundo. ¿No deberíamos tomar un poco de consciencia como individuos de la sociedad y ayudar a promover el desarrollo y el progreso de las personas hasta cierto nivel? Si a un individuo le cuesta toda una vida alcanzarlo, se debe respetar socialmente. Nuestra obligación como integrantes de la sociedad es apoyar el esfuerzo de estas personas.

   No es muy habitual que se apliquen programas íntegros en el seno de comunidades diseñadas para la ayuda de personas adultas y mayores con trastornos. Normalmente, estas personas son atendidas en casa por cuidadores más o menos cualificados. Desde un punto de vista puramente económico, es mucho más costoso pagar al personal que acude a las casas que organizar un programa de intervención. Por otra parte, también debemos tratar este tema con una dosis de humanidad y pensar que la educación y el desarrollo de las personas no depende de parámetros partitivos (edad, años estipulados de enseñanza primaria y secundaria, etc.). Si una persona todavía no ha llegado a cierta fase de desarrollo (por ejemplo, la fase del pensamiento individualizado; es decir, el autoanálisis y el razonamiento), debemos sentirnos responsables, como sociedad, de su desarrollo. Eso no significa que las familias tengan que eludir sus responsabilidades. Si la familia contribuye a su educación y le proporciona una comunidad de aprendizaje al hijo, este gozará de una oportunidad de aprendizaje basada en la práctica de interacciones a distintos planos.

2. La comunidad de aprendizaje no debe centrarse exclusivamente en las competencias de autonomía del individuo. Debe favorecer la comunicación y el pensamiento. Hasta ahora, la perspectiva analítica de la educación se ha formulado en el siguiente enunciado: «Enseñamos contenidos académicos como la lectura y las matemáticas y, si el individuo no puede adquirir estos conocimientos, le enseñamos a cruzar la calle o a moverse por la ciudad». Cuando hacemos este

tipo de distinciones, obviamos que el pensamiento participa de ambos conocimientos (cruzar la calle, coger un autobús o aprender matemáticas y lectura). Por este motivo, no debemos fijar límites para ciertos conocimientos. En lugar de ello, debemos inculcar las fases de desarrollo y practicarlas en diferentes contextos (entornos cognitivos y entornos que exijan conocimiento del mundo). La enseñanza de diferentes costumbres, como coger el autobús o ir a comprar, puede ser tan creativa como escribir una redacción comparando dos novelas. Los conocimientos de la vida diaria y académicos se pueden transmitir de manera reflexiva o mediante la memorización. Esta última técnica es la menos efectiva, por muy útil que parezca al principio.

3. En la transmisión de conocimientos de la vida diaria y académicos, es muy necesario reforzar las áreas de procesamiento.

4. Si un individuo muestra un patrón de conducta solitario, arisco y antisocial, debemos justificarlo por su sistema nervioso y nunca debemos concluir que este individuo no quiere relacionarse con los demás o no tiene ninguna posibilidad de progresar. Debemos, por tanto, respetar estos rasgos particulares y trabajar con la persona para ampliar su flexibilidad, pues si mejoramos el contexto o entorno, podemos facilitar su progreso. En este sentido, la comunidad de aprendizaje debe ser consciente de la flexibilidad potencial de la persona y debe acondicionar un entorno que la promueva.

5. Normalmente, las personas quieren relacionarse entre sí y sentirse parte de un grupo. En las comunidades de aprendizaje es posible crear esta identidad de grupo a partir de actividades conjuntas (tanto si pertenecen al ámbito del entretenimiento como al ámbito del trabajo) que dan vía libre a la expresión del individuo y le inculcan un sentido del deber realizado y de la responsabilidad. Las personas que padecen TEA u otros trastornos necesitarán cierto apoyo, pero es posible que sepan crear ciertos programas informáticos o hacer dibujos muy buenos debido a sus capacidades especiales. Tenemos que ser sensibles e incentivar aún más sus capacidades especiales para conseguir que participen en el grupo.

Sabemos que es difícil y costoso para los padres de niños con trastornos crear este tipo de programas sin ayuda de los organismos públicos. Por este motivo, debemos influenciar a los representantes locales y nacionales, para que entiendan que la responsabilidad pública con las personas con necesidades especiales ha de extenderse a lo largo de toda su vida o hasta que adquieran un nivel de desarrollo que les dé un mínimo de autosuficiencia.

Análisis de un caso

El caso de un individuo que mejoró notablemente gracias a la aplicación de nuestro programa es un ejemplo muy ilustrativo que merece la pena relatar. Un chico de treinta años que llamaremos Robert no sabía hablar y tendía hacia la conducta solitaria y repetitiva. Se pasaba casi todo el día en la cama y no interactuaba con los demás; se limitaba a reproducir quejidos cuando tenía hambre. Su madre estaba constantemente pendiente de él (el padre había muerto) y no tenía ninguna esperanza de que progresara. Cuando acudió a nosotros, empezamos a construir una relación de aprendizaje entre ambos y a delimitar un programa de intervención en el que Robert tenía que aprender a sacar partido de los recursos existentes en esta comunidad de aprendizaje.

En primer lugar, trabajamos únicamente sobre la relación entre Robert y su madre con el fin de favorecer la interacción, elaborar un sistema de comunicación gestual complejo e ir introduciendo más planificación de acciones para la resolución de problemas. Como el vínculo comunicativo de Robert se basaba en la necesidad de comer, la madre se hacía la despistada para dilatar esos momentos en que Robert pedía su comida favorita, de tal modo que este fue cambiando las vocalizaciones graves y gruñidos por gestos de mano e indicaciones con el dedo. La madre le llevaba, entonces, el alimento que él no quería y Robert sacudía la cabeza. Al final, acabó llevando a su madre hasta la nevera para enseñarle lo que quería. De esta manera elaboramos un sistema complejo de comunicación preverbal mediante un progreso gradual en el que se estimulaba al individuo sin perturbarlo. En este caso, era muy importante tener en cuenta este matiz porque Robert tendía hacia las rabietas y no era nada conveniente, dada su envergadura y la fragilidad de su madre.

Al tiempo que Robert empezó a comunicarse con sentido intencional y las negociaciones sobre comida eran más largas y complejas, se empezó a apreciar su progreso. A continuación, comenzamos a enriquecer las interacciones introduciendo fotos para que Robert señalara la comida que quería. Como Robert producía ciertos sonidos, entramos en contacto con un logopeda para que desarrollara actividades orales y motoras con él. Lenta pero firmemente, Robert fue incrementando el repertorio de sonidos y reconociendo cada vez más imágenes para integrarlas en su negociación sobre la comida.

En el proceso, descubrimos que Robert disfrutaba escuchando desde su habitación la música que ponía su madre. Cuando empezó a ser más comunicativo, señalaba las piezas de música clásica que más le gustaban. Por otra parte, nos dimos cuenta de que tenía buena memoria visual y resolvía con eficiencia problemas visuales. Por ejemplo, podía imaginar dónde estaban los diferentes objetos de la casa (en concreto, un disco que quería escuchar) o dónde se ubicaba una caja de galletas que su madre le había escondido (tendía a comer demasiado). Seguidamente, nos planteamos si podría utilizar estas capacidades para aprender a leer. Para ello, escribimos palabras debajo de las fotos de alimentos que le gustaban y le estimulamos para que las vocalizara (por ejemplo, «leche» o «zumo»). Si bien empezó vocalizando las palabras de manera incompleta («le», «zum»), al final las acabó memorizando. Le enseñamos a pronunciar las palabras y, transcurridos bastantes meses, ya podía leer un poco. En ese momento, empezamos a trabajar con la comunicación aumentativa y con tableros de símbolos. Al año siguiente había aprendido a teclear palabras y ya contaba con una base de vocabulario de palabras sencillas y frases.

Conforme iba progresando, se volvió más comunicativo e interactivo. Como le gustaba la música, su madre le apuntó a un taller creativo para adultos con trastornos de desarrollo. Al principio, sólo escuchaba música en estas sesiones, pero poco a poco se fue involucrando en el ambiente del centro y participó en el trabajo de organización de una obra de teatro. Después de esa experiencia, quiso ir más días a la semana para seguir escuchando música y participar en el trabajo del equipo de dirección y montaje de las obras de teatro.

Después de cinco años, Robert era mucho más interactivo y comunicativo y dominaba la planificación de acciones, la resolución de problemas y la gesticulación. Sabía utilizar enunciados simples y palabras y utilizaba un tablero de imágenes mediante el cual identificaba y expresaba sus deseos. Aparte de ello, seguía asistiendo al centro de actividades y en casa mostraba un comportamiento mucho más flexible, mientras que la frecuencia de sus rabietas se redujo al máximo. En este sentido, ya no se enfadaba cuando no saciaba sus necesidades enseguida e incluso ayudaba a su madre con diversas actividades y cantaba con ella. Durante todo este período, sus capacidades potenciales se incrementaron en un 300%.

Está claro que a Robert todavía le queda mucho por recorrer. Hemos continuado practicando el lenguaje y el habla con él, además de la planificación motora y las capacidades de secuenciación. Asimismo, hemos seguido aprovechando su memoria viso-espacial y su capacidad de procesamiento. Antes reaccionaba débilmente a ciertas sensaciones y tenía un tono muscular muy bajo, pero sí se ponía tenso ante ciertos sonidos. Actualmente, es más flexible, se muestra más relajado ante la variedad sensorial y puede adaptarse a diversos entornos.

La comunidad de aprendizaje de Robert no era un centro residencial; precisamente, no tiene por qué ser así. Una comunidad de aprendizaje puede construirse alrededor del propio individuo y toda comunidad debería ofrecer, por una parte, actividades artísticas y, por otra, servicios de atención residencial para quien lo requiera, pues no todos los padres gozan del tiempo necesario para atender a su hijo (como en el caso de la madre de Robert). Las características y componentes de una comunidad de aprendizaje pueden variar en función de la ciudad o pueblo en el que esté ubicada, pero el entorno del individuo debe estar organizado en torno a los parámetros o principios que comentamos antes: reforzar las capacidades de procesamiento y las fases de desarrollo y fomentar las relaciones de compañerismo, la expresión creativa y (si la persona puede) el trabajo o contribución a una tarea concreta.

Bloque IV
Evaluación e intervención. El modelo DIR

Capítulo 19
Evaluación. Aplicación del programa DIR/Floortime

Si bien el diagnóstico definitivo debe emitirse después de haber realizado una observación prolongada de la capacidad de aprendizaje del paciente, las evaluaciones destinadas a aplicar un tipo de intervención deben formar parte de un proceso corto. Como comentamos en el capítulo tres, un niño de dos años que muestra síntomas claros de padecer algún trastorno requiere una movilización inmediata. En este caso, nunca hay que «esperar a ver qué ocurre», pues cada fase de desarrollo se construye a partir de la anterior. Si esperamos a que el niño crezca un poco o a que muestre síntomas evidentes de TEA, la terapia será mucho más costosa y afectará directamente al resultado, pues el niño habrá padecido retrasos en muchas áreas y, definitivamente, lo notará (sobre todo, cuando se trata de anomalías relacionadas con la capacidad de prestar atención, relacionarse, comunicarse, jugar o pensar).

Es posible trabajar en las competencias básicas del niño mientras se evalúa y observa al paciente para emitir un diagnóstico adecuado (o, en caso contrario, si los padres quieren acceder a ciertos servicios, pueden pedir que se realice un diagnóstico provisional).

Si aplicamos un programa de intervención, es posible que el paciente siga mostrando ciertas anomalías, pero estas no van a interferir en el desarrollo de su pensamiento y de su capacidad de comunicarse y relacionarse. En caso contrario, el niño puede acabar padeciendo trastornos que incidan directamente sobre estas competencias básicas. Pongamos por caso dos ejemplos bien distintos. En el primero, un niño pequeño está empezando a caminar y padece una pequeña disfunción articulatoria ligera (del habla), pero se relaciona con los demás muy alegremente, gesticula y es capaz de coger un libro y llevárselo a sus padres. En el segundo caso, un niño de la misma edad (un año, más o menos), repite palabras pero no gesticula para expresar lo que quiere.

Este último caso tiene más posibilidades de ser más complejo y problemático.

Los padres deben observar siempre el comportamiento de su hijo (antes y durante la intervención profesional) y detectar su progreso en relación con las seis fases del desarrollo señaladas en el capítulo tres y descritas en los capítulos que van del cinco al diez. A continuación, hacemos una síntesis de las preguntas referidas directamente a estas fases:

1. ¿El niño participa en la atención conjunta?
2. ¿Se relaciona contigo afectuosamente?
3. ¿Le gusta interactuar contigo de manera intencional? ¿Dice sí y no con la cabeza? ¿Hace un gesto con la mano o produce un sonido para expresar lo que quiere?
4. ¿Conecta y desconecta círculos de comunicación en un flujo comunicativo constante y resuelve problemas gracias a tu ayuda?
5. ¿Construye ideas o designa intenciones, deseos, anhelos, sentimientos u objetivos con palabras, juego imaginativo o dibujos?
6. ¿Combina varias ideas de forma lógica?

Por supuesto, debemos estar atentos a comportamientos como alinear objetos, repetir constantemente las palabras de los demás sin entenderlas o mostrar una reacción de miedo sacudiendo ilógicamente la cabeza, o correr haciendo círculos sin sentido. Por otra parte, tenemos que analizar el progreso del niño con relación a las seis fases del desarrollo e identificar cuáles domina totalmente, cuáles parcialmente y cuáles no ha aprendido.

A continuación, los padres tienen que observar cómo reacciona ante las sensaciones y cómo planifica las acciones. ¿Reclama estimulación o se siente sobreestimulado cuando le tocas o frente a estímulos auditivos o visuales? ¿Y con qué estímulos concretamente? ¿Hasta qué punto comprende lo que ve o lo que oye? ¿Repite la misma acción constantemente o encadena diferentes acciones?

Después de estas observaciones, los padres tienen que fijarse en su capacidad de relacionarse con los demás. ¿El profesor ha hecho alguna apreciación al respecto? ¿Este profesor o vosotros mismos realizáis interacciones con el niño que se adaptan a sus necesidades particulares?

Tal y como puntualizamos en el capítulo cinco, no estamos hablando de una evaluación técnica que sólo pueden realizar los profesionales, sino que los padres pueden contribuir al hacer sus observaciones y responder a las preguntas planteadas. El terapeuta o el médico pueden ver al niño un par de horas, pero los padres están con él constantemente. El experto puede ayudar a los padres planteándoles estas preguntas, pero ellos las deben responder. Si surgen dudas o disparidades de opinión, es el momento de que padres y expertos dediquen sus esfuerzos a observar conjuntamente al niño hasta llegar a un consenso.

Entre las muchas consecuencias positivas del modelo DIR, podemos destacar la identificación y el diagnóstico precoz, y el tratamiento integrado e individualizado. No obstante, para obtener resultados positivos debemos realizar una evaluación intensiva y prestar atención a muchas áreas y aspectos que no se planteaban en los tratamientos antiguos. El modelo DIR comprende cuatro áreas esenciales de cara a la evaluación y a la intervención:

1. El progreso del niño con relación a las fases del desarrollo emocional.
2. Los rasgos diferenciados del niño con relación al funcionamiento de su sistema nervioso y la manera en que estos rasgos repercuten en el procesamiento de experiencias y en la planificación de respuestas.
3. Las interacciones que se producen entre el niño y los padres, la familia, el entorno y los distintos servicios.
4. La organización de un equipo de expertos que trabajen conjuntamente sobre las áreas afectadas con el fin de optimizar el progreso del niño.

Aplicación del modelo DIR en la fase de evaluación
Una evaluación adecuada es larga y compleja, pues requiere muchas sesiones con el niño y la familia y se deben considerar todos los componentes del modelo DIR. Los padres deben fijarse en que la evaluación incluya los siguientes seis elementos:

1. Dos o más sesiones de observación que duren cuarenta y cinco minutos cada una en las que el niño interactúe con los padres o los tutores. En estas sesiones se deben cumplir condiciones de bienestar para que el niño muestre sus niveles óptimos de funcionamiento. (Si surgen discrepancias entre las observaciones de los expertos y las conclusiones de los padres, se deben hacer más sesiones).

2. Un historial clínico pre y posnatal y una revisión del funcionamiento presente del niño.
3. Un análisis de los patrones interactivos de los padres o tutores, y de sus puntos fuertes y débiles, así como de los parámetros personales, familiares y culturales.
4. Una revisión de las intervenciones actuales, programas educativos y actividades diarias teniendo en cuenta el comportamiento de las personas implicadas y la relación entre ellas.
5. Reunión e intercambio de impresiones con expertos (logopedas, fisioterapeutas, terapeutas ocupacionales, pediatras, oftalmólogos, educadores, profesionales de la salud mental). Se pueden aplicar tests estructurados, además de evaluaciones clínicas, pero no de manera rutinaria sino para entender más profundamente ciertas áreas funcionales.
6. Una evaluación médica de otros trastornos o enfermedades asociados con el fin de matizar las contribuciones biomédicas a las anomalías funcionales del niño. Un experto en biomedicina (pediatra, psiquiatra infantil o neuropediatra) debe realizar los análisis de sangre y revisiones físicas pertinentes complementadas con un electroencefalograma del sueño que identifique cualquier anomalía física relacionada con el trastorno. Es muy importante descartar un trastorno progresivo de desarrollo ligado a factores metabólicos o genéticos.

El proceso de evaluación puede estar dirigido por una persona (psiquiatra o psicólogo infantil, pediatra, neuropediatra, etc.) o por un equipo entero de expertos (incluyendo, además, a los logopedas fisioterapeutas o terapeutas ocupacionales y expertos en enfermedades mentales). Sea cual sea la opción, la evaluación completa debe conducir a una comprensión profunda de las competencias y carencias del niño en las áreas mencionadas anteriormente.

Perfil del niño
Un proceso de evaluación íntegro proporciona un perfil individualizado que resume las condiciones de desarrollo particulares del niño y constituye la base de un tratamiento totalmente adaptado al paciente. El perfil debe contemplar todas las áreas funcionales, no sólo aquellas más directamente relacionadas con los síntomas. Por ejemplo, es tan importante la incapacidad de un preescolar de simbolizar sus intereses

emocionales en el juego imaginativo y en el habla, como su tendencia hacia el comportamiento repetitivo u autoestimulatorio. En esta línea, también es muy importante considerar las áreas competentes del niño de cara al programa de intervención necesaria: por ejemplo, unas buenas capacidades de pensamiento viso-espacial pueden ayudar a un niño con problemas graves de lenguaje a relacionarse con los demás, aprender y razonar.

Un perfil completo le permite al experto analizar cada anomalía funcional por separado, explorar diferentes explicaciones y resistir a la tentación (aunque se vayan descartando todas las explicaciones) de concluir que todas las anomalías están relacionadas necesariamente como parte del trastorno. Por ejemplo, los niños con disfunciones motoras tienden a agitar los brazos para expresar su alegría o su nerviosismo. Hay muchas disfunciones cerebrales (parálisis cerebral, hipotonía, dispraxia) que contribuyen a este síntoma aparte del TEA. Aun así, se suele asociar exclusivamente al trastorno del espectro autista. Ocurre lo mismo con la hipersensibilidad ante las sensaciones, un síntoma ligado a multitud de trastornos del desarrollo (no sólo TEA). Como el perfil reúne los rasgos diferenciados del niño, un único diagnóstico puede dar lugar a diferentes perfiles, y niños con diagnósticos diferentes pueden presentar perfiles muy similares.

Observar los déficits de procesamiento

Una característica importante del programa DIR es el análisis de las alteraciones de procesamiento basadas en factores biológicos determinantes. Este análisis les permite a los clínicos y a los padres tener en cuenta los patrones de procesamiento subyacentes que conducen a un dominio más o menos perfeccionado de las competencias básicas. En efecto, es un análisis que no se centra sólo en los síntomas o en el comportamiento. Es muy importante, también, analizar la manera en que los déficits de procesamiento influyen en todas las áreas de la vida del niño. Por ejemplo, las anomalías en la capacidad viso-espacial y en la planificación de acciones pueden repercutir negativamente en las tareas asociadas a la escuela, pero también pueden dificultar la capacidad del niño de interpretar las expresiones faciales y el lenguaje corporal de los demás, y esto le llevará a una percepción inexacta de la esfera social y emocional.

Cuando un niño oye los sonidos, tiene que aprender a descodificarlos. De este modo, después de escuchar y comprender los sonidos, debe aplicar esta misma capacidad para comunicar sus deseos. Tienen que saber producir sonidos con el fin de construir palabras inteligibles. (Los niños que tienen dificultades con el flujo comunicativo debido a anomalías motoras y que no pueden producir sonidos con la boca y la lengua pueden aprender a escribir con teclado o servirse de otros aparatos electrónicos como un aparato de emisión de voz que produzca sonido al pulsar las teclas). Por otra parte, también pueden utilizar dibujos, sistemas de señalización o gestos manuales. El nuevo sistema diagnóstico que llamamos ICDL-DMIC (*Interdisciplinary Council on Developmental and Learning Disorders Diagnostic Manual for Infancy and Early Childhood*) o *Asociación interdisciplinaria de trastornos de desarrollo – Guía de diagnóstico para la infancia y niñez* presenta un esquema de desarrollo para cada una de las áreas de procesamiento (ver «Referencias bibliográficas»).

Otras habilidades de procesamiento incluyen el procesamiento visoespacial (entender lo que vemos) ya descrito en el capítulo doce. Cuando un niño ve a su madre y a su padre, ¿los reconoce?, ¿es capaz de juntar los ojos, la nariz, la boca, los brazos y las piernas y formarse una imagen global de una persona? Aunque un bebé perciba este patrón global, puede ser incapaz de reconocer a su madre y a su padre. De repente, llega un momento crucial en que esa mujer pelirroja de ojos azules que le sonríe cada día se convierte en «mamá» y el bebé asocia su significado por todos los sentimientos y experiencias que le suscita la imagen visual de su madre. Para que una imagen visual adquiera significado con el paso del tiempo, el cerebro tiene que relacionar las experiencias con lo visto.

Otra manifestación de las habilidades de procesamiento es la capacidad de planificación y secuenciación; la capacidad de llevar a la práctica acciones físicas basadas en una idea o deseo y en el plan necesario para cumplir esta idea o deseo. Cuando el niño juega, también aplica la planificación motora. Hay niños con TEA que sólo saben realizar acciones de uno o dos pasos, como golpear un muñeco contra la mesa o empujar un coche hacia delante y hacia detrás. Otros niños realizan acciones de cuatro o cinco pasos: pueden coger el coche, hacerlo correr hasta su madre, hacerlo correr hasta su padre, meterlo en la casa de juguete y volverlo a dirigir hacia su madre. Cuantas más acciones realice en una sola secuencia, más posibilidades habrá de que sepa solucionar problemas, ya que la resolución de problemas implica la realización de diversas acciones en una secuencia significativa. Por tanto, las acciones constituidas por diversos pasos son necesarias para llegar a dominar tareas individuales del día a día, como vestirse, comer en el horario adecuado y jugar. Cuando el niño crece, esta misma capacidad recibe el nombre de funciones ejecutivas y se refiere a todas las capacidades organizativas que exige la escuela y (más tarde) el trabajo.

Por último, tienes que fijarte en cómo regula las sensaciones. ¿Reacciona con mucha tensión ante las sensaciones de sonido, tacto y movimiento en el espacio o no le afectan en ningún sentido? Hay niños a los que el sonido normal de la voz humana les sobreestimula totalmente distorsionada, mientras que otros no reaccionan de ninguna manera. Si la voz humana le trastorna o le pone muy nervioso porque la escucha totalmente distorsionada, le resultará más difícil relacionarse y comunicarse con los demás. De forma similar, si el ambiente es muy tenso o está sensorialmente cargado, el niño se topará con más dificultades a la hora de discriminar y diferenciar el mundo exterior para pensar y relacionarse y comunicarse con los demás.

Estas habilidades de procesamiento son la base de los seis fundamentos para la relación, el pensamiento y la comunicación. De todo ello se deduce que debemos conocer el potencial y las incapacidades del niño en estas áreas, pues, en caso contrario, no sabríamos de dónde provienen las anomalías del niño en alguna fase del desarrollo.

Evolución del perfil del niño

El perfil del niño tiene que revisarse periódicamente, de tal modo que las observaciones clínicas y el perfil actualizado del niño sirvan como herramienta para revisar el programa de intervención. La «capacidad funcional» del niño es su habilidad para desarrollarse y progresar a lo largo del tiempo en diversos contextos de aprendizaje. Al observar cómo responde el niño a muchas y variadas actividades de interacción y comunicación, conoceremos cómo es su capacidad real de relacionarse. En efecto, este es un enfoque mucho más útil que la consideración de una sola evaluación aislada en el despacho de un clínico. Igualmente, la habilidad del niño para gesticular y utilizar palabras con propósito comunicativo se debe estudiar y analizar en distintos entornos (en casa, en la escuela y, si se siente motivado y apoyado por diversas estrategias interactivas, en el despacho del clínico).

La observación continuada es especialmente relevante para el diagnóstico de TEA. En una ocasión, tratamos a un grupo de niños que cumplían los criterios diagnósticos del DSM IV para el espectro autista. Les aplicamos un modelo de intervención global basado en sus fases de desarrollo y el resultado es que enseguida empezaron a relacionarse con afecto y a querer interactuar, y se volvieron muy comunicativos verbalmente. En cuestión de un año, la mayoría sabía relacionarse con los demás y casi todos superaron el patrón de comportamiento repetitivo y autoestimulatorio. Después de dos años, muchos de ellos utilizaban el lenguaje de manera flexible y creativa, si bien seguían padeciendo ciertos retrasos. Si hubiésemos esperado un año y hubiésemos observado su respuesta ante este modelo de intervención antes de emitir un diagnóstico, habríamos concluido que estos niños presentaban dos trastornos concretos: en el lenguaje y en la planificación motora (si bien progresaban con facilidad), en lugar del trastorno del espectro autista que presentaban inicialmente. Sus síntomas eran secundarios a sus anomalías de procesamiento, y eso repercutía negativamente en su capacidad de interacción y comunicación. Después de la aplicación del modelo de intervención DIR, la mayoría de niños de este grupo ha desarrollado unas competencias lingüísticas y cognitivas excelentes, así como una capacidad muy sólida de relacionarse con los demás (incluidos los compañeros de clase) con empatía, afecto, creatividad y sentido del humor. Cuando estaban a punto de acabar la escuela, sus anomalías quedaron relegadas a la planificación y secuenciación motoras.

Cabe decir, también, que hemos trabajado con otros niños que reunían los criterios de diagnóstico del espectro autista y realizaron un progreso muy lento al principio, durante y dos años después de la intervención. Después de esos dos años, su diagnóstico seguía perteneciendo al mismo criterio, aunque habían mejorado en su capacidad de relacionarse y comunicarse. Por otra parte, puede haber niños que muestren un progreso todavía más lento y que, como consecuencia, su diagnóstico no se modifique. Si bien todos estos grupos de pacientes presentaban perfiles diferentes en términos de habilidades del desarrollo (por ejemplo, la comunicación, la planificación y secuenciación motoras y el procesamiento viso-espacial), la diferencia clave entre todos ellos consistía en el hecho de que cada grupo respondía de manera distinta al modelo de intervención. Por tanto, el diagnóstico más preciso es aquel que va acompañado de una observación adecuada del progreso del niño mientras se fomenta su desarrollo con una intervención óptima.

Si los padres cuentan con esta propuesta de tratamiento, podrán tomar decisiones más acertadas en cuanto a la evaluación y la terapia del niño. Además, hoy en día existen profesionales especializados en la terapia DIR/Floortime que pueden ayudar a coordinar con los padres un tratamiento adecuado.

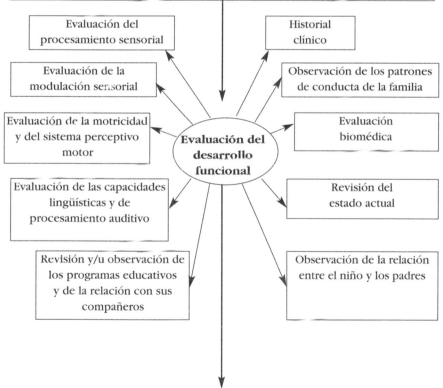

Utilidad y análisis de los medios de evaluación e intervención del programa DIR®
(de la asociación interdisciplinaria de trastornos de desarrollo, www.icdl.com)

Exploración (Escala de Desarrollo Funcional)
Si durante los primeros años se observa una pérdida o falta de progreso en las cadenas de comunicación basadas en las señales emocionales, se debe realizar una evaluación funcional completa con independencia de los otros síntomas. Normalmente, esta pérdida o falta de progreso en el flujo comunicativo constante de señales emocionales recíprocas se observa entre los ocho y los dieciocho meses del niño.

Evaluación del procesamiento sensorial

Historial clínico

Evaluación de la modulación sensorial

Observación de los patrones de conducta de la familia

Evaluación de la motricidad y del sistema perceptivo motor

Evaluación del desarrollo funcional

Evaluación biomédica

Evaluación de las capacidades lingüísticas y de procesamiento auditivo

Revisión del estado actual

Revisión y/u observación de los programas educativos y de la relación con sus compañeros

Observación de la relación entre el niño y los padres

```
                        ┌─────────────────────┐
                        │ Perfil de desarrollo │
                        └─────────────────────┘
```

| Factores biomédicos | Rasgos individualizados en el procesamiento auditivo, en la capacidad viso-espacial, en la coordinación motora y en el procesamiento y modulación sensorial | Desarrollo de capacidades funcionales (atención, cercanía, gestos intencionales, interacciones dirigidas a la resolución de problemas, uso creativo de ideas, juego simbólico y pensamiento lógico) | Interacciones paternofiliales y patrones de conducta familiares

1. Descripción de los patrones actuales.
2. Descripción de patrones óptimos, de acuerdo con las capacidades del desarrollo funcional del niño y a sus rasgos diferenciados. |
|---|---|---|---|

Capítulo 20
Aplicación del método DIR/Floortime en el marco de un programa de intervención integral

Hoy en día existe una gran variedad de tratamientos para los niños con TEA. Sin embargo, se siguen necesitando programas de intervención integrales. Podemos tomar como referencia el caso de una persona con una enfermedad del corazón. Una parte específica del tratamiento es la medicación, pero el tratamiento completo debe incluir una dieta adecuada, reducción del estrés y otras intervenciones específicas. ¿Cómo podemos diseñar un programa global para tratar a un niño concreto? ¿Cómo se escoge el programa apropiado, el que más fomente el desarrollo y el crecimiento?

Es muy importante formularse estas preguntas, ya que el tratamiento que hay que seguir incidirá directamente en el progreso del niño con TEA. Eso no significa que el niño vaya a alcanzar el nivel que deseemos, pues hay otros factores (neurológicos, por ejemplo) que inevitablemente influyen. Sin embargo, nunca podremos conocer las capacidades potenciales del niño hasta que le apliquemos un tratamiento óptimo.

La diferencia fundamental entre los diferentes tratamientos actuales está en sus objetivos. Las terapias que trabajan sobre el desarrollo del individuo nacen para garantizar las bases de la interacción, la comunicación y el pensamiento del niño. Como contrapartida, las terapias conductuales (la más conocida se denomina ABA - *Discrete Trial* o análisis conductual aplicado, creada por Ivar Loovas) corrigen el comportamiento superficial mediante tareas estructuradas. En el último estudio sobre terapias conductuales (el único clínicamente demostrado en el que se escogió a diferentes niños al azar para aplicarles distintas intervenciones), Tristram Smith, colega de Lovaas, demostró que este tipo de terapias consiguen resultados muy modestos en las áreas educativas y un avance mínimo o nulo en el área emocional y social en comparación con los grupos de control. De hecho, estas terapias ni siquiera lograban grandes avances en el ámbito educativo y sólo un 13% de los niños alcanzó un nivel educativo alto, mientras que este porcentaje fue mucho más elevado en investigaciones anteriores (ver en «Referencias bibliográficas» Smith, Groen y Wynn, 2000). En el año 2004, Victoria Shea realizó una revisión de todas las investigaciones anteriores y demostró que las afirmaciones originales sobre su efectividad no habían sido replicadas.

Cuando una terapia conductual se aplica con éxito, se pueden modificar ciertos comportamientos del individuo. Sin embargo, como estas terapias se basan en la repetición y el aprendizaje muy estructurado, al final el niño sólo sabe realizar las tareas de la manera como las ha aprendido, y no desarrolla las competencias básicas cognitivas, lingüísticas o sociales.

Como contrapartida, las terapias de «desarrollo social» inculcan un aprendizaje naturalístico (es decir, basado en la interacción y en el descubrimiento). Como consecuencia, el niño mejora en las interacciones sociales (desarrolla el juego imaginativo, hace amistades, empieza a sentir dependencia y afecto, etc.) y avanza en las habilidades de razonamiento. Estos resultados no son sorprendentes, ya que estas terapias inciden directamente sobre las competencias básicas (comunicación, interacción e interpretación de las señales sociales) y plantean una práctica espontánea de estas competencias.

Todos los padres quieren que sus hijos se comporten de una determinada manera y expresen afecto, amor, alegría e iniciativa. Pero este comportamiento debe enseñarse mediante interacciones espontáneas en las que el niño lleve la iniciativa, y no a través de la memorización. Las terapias de desarrollo social también inciden sobre las capacidades de pensamiento avanzado; no podemos enseñar a juzgar o a razonar mediante la memorización, las normas o la modificación de ciertos comportamientos superficiales.

Es muy interesante comprobar cómo las terapias más rígidas que, en un principio, estaban basadas en principios conductuales, se van decantando hacia el uso de contextos espontáneos de aprendizaje. Podemos afirmar que, en general, los diferentes tratamientos del autismo se están acercando a un modelo de terapia basado en las interacciones evolutivas. En Estados Unidos, la Academia Nacional de la Ciencia publicó un artículo en el que se nombraban las terapias más importantes y se hizo referencia, entre otras, a la terapia *ABA - Ensayo Discreto* y al método

DIR/Floortime. Tres de las terapias estaban basadas en el método de interacción evolutiva, dos eran conductuales y cuatro eran mixtas. En el artículo se exponía que todas las terapias habían obtenido algún resultado, si bien no eran resultados definitivos. Finalmente, también se afirmaba que no se había realizado ningún estudio comparativo hasta la fecha (ver apéndice A).

El método DIR proporciona las herramientas adecuadas para que padres y expertos desarrollen un programa de intervención global. El método DIR no exige una intervención específica, pero ofrece una evaluación sistemática destinada con el fin de elaborar un programa global destinado a mejorar la interacción, la conducta, el uso creativo de ideas y las diversas áreas de procesamiento. Es un método que le brinda más efectividad a los programas terapéuticos, pues combina diferentes estrategias de intervención. La clave es adaptar esas intervenciones al niño y organizarlas de manera óptima para fomentar la interacción, la comunicación y el pensamiento. El método DIR nos permite visualizar esta meta y nos impide caer en la trampa de probar un poco de esto y un poco de aquello (esto sólo llevaría a una intervención desestructurada). Además de ayudar a la familia a adaptar la intervención al niño, contrarresta los problemas asociados que puedan surgir. No hay que obligar al niño a adaptarse a la intervención; hay que conseguir que la intervención se adapte al niño (y a la familia).

Un programa de intervención global incide sobre los elementos básicos y sobre los problemas superficiales. Los problemas superficiales o conducta es lo que nos llama la atención al observar que el niño se comporta de una manera peculiar en el patio de la escuela o en un restaurante, pero debemos ocuparnos siempre de ambos aspectos.

La diferencia fundamental del modelo DIR es que este se adapta a las características del niño. Dos niños pueden presentar el mismo diagnóstico y mostrar los mismos síntomas, pero cada uno tendrá su propio patrón de capacidades potenciales y flaquezas. El tratamiento se debe moldear para responder a estos rasgos diferenciados. Asimismo, el tratamiento debe ser global, es decir, debe centrarse en todos los trastornos: primarios y secundarios, y ha de ser intensivo. Debemos trabajar con el niño, o interactuar de manera constructiva, durante la mayor parte de las horas en que esté despierto. Este requisito es muy importante porque un niño con TEA normalmente es incapaz de crear, por sí mismo, experiencias de aprendizaje significativas. Por otra parte, los programas de intervención actuales acostumbran a ser lo bastante globales o intensivos, aunque debemos puntualizar que el modelo DIR no pretende sobrecargar o estresar al niño, pues en todo momento se evalúa el estado mental del niño y las actividades planteadas se basan en el juego y se hallan en armonía con sus gustos e intereses.

El programa de intervención DIR responde y se origina a partir de la respuesta a estas preguntas: ¿Cuáles son los problemas de conducta? ¿Hasta qué grado domina las competencias básicas de interacción, comunicación y pensamiento? ¿Hasta qué punto domina las habilidades de procesamiento y cuáles son los factores (aparte de los biomédicos) que influyen en sus capacidades? ¿Qué actividades o experiencias son beneficiosas (y al revés) y cómo contribuye la familia a organizar estas actividades positivas? Cuando hayamos respondido a estas cuatro preguntas durante la evaluación, sabremos lo que necesita el niño. Por otra parte, somos muy conscientes del esfuerzo familiar añadido (celos entre hermanos, problemas económicos, etc.) que sufren los padres. Cada familia puede atender a una serie de recursos (normalmente, estos recursos dependen de lo que quieren o pueden hacer y de la ayuda que pueden recibir de los expertos). Cada servicio, programa y colegio presenta diferentes alternativas. Debemos considerar todos estos factores cuando adaptemos el programa de intervención al niño y a la familia.

El modelo DIR ayuda a sistematizar las evaluaciones e intervenciones que se realizan hoy en día y, desde un marco de análisis integrado, incorpora elementos que se suelen ignorar o tratar sólo superficialmente. Todos los factores del modelo DIR tienen una larga tradición (logopedia, terapia ocupacional, educación infantil especial, terapia Floortime con los padres, etc.). La diferencia es que el modelo DIR enriquece estos factores detectando el nivel de desarrollo del niño, sus diferencias individuales de procesamiento y las interacciones más adecuadas para él. Finalmente, reúne todos estos factores en un programa de intervención global en el que todos los elementos convergen hacia un mismo fin.

El principal objetivo del programa de intervención DIR es conseguir que el niño desarrolle una identidad como persona intencional e interactiva, desarrollar sus competencias sociales, lingüísticas y cognitivas desde esta perspectiva intencional básica y potenciar las seis fases básicas del desarrollo, así como las más avanzadas. El modelo DIR se puede representar mediante una pirámide (ver el diagrama). Cada escalafón de la pirámide depende del anterior, tal y como explicamos a continuación:

Intervenciones específicas (logopedia programas educativos tratamientos biomédicos), análisis familiar sobre el desarrollo y estrategias clínicas específicas

Actividades e interacciones que garanticen el desarrollo del niño y tengan en cuenta:
1. El nivel de desarrollo funcional del niño
2. Diferencias individuales de reactividad sensorial, procesamiento y planificación y secuenciación motoras
Programas para el hogar, intervención precoz y ambiente educativo adecuado
Inculcar el cumplimiento de normas y poner límites

Construcción de una relación dinámica, constructiva y cercana con los padres, tutores y compañeros

Relación estable, afectuosa y protectora en un entorno en el que se suplan las necesidades del niño y este se sienta seguro y confiado (contacto físico y emocional, comida adecuada, cuidado de la salud, etc.)

Pirámide de intervención para niños con TEA

Relaciones estable, segura y protectora

La base de la pirámide de intervención son las relaciones y patrones familiares estables, protectores y de apoyo evolutivo que todo niño requiere. En esta relación también se incluye el cuidado de la salud y la sensación de seguridad del niño. Hay familias que enseguida proporcionan estas necesidades; otras necesitan terapia para encontrar la estabilidad y organizar estas funciones básicas. Las condiciones extremas de pobreza y de miedo perjudican estos pilares del desarrollo, así como las relaciones abusivas, negligentes o inexistentes entre los miembros de la familia. Hay familias que necesitan consejo y asesoramiento para afrontar el tratamiento de un niño con TEA y el cambio de relación entre los padres y los hijos.

El psiquiatra, psicólogo o trabajador social que atienda estas funciones básicas debe saber evaluar las necesidades familiares, establecer vínculos, solucionar problemas, representar a las familias para conseguir proporcionar asesoramiento familiar, social o económico y terapia individual o familiar.

Relaciones dinámicas, constructivas y cercanas

El segundo escalafón de la pirámide es la relación dinámica y cercana que todo niño necesita establecer con su familia con el fin de desarrollar su capacidad cognitiva y emocional. Los niños con TEA u otros trastornos que se topan con dificultades en el momento de relacionarse con los demás necesitan mucho más cuidado y cariño de lo normal. Los padres, por su parte, no saben a menudo cómo relacionarse con su hijo porque no entienden sus intenciones. Es muy importante entender los problemas de conducta del niño como una reacción de este ante ciertas incomodidades o como una manera de exteriorizar o superar su trastorno. Si los padres hacen esta reflexión, empezarán a comprender al niño y a relacionarse con él de una manera más creativa y cercana. Pongamos por caso el siguiente ejemplo: un niño, que es hipersensible al tacto, está llorando. Cuando los padres se acercan para cuidarle y consolarle, rechaza su contacto. Esta reacción puede ser muy dolorosa para los padres. El niño, por su parte, puede ser que requiera un contacto firme y seguro y que se sienta muy angustiado ante el tacto ligero y rápido. Asimismo, un niño que no entienda las palabras puede sentirse muy confuso y evitará la comunicación. En este caso, le podemos ayudar con fotos o gestos para que pueda entender mejor el entorno.

Tal y como hemos explicado en capítulos anteriores, casi todo el aprendizaje humano se produce en las situaciones de comunicación (ya sea en el aula, en casa o en el despacho del médico). Las relaciones que se ponen en juego en una situación de comunicación deben garantizar intimidad, afecto y placer. Los aspectos que regulan las relaciones (por ejemplo, el hecho de evitar la sobreestimulación del niño) ayudan a proporcionar este placer y a conformar un estado de dinamismo, seguridad y compenetración entre el niño y los padres que dará paso a la adquisición de nuevos conocimientos y al progreso del aprendizaje. Se necesita mucho tiempo, perseverancia y firmeza para construir los cimientos de la capacidad comunicativa del niño. Los problemas familiares y las alteraciones o cambios entre las diferentes personas de referencia del niño (profesores, padres, tutores, etc.) pueden ralentizar su progreso cuando está empezando a relacionarse con los demás.

Actividades e interacciones apropiadas para el desarrollo del niño

En el tercer escalafón de la pirámide se hallan las actividades e interacciones adaptadas a las necesidades y a los rasgos diferenciados del niño con TEA. Normalmente, los niños están mucho más relajados y contentos cuando participan en actividades e interacciones adaptadas a su desarrollo. De hecho, estas constituyen el factor más importante de su crecimiento. Estas actividades e interacciones se pueden hacer en casa, en la escuela o en el despacho del terapeuta. Por desgracia, a veces es difícil contenernos a la hora de reprender el comportamiento solitario, obsesivo, autoestimulatorio, esquivo o impulsivo del niño y no tenemos en cuenta la importancia de crear interacciones que promuevan su desarrollo y vayan modificando su comportamiento problemático.

Los niños que no padecen ningún tipo de trastorno juegan solos o juegan con sus padres y hermanos mientras se sirven de juguetes, juegos, puzzles, apropiados a su nivel, y los utilizan de manera constructiva y encaminada hacia su crecimiento cognitivo. Por otra parte, los niños con TEA no saben utilizar los juegos o juguetes de manera constructiva como consecuencia de sus dificultades de procesamiento. Además de ello, las actividades que escogen los niños pueden ser muy poco constructivas o adecuadas (ver la televisión, incidir en un comportamiento obsesivo, dedicarle horas a los juegos de ordenador, etc.).

Para llevar a cabo actividades adecuadas con el niño, debemos realizar interacciones saludables y significativas en función del perfil del niño. Por ejemplo, un niño de cuatro años puede tener las capacidades funcionales de un niño de dos, comprender las experiencias viso-espaciales mejor que las auditivas y ser hipersensible ante las sensaciones. Este niño deberá trabajar la interacción y la gesticulación y deberá aprender a utilizar símbolos sirviéndose de mucho soporte visual y juego imaginativo. Los padres, por su parte, tienen que proporcionarle un contexto relajado y tienen que saber equilibrar las sensaciones que le producen al niño.

Estas actividades requieren un trabajo individual con el niño. Los padres tienen que pensar en la ayuda que van a proporcionar y, en función de eso, contratar o no a un cuidador o persona similar que sirva de apoyo para el programa de intervención. Las interacciones y actividades ideales para practicar en casa se pueden dividir en dos grandes grupos: interacciones Floortime nacidas de los intereses del niño e interacciones estructuradas para la resolución de problemas.

Trabajo en casa

La base de cualquier programa global de intervención es el trabajo en casa. Se deben considerar diferentes elementos:

1. *Interacciones Floortime.* Los padres y tutores inician interacciones sociales y de aprendizaje Floortime durante veinte minutos (como mínimo) unas ocho veces al día. Responden a la iniciativa del niño; adecuan las interacciones a los rasgos diferenciados del niño y practican las seis fases fundamentales del desarrollo (atención, relación interpersonal, comunicación bidireccional, interacciones destinadas a la resolución de problemas, uso creativo de ideas y lógica) al nivel máximo que el niño pueda alcanzar. Siempre debemos empezar por las habilidades que el niño domina o que está preparado para aprender e ir ascendiendo por la escala del desarrollo hasta que aprenda a utilizar las ideas con lógica, a inferir enunciados y a razonar con creatividad. Esta primera práctica del programa de intervención en casa es el simple «juego» entre la familia. (Ver bloque II y III para una visión más amplia del Floortime).

2. *Juego con amigos.* Cuando el niño empieza a ser interactivo (es decir, empieza a entrar en un flujo de comunicación recíproco con los demás) los padres pueden programar citas cuatro veces a la semana (como mínimo) para que se encuentre con los amigos o los niños de su misma edad, pues es muy importante que se comunique con estos. Debemos imponer esta práctica lo antes posible para que las competencias se forjen en estos círculos de amistad. Si esperamos a que el niño sea un poco mayor, será mucho más difícil para él aprender a relacionarse espontáneamente con los amigos, y con humor y alegría (si bien también es cierto que, con práctica, los niños pueden aprender a construir intercambios espontáneos). En un principio, los padres deben dirigir las interacciones y juegos (ver capítulos 13 y 15). El objetivo es ayudar al niño a comunicarse con gestos y palabras y a establecer relaciones de amistad profundas. El juego con amigos y compañeros es una necesidad infantil que sur-

ge al mismo tiempo que integramos al niño (con ayuda de expertos) en un programa de educación preescolar o en un programa especial educativo integrador.

El juego con amigos es especialmente importante cuando el niño se halla en la etapa de la resolución preverbal de problemas y empieza a usar ideas de manera intencional y espontánea. En este punto, el niño necesita practicar sus capacidades potenciales no sólo con adultos, sino también con niños con un nivel de desarrollo similar o superior, es decir, niños interactivos e imaginativos que empiecen a hablar. No obstante, el compañero de juegos no tiene por qué ser exactamente de la misma edad. Por ejemplo, si un niño tiene cuatro años y medio y presenta un nivel de desarrollo de un niño de tres años, seguramente disfrutará con la compañía de un niño de tres años, y viceversa.

3. *Interacciones destinadas a la resolución de problemas (ejercicios motores, sensoriales y viso-espaciales).* Estas interacciones incentivan las emociones del niño, pero exigen crear situaciones semiestructuradas para facilitar el dominio de ciertas habilidades de procesamiento y las competencias emocionales, cognitivas, lingüísticas y motoras. En estas interacciones, el adulto lleva la iniciativa y puede introducir habilidades de aprendizaje por imitación, nuevas palabras o conceptos, secuenciación y planificación motoras o razonamiento espacial. Para llevar a cabo este programa de intervención, es probable que necesitemos la ayuda de expertos (descritos en las siguientes páginas), aparte de una organización y planificación muy específica. Los siguientes ejercicios que planteamos están destinados a la adquisición de capacidades y se pueden realizar en la escuela. Por su parte, los padres que demanden la ayuda de un experto para poner en práctica la terapia Floortime.

(La proporción entre el aprendizaje espontáneo y los elementos estructurados y semiestructurados depende de las necesidades particulares del niño y de su perfil. Por ejemplo, si un niño está empezando a conectar círculos de comunicación y prácticamente no tiene vocabulario, debemos crear una combinación entre trabajo estructurado y semiestructurado con algunos elementos espontáneos, mientras que si un niño es muy interactivo y tiene bastante vocabulario, podrá adquirir y desarrollar las capacidades sociales y lingüísticas mediante el Floortime). A continuación, destacamos las áreas de trabajo que se deben contemplar en las actividades estructuradas:

• *Capacidades motoras, sensoriales y espaciales*. Normalmente, recomendamos tres o cuatro sesiones físicas de veinte minutos cada una al día, con ejercicios motores y sensoriales (correr, saltar en un colchón, dar vueltas), de presión fuerte, algunos ejercicios perceptivo-motores (lanzar una pelota, cogerla, chutarla, alcanzar objetos en movimiento) y carreras de obstáculos, y ejercicios de buscar objetos.

• *Equilibrio, coordinación e integración izquierda-derecha.* Los ejercicios típicos para mejorar estas capacidades son: caminar encima de una barra de equilibrio, cerrar los ojos y sostenerse con una pierna, coger una pelota y tirarla con las dos manos y dibujar en dos hojas separadas con cada mano al mismo tiempo.

• *Ritmo.* Cualquier ejercicio de palmas es adecuado para mejorar el ritmo (por ejemplo, el típico «Don Federico»).

• *Modulación.* Entrenamos al niño para que sepa subir y bajar el volumen de voz o moverse más rápida o lentamente.

• *Capacidad viso-espacial.* Los ejercicios que fomentan el desarrollo de la capacidad visoespacial son el escondite, el pilla-pilla, los juegos de pelota y las actividades que fortalecen las habilidades descritas en el capítulo once. (Consultar la página web en inglés www.icdl.com para conocer el programa de actividades destinado a la práctica de capacidades viso-espaciales y, por otra parte, ver Furth y Wachs, 1974, en «Referencias bibliográficas»).

Podemos llevar a cabo todas estas actividades en un plano estructurado o siguiendo una dinámica espontánea, o también podemos aprovechar la imaginación del niño (por ejemplo, cuando finge ser un superhéroe o una estrella de cine) para practicar todos esos juegos.

Trabajo de adquisición del habla en casa

El programa de intervención DIR se basa en principios del desarrollo y modelos de aprendizaje del lenguaje. La mayoría de niños (incluso los que padecen TEA) aprenden a hablar mediante experiencias interactivas que refuerzan sus capacidades para relacionarse y comunicarse con los demás en una secuencia constructiva en la que predominan los gestos, vocalizaciones, imitación de palabras y canciones, etc. En este caso, el lenguaje se va introduciendo como consecuencia de sus deseos e intereses y como requisito para la resolución de problemas. El nuevo DMIC (*Diagnostic Manual for Infants and Young Children* o *Manual de diagnóstico para bebés y niños*), que se enmarca en el esquema diagnóstico ICDL-DMIC, expone que en esta parte del programa de intervención se deben contemplar las seis fases del desarrollo (incluido el procesamiento auditivo y las disfunciones motoras orales que influyen negativamente en el lenguaje expresivo y receptivo). En el modelo DIR, el lenguaje se construye a partir del afecto y la empatía (dos manifestaciones que surgen a través del Floortime), la resolución de problemas, la interacción con amigos que obedecen a modelos comunicativos con los que juegan e interactúan utilizando símbolos, el habla constante entre los padres y el niño, las sesiones del logopeda, etc. Si el niño todavía no puede producir sonidos ni palabras, necesitará un soporte visual de imágenes y símbolos.

Aprendizaje lingüístico basado en el afecto

A partir del modelo DIR, hemos diseñado un programa educativo llamado ALBA (aprendizaje lingüístico basado en el afecto). Este programa necesita la práctica y la dedicación de los padres en casa y se basa en el hecho de que la emoción (o el afecto) es el pilar básico para la adquisición y el uso del lenguaje. El programa ALBA requiere una serie de actividades estructuradas y semiestructuradas que se deben realizar con una alta dosis de afecto y motivación para que se puedan generalizar rápidamente, y combina lo mejor de los ejercicios estructurados con la carga emocional, que permite asentar las bases de la interacción, la comunicación y el pensamiento. Dentro de poco dispondremos de un programa educativo parecido para trabajar las capacidades viso-espaciales, la planificación motora y la modulación sensorial. Por otra parte, también hay personas que han trabajado con el modelo DIR y han desarrollado sus propios currículums educativos.

En el programa ALBA, los padres o tutores deben crear un ambiente agradable para que el niño quiera involucrarse en una actividad destinada a la adquisición de una nueva habilidad lingüística. A cada paso, el adulto conecta y mantiene un círculo de comunicación con el niño. El programa ALBA combina interacciones estructuradas e interacciones espontáneas, emotivas y dinámicas, e introduce una serie de pasos que hay que seguir. Estos pasos contienen instrucciones sistemáticas (que tienden a ser más pautadas) y la práctica de una serie de competencias específicas (capacidades orales motoras y pragmático-lingüísticas y aprendizaje de conceptos y palabras). El programa se complementa con la terapia Floortime aplicada, que sirve para poner en práctica de manera dinámica y espontánea lo que se ha aprendido de forma más estructurada y con la terapia Floortime habitual, que pone énfasis en el uso espontáneo del lenguaje. Si el niño sigue estos pasos, puede llegar a dominar los componentes básicos de la adquisición del habla y los niveles avanzados del lenguaje. El programa ALBA también considera los elementos tradicionales del lenguaje (fonología, sintaxis, gramática y semántica) y profundiza en estos mediante la práctica del pensamiento abstracto y elaborado. (Ver «Referencias bibliográficas» para buscar más información sobre este programa).

Inculcar el cumplimiento de normas y poner límites
Inculcar el cumplimiento de normas y poner límites es, casi siempre, la fase más difícil para padres, tutores, expertos y profesores. En el capítulo veinticinco abordamos las mejores técnicas para enfrentarnos a estas dificultades.

Resultado del trabajo
Queremos volver a insistir en el hecho de que los resultados siempre van en función del ejercicio y la práctica. Por ejemplo, hay muchos niños que necesitan reforzar sus competencias sociales (en concreto, interpretar las señales emocionales de los demás niños con el fin de saber si se puede acercar a ellos o no). ¿Cómo pueden aprender a ser una persona sociable y a entender las señales de los demás? Debemos detenernos en este punto. Si le inculcamos enseñanzas muy pautadas y rígidas (por ejemplo, aprender a decir «hola» cuando vea a una persona y darle la mano) y le enseñamos a hacer preguntas, respuestas y gestos sociales específicos; esto es precisamente lo que vamos a conseguir. El niño se relacionará con los demás utilizando fórmulas estereotipadas («Hola, me llamo…» «¿A qué quieres jugar?» «Yo quiero jugar a…»).

Este tipo de enseñanzas le pueden parecer convenientes a un adulto, pero, en realidad, responden a enunciados pautados que se dan en situaciones formales o prototípicas. ¿Cómo crees que le responderán los otros niños en el patio o en el parque si utiliza estas fórmulas estereotipadas? Si están acostumbrados a las interacciones espontáneas (sonrisas, gestos de orgullo, bromas, etc.), no le responderán bien. Y tu puede que pienses: «Nunca pude enseñar a mi hijo a ser tan espontáneo y a hacer bromas o a reírse de los demás». Pero lo cierto es que hemos comprobado cómo muchos niños con TEA aprendían a ser espontáneos, a tener sentido del humor, a ser cariñosos y a unirse en un círculo de amistades en el que todos se divertían. No obstante, se deben practicar estas habilidades. Si, como hemos indicado antes, el niño tiene cuatro citas a la semana para encontrarse con sus amigos, y el adulto le ayuda a relacionarse y a llevar a cabo una interacción espontánea con un niño que sepa interpretar las señales emocionales, interactuar y ser creativo, es posible que aquel realice un progreso notable en el aprendizaje de la conducta espontánea y empezará a reírse, disfrutar y jugar al acecho.

Tal y como hemos comentado en el bloque I, tienes que tener claras las metas para trabajar sobre ellas. Si no visualizamos el resultado del trabajo, debemos detenernos y volver a considerar el proceso. Para ello, es necesario entender el tipo de aprendizaje que requiere cada competencia (por ejemplo, podemos enseñarle ciertas nociones de cantidad mediante el vínculo afectivo) y, a continuación, practicar este tipo de aprendizaje para que el niño asuma esta competencia como parte de un proceso saludable y de desarrollo adaptado.

De este modo, cuando escojas un programa de intervención, plantéate la práctica continuada que le vas a ir inculcando y piensa si es adecuado lo que le vas a enseñar. Se trata de un planteamiento que obedece al sentido común. Sin embargo, no es muy habitual hacerlo. Cada objetivo requiere a una práctica diferente. Las prácticas pautadas y estructuradas sirven para objetivos muy concretos, pero no son útiles para conseguir que el niño disfrute de la motivación y se involucre en el mundo compartido expresando afecto, pues este comportamiento procede de una intención interna y no se puede controlar mediante mecanismos externos.

Terapias específicas y estrategias educativas

En la cumbre de la pirámide se hallan las intervenciones específicas o técnicas educativas necesarias para superar ciertas dificultades. Es importante diferenciar entre una técnica específica analizada por separado y otra técnica que forme parte de un programa de intervención global. Muchas veces, las personas se quejan de que una técnica no produce resultados; sobre todo en el caso de coordinación motora o de procesamiento sensorial. En más de una ocasión nos han formulado la pregunta: «¿Esta técnica cura el autismo?», y no hace falta ni responder. Sin embargo, sí está demostrado que los niños con autismo presentan anomalías de la planificación y secuenciación motoras, y que pueden reaccionar demasiado o demasiado poco a las sensaciones. Por este motivo, todas estas anomalías se deben contemplar dentro de un programa de intervención global. En este contexto integral, una técnica concreta puede ser bastante efectiva.

Normalmente, recomendamos terapias profesionales específicas (siempre depende de las necesidades del niño). Si un niño está trabajando las competencias básicas, los padres necesitarán el apoyo de un experto para llevar a cabo las actividades de Floortime. Un clínico especializado en Floortime puede asesorar en todo momento a los padres y dirigir, también, todo el programa de intervención. Esta persona debe tener experiencia en el tratamiento de niños con trastornos de desarrollo (puede ser, un psicólogo clínico, un psiquiatra infantil, un pediatra, pero también un educador, logopeda o terapeuta ocupacional experto en el programa DIR/Floortime).

Si la familia vive en una zona en la que no hay personal experto, pueden consultar manuales de ayuda (en inglés), como el titulado *The Child with Special Needs* (*El niño con necesidades especiales*) o consultar toda la información disponible en Internet (incluyendo nuestra página web www.Floortime.org o www.icdl.com).

En general, es muy positivo que el equipo terapéutico del niño (padres, educadores, coordinadores y especialistas) se reúna regularmente para marcar y redefinir los objetivos del programa de intervención (incluyendo las actividades semiestructuradas apropiadas para hacer en casa).

Lo más recomendable es que el niño dedique la mitad del tiempo que pasa en casa a interacciones espontáneas basadas en la terapia Floortime (incluyendo el juego con amigos) y la otra mitad a actividades semiestructuradas de resolución de problemas. Con este horario, podemos pensar que el niño acaba empleando todo su tiempo en interacciones *terapéuticas*. Sin embargo, sólo se trata de adaptar las interacciones con el niño a su perfil. Si la terapia Floortime se desarrolla de manera positiva, el niño disfrutará con las interacciones y las percibirá como algo positivo. Transcurrido un tiempo, este tipo de interacción sale de manera natural del padre, madre o tutor, que también la experimenta con satisfacción.

Si el niño padece anomalías del habla o del procesamiento auditivo, se necesitará el apoyo de un logopeda. La logopedia es muy útil para reforzar la etapa preverbal y la comunicación simbólica (palabras, iconos, fotografías, etc.). También se puede aplicar si el niño padece dificultades —orales— motoras o anomalías del lenguaje expresivo (ver también el aprendizaje lingüístico basado en el afecto que explicamos abajo).

La fisioterapia y la terapia ocupacional también son muy beneficiosas para la coordinación motora, la planificación de acciones, el tono muscular bajo, la modulación sensorial y las anomalías de procesamiento. Normalmente, si el problema es exclusivamente de coordinación y tono muscular bajo (parálisis cerebral o síndromes asociados al desarrollo), se necesitará la ayuda de un fisioterapeuta. Si, en cambio, el trastorno se basa en la modulación sensorial, en la reacción ante las sensaciones o en la planificación y secuenciación de acciones motoras, será mucho más útil el apoyo de un terapeuta ocupacional. Si hace falta, se puede recurrir a un fisioterapeuta y a un terapeuta ocupacional (depende, también, de su especialidad real).

Hay niños que progresan con más éxito si realizan actividades adicionales como música, artes plásticas o actividades sensomotrices (gimnasia, natación, ciclismo y otros deportes). Finalmente, si la primera evaluación revela que el niño presenta dificultades de procesamiento visoespacial (como explicamos en el capítulo once), se necesitará la ayuda de un experto en esta área. Si todas estas terapias se realizan en el contexto del programa DIR, el niño estará practicando las seis fases del desarrollo y estará reforzando un área de procesamiento concreta.

Muchos programas de intervención para niños con TEA no son eficaces o no ofrecen una intensidad suficiente de lenguaje, fisioterapia o terapia ocupacional. Hemos visto que lo más recomendable es dedicar entre treinta minutos y una hora a cada una de las terapias tres días a la semana, aparte de integrarlas con los programas educativos y de casa. Si no se pueden realizar estas tres sesiones, el especialista les propondrá a los padres una serie de actividades diarias que se tendrán que realizar adecuadamente en una única sesión (si bien las habrá practicado todos los días). Así, el especialista puede diseñar un programa semanal de actividades diarias en las que se realicen estas terapias.

Técnicas biomédicas

Existe una variedad de factores biomédicos que influyen en la eficacia del programa de intervención. En primer lugar, es básico tener un informe del pediatra en el que se evalúen las enfermedades físicas. Este informe debe remitir a todos los especialistas que traten las distintas disfunciones físicas (por ejemplo, problemas gastrointestinales) y debe presentar una evaluación neurológica con el fin de identificar los factores o trastornos cerebrales. En concreto, la detección de trastornos neurofisiológicos progresivos es especialmente importante, por ejemplo, en el caso de trastornos genéticos. Por este motivo, se recomienda realizarle un electroencefalograma de sueño al niño con el fin de descubrir irregularidades que no se identifican si se realizara un EEG normal durante la vigilia. Finalmente, el informe debe indicar las mejores opciones de medicación.

La intervención biomédica suele ser bastante beneficiosa. Por norma general, excepto en los casos de trastornos neurológicos específicos, recomendamos que primero se realice un programa de intervención íntegro para determinar la curva de desarrollo del niño. Si empieza a progresar con buen ritmo, siempre recomendamos seguir con este programa y ser muy cauto en el momento de escoger cualquier intervención biomédica que no responda a trastornos neurológicos muy concretos. No obstante, si involucramos al niño en un programa óptimo y observamos que no realiza ningún progreso, podremos recurrir a una intervención biomédica (medicación indicada para mejorar las habilidades de aprendizaje). En cualquier caso, padres y expertos deden calcular los riesgos y beneficios asociados al tratamiento.

Si los padres y médicos deciden aplicar una intervención biomédica, deben controlar constantemente el progreso del niño con el fin de observar si crece su curva de aprendizaje. Si se producen efectos secundarios, tendrán que replantearse esta intervención. Normalmente, no debemos aumentar la dosis de un medicamento que no haya surtido efecto. En mi experiencia como psiquiatra, debo corroborar que es siempre mejor retirar el medicamento para considerar otras opciones. En este sentido, cada niño es único y estas decisiones las deben tomar la familia y el médico.

Cuando probemos un medicamento nuevo u otro tipo de intervención biomédica, tendremos que observar si se produce algún progreso de la capacidad emocional funcional (no en un síntoma muy particular). Lo más importante es detectar si la medicación beneficia al estado mental del niño o si, de lo contrario, es más recomendable utilizar otro tipo de tratamiento.

Hay muchos tipos de intervenciones biomédicas y la investigación que respalda su utilización va desde informes aislados y anecdóticos a revisiones sistemáticas de muestras muy amplias, o a estudios de ensayos clínicos. Las diferentes intervenciones poseen distintos perfiles de los riesgos y beneficios asociados. En ocasiones, se aplican métodos alternativos y naturales (como una dieta) que no surten ningún efecto, mientras que, por el contrario, la receta de medicamentos resulta totalmente eficaz. Es esencial, por tanto, determinar la «línea base» de la capacidad emocional funcional del niño y sus síntomas, para poder valorar si se producen cambios. Por ejemplo, si el niño está más irritable o arisco de lo normal, deberíamos plantearnos si el programa de intervención es adecuado, mientras que si observamos una mejora de su capacidad de interacción, comunicación y empatía, podremos confirmar, en principio, que hemos escogido un tratamiento correcto.

En conclusión, debemos recordar, en todo momento, la importancia de aplicar un programa de intervención continuo, intensivo y global. Las familias y médicos pueden introducir medicación, pero deben mantener este programa de intervención aunque sea difícil combinar ambas terapias. Siempre debemos consultar al médico que conozca el historial del niño de cara a recetarle ciertos medicamentos.

Análisis conductual

Hay niños que padecen trastornos graves de conducta. Si el programa de tratamiento no le ayuda a minimizar este comportamiento (por ejemplo, se autolesiona o no se relaciona con los demás), tendremos que analizar la causa de esta conducta. (El análisis conductual o el estudio del comportamiento inadaptado se debe diferenciar de un programa de intervención de ensayo discreto que se centra en modificar los comportamientos sin trabajar las competencias básicas). El análisis conductual puede formar parte del programa DIR/Floortime, como lo puede ser también, ejercicios específicos provenientes de programas conductuales diversos, pero debemos incluirlos y observarlos en conjunto como parte del programa DIR/Floortime en el que los análisis específicos faciliten un flujo constante de comunicación recíproca y fomenten la iniciativa y la creatividad del niño. (Ver el bloque V para conocer los diferentes trastornos de conducta).

Estrategias educativas

La educación debe asentarse sobre las bases de la atención, la comunicación, la interacción y el pensamiento. En el momento en que el niño inicia los contenidos más formales, aquellos elementos básicos deben ser reforzados junto al aprendizaje de la lectura, la escritura, las matemáticas y otras asignaturas. La integración y los educadores especializados son muy importantes para el proceso. Los expertos pueden intervenir cuando el niño se entrena en las competencias básicas, pero, en otras ocasiones, la figura del educador o especialista se debe relacionar con un margen de intervención menos formal: aquel que atiende a las fases de desarrollo. En efecto, estas son las habilidades académicas por excelencia; si no se cumplen, el progreso curricular posterior será ineficaz. (Ver el capítulo posterior para obtener más información sobre métodos educativos).

El modelo DIR, un tratamiento integrado

El modelo DIR se decanta por combinar e integrar diversas terapias y tratamientos en lugar de escoger una que *sirva para todo*. De este modo, el método de análisis del programa DIR permite adaptarse al perfil del niño. Las soluciones *fáciles* en las que la familia no tome ninguna responsabilidad no funcionan. Un problema complejo requiere un tratamiento complejo. Neurólogos, pediatras, trabajadores sociales neuropediatras y demás especialistas pueden constituir un gran apoyo para la familia y le pueden ayudar a diseñar un plan de intervención integral para el niño.

El programa de intervención no tiene por qué acarrear un gran gasto económico. Recordemos que el trabajo en casa es esencial. Lo ideal es combinar el trabajo en casa con las terapias necesarias, pero, si no es fácil contar con los servicios diarios de un especialista, lo mejor será visitarlo una o dos veces a la semana. Hay familias que sólo pueden ver al especialista una o dos veces cada varios meses e incluso mantienen contacto con este por teléfono por dificultades de desplazamiento. Pese a las trabas y limitaciones, todas estas familias progresan. En Estados Unidos, los casos más llamativos de progreso se han dado precisamente en zonas geográficas aisladas o periféricas que no disponían de una red de servicios especializados. En estos casos, la familia ha estudiado el trastorno (mediante lectura, consultas telefónicas y visitas al centro médico o el especialista disponible) y, como consecuencia de este estudio, ha organizado un programa para que el niño progrese cada día mediante interacciones placenteras. La rutina diaria del programa es la que logra los mejores cambios.

Qué hacer cuando el niño muestra un progreso muy lento o inexistente

Si aplicas una terapia o tratamiento que no surte ningún efecto porque el niño experimenta un progreso muy lento o inexistente, no te desanimes: realiza una nueva evaluación con la ayuda del experto que tenga el historial del niño. Es muy poco probable que nos encontremos con un caso cuyo programa de intervención sea totalmente ineficaz; siempre hallamos la combinación de elementos necesaria para aplicar la terapia adecuada. La clave es ser perseverante y analítico.

En primer lugar, debemos revisar el tratamiento biomédico y asegurarnos de que no hay factores físicos interfiriendo en el estado del niño. Tal y como hemos indicado antes, en este caso es útil realizar el encefalograma de sueño para identificar anomalías menos evidentes que sean tratables con el fin de evitar trastornos más graves.

Muchas veces, cuando el niño no muestra progreso, tendemos a escoger métodos que nos dan una ilusión de progreso, pero debilitan el potencial del niño en cuanto a la adquisición de competencias a largo plazo. En estos casos, el clínico y los padres pueden estar tentados de ensayar un programa de intervención centrado en actividades repetitivas que le proporcionan un aprendizaje muy concreto al niño (como aparejar o clasificar formas). De este modo, aprende a realizar acciones repetitivas, pero minimiza su capacidad de interacción y comunicación. Recientemente, nos planteamos un dilema junto a un colega: «Tenemos que ayudar a los niños a adquirir las competencias necesarias para la etapa preescolar. Saben aparejar formas, pero no saben relacionarse». Nuestro colega concluyó que debíamos escoger siempre entre capacidades cognitivas y comunicativas, pero ¿es así?

Las personas que están de acuerdo con las actividades repetitivas pueden pensar que saben enseñar ciertas competencias como, por ejemplo, la clasificación. Sin embargo, como comentamos en el capítulo dos, el niño es incapaz de comprender la diferencia entre una forma redonda y una forma cuadrara porque ha aprendido a realizar una acción repetitiva y no sabe clasificar. Tampoco se ha demostrado que las prácticas repetitivas como clasificar o aparejar formas desarrollen el lenguaje o la cognición. Como se trata de habilidades que todos los niños pueden hacer, siempre se ha pensado que son beneficiosas para los niños con TEA. Sin embargo, muchas veces observamos que los niños que se desarrollan adecuadamente dominan capacidades que son el resultado del buen funcionamiento de competencias básicas, como la cognición, el lenguaje y la interacción social. Estudios neurológicos recientes demuestran que las actividades repetitivas inciden sobre los ganglios basales en lugar de influir en los centros corticales superiores. Esto nos permite preguntarnos si es útil centrarnos en un tipo de aprendizaje precortical cuando los trastornos del niño tienen que ver con los centros corticales superiores (ver Bayley, Frascino y Squire en «Referencias bibliográficas»).

El desarrollo es como un árbol con diferentes ramas. Si el tronco crece en un entorno saludable, habrá más posibilidades de que le crezcan ramas fuertes al árbol. Por ello, si enriquecemos el tronco (las competencias básicas), estaremos utilizando un enfoque de desarrollo idóneo.

La cognición, el lenguaje y el desarrollo socioemocional parten del mismo tronco. No se trata de escoger entre capacidades sociales, por un lado, y capacidades cognitivas y lingüísticas, por otro. Si fomentamos las competencias básicas, mejoraremos todas las capacidades. Si el niño no experimenta ningún progreso, tenemos que reforzar las competencias básicas. Cada niño presenta un grado diferente de trastornos neurológicos que se traducen en reacciones variadas ante las sensaciones, en la dificultad de entender símbolos o palabras y en la incapacidad de planificar acciones o resolver problemas. Si trabajamos más intensamente las competencias básicas y tenemos en cuenta los factores biológicos particulares del niño, podremos optimizar su progreso por muy lento que sea.

Hay niños que requieren un programa de intervención más estructurado. Por ejemplo, un niño que no sabe producir sonidos, necesitará una actividad oral motora constante que le ayude a ejercitar los músculos de la boca. Por otra parte, también necesitará sentirse muy motivado para decir «abir» cuando quiera abrir la puerta para coger su juguete favorito. El aprendizaje lingüístico basado en el afecto marca las pautas necesarias para la adquisición del habla mientras incide en las competencias básicas (empatía, interacción comunicación y desarrollo mental).

Cuando estamos muy angustiados y dejamos de atender a las competencias básicas para marcar un ritmo de actividades repetitivas y capacidades aisladas, nos sentimos temporalmente aliviados porque pensamos que, finalmente, «el niño ha aprendido algo». Sin embargo, pueden pasar dos años y el niño sólo sabrá realizar esas actividades en el contexto particular en que las aprendió. Es (de nuevo) el resultado del trabajo. La manera de enseñar a los niños influye decisivamente en su aprendizaje.

Habrá niños que experimentarán un progreso muy rápido en todas las áreas cuando les apliquemos el programa de intervención DIR, y otros, mostrarán un progreso más lento (lento y constante o muy lento). Por nuestra parte, nunca dejamos de trabajar para mejorar nuestras propias estrategias y maximizar el progreso de los niños. Por el momento, lo más recomendable es no perder de vista las competencias básicas y no sentirnos tentados por la ilusión de progreso. Hay muchos ejemplos de niños que han mejorado notablemente por trabajar a conciencia sobre las competencias básicas, si bien presentaban un progreso muy lento al principio. En la actualidad, son niños motivados, felices y sociables que dominan enunciados cortos, pueden responder a muchas preguntas abiertas y ya no presentan un comportamiento obsesivo o solitario. Muchos han llegado a dominar, además, las bases de la lectura y las matemáticas. Aunque su progreso sea lento, se puede considerar que es un progreso muy positivo teniendo en cuenta sus trastornos neurológicos.

Integración de otras terapias en el método DIR

Finalmente, como hemos comentado antes, el modelo DIR es inclusivo y puede incorporar técnicas específicas que provengan de variadas intervenciones comunicativas, así como, también, estrategias conductuales (dependiendo siempre de las necesidades del niño). Normalmente, estas técnicas se adaptan bien a las intervenciones semiestructuradas, tal y como describiremos más tarde. (En cuanto el niño es capaz de aprender de manera interactiva a través de la interacción, la necesidad de un aprendizaje estructurado disminuye considerablemente).

Existen muchas técnicas que se pueden aplicar en un gran número de terapias (cuentos, cambios de rol, grupos de habilidades sociales, ejercicios para fomentar la «inteligencia emocional», actividades que se enmarcan en la teoría de la mente y todo tipo de prácticas sociales semiestructuradas). Estas actividades pueden ser muy útiles para promover la interacción, la socialización y el pensamiento y se pueden aplicar en función de las necesidades del niño y la familia. Por otra parte, los ejercicios conductuales estructurados y centrados en la imitación se pueden utilizar como parte de un programa de intervención DIR.

El punto crucial es, sin embargo, que las interacciones para la resolución de problemas en el marco del modelo DIR deben cumplir los siguientes requisitos:

1. Constituir un flujo constante de comunicación recíproca.
2. Incidir en las emociones del niño (de manera natural o como respuesta a un estímulo).
3. Adaptarse al perfil de procesamiento del niño.
4. Adecuarse al nivel de desarrollo del niño.

Por ejemplo, si el niño juega a imaginar en qué está pensando la otra persona y este juego se lleva a cabo mediante gestos emocionales recíprocos, empatía y conexión de ideas y está adaptado al sistema nervioso del niño, este podrá adquirir una competencia específica mientras refuerza sus fundamentos evolutivos y niveles superiores de pensamiento. En otras palabras, se puede incorporar un gran número de actividades variadas y semiestructuradas en el programa de intervención DIR destinadas a la adquisición de capacidades y a la resolución social de problemas. Así, por ejemplo, podemos crear escenas para enseñar al niño a entender señales sociales preguntándole: «¿Te estoy mirando a ti o estoy mirando al libro?». La condición primordial es establecer un contexto de Floortime.

Capítulo 21
Métodos educativos que promueven el desarrollo mental, comunicativo y académico

Joanna era una niña de nueve años diagnosticada con autismo. Estaba siguiendo un programa de intervención que combinaba la educación en casa y una parte del día destinada al aula (cursando segundo de primaria), donde contaba con la ayuda de un profesor auxiliar y un tutor que usaba el método Floortime. Sin embargo, la escuela recomendó a los padres que fuera a cuarto curso y en otro colegio. Los padres de Joanna no sabían si esta nueva escuela constituiría un entorno adecuado para su hija o si podrían colaborar con el nuevo sistema escolar y los nuevos profesores para diseñar el mejor programa educativo para Joanna.

Englobar diferentes nociones sobre el autismo: tres marcos de análisis educativo

La imagen del autismo asociada a los diferentes tratamientos aplicados hasta el momento nos coloca frente a un niño que está fuera de control, que merodea sin sentido, golpea la cabeza contra el muro, repite todo lo que oye o se balancea en una esquina. Esta imagen de un niño solitario u obsesivo no se corresponde con la realidad del TEA. De hecho, muchos niños no han sido diagnosticados con TEA porque no habrán mostrado ningún comportamiento extremo. Como siempre se ha sabido que los niños con TEA eran difíciles de educar, se los ha apartado o se los ha tratado sin entender mucho sus dificultades.

Después de esta etapa, se empezó a aplicar el análisis conductual (ABA y ensayos discretos), basado en la tesis de que algunos comportamientos sintomáticos del TEA se podrían corregir premiando el comportamiento bueno e ignorando al niño cuando se comporta mal (de hecho, al principio de la aplicación se utilizaban refuerzos negativos).

Con este análisis, la imagen del niño autista cambió y este pasó a ser una persona que se sienta en una mesa para obedecer órdenes y empieza a usar tableros de formas, aparejar formas, alinear objetos, repetir sonidos o imitar gestos. La noción del niño con autismo se modificó un poco y se pensó que estos niños podían aprender ciertos comportamientos sociales obedeciendo a pautas y memorizando enunciados, pero se negaba su capacidad potencial de participar en interacciones sociales espontáneas o de desarrollar el pensamiento.

Después de este análisis conductual, se ha hecho necesario dar un paso difícil: enseñar a los niños a generalizar un comportamiento concreto y a aplicarlo a otras situaciones (sobre todo, a otras situaciones que no puedan anticipar). Para dar este paso, se necesitaba introducir el pensamiento creativo, el razonamiento y el autoanálisis (habilidades muy complicadas para niños sometidos a una intensiva terapia conductual). Por este motivo, las orientaciones terapéuticas anteriores limitaban mucho el desarrollo del niño.

Gracias al nuevo marco de análisis evolutivo que presentamos en este libro, la imagen del autismo está empezando a cambiar. Nuestra terapia se identifica con un proceso continuo en el que el niño puede comunicarse, mostrar empatía y demostrar un propósito comunicativo sea cual sea su capacidad lingüística y su desarrollo mental, y en función de sus trastornos neurológicos y del tipo de intensidad del programa de intervención.

Mientras tanto, las escuelas no saben con qué imagen del TEA quedarse o cómo integrar esa imagen en las nociones tradicionales de la enseñanza. Históricamente, la educación se ha limitado a guiar a los individuos hacia la adquisición de las habilidades de lectura, escritura y aritmética. ¿Qué espacio pueden ocupar, entonces, los niños que muestran anomalías de la comunicación intencional y del pensamiento significativo? Un niño necesita saber relacionarse con los demás para sentirse parte de la escuela. La lectura, la escritura y las matemáticas requieren dominar los pilares básicos del pensamiento y la comunicación. Por este motivo, no resulta fácil integrar en la escuela a un niño que no maneje estas competencias (adquiridas siempre antes de la etapa escolar).

Muchas escuelas y programas educativos han aplicado las terapias conductuales con el objetivo de enseñar a los niños, como mínimo, a comportarse en una situación de aula (sentarse en la mesa, realizar tareas, aparejar formas, contar el número de fotos y asociarlas a un número en la otra cara de una hoja). Este marco de análisis permite que podamos cuantificar el progreso. Por ejemplo, un niño aparea seis formas más que hace un mes. Pero ¿estas actividades le ayudan realmente a superar las anomalías principales del TEA y a adquirir las capacidades que necesita? Dado este nuevo marco de análisis que proponemos, instamos a que los colegios ayuden a los niños a comunicarse de manera intencional, usando el lenguaje y las ideas creativamente, aparte de dominar el pensamiento abstracto, así como las asignaturas académicas.

Los pilares básicos del conocimiento

Estos pilares básicos representan una visión nueva de la educación, pues todos los niños (no sólo los que padecen TEA) tienen que reforzarlos, sobre todo aquellos con antecedentes de deprivación o con dificultades de procesamiento o aprendizaje. De hecho, al trabajar para compensar los déficits nucleares del autismo, estamos diseñando un nuevo marco de análisis educativo para los niños con dificultades de aprendizaje, problemas de atención o de control de los impulsos, anomalías del funcionamiento ejecutivo o complicaciones concretas en la escritura, en las matemáticas, en la física o en las ciencias. Los resultados positivos que vamos obteniendo se pueden aplicar en muchos casos, pero necesitamos cambiar el concepto de la educación: debemos pasar de la memorización y reproducción de contenidos al verdadero desarrollo de la persona basado en los pilares básicos del conocimiento.

Jean Piaget es el padre del constructivismo, teoría según la cual el individuo construye el conocimiento a partir de su experiencia con el mundo, en lugar de memorizar hechos. Este enfoque le permite al niño acceder al verdadero conocimiento: conocer hechos y situarlos en un marco conceptual. Piaget sólo introdujo las primeras nociones sobre el desarrollo del pensamiento. De hecho, nunca imaginó la importancia que adquieren las interacciones emocionales y afectivas en la construcción de la capacidad de pensar, comunicarse y socializarse. (Ver Greenspan y Shanker, 2004).

El desarrollo del pensamiento puede ser muy complejo para un niño con autismo o con dificultades de aprendizaje. Si, además, obligamos al niño a memorizar y repetir contenidos, le resultará mucho más difícil. No obstante, apoyado por un enfoque apropiado, puede aprender a desarrollar el pensamiento.

¿Qué podemos hacer para que las escuelas dejen de aplicar un sistema educativo que no se constituye a partir de los pilares básicos del conocimiento? Una escuela o programa educativo que tenga en cuenta nuestra visión terapéutica del autismo será perfectamente compatible con el programa de intervención de casa: las escuelas deben adaptarse al niño y a sus necesidades.

El primer paso es definir el perfil del niño con el fin de determinar su grado de dominio de la capacidad de comunicarse, pensar e interactuar. ¿Necesita trabajar la interacción?, ¿la interpretación de señales emocionales?, ¿el juego creativo?, ¿el pensamiento lógico para aplicarlo en el ámbito académico? Si intentamos inculcarle el pensamiento lógico a un niño que todavía no sabe involucrarse en una interacción social, estaremos intentando empezar a construir la casa por el tejado, y con unos cimientos muy débiles. Podemos trabajar muchos pilares básicos al mismo tiempo, pero no podemos ignorar las competencias básicas a favor de las secundarias.

Del mismo modo, es muy importante conocer el nivel de procesamiento de información (procesamiento auditivo, modulación sensorial, capacidad viso-espacial y planificación y secuenciación de acciones motoras) de los niños. Por ejemplo, un niño hipersensible o poco sensible a las sensaciones tendrá dificultades en la recepción de información. Si un niño no puede planificar acciones, no sabrá solucionar problemas. Si un niño no sabe diferenciar entre sensaciones (vista, oído, tacto, gusto, olfato), no podrá entender el mundo que le rodea o crear categorías.

Una vez hemos definido el perfil del niño, la escuela puede empezar a adaptar el enfoque educativo. Los niños que están empezando a manejar la competencia básica de la interacción necesitan un tratamiento individual. Si colocamos a este niño con tales carencias en un grupo de niños, sentado y mirando pasivamente, estará perdiendo tiempo y minimizaremos aún más su progreso. El profesor auxiliar, educador, padre o voluntario tiene que trabajar individualmente con él para promover la relación social entre este y los demás niños, y ayudarle a interiorizar las fases básicas del desarrollo.

Durante la clase, si el profesor está explicando algo, el educador auxiliar puede mantener conversaciones pausadas con el niño, gesticulando e intercambiando información mediante las capacidades de desarrollo mental y ayudándole a razonar y a responder a preguntas abiertas (aquellas que empiezan con: «¿Por qué…?»). Si el niño está sentado y tranquilo mientras hace un ejercicio de matemáticas, el tutor debe asegurarse de que ha entendido la lección ayudándole a manejar el manual y explicándole las razones del ejercicio. En este caso, el niño estará aprendiendo lenguaje y capacidades sociales, y matemáticas. Durante el recreo, el tutor debe ayudarle a jugar con los demás niños. Por otra parte, también puede motivarle para intervenir en clase o enseñarle a levantar la mano para hacer una pregunta. La función del tutor es facilitar la interacción y la adquisición de la capacidad emocional funcional del niño; no se trata de redireccionar o marcarle límites (con la excepción, obviamente, de que realice actos peligrosos).

En los capítulos anteriores hemos explicado cómo captar la atención y fomentar la interacción, la comunicación bidireccional, el flujo comunicativo constante y recíproco y la resolución de problemas. Con la ayuda de educadores auxiliares, el programa de intervención del colegio puede trabajar estos fundamentos de dos formas: las interacciones espontáneas Floortime que responden a los intereses naturales del niño en un entorno de juego agradable y las situaciones semiestructuradas de resolución de problemas dirigidas al dominio de las cuatro áreas de procesamiento. Por ejemplo, si queremos que un niño sea capaz de realizar una secuencia de acciones más larga, el tutor le puede colocar pequeños obstáculos para que los tenga que sortear o saltar para alcanzar un objeto deseado, como por ejemplo su juguete preferido. En estos casos, debemos estimularlos con palabras de aliento y gestos afectuosos con el fin de ayudarles a practicar la atención, la comunicación intencional y la interacción y a incrementar, de paso, el número de acciones que pueden realizar en una misma secuencia. Del mismo modo, si trabajamos la capacidad viso-espacial, el auxiliar puede coger su juguete favorito y esconderlo sin que lo vea. Así, el niño tendrá que entrar en contacto con el entorno para encontrar el juguete. Además, si el tutor lo esconde sin que el niño lo vea, este tendrá que buscar el juguete en diferentes sitios y esta acción le ayudará a entender la organización del espacio.

Si trabajamos la capacidad de diferenciar sonidos, podemos aplicar un ejercicio tan elemental como pronunciar palabras sencillas que le permitan obtener lo que quiera, lo que le permitirá tener una segunda percepción de esas palabras. Por ejemplo, si la niña quiere una muñeca pequeña, el tutor puede esconderla en su mano y decir: «Está en mi mano. En mi MANO» y enseñarle la mano. De este modo, aprende la palabra «mano» de una forma personalmente significativa. Si el niño muestra atención, el tutor puede introducir pequeños juegos de imitación, empezando por sonidos que el niño puede pronunciar («ee») y avanzando a sonidos como «ba»; posteriormente, «da», etc. Este juego se debe realizar delante de un espejo para que el niño imite el movimiento labial del tutor. Actualmente, muchos logopedas aplican versiones de este tipo de ejercicios basados en la resolución de problemas de cara a desarrollar el habla, así como, también, el método ALBA (anteriormente descrito) que fomenta el uso significativo de palabras para aplicarlo a la comunicación.

El entorno educativo de un niño que esté trabajando las competencias básicas debe estar constituido por todas estas situaciones de aprendizaje espontáneas, semiestructuradas e individualizadas. Se trata de ejercicios que no se pueden hacer en grupo. Sin embargo, pueden participar uno o dos niños para ayudarle. Cuando el niño empiece a saber interactuar con los demás niños de la clase, podrá participar de los rituales del aula, pero lo más importante es entrenar la resolución social de problemas antes de beneficiarse de las interacciones verdaderamente espontáneas con los compañeros. Por otra parte, captar la atención y detectar los intereses del niño requiere práctica y conocimientos. No obstante, con la mediación del adulto, las interacciones entre el niño y los demás compañeros pueden promover las competencias básicas. Por ejemplo, el tutor puede introducir a un compañero en un juego sencillo que active la interacción entre este y el niño con autismo en niveles básicos de atención, miradas e intercambio de juguetes. Los dos pueden darle patadas a un balón, botar una pelota, jugar a hacerse cosquillas, salpicar en la piscina o construir y derribar castillos de piezas. En cualquier otro caso, la escuela contrataría a un terapeuta o a un educador que se dedicara a jugar y a interactuar con el niño, pero, si se favorece el primer caso en el que el niño juega con un compañero de clase en el marco de una interacción natural, ambos podrán convertirse en amigos y disfrutarán cada vez más del juego.

Al principio, sin embargo, nada puede sustituir el enfoque individual y que coordine las actividades del colegio y de casa. Ambas actividades deben formar parte de un programa integrado. De este modo, los padres y el tutor deben mantener, como mínimo, una entrevista a la semana para comentar los progresos del niño e intercambiar impresiones sobre las técnicas. Si la escuela omite el contacto con los padres (dentro del aula o fuera de ella) o los padres no quieren compartir con la escuela los progresos del niño en casa, el programa de intervención queda incompleto. Al tiempo que los padres buscan el mejor programa educativo para su hijo, tienen que ser conscientes, también, de cuándo el profesor tiene mucho trabajo y colaborar con él para hallar soluciones comunes y buscar a otro profesor auxiliar para que intervenga en clase si es necesario. También es muy beneficioso que se reúnan los padres de niños con TEA para hablar de vez en cuando entre ellos.

Otro componente beneficioso en el programa de intervención integrado y coordinado entre el colegio y la casa es la ayuda de un segundo profesional que se haya especializado en el modelo DIR/Floortime, para que ayude a promover las interacciones espontáneas y semiestructuradas destinadas a la resolución de problemas. Si pudiésemos gozar de un sistema educativo ideal, contaríamos con la ayuda de un terapeuta ocupacional que trabajara las habilidades sensomotrices y con un logopeda que se encargara de las capacidades de procesamiento auditivo y lingüístico. Por otra parte, los psicólogos o psiquiatras podrían asesorar a los profesores para ayudarles a elaborar el programa de intervención. Sabemos que esta colaboración es difícil de conseguir, si bien hay muchas escuelas que cuentan en su plantilla con terapeutas ocupacionales y logopedas. Habrá familias o escuelas en las que, por suerte, haya una persona experta en las capacidades de procesamiento y en las técnicas DIR/Floortime. De este modo, podrán trabajar constantemente con el niño y consultar a profesionales de otras disciplinas para concebir nuevas ideas y controlar el progreso del niño.

Por muy bueno que sea el especialista o el terapeuta, si le visitamos sólo una vez a la semana, es insuficiente. Las sesiones con el terapeuta son muy útiles para diseñar el plan de trabajo de padres y profesores y para analizar las capacidades del niño, pero lo verdaderamente importante es trabajar día a día con el niño (cuatro horas como mínimo). Dependiendo de la habilidad de los padres y de la disposición de voluntarios, este modelo será más caro o más barato; la clave es que alguien trabaje con el niño las competencias básicas.

Muchas veces, las personas rechazan este programa de intervención por falta de personal especializado en la escuela. No obstante, los voluntarios son perfectamente válidos para ello. Los padres pueden asistir e intervenir en clase de manera regular (no tienen por qué ser en ocasiones esporádicas), y los abuelos o voluntarios pueden aprender a crear interacciones de aprendizaje. Por otra parte, tiene que haber más oportunidades de trabajo para los estudiantes o profesionales de la educación y, de este modo, se solucionará el problema de falta de personal en los colegios. Si involucramos a la familia, a los estudiantes y a los amigos en el aula, hallaremos una energía y una ayuda complementarias. (Para evaluar a ayudantes potenciales, debemos observar si saben mantener un flujo constante de comunicación y si saben estimular al niño para que practique las competencias básicas).

Si el niño está practicando las competencias básicas, pero todavía no sabe pensar con lógica y creatividad, será muy conveniente establecer un horario en el que pase media jornada en la escuela y media jornada en casa con los padres o tutores. Los ejercicios y actividades se deben hacer con la persona más cercana al niño. Además de ello, es muy conveniente que el niño tenga al mismo profesor durante bastantes años seguidos, pues a los niños con TEA les cuesta mucho tener confianza con un adulto y disfrutar de las interacciones con él. Finalmente, también sería ideal mantener la misma aula durante años para que el niño estuviera lo más cómodo posible.

El enfoque educativo basado en el pensamiento

Cuando el niño ya domina las competencias básicas, el siguiente paso es ejercitar el pensamiento lógico y creativo. ¿Por qué es tan importante? ¿Qué es lo que va primero: ayudar al niño a desarrollar el pensamiento creativo y, después, el pensamiento lógico o enseñarle a reconocer formas, a saber frases de cortesía social y a sentarse en el pupitre y escuchar en silencio al profesor? Esta cuestión ha causado mucha confusión en el sistema educativo. Hasta ahora, la educación especial ha querido un modelo de «arriba-abajo» en el que guiábamos a los niños hacia las habilidades que poseían sus compañeros de cursos superiores. Si los mayores se sentaban y estaban callados en clase, teníamos que enseñar a los pequeños los mismos hábitos. Si los pequeños tenían dificultades motoras (por ejemplo, no sabían colocar piezas), les enseñábamos estas habilidades porque los mayores las dominaban. De este modo, la educación especial se ha visto influida por mucho trabajo en capacidades superficiales.

Como hemos afirmado antes, los niños necesitan ser capaces de pensar para avanzar en el terreno académico. Todas las áreas de conocimiento (lengua, sociales, historia, matemáticas) requieren el ejercicio del pensamiento. Ocurre lo mismo con el comportamiento. Si un niño se comporta como los demás, significa que piensa como ellos, es decir, no se limita a imitarlos. Cuando el niño empieza a pensar, se plantea muchas cosas: por qué no puede empujar a los demás, por qué tiene que compartir y por qué de noche no hay claridad. Cuando sepamos cómo se desarrolla el pensamiento en un niño, avanzaremos un paso y dejaremos de enseñarle comportamientos rutinarios.

Por ejemplo, los niños tienen que aprender a identificar las letras y los sonidos asociados a ellas. Deben aprender, también, la pronunciación y el significado de las palabras. No obstante, los fundamentos de la comprensión lectora y de las capacidades de interacción, comunicación y pensamiento son la base de todo progreso académico. El entorno educativo tiene que trabajar estos fundamentos y crear un ambiente adecuado para promover el pensamiento lógico y creativo.

Pensamiento creativo

Para inculcar el pensamiento creativo, tenemos que involucrar al niño en actividades que exijan un uso creativo de las ideas. Una idea se puede expresar con palabras, gestos, juguetes y disfraces, interpretación o con arte y música. La actividad más recomendable es el juego imaginativo (siguiendo los principios básicos del Floortime). En el juego imaginativo, el niño está en el suelo con un juguete y el tutor interactúa en el suelo con él, compartiendo voces e interpretaciones e intentando introducir elementos más complejos a la escena del juego. Los niños entran en contacto con los símbolos desde su primera etapa en la vida cuando juegan con animales de peluche, le dan el biberón a la muñeca o acunan a un muñeco. Casi todos los niños gesticulan cuando participan en el juego imaginativo (aunque a veces prueben la galleta para saber si es real) y casi todos los programas educativos introducen juguetes simbólicos y favorecen el juego espontáneo. Sin embargo, no se le concede mucha importancia a esta experiencia crucial en la que el niño goza de la oportunidad de aplicar su imaginación y de crear ideas con el estímulo de interacciones basadas en el afecto. Si no se les conceden las experiencias interactivas necesarias para crear ideas y entender las emociones que se manifiestan en el juego, no podrán entender las ideas y sentimientos de los demás.

Uso del Floortime para desarrollar el pensamiento simbólico en el aula y en casa

• *Crea un entorno que propicie el juego simbólico y déjale explorar y descubrir nuevas ideas.* Es muy importante que se inicie en el juego a partir de sus intereses y su curiosidad. Deja juguetes y juegos en el suelo o en la estantería que representen experiencias de la vida real y que despierten su curiosidad (muñecas con biberón, un maletín de doctor, animales y muñecos, etc.). Coge un muñeco y hazlo bajar por el tobogán; seguramente, lo acabará haciendo él.

• *Coloca a su alcance los juguetes que le gustan.* Los muñecos que representan la vida real del niño son muy interesantes. Es fácil identificar los juguetes que más le gustan. Los profesores pueden entrevistarse con los padres, también, para saberlo y dejarle a su disposición los juguetes en clase. Estos reflejarán los intereses y el universo simbólico del niño y son el medio principal de la interacción y la elaboración de ideas. Pueden ser muñecos de animales, camiones, trenes, comida, etc. Lo más importante es acercarse al niño con la intermediación de sus intereses y enriquecer y expandir sus ideas mediante la interacción. En el aula, muchas veces se tratan temas que no captan la atención del niño. Es mucho mejor seguir su iniciativa y seleccionar un tema concreto que le atraiga.

• *El contenido no importa*, pero es importante que en el aula haya diferentes juguetes con el fin de captar la atención y de canalizar el interés de los diferentes niños (piezas de comida de juguete, casas de muñecas, muñecos o figuras que puedan representar a la familia y los amigos como los personajes de Barrio Sésamo, de los cuentos de Disney, etc.; una piscina de juguete, un parking, coches, un aeropuerto, animales de plástico y dinosaurios, una cámara, instrumentos musicales, marionetas, sombreros, ropa, un maletín de doctor, un estuche con materiales plásticos de pintura y papelería, etc.) Intenta descartar los juguetes de causa-efecto para favorecer aquellos con potencial imaginativo y deja en otro espacio de juego los materiales semiestructurados como puzzles, plastilina o juegos con reglas. Estos materiales se pueden utilizar para facilitar la interacción, pero no son recomendables si el niño no sabe utilizar el juego simbólico ni organizar una historia o secuencia de hechos.

• *Los juguetes son un universo lingüístico.* Los niños aprenden a jugar antes de hablar y utilizan los juguetes para comunicar sus pensamientos e intereses antes de saber verbalizarlos.

• *Déjale que descubra los símbolos.* Responde a los intereses reales de tu hijo/a a través de las acciones o gestos imaginativos (simbólicos):

• Déjale descubrir lo que es real y lo que es de juguete. Por ejemplo, si quiere deslizarse por un tobogán de juguete o montarse en un caballo de juguete (peluche), anímale a hacerlo; si quiere ponerse la ropa de la muñeca, no le digas que no le cabe. Si se quita los zapatos y los calcetines para meter el pie en la piscina de juguete, pregúntale si el agua está fría. Si tiene sed y te pide agua mientras está jugando, ofrécele un vaso vacío o simula que estás abriendo el grifo de una fuente imaginaria. Si tiene hambre, ofrécele la pieza de fruta que *estás comiendo* o pregúntale si quiere un helado o una galleta. Si se quiere ir, ofrécele las llaves de un coche de juguete. Si se estira en el suelo o en el sofá, colócale una manta o una almohada, apaga la luz y cántale una canción de cuna.

- *Interpreta a personas*. Utiliza muñecos o figuras para representar a los miembros de la familia o a los amigos y llámalos por su nombre mientras juegas («¡Ahora viene papá y la hermana Sara!»). Es más fácil que el niño acepte figuras con otros nombres, antes de aceptar una figura con su nombre, porque al principio puede pensar que representarse a sí mismo implica dejar de lado sus objetos preferidos.

- *Juega siempre con él/ella*. Involúcrate en el juego y asume un rol con el muñeco que te toque de manera que puedas modelar un lenguaje social espontáneo. Jugar no es hacer una entrevista, leer un cuento o describir lo que ves.

- Utiliza dos voces: una voz motivadora y didáctica en tanto padre o madre y otra como compañero de juego o figura simbólica con la que juega tu hijo/a. Tu voz de tutor debe atender al tono natural y debe transmitir tranquilidad y espontaneidad, aparte de ser muy útil para instarle al niño a que complete el círculo de comunicación («¡No le has dicho a Lucas lo que quieres!») y a que responda a las preguntas.

- Compórtate como un compañero de juego: ayúdale a negociar o a resolver problemas deteniendo el juego por un momento si es necesario y combinando la voz de tutor con la voz de compañero de juego en función de las necesidades. Motívale para que sea más asertivo y para que resuelva los asuntos por sí mismo (por ejemplo, plantéale qué se puede hacer si el caimán hambriento está cerca del barco pirata).

- *Sírvete de disfraces, marionetas e interpreta personajes para aplicar el juego imaginativo*. En lugar de usar muñecos o juguetes difíciles de manipular, es probable que el niño quiera ser uno de los personajes implicados en el juego imaginativo. Así, por ejemplo, una marioneta representa una parte del propio cuerpo y es fácil de manejar. La interpretación de personajes facilitará la gesticulación y la imitación.

- *Introduce figuras simbólicas que le atraigan,* como los personajes de Barrio Sésamo o de películas de dibujos animados. De este modo, construirás el juego simbólico dándoles de comer, acostándoles y verbalizando sentimientos a través de ellos. Un poco más adelante, puedes introducir dinosaurios.

- *Concédele un tratamiento simbólico a muebles u otros objetos.* Si tu hijo/a se sube al sofá, ayúdale a imaginar que está escalando una montaña o, si se está deslizando por el tobogán, simula que está bajando al mar para ver los peces.

- *Sustituye un objeto por otro.* La pelota puede ser un trozo de pastel o la cuchara, una vela.

- *Utiliza gestos de manera muy clara cuando los relaciones con juguetes.* Por ejemplo, haz un gesto de mano muy claro cuando juegues a pagarle por una pieza de fruta.

- *Elabora y crea.* Profundiza en la idea del niño expandiendo la intención comunicativa; por ejemplo, si el niño quiere jugar con unas figuras de animales, coge el coche de juguete y simula que llevas a unos muñecos en coche para que vayan al zoo, donde están estos animales, e introduce problemas u obstáculos junto a soluciones simbólicas.

- Si el coche choca contra algo, lleva un coche a la escena que sirva de grúa y añade juguetes que sirvan de herramientas para solucionar el problema.

- Si la muñeca se cae, acerca a otro muñeco para que la abrace, colócale una venda o corre hacia el hospital con un maletín de utensilios médicos.

- No conviertas los juegos en rituales repitiendo siempre las mismas escenas.

- Sujeta a los muñecos con gomas para que no se caigan si los colocas en un coche, en un caballo, etc. De este modo, el niño se centrará en la idea que quiere expresar con el muñeco. Utiliza, para ello, celo, clips, etc.

- Recupera y representa escenas familiares que hayáis leído juntos o hayáis visto en los dibujos animados con el fin de que las entienda mejor.

- *Introduce obstáculos en el juego.* Muéstrate muy participativo y seguro de ti mismo para ayudarle a pensar. Negocia con él y utiliza recursos emocionalmente significativos para él con el fin de mantener su interés y animarle a tener paciencia con el dilema planteado.

- *Utiliza el razonamiento para enriquecer el argumento.* Puedes añadir un personaje nuevo y formularle preguntas. A continuación, pregúntale al niño si está de acuerdo con este personaje y pídele que te explique su idea y sus intenciones. Intenta enriquecer el argumento planteando ciertos problemas; formúlale preguntas abiertas o pregúntale qué pasaría en una situación concreta. De este modo, expresará sus sentimientos y hará predicciones. Aplica el razonamiento en la vida real y el aprendizaje incidental conjuntamente con el juego imaginativo.

• *Enriquece o amplía los temas y emociones implicadas.* La variedad de temas y emociones puede expresarse a través de la dependencia emocional, la sensación de dolor físico, los sentimientos de enfado, tristeza, alegría, sorpresa, celos, rivalidad, justicia, lealtad, honestidad, etc. Motívale para que explore ideas nuevas extraídas de experiencias vividas, cuentos, películas o vivencias con amigos e introduce conceptos como «el lobo malo», «la bruja mala», para desplazarte posteriormente a nociones más reales como «el ladrón», «la guerra», «el rey», etc.

• *¡Interpretación y dramatización!* Adapta el tono de voz a los diferentes temas y sentimientos. Simula el llanto cuando tu personaje está herido; ríete cuando está contento; expresa miedo o exagera la simulación de sentimientos para que el niño entienda bien lo que quieres decir.

• *Céntrate en el proceso.* Escenifica la idea general con tu hijo/a. Indica dónde tiene lugar la historia, qué personajes intervienen y qué problemas se plantean. Al avanzar en la historia, recalca los hechos problemáticos y los hechos positivos, expresa lo que siente un personaje que no sea el tuyo y aventura el final. Focaliza el inicio, el nudo y el desenlace de la historia.

• *Refleja ideas y sentimientos durante y después de la historia.* Comenta los temas y sentimientos que se ponen en juego en la historia que creáis y resalta la parte de la moraleja o la explicación directa de lo que está bien o lo que está mal. Recuerda que el juego simbólico y la reflexión son las vías más eficaces de volcar, entender y reactivar las emociones, ideas, experiencias y sentimientos del niño. No obstante, las ideas simbólicas también pueden generar ansiedad y rechazo. Este asunto se comenta en el siguiente capítulo.

• *Anímale a dramatizar asuntos personales.* Anímale a representar situaciones complicadas que haya vivido o que pueda anticipar mediante la repartición de personajes.

• *Construye puentes significativos entre ideas.* Pregúntale su opinión, incentiva la conversación, compara temas, introduce debates, matiza ideas e insiste en los problemas personales que plantea el juego.

Si el niño es capaz de seguirte, podrá llegar a los niveles avanzados de pensamiento.

• *Motívale siempre para que lleve la iniciativa.* No te hagas cargo del argumento del juego. Él/ella es el director y el escritor de la escena. Tú tienes que ser el compañero ideal: divertido, interactivo y motivador.

Las ideas se pueden plantear y crear en una situación de grupo. Por ejemplo, cuando llega la hora de la merienda en clase, el profesor puede desplegar estrategias de negociación y pedirles la opinión a los niños. En lugar de decir: «Siéntate y bébete el zumo», el profesor puede aprovechar la escena para decir: «Muy bien. ¿Quién tiene sed?». Algunos niños puede que respondan: «¡Yo!» o se acercarán al profesor. Si un niño se queda callado, el profesor puede señalarlo y decir: «¡Tú! ¿Quieres zumo?». Entonces, podrá responder sí o no o gesticular. De esta manera, la respuesta es creativa y no está pautada o estructurada de antemano. Las estrategias de motivación del profesor pueden avanzar: «¿Quieres el zumo de color rojo o de color naranja? ¿Quieres una galleta o una manzana? ¿Quién viene a por ella? ¿Alguien quiere un vaso? ¿Tenemos suficientes vasos?». A partir de estas frases, el profesor plantea conversaciones complejas en torno a los intereses de los niños, comparando las preferencias y modulando las demandas (más tarde, cuando los niños empiecen a desarrollar el pensamiento lógico, el profesor les puede preguntar por qué prefieren el zumo rojo en lugar del zumo naranja). El sentido creativo es la habilidad de utilizar las ideas generadas por las emociones de uno mismo. De este modo, a través de una situación tan sencilla como la hora de la merienda, podemos impulsar el uso creativo de ideas. Además de ello, el profesor puede introducir comentarios humorísticos, como por ejemplo: «¡Muy bien! Ahora vamos a dejar la tiza y vamos a merendar. ¿O la tiza se puede comer? ¿Creéis que la tiza se puede comer?», de tal modo que los niños responderán: «¡Noo!» o «¿Alguien quiere galletas de chocolate?» y los niños responderán: «¡Síí!».

Si en el aula, tanto si se trata de la etapa de guardería como de la enseñanza primaria o secundaria, hay niños que todavía no saben usar el lenguaje creativo (crear escenas imaginativas para expresar sus deseos y necesidades), debemos concentrarnos en esta labor. Si no le enseñamos a utilizar las ideas creativamente, no podrá llegar a dominar el pensamiento lógico. Normalmente, el lenguaje creativo se practica durante la etapa preescolar o los años de educación primaria mediante el juego imaginativo y las interacciones recíprocas. En el caso de los niños que padecen TEA, lo pueden practicar de manera individual con el tutor o profesor auxiliar. Después de unas cuantas sesiones, podremos introducir a otro niño para que participe en el juego imaginativo.

Asimismo, el profesor tiene que promover el intercambio de ideas creativas entre los niños y entre ellos y el profesor, en este grupo reducido. Por ejemplo, durante el juego imaginativo, el profesor le pregunta a Pedro: «¿A dónde va el coche de Jessica? ¿Le puedes decir dónde tiene que llevar el coche?». Pedro puede responder: «Jessica coche a la escuela» y Jessica puede responder: «No, ¡a la tienda!». Si Pedro no responde, el profesor puede introducir un matiz de conflicto para extraer emociones: «Pedro dice que lo lleva a la tienda, pero tú le has dicho que lo lleve a la escuela» y Pedro puede decirle a Jessica: «¡No, no no! ¡Escuela!». Si la interacción empieza a volverse demasiado intensa, el profesor se puede insertar en la escena como un personaje más y decir: «Soy policía. Vamos a la escuela y a la tienda. Voy a esconder una cosa en mi mano y el primero que acierte en qué mano está podrá decidir dónde va a ir el coche primero». De esta manera, les planeamos un problema que deben resolver mientras interactúan, toman decisiones y aprenden a tener paciencia.

Cuanto más aprendan a interactuar entre ellos, más posibilidades de juego imaginativo se crearán, hasta el punto de que el profesor no tenga que intervenir. Cuando dos niños aprenden a jugar de manera creativa, ya puede entrar un tercero, si bien el profesor actuará de mediador, facilitador y negociador. Si los comportamientos van en la misma línea, el profesor puede actuar como provocador, introduciendo un pequeño conflicto o juego aunque este sea estructurado. Cuanta más interacción haya, menos dependiente será un niño del otro.

Si el niño todavía no domina el pensamiento creativo ni el pensamiento lógico, una parte importante de la jornada escolar debe consistir en esta práctica. Normalmente, desaconsejamos los grupos grandes de niños porque es más difícil interactuar con cada uno, pero si es imposible reducir el grupo por escasez de recursos materiales o personales, tendremos que interactuar con el grupo sirviéndonos de un flujo comunicativo continuo. Por ejemplo, el profesor puede leer un libro en voz alta y, a continuación, los niños deberán expresar sus opiniones y hacer preguntas al respecto. El profesor también puede enseñarles un libro con dibujos y pedir a cada niño que le describa el dibujo, cantar diversas canciones y pedirle a cada niño que escoja su canción favorita levantando la mano, realizar actividades rítmicas, etc.

Es importante señalar, no obstante, que este tipo de actividades en grupo deben representar no más del 10% de la jornada de un niño con TEA. Integrarse en un grupo le ayuda a adquirir un sentido de paciencia, tolerancia y obediencia, pero este aspecto educativo es secundario. Un niño que padece TEA y que se halla en esta fase debe practicar interacciones individualizadas con los padres y el profesor auxiliar o, como máximo, integrarse en un grupo muy reducido. Si el niño empieza a dominar muy bien la interacción y el pensamiento creativo, podrá pasar la mitad del día sólo con un cuidador y, la otra mitad, con algunos niños de clase, si bien el profesor auxiliar controlará y dirigirá estas interacciones.

Pensamiento lógico

Es cuando el niño empieza a combinar varias ideas de manera imaginativa y usa, también, el juego imaginativo en el entorno del colegio con los compañeros y los profesores, el siguiente paso consiste en enseñarle a usar las ideas con lógica. Este paso se puede dar muy fácilmente si el niño trabaja cada día las diferentes actividades y si los padres le ayudan a generar ideas. No obstante, en este punto se introduce un pequeño cambio: los padres tienen que enseñarle a *aplicar la lógica*, a responder lógicamente a las preguntas y acciones de los demás (en el capítulo nueve abordamos distintas técnicas de introducir la lógica).

Cuando el niño ya sabe responder a preguntas abiertas, empieza a saber asociar ideas. Muchas veces es un paso complicado para los niños con TEA debido a las anomalías del procesamiento auditivo. Los profesores y auxiliares deben motivarlo mientras continúa realizando las actividades habituales (juego imaginativo o actividades psicomotoras en el tiempo de recreo o en la rutina de aseo). En esta dinámica de interacciones recíprocas, surgen palabras y el profesor vuelve a intervenir para asociar estas palabras y conectarlas con las suyas. No se deben favorecer las dinámicas de imitación o repetición con enunciados del tipo «haced lo que yo hago» o «callad cuando estéis en clase», sino una atmósfera de conversación enérgica y activa con enunciados del tipo «vamos a comentarlo». Los niños deben estar motivados, hablar entre ellos y enlazar sus ideas con las del profesor. En estos casos, si hay niños que no saben asociar ideas lógicamente con los demás, deberemos trabajar individualmente con ellos el tiempo que haga falta hasta que dominen esta habilidad.

Si hay dos o tres niños que están interactuando, ya sea recortando formas, dibujando o jugando a crear una escena imaginativa, el profesor deberá fomentar una conversación lógica entre ellos. Si Raúl y Montse están jugando y Montse dice: «¡Brum brumm! El coche va a la escuela!», pero Raúl la ignora, el tutor le dirá a Montse: «Me parece que Raúl no te ha oído». De este modo, Montse dirá: «¡BRUMMM BRUMM! ¡Que voy!», y es probable que Raúl responda: «No puedes venir aquí», cerrando el círculo de comunicación.

Vaya al curso que vaya, si el niño todavía no domina el pensamiento lógico y creativo, tendrá que ejercitar estas competencias antes de abordar el trabajo académico. No podemos introducir el trabajo académico (lengua, matemáticas, expresión oral, etc.) hasta que el niño se halle en la típica fase de los cinco años en la que ha llegado a las fases de desarrollo que describimos al tratar la capacidad lingüística y viso-espacial. Hay niños que dominan las competencias y que, incluso, saben hacer los deberes, pero ¿pueden mantener una conversación lógica, moverse en el espacio o crear nuevas ideas? Lo que se advierte como una competencia en los primeros años de escuela puede revelarse como un gran déficit que se demostrará abiertamente cuando el niño tenga que defender un punto de vista, deducir razonamientos, hacer matemáticas avanzadas, comprender la literatura y escribir creativamente.

Sabemos que puede ser complicado integrar a niños con necesidades especiales en una clase ordinaria. Sin embargo, podemos hacerles participar en actividades muy concretas, como el dibujo, el teatro, el gimnasio o las artes plásticas e involucrarlos en la hora de la comida. Es muy positivo que participen en estas actividades, pero, cada vez que la comunicación o las conversaciones superan su nivel, un adulto debe intervenir para trabajar con el niño individualmente, llevándole a un entorno tranquilo (por ejemplo, en una sala separada). A veces los otros niños también son buenos ayudantes. En estos casos, el profesor debe ayudar a estos niños que no padecen ningún trastorno de desarrollo a adaptar la lección o actividad al nivel del niño con necesidades especiales. De esta manera, los niños con TEA aprovechan lo mejor de ambos entornos: interactúan con compañeros de la misma edad y se sienten parte del grupo mientras practican las competencias básicas individualmente cuando sea necesario. (Como hemos comentado antes, en el caso de que la escuela no tenga recursos o material para poder realizar un trabajo individual con estos niños, será muy recomendable que pasen una parte de la jornada involucrados en actividades de grupo apropiadas y, el resto del día, siguiendo el programa de intervención en casa).

Niveles avanzados de pensamiento

Cuando el niño empieza a dominar el habla y a progresar en el pensamiento lógico y creativo, la escuela le puede ayudar a adquirir niveles avanzados de pensamiento: pensamiento multicausal e individualizado y razonamiento. Si bien hay niños autistas que no pueden adquirir estas capacidades debido a sus trastornos neurológicos unidos a otros factores, hay otros niños autistas que sí las pueden adquirir. ¿Cómo podemos desarrollar estos niveles avanzados de pensamiento (tan importantes para que el adulto se pueda desenvolver en la sociedad) en nuestro sistema educativo? Y ¿qué deberían esperar los padres de un programa de intervención?

Estas habilidades se fomentan mejor en una escuela con una filosofía del aprendizaje basada en el pensamiento. En otras palabras, si el niño está estudiando matemáticas, lengua, ciencias sociales, historia, etc., el contenido deber ser siempre secundario al nivel de pensamiento implicado. Los hechos sostienen el pensamiento; las matemáticas y la ciencia deberían enseñarse a partir de la experiencia y de una serie de principios básicos. Por ejemplo, un niño con dificultades en la planificación de acciones no sabrá colocar bien los números cuando haga divisiones largas y obtendrá, como consecuencia, un resultado incorrecto. Se les debe enseñar la noción de cantidad de tal modo que valore el resultado y sepa reconocer y corregir los errores. Si entiende el concepto, sabrá compensar los problemas de secuenciación utilizando métodos alternativos (por ejemplo, escribir en papel cuadriculado o usar una calculadora) para resolverlas.

Con respecto al pensamiento individualizado, multicausal y comparativo, además del razonamiento, no es habitual que se le pida al niño (por mucho que el programa educativo sea muy perfeccionista) que analice sus propias reacciones. Los niños con TEA, al necesitar más práctica en los niveles avanzados de pensamiento, normalmente no pueden adquirir estas capacidades fácilmente, por lo que se les enseña a cumplimentar actividades basadas en la memoria y esto es todo lo que acaban sabiendo.

Si usamos un enfoque basado en el pensamiento, adaptamos el contenido al nivel de desarrollo mental del niño. Cuando tenemos que enseñar conceptos nuevos, siempre introducimos el concepto en un contexto familiar para el niño y, una vez lo haya comprendido plenamente, iremos introduciendo nuevo vocabulario y secuencias nuevas.

Si el niño es incapaz de comunicarse rápidamente en un grupo, deberá pasar la mitad de la jornada practicando las capacidades de desarrollo mental en el contexto de distintas materias académicas con la ayuda de un tutor o profesor auxiliar. Durante la otra mitad de la jornada, puede involucrarse en situaciones de grupo, siempre que los miembros del grupo tengan paciencia y respeto por su modo de comunicación particular (por ejemplo, que esperen a que teclee la respuesta adecuada). Por otra parte, también es positivo que el niño con TEA trabaje junto a un niño que no padezca trastornos en casa y en clase, fomentando, de este modo, las relaciones sociales con un igual.

El origen de estos niveles avanzados de pensamiento se inicia mucho antes en casa, cuando los padres crean situaciones (hasta cierto punto) fortuitas en las que el niño empieza a analizar, a través de conversaciones bidireccionales, lo que hace él, lo que hacen los demás y por qué.

Los niños con TEA suelen interpretar el lenguaje de manera literal y no saben entender las motivaciones o los dobles sentidos. Podemos ayudarle a progresar del lenguaje literal a los niveles avanzados de pensamiento mediante las conversaciones y el juego simbólico. Estas prácticas deben contemplar un variado rango de emociones (incluyendo las negativas: decepción, tristeza y enfado). Si comentamos con el niño el sentimiento de orgullo o celos que se aprecia en un personaje de cuento, este se dará cuenta progresivamente de que los distintos comportamientos de una persona atienden a diferentes causas.

Tanto si estamos en casa como en la escuela, nuestra misión no es explicarle los motivos al niño, sino conseguir que realice por sí mismo las inferencias, que las deduzca. Pueden practicar el hecho de ponerse en el lugar de la otra persona favoreciendo ambos lados de una escena ficticia: «¿Cómo te sentirías si te robasen a ti la comida como le pasa a la protagonista del cuento?». Tenemos que profundizar cada vez más en los argumentos y, si queremos motivarle, tendremos que recurrir a situaciones imaginativas que sea significativas para él/ella e intentar no estructurarle demasiado todo sino involucrarlos en la creatividad.

El entorno físico
Un aula que esté adaptada a niños con TEA debe tener un espacio apropiado para el juego imaginativo (con muñecas, coches y camiones).

Debe haber suficientes juguetes para captar el interés de los niños, pero tampoco es recomendable que haya demasiados, ya que podrían sentirse abrumados. Por otra parte, también es importante contar con un espacio en el que los niños puedan reforzar las habilidades de procesamiento y con otro espacio reservado para las actividades de motricidad gruesa en el que los niños puedan practicar el equilibrio, la coordinación, la integración derecha-izquierda y la planificación de diversas acciones en una misma secuencia. Este espacio debe tener una barra de equilibrio, columpio, pelotas de espuma y vallas de carreras de obstáculos. En otro espacio, los niños pueden dibujar, hacer manualidades (por ejemplo, collares de cuentas) y utilizar las tijeras para trabajar las habilidades de motricidad fina. Otro espacio puede estar dedicado al procesamiento viso-espacial y el niño podrá trabajar con diferentes patrones visuales, buscar objetos escondidos y construir pequeñas estructuras con piezas. Este espacio puede estar integrado con el área de motricidad gruesa. Las tareas de pensamiento visual pueden realizarse en una repisa cerca de una mesa, donde el niño puede jugar con un compañero y un adulto a derribarse mutuamente las estructuras de piezas. De nuevo, muchas de estas actividades van unidas y el entorno se puede organizar de maneras muy distintas. Por ejemplo, el espacio reservado para el juego imaginativo puede ser un lugar muy apropiado para trabajar sobre las habilidades lingüísticas y el procesamiento auditivo.

Por otra parte, también ha de haber un espacio destinado a los ejercicios de modulación sensorial adaptados al perfil de cada niño. En este espacio, podemos introducir juguetes que hagan sonidos (es muy positivo que el niño pueda regular y subir y bajar el volumen). Es importante que el sonido no sea alto. Podemos tener a nuestro alcance, también, diferentes texturas, de tal modo que los niños que son sensibles al tacto puedan tocar diferentes sustancias en el contexto del juego imaginativo y puedan explicar cómo se sienten (o cómo se siente el muñeco, siguiendo el patrón de juego). Debemos prestarle atención al tacto firme. En este sentido, el adulto puede coger a un osito grande de peluche y abrazar y hacer cosquillas al niño con él. El niño también puede saltar en un colchón o en un mini-trampolín, o balancearse en un columpio para reforzar los reflejos vestibulares. De este modo, los niños que reaccionen débilmente a las sensaciones pueden beneficiarse de los estímulos en el sistema vestibular (balancearse, saltar, sentir tacto profundo mediante el peluche) y realizar estas prácticas constantemente.

Cuando un niño se mueve por los diferentes espacios y se centra en diferentes habilidades, también se incentiva el uso creativo de ideas. De este modo, cuando un niño tiene que correr y saltar vallas, se puede imaginar que es un gimnasta o que es Batman. El niño puede decidir el principio y final de la carrera, e incluso puede ayudar a prepararla. También es muy beneficioso formar equipos de dos en los que corran dos niños a modo de equipo (pueden competir en velocidad con otros dos). Estamos seguros de que los profesores más expertos encontrarán la manera de habilitar aulas y espacios para estos fines una vez se defina bien el programa de intervención que deben seguir los niños con TEA.

Planificar el día

¿Cómo se pueden aplicar todos estos principios en el ámbito académico? Como el autismo se define como un trastorno de la capacidad de procesar la información, lo mejor es que el niño refuerce las habilidades de procesamiento en un grupo de trabajo reducido (o individualmente con un adulto) y que practique el procesamiento auditivo (incluyendo la comprensión de material verbal abstracto), el procesamiento viso-espacial y el pensamiento (situar el cuerpo en el espacio, relacionarse con los objetos del espacio y saber delimitar el tiempo y el espacio), la planificación y secuenciación de acciones motoras y la modulación sensorial. La práctica de todas estas habilidades debe ocupar un tercio del día, durante el cual también se pueden realizar otras actividades como interpretación, música, deporte o baile. Una vez detectemos el nivel de desarrollo del niño, podremos marcar los objetivos concretos.

Cada una de estas actividades debe durar veinte minutos (con repeticiones, si es necesario). Así, por ejemplo, podemos dedicar veinte minutos al trabajo Floortime de las competencias básicas, veinte minutos a la expresión lingüística, veinte minutos al procesamiento viso-espacial y veinte minutos a la modulación sensorial.

Durante otro tercio del día, podemos abordar los niveles avanzados de pensamiento. Como indicamos en el capítulo diez, lo mejor es crear situaciones emocionalmente afectivas que le sean familiares al niño (rivalidad entre hermanos, enfados con amigos o padres, etc.) con el fin de enseñar el pensamiento individualizado o multicausal y el razonamiento.

Las actividades académicas pueden ocupar otro tercio del día (deberes del colegio adaptados al perfil del niño y destinados a reforzar su desarrollo mental). En este caso, también, el niño puede trabajar individualmente en un grupo reducido o en grupos más amplios (por ejemplo, una discusión grupal acerca de un libro). En una situación de aula, un niño con TEA necesitará la ayuda de un profesor auxiliar para involucrarse en la dinámica de clase. Actualmente. existen muchas escuelas que contratan a profesores de educación especial. Estos profesores supervisan y ayudan al niño, durante una parte de la jornada escolar, en el aula y fuera del aula, y normalmente se recomienda que sigan la evolución del niño durante unos cuantos años, pues el aprendizaje del niño necesita pasar por una serie de fases y, por otra parte, este necesita apoyarse en una relación constructiva mientras va cambiando de profesores y de especialistas. Los niños parecidos al estudio de caso que hemos descrito al principio del capítulo no deben ser empujados hacia el aprendizaje de tareas académicas sin contemplar su desarrollo mental. Para analizar su desarrollo mental, debemos fijarnos si ha adquirido cierto nivel de pensamiento y la amplitud de los contextos en los que lo aplica. ¿Lo aplica a las matemáticas y a la ciencia de la misma manera? ¿Lo aplica a las interacciones sociales y a la relación con los padres y los compañeros? ¿Lo utiliza para canalizar los sentimientos positivos y negativos?

Cuando observemos que el niño comienza a demostrar el dominio de la capacidad de gesticulación y de las interacciones recíprocas, podremos declinarnos por un entorno especial, por un programa de intervención integrado, o un programa de trabajo reforzado y asistido por un profesor auxiliar en un entorno de aula ordinaria. Muchos padres ven imposible integrar a su hijo en el sistema educativo y se sienten frustrados, sobre todo si no hay personal especializado en las escuelas. En las ciudades en las que el sistema de educación pública es absolutamente rígido y no contempla la creación de entornos adecuados para fomentar la interacción y comunicación de niños con trastornos de desarrollo, los padres tendrán que plantearse la educación en casa porque sólo así podrán crear un entorno adecuado al niño. Pueden abrirles las puertas de casa a los amigos del niño con el fin de que se involucren en actividades diarias de juego y el niño también puede realizar actividades externas como baile, deporte, artes plásticas, cerámica o teatro. Existen muchas maneras de interactuar en un grupo social (aparte del juego en casa o los encuentros con amigos) que se pueden incorporar al programa educativo diario del niño.

Otras familias podrán acceder, por sus recursos, a la educación privada, en cuyo caso podrán vigilar que se cumpla el tipo de programa educativo que hemos descrito. Sin embargo, si ninguna de las dos opciones (escuela privada o educación en casa) es viable o recomendable, los padres deberán exponer su caso al sistema educativo, sirviéndose de una gran energía y voluntad. De hecho, esto ha funcionado en muchas zonas de Estados Unidos. En estos casos, la familia ha tratado el caso del hijo con las competencias administrativas de su zona y ha acordado llevar al niño a la escuela para que cumpla la mitad de la jornada involucrado en un grupo de trabajo y, la otra mitad, en casa, desarrollando un trabajo individual. No pierdas de vista los objetivos y recuerda que el día a día del niño es lo más importante: no se trata de llevar al niño a una escuela del todo inadecuada para sus necesidades a cambio de unas horas de terapia o psicólogo. Es mucho mejor proporcionarle un programa educativo diario y adecuado para él. Las familias afectadas deben unirse y organizarse. Si les hacemos saber a las administraciones locales y a los políticos que las escuelas actuales no tienen en cuenta las necesidades especiales de los niños con TEA y que tienen que cambiar, habrá más posibilidades de que se produzca este cambio. Será, sin embargo, un trabajo duro.

Planificación del día para niños que no han adquirido las seis fases del desarrollo (repite la secuencia entera de actividades a lo largo del día aunque estés fuera de casa).
- *Floortime*: veinte minutos.
- *Actividades de expresión oral*: veinte minutos.
- *Actividades de procesamiento viso-espacial*: veinte minutos.
- *Actividades de modulación sensorial*: veinte minutos cuando el niño haya alcanzado el nivel de cinco años, con respecto al desarrollo emocional funcional y a las capacidades lingüísticas y viso-espaciales (por ejemplo puede involucrarse en el pensamiento multicausal y en el uso de ideas) añade tareas académicas basadas en el pensamiento y que incluyan la lectura, matemáticas y expresión oral y escrita.

Bloque V
Superar los síntomas complejos

Capítulo 22
Lenguaje estereotipado y ecolalia

José era un niño de seis años. Era muy activo y tenía los ojos negros. Le diagnosticaron autismo con una inteligencia especial para recordar palabras. Además del programa de tratamiento Floortime que seguía en casa y en la escuela, un logopeda le ayudaba a superar sus dificultades con el lenguaje expresivo y un terapeuta ocupacional le guiaba en sus trastornos psicomotrices. Sus padres observaron que sufría mucha ansiedad y que había empezado a usar un lenguaje estereotipado: en lugar de interactuar con los demás, se dedicaba a reproducir un monólogo extraído de las conversaciones que había oído en la televisión o de los libros que había leído. Estaban muy preocupados con estos síntomas nuevos y no sabían cómo contrarrestarlos.

¿Cómo podemos ayudar a un niño que tiende a memorizar secuencias de enunciados, a repetir todo lo que oye y a ser ecolálico en lugar de utilizar el lenguaje con intención comunicativa? Nuestro enfoque para reconducir este comportamiento (así como los demás síntomas tratados en este capítulo) es contemplar la situación como una oportunidad para reforzar las competencias básicas de la interacción, la comunicación y el pensamiento. Tenemos que plantearnos la siguiente pregunta: «¿Cuál es el hueco de aprendizaje que me he dejado y que conlleva a este comportamiento?».

Como hemos señalado antes, si nos centramos en los factores subyacentes en lugar de obsesionarnos con las manifestaciones problemáticas externas, podremos reconducir el síntoma de manera más efectiva y estable. Se podría comparar con el hecho de ayudar a una persona que se tropieza y cae constantemente: si le damos la mano, no se caerá, pero si tonificamos los músculos de sus piernas y reforzamos su coordinación, no sólo no se caerá, sino que será capaz de correr, bailar, saltar y caminar.

Cuando un niño repite lo que lee en los libros, lo que le leemos nosotros, lo que oyen en la televisión o en la radio o lo que le decimos en lugar de responder de manera coherente, están exteriorizando un par de factores. En términos positivos, podemos decir que están demostrando que saben recordar y que saben memorizar sonidos o palabras. No obstante, este comportamiento también revela un hueco de aprendizaje: no son capaces de utilizar estas palabras memorizadas en sentido lógico o creativo; no saben razonar con estas palabras, sólo saben repetirlas.

El deseo es lo primordial

La mayoría de niños con TEA que hemos tratado poseían la capacidad potencial de aprender a razonar con palabras. El primer paso es crear interacciones que estimulen a estos niños de tal modo que no se limiten a repetir palabras y ejercitar la memoria. Este proceso siempre se da a dos niveles. Cuando un niño es ecolálico o utiliza un lenguaje estereotipado, debemos plantearnos dos preguntas:

1. ¿Se siente motivado y expresa alegría, cariño o complicidad? ¿Se involucra en una interacción durante mucho tiempo?
2. ¿Le gusta participar en un flujo comunicativo y recíproco de gesticulación emocional?

Si el niño no muestra cercanía ni se involucra en un intercambio constante de gestos emocionales, tenemos que trabajar más estas competencias básicas (como hemos afirmado en capítulos anteriores). En caso contrario, no podremos ayudar al niño a contrarrestar esta tendencia de repetición o de producción discursiva rígida y limitada. De momento, lo más importante es favorecer el intercambio constante de gestos emocionales.

Mientras reforzamos esta capacidad, podemos fomentar el uso creativo y lógico del lenguaje. De hecho, no podemos dejar de lado el lenguaje o las materias académicas si el niño se halla en este nivel. Podemos trabajar estas capacidades a la vez, aunque debemos considerar varias dimensiones al mismo tiempo. Como comentamos en el capítulo ocho, a veces es necesario introducir la técnica del obstáculo lúdico para reactivar la interacción.

Pongamos el siguiente ejemplo: el niño repite lo que dices. En este caso, le puedes preguntar: «Cariño, ¿quieres salir a dar un paseo?» y

Tomás repite: «Cariño, ¿quieres salir a dar un paseo?». Entonces, tú le preguntarás: «¿Sí? ¿Un paseo?» y él responderá: «Sí, un paseo». Has convertido esta repetición de secuencias en una conversación coherente. A continuación, puedes llevar a Tomás hasta la puerta, donde verá a los demás niños jugando en el parque. Tú sabes que quiere ir a jugar y que no sabe cómo pedirlo. Entonces, le dices: «Vamos a ver cómo juegan». Al mirar la escena, su emoción se incrementará por el deseo de salir a jugar. En este momento, tendrás que colocarte entre la puerta y él y decirle: «¿Quieres que mamá te lleve a jugar?».

Si consigues que repita: «Mamá jugar», deberás simplificar tú también el lenguaje y responder: «¿Salir y jugar?» y abrir la puerta para que pueda comprobar lo que significa «salir» y «jugar», pero, en ese momento, puedes cogerle de la mano y decir: «¿O estar aquí?». Es probable que repita: «Jugar estar aquí». En ese caso, puedes representar con más énfasis lo que significan las dos acciones y ponerle un acento especial a «jugar». Después de tres o cuatro veces, el niño tomará las riendas de la conversación y repetirá la parte del enunciado que refleje sus deseos: «jugar» o «salir». Si no lo hace el primer día, lo hará el segundo siempre y cuando seas perseverante con este ejercicio.

Por supuesto, está claro que no debemos forzar al niño hasta el punto de que coja una rabieta, pero tienes que dejar que cultive un sentimiento de deseo o afecto hasta el punto de que experimente un deseo de pertenencia o de unión hacia esa parte concreta del enunciado que le lleve a obtener lo que quiere. El objeto de su deseo puede ser variado: un dulce, jugar con su muñeco favorito, salir al parque, etc. En este ejercicio, tienes que hablar lentamente mientras pronuncias y enfatizas con gran emoción la parte del enunciado con la que el niño está emocionalmente unido. Esto le ayudará a romper el patrón ecológico reforzando sus propios deseos.

Cuando utilizamos técnicas de aprendizaje muy rígidas y estructuradas (por ejemplo, mostrarle una foto al niño y enseñarle a memorizar la palabra que designa al objeto de la foto), estamos fomentando inconscientemente la ecolalia o el lenguaje estereotipado porque la memorización no se asocia con las emociones del niño. Como hemos explicado, normalmente los niños aprenden el lenguaje asociando una palabra con una experiencia emocional positiva o negativa. Aprenden la palabra «querer» a través de los abrazos y besos. Aprenden la palabra «comer» a través de la experiencia de comer papilla. Aprenden el enunciado «salir y jugar» saliendo a jugar. Si aprenden sólo a través de la memorización (porque se lo enseñamos así o porque tienen mucha memoria pero les cuesta entender el significado de las palabras y tienden, así, más hacia la memorización), tenemos que ayudarles a relacionar sus deseos con las palabras. La técnica adecuada es usar la palabra en cuestión en una situación concreta y adecuada imprimiéndole una emoción especial (haciendo el ademán de salir a jugar o de coger una manzana) y, a continuación, estimulando al niño planteándole varias opciones. Tal y como hemos señalado, tenemos que plantearle la opción correcta al principio y la opción absurda al final para que no se limite a repetir lo último que has dicho. Tiene que saber comparar las dos opciones en su mente.

Primero, el significado; después, la gramática

No te preocupes si el lenguaje de tu hijo/a es reducido. Lo importante es que exprese las palabras con significado en lugar de limitarse a repetir enunciados. Si le preguntas: «¿Quieres salir a jugar o dormir?» y te responde: «Jugar», ya es suficiente porque ha expresado una palabra con significado pleno. En esta fase, no es necesario que le corrijas para que exprese el nombre, el pronombre o el adverbio correcto. Focaliza el significado y di: «¡Muy bien! Perfecto. Vamos a jugar». Incorpora la palabra de tu hijo/a en tu discurso porque la ha expresado con intención comunicativa. Con el tiempo, cuando se acostumbre a utilizar el lenguaje con sentido intencional, empezará a usarlo correctamente porque te habrá oído usarlo con propiedad.

Si tu hijo/a muestra una tendencia hacia la ecolalia y el lenguaje estereotipado, lo que nunca debes hacer (y, si ya lo has hecho, no lo hagas más) es corregir la gramática. En esa fase, no tienes que enseñarle la diferencia entre «niña» o «niño» o entre «mí» o «yo». Eso viene después. Seguramente pensarás: «Pero si le dejo que diga mal las cosas, aprenderá la manera incorrecta y luego será mucho más difícil enseñarle la forma correcta». Tienes que dejar de lado por un momento esa idea; tu propósito es muy válido, pero se trata de una preocupación muy temprana. Sería lo mismo que decir: «Mi hijo no sabe calcular» cuando está aprendiendo a sumar uno más uno.

El primer objetivo es estimularle para que sepa utilizar las palabras con sentido, aunque lo haga con torpeza. Si ponemos todo nuestro empeño en que utilice la palabra o el sintagma nominal adecuado, volveremos a la rutina del aprendizaje rígido y estructurado. Puedes enseñarle a memorizar diferentes frases: «Mamá, estás muy guapa. ¿Me llevas a jugar al parque?» o «Hola abuela, ¿te puedo dar un beso?».Te puedes sentir muy orgulloso/a y la abuela estará muy contenta, pero el niño no le habrá impreso carga significativa a los enunciados. En lugar de ello, tienes que decantarte por el intercambio de gestos (expresiones faciales, asentimiento, negación con la cabeza, indicaciones con el dedo), palabras y frases, con propósito comunicativo.

Cuando el niño empiece a usar el lenguaje y lo cargue de significado, podremos corregirle la gramática. Así, por ejemplo, puede confundir las personas «yo» y «tú» y puede decir: «Mama, tú salir a jugar» en lugar de: «Mamá, quiero salir a jugar». En este caso, podemos jugar a fingir confusión y desconcierto. La madre puede decir: «Muy bien. Voy a jugar» y abrir la puerta para salir sola. Entonces, él o ella responderá: «¡No, mamá!» y la madre volverá a decir: «¿Quién va a jugar?», señalando al niño y a ella misma. El niño señalará a sí mismo/a. Entonces, la madre se puede colocar detrás de él/ella y estimularle diciendo: «Yo voy a jugar, yo» y él/ella dirá: «Yo voy a jugar». Finalmente, la madre dirá: «Muy bien. Vamos». Es probable que vuelva a cometer el mismo fallo, en cuyo caso tendrás que repetir el ejercicio. Enséñale a señalar a sí mismo para entender que «yo» es lo mismo que «mí». Cuando se siente lo bastante motivado como para salir fuera, quiere aprender la palabra correcta para comunicarle a esta persona tan poco imaginativa que tiene delante que «mí» es él mismo.

Puedes proceder de la misma manera para enseñarle cualquier otro elemento de la gramática; lo importante es crear una situación o una escenificación que clarifique el significado de las palabras con diferente categoría gramatical. Cuando el niño pueda mantener una conversación de diez minutos con palabras (es igual que sean incorrectas, pues lo importante es que no las haya memorizado), podrás empezar a trabajar la gramática. No te adelantes, sé paciente, sigue cada paso del niño y construye las competencias básicas. Si se cumple todo esto, llegará el uso correcto de la gramática.

Este es un proceso natural en muchos niños. En estos casos, ni siquiera es necesario incidir en la gramática. Cuanto más interactivo sea y más sepa intercambiar gestos, palabras y enunciados cortos, más posibilidades habrá de que utilice los pronombres, la concordancia lingüística y los adjetivos y adverbios de manera correcta. Nuestra teoría sobre la adquisición del lenguaje se basa en la tesis de que los niños aprenden las categorías gramaticales a través de sus experiencias con el mundo. Un ejemplo sencillo sería el siguiente: un niño aprende el significado del adjetivo «enorme» porque quiere un trozo de pastel muy grande. Primero tiene que percibir la noción de que existen trozos grandes y trozos pequeños y, más tarde, tiene que conceptualizar lo que quiere. A partir de ahí, se produce la negociación sobre los trozos pequeños y los trozos grandes aunque nunca haya relacionado las palabras «trozo», «grande», «pequeño». Por otra parte, recuerda la experiencia de comer trozos grandes y trozos pequeños y la experiencia emocional de los trozos grandes es mucho más significativa y emocionante que la experiencia de los pequeños. De esta manera, el aprendizaje del adjetivo «enorme» se produce de manera natural. Podemos afirmar, entonces, que muchos niños empiezan a utilizar correctamente la gramática de manera espontánea y automática. No obstante, si es necesario trabajar este tema, siempre debemos crear situaciones en las que el niño tenga que escoger la opción correcta y se sienta emocionalmente implicado (salir a jugar «yo» o «tú» o comer una porción «grande», «pequeña» o «enorme').

Lenguaje estereotipado y ansiedad

Hay niños (como José, el caso planteado al principio del capítulo) que prestan atención y utilizan bien el lenguaje, pero tienden hacia las producciones estercotipadas cuando se sienten nerviosos o estresados. Utilizan el lenguaje estereotipado como autoestimulación para salir del estado nervioso y organizarse. (Explicaremos el comportamiento autoestimulatorio en el siguiente capítulo). Cuando observes un cambio en el comportamiento habitual del niño porque este empieza a repetir más frases de la cuenta, debes poner en práctica dos mecanismos. En primer lugar, tienes que regresar a los fundamentos del Floortime e ir trabajando las fases del desarrollo con el niño. Empezarás con la modulación de actividades rítmicas y con la transmisión de calma y serenidad para volver a captar la atención del niño y atraerlo hacia la comunicación interactiva y la resolución conjunta de problemas. Una vez lleves a la práctica este marco de actuación, puedes estimular al niño para que vuelva a utilizar el lenguaje de forma interactiva.

Por otra parte, tenemos que reducir, al mismo tiempo, los factores que le estresan o le suponen una carga nerviosa. En el caso de José, al tener que introducir una nueva rutina en su programa de intervención para trabajar su sentido del oído, se sintió demasiado estresado y, en lugar de avanzar, estaba retrocediendo. En estos casos, tenemos que modificar el enfoque y concederle una pausa al niño (reduciendo la actividad gradualmente para que no suponga un cambio muy brusco) mientras favorecemos las competencias básicas, hasta reconducir el progreso del niño. En otras palabras, si un niño con TEA empieza a mostrar síntomas de deficiencias en las competencias básicas, tienes que volver a empezar y trabajarlas de nuevo. Nunca debemos dejar de lado las competencias básicas para trabajar cualquier otro aspecto funcional del niño. Cuando consigamos que vuelva a su línea base, podemos volver a introducir las actividades que realizaba antes, reducir el tiempo de práctica a un cuarto o un tercio y observar cómo tolera dichas actividades. Si las tolera bien, podemos incrementar el tiempo (dos tercios, por ejemplo), pero, ante el más mínimo síntoma de estrés, retrocede. Cuando ocurre esto y detenemos el proceso en los primeros signos de estrés, no perdemos nada. En realidad, aprendemos una lección nueva: modular el ritmo de introducción de actividades nuevas para él o ella. Con este conocimiento, le ayudaremos a manejar la nueva habilidad de una manera gradual y con una mejor autoregulación.

Enriquecer el lenguaje

Hay niños que utilizan el lenguaje de manera correcta, pero de forma limitada y con secuencias repetitivas y estereotipadas. Pueden tener un repertorio de ocho o diez frases como «Quiero una galleta» o «Salir a jugar», pero no saben ampliar el uso de palabras. En este caso, como en los demás, la clave radica en el hecho de plantearse primero: ¿El niño presta atención y participa en un flujo comunicativo y constante de gestos? En ese caso, ¿es un flujo comunicativo rico y extenso? O, planteado desde otro punto de vista, ¿en vuestras interacciones os dedicáis a pasaros la pelota cien veces o cambiáis de una actividad a otra? ¿El niño muestra diferentes expresiones faciales? ¿Produce sonidos diferentes? ¿Le gusta cogerte de la mano para enseñarte cosas cuando estáis jugando en casa o cuando salís a dar un paseo?

Como ya indicamos en el capítulo ocho, tienes que empezar incentivando la experiencia y capacidad emocional del niño para ampliar su uso del lenguaje. Llévatelo de excursión, al zoo, a la playa, a las ferias, al supermercado y, en todos estos lugares, responde a la iniciativa del niño siguiendo la terapia Floortime. Recurre siempre al juego imaginativo con peluches y muñecos. Si no le gustan los muñecos, juega a crear una escena con él, disfrazándote e imitando a personajes de cuentos o de dibujos animados. El juego imaginativo o las escenas simuladas tienen que responder siempre a sus gustos. ¿Cuál es su pasión? ¿comer?, ¿correr?, ¿moverse? Comienza por las actividades rutinarias de casa: simula que los muñecos y peluches realizan estas actividades e intenta estimularlo para que también juegue a hacer tareas de casa con un muñeco. En otras palabras, incrementa las experiencias emocionales del niño.

Si el niño no sabe participar en el juego imaginativo, tienes que enriquecer sus experiencias sensoriales (todo lo que ve, oye, huele, toca y saborea). Si el niño habla un poco, introduce las palabras que designan estas nociones relativas a los sentidos y procura mantener un pequeño diálogo que explique lo que estás haciendo. Puedes estimularle e indicarle las palabras o gestos, pero asegúrate de que se trata de un intercambio comunicativo recíproco y constante. En cuanto veas que es factible, introduce el juego imaginativo, pues este estimula la creatividad y la imaginación del niño y, a la larga, enriquecerá y ampliará su producción verbal.

Cuando el niño utiliza palabras sueltas para expresar frases («Mamá, galleta»), utiliza el objeto de su motivación para enriquecer el enunciado en lugar de repetir lo que haya dicho. Por ejemplo, puedes tardar en reaccionar. Antes de ir a por la galleta, le puedes decir: «¡Muy bien! ¿Qué clase de galleta quieres?» e indicarle los diferentes tamaños de galleta con la mano u ofrecerle diferentes clases (las de chocolate y las de trigo, por ejemplo). Seguramente, no sabe lo que significan las palabras, así que tendrás que enseñarle los paquetes de galleta y decir: «Estas se llaman galletas de chocolate y estas se llaman galletas de trigo. ¿Cuáles prefieres?, ¿chocolate o trigo?». Es probable que te sorprenda y que diga: «Dos» o «las dos» antes de coger los dos paquetes y salir corriendo. Si se produce esta reacción, será fantástico porque habrá utilizado una palabra nueva que tú desconocías que él o ella supiese.

Un niño consigue las cosas por repetición si tú eres el primero en permitírselo, así que debes dejar de contemplar el juego de la repetición y centrarte en el juego de la confusión fingida. Tienes que ser un poco travieso e ingenioso y estar siempre dispuesto a provocarle y a estimularle, introduciendo constantemente elementos nuevos en las conversaciones. Intenta enriquecer una conversación simple y crea nuevos eslabones en el círculo de comunicación. Si crees que no puedes enriquecer su lenguaje mediante el juego imaginativo porque no tienes suficiente imaginación (típico comentario de los padres), retrocede un paso y limítate a observar a tu hijo/a. Él te dará la clave de lo que le apasiona, de lo que le interesa. Vigílalo y obsérvalo.

Capítulo 23
Autoestimulación, autosensorialidad, hiperactividad y comportamiento de evitación

Kim era una niña de tres años y medio. Era muy activa, tenía el pelo rizado y una mirada despierta. No hablaba ni utilizaba el balbuceo en las interacciones. Los padres de Kim querían jugar con ella utilizando la terapia Floortime, pero eran incapaces de captar su atención (sobre todo cuando estaba excitada). En lugar de jugar, tendía a coger el pelo de su madre y a olerlo. Sus padres no sabían qué hacer para cambiar este comportamiento y para motivarla.

¿Cómo podemos ayudar a un niño que muestra una tendencia hacia la autoestimulación, la ansia de sensaciones, la hiperactividad y que, además, se comporta de manera esquiva y evasiva? Normalmente, este patrón de conducta se manifiesta de la siguiente manera: a los tres años, aproximadamente, el niño se muestra excitado y explora todos los juguetes uno por uno, pero enseguida los deshecha, cogiendo uno; dejándolo y yendo a por otro. Además de ello, salta y sacude las manos siguiendo un comportamiento autoestimulatorio. En este caso, si nos acercamos a él y le hablamos para estimularlo y captar su atención, reacciona apartándose y moviéndose hacia el otro extremo de la habitación. Cuanto más te acercas a él, más nervioso se pone, moviendo las piernas y los brazos espasmódicamente y distrayéndose con sus propios movimientos. Es normal que en estos casos los padres no sepan cómo actuar o ayudarle a progresar en la escala del desarrollo.

Elaborar su perfil
Como señalamos en el capítulo once, lo primero que debemos hacer para reconducir el progreso del niño es identificar el funcionamiento particular de su sistema nervioso. Pongamos el caso de Juanjo, un niño

que muestra ansia de sensaciones; es decir, se siente muy atraído por ciertas sensaciones (saltar, mover los brazos y tocar varios objetos); tiene ansia por el contacto físico intenso y le gusta chocar con objetos. Por otra parte, también le encanta la sensación de vaivén en el columpio y el juego de la avioneta.

En primer lugar, debemos considerar la posibilidad de que, además de la tendencia a la búsqueda ansiosa de sensaciones, puede ser muy sensible a otras sensaciones, como los sonidos agudos, los sonidos de máquinas, la luz intensa o el movimiento. Cuando un niño con este patrón se siente abrumado (por ejemplo, en un entorno ruidoso), pasa directamente al comportamiento de ansia por las sensaciones en lugar de retraerse o mostrar cautela. Si nos enfadamos con él y le gritamos porque no para de correr, estaremos aumentando su ansiedad.

Por otra parte, también debemos tener en cuenta su procesamiento viso-espacial (cómo se orienta y se posiciona en el espacio y cómo se maneja en el entorno). ¿Se dedica a moverse de un sitio a otro sin sentido o, mientras salta y corre, se interesa por la habitación en su dimensión global y analiza cada parte del espacio sistemáticamente? ¿Choca contra los objetos o los esquiva y se mueve sin dificultad por el cuarto?

A continuación, debemos fijarnos en la planificación y secuenciación de acciones motoras. ¿Le cuesta coger los objetos? ¿Le parece muy difícil y se muestra torpe en sus movimientos o cada cierto tiempo es capaz de planificar dos o tres movimientos (coger un objeto, observarlo y colocarlo en un lugar o sacarlo de este lugar)?

¿Entiende tus gestos y tus palabras? Por ejemplo, hay niños muy activos y con tendencia hacia la búsqueda de sensaciones que son capaces de recordar cuentos enteros que el padre o la madre les había leído en momentos de tranquilidad. Otros niños tienen menos memoria auditiva y necesitan trabajar esta área. Por último, ¿se siente a gusto cuando establece contacto físico y está cerca de ti? ¿Le gusta que le abraces o prefiere escalar encima de ti o pegarte? ¿Quiere que lo lances al aire o prefiere estar solo?

Únete a las actividades del niño

El primer paso es analizar las preferencias y sensibilidades del niño (como explicamos en el capítulo once). A continuación, debemos enfrentarnos a la pregunta más difícil: ¿Cómo podemos ayudar a este niño que huye de las interacciones, no se calma y no progresa en la escala del desarrollo? Muchas veces nos vemos obligados a corregir el comportamiento de los padres cuando estos demuestran hábitos apáticos y sedentarios. Cárgate de energía para adaptarte a sus movimientos y muévete por la habitación al mismo ritmo que él. En una ocasión, tratamos a un niño que se dedicaba a saltar durante la sesión con la logopeda. Le aconsejamos a la logopeda que saltase con él. Cuando empezó a hacerlo, el niño le respondió con una sonrisa y enseguida empezaron a interactuar (por ejemplo, el niño daba tres pasos y ella daba tres pasos). Esta situación se pudo producir porque la logopeda se había adaptado a su ritmo y había seguido su pequeño juego de baile.

De este modo, lo primero que debes hacer es imitar los movimientos del niño con el fin de convertirlos en una actividad entre dos: el salto de dos canguros, el baile de dos bailarinas o el vuelo de dos supermanes. El niño se puede sentir muy motivado e intrigado (acaba de descubrir a un compañero de aventuras al que pueden hablar) y, como consecuencia, aumentará la atención conjunta y la comunicación. La comunicación a través del movimiento es fundamental en el desarrollo del ser humano, pues el baile, por ejemplo, es una tradición muy antigua que guarda una íntima relación con nuestra evolución.

Cuando participes en la actividad del niño, ayúdale a hacer lo que está intentando, sea lo que sea. Si le gusta saltar o quiere que le levantes, extiende los brazos para que salte o se deje caer en ellos. En una de nuestras sesiones, el niño era muy arisco y se dedicaba a correr por la habitación. El padre abrió los brazos y su hijo se dejó caer encima de él. A continuación, el padre lo cogió y jugaron a hacer el avión. De este modo, el niño gesticulaba y señalaba adónde quería ir. Empezó a utilizar las palabras «riba» (para expresar «arriba») y «bajo» (para expresar «abajo»). Este niño, que no había hablado nunca, gesticulaba y empezó, así, a utilizar palabras.

Únete a la actividad del niño para crear una interacción e introduce una gama de gestos para que el niño también gesticule a modo de respuesta para expresar sus deseos. Muchos niños con búsqueda ansiosa de sensaciones tienen la habilidad de usar palabras o frases cortas, de tal modo que pueden expresar adónde quieren ir o qué quieren hacer.

Otra estrategia que se puede aplicar en el caso de niños con comportamiento evasivo que reaccionan corriendo o apartándose es el juego de la valla móvil. Recuerda que todos los niños quieren comunicarse e interactuar; sencillamente, no saben cómo hacerlo porque su sistema nervioso se lo impide. El mayor error que se puede cometer con niños que muestran ansia de sensaciones es retenerlos físicamente: sólo conseguiremos que se angustien y que tengan una rabieta y sumaremos un problema más. Con el juego de la valla móvil, te mueves por toda la habitación con el niño e intentas envolverlo con los brazos sin llegar a tocarlo. Tus brazos deben funcionar como si fueran *hula-hops* (o puedes utilizar un *hula-hop* de verdad si no te alcanzan los brazos). Es especialmente recomendable hacer este juego cuando el niño se acerque a la pared o a una esquina, de tal modo que esta pase a formar parte de la valla.

Así, el niño ya está posicionado en un espacio pequeño y limitado. Tú no le estás tocando y él tiene que tocarte si quiere salir de ese pequeño encierro. Se pueden producir varias reacciones: es probable que disfrute de este pequeño encierro, ya que normalmente la sensación de estar en un espacio grande les angustia, mientras que en un espacio reducido es más probable que se dé la vuelta, sonría o responda a tus gestos. Por otra parte, hay niños que prefieren escapar y volver a merodear por la habitación. Intentarán esconderse o trepar por tus piernas. En este caso, si estimulas al niño para hacer un gesto o producir un sonido con intención comunicativa, conseguirás incrementar su repertorio de gestos o sonidos intencionales, como levantar el brazo o decir: «riba» o «bajo». También puedes incorporar muñecas o animales de peluche para que formen parte de esta limitación espacial o «valla»: «El señorito oso dice que tienes que decir la palabra mágica para salir de mis brazos».

Otra estrategia muy útil para los niños con ansia de sensación es colocarle en una especie de plataforma (un balancín grande o, sencillamente, una pila de cojines). La posición elevada le ayuda a concentrarse y a comunicarse de manera intencionada; al sentir que el suelo está debajo, se colma parte de su ansia sensorial y se pone en juego un patrón de comportamiento compensador en el que el niño presta más atención, ordena sus movimientos y se concentra con mayor facilidad.

Para favorecer este progreso, podemos introducir en casa un balancín. Este tipo de asiento lo sujeta por todos lados y puede balancearse sin riesgo de caer mientras experimenta la sensación de movimiento en el espacio. La idea es introducir el movimiento de balanceo y, a continuación, sentir el movimiento con él (mover la cara mientras se balancea hacia delante y hacia atrás). Mientras se produzca este ritmo y este movimiento más regulador, el niño podrá interactuar, gesticular e intercambiar sonidos contigo.

Si se trata de un niño que se distrae mucho con su propio movimiento y que no habla (aunque sepa decir alguna palabra), es muy recomendable cogerle la mano y moverla hacia delante y detrás siguiendo el sonido rítmico de tu voz. Esto le ayudará a regular su movimiento y a tranquilizarse, a utilizar las palabras que ya conoce y a aprender palabras nuevas. Otros niños necesitan un contacto físico fuerte, por lo que se recomiendan los abrazos desde la espalda (podemos utilizar a un muñeco como excusa), el rozamiento o la comprensión de las articulaciones (mediante ejercicios de saltar o de manipular directamente los brazos y las piernas) y las actividades rítmicas o movimientos al ritmo de la música y con el apoyo de un metrónomo. (Cuando el niño sepa hablar y sepa seguir instrucciones, puede utilizar el metrónomo interactivo, una versión computerizada del metrónomo normal que le indica al niño si está siguiendo el ritmo o no. Sin embargo, para utilizarlo tiene que saber seguir las instrucciones y cooperar. Las últimas investigaciones demuestran que esta herramienta es muy útil para mejorar la atención, la planificación de acciones, la autorregulación y la orientación). Por último, también resulta útil la técnica de vestir al niño con ropa pesada con el fin de que goce de un estímulo sensorial cada vez que se mueva, de manera que no tenga que moverse tanto, lo que facilita también las cosas a los padres o tutores.

En todo momento, el objetivo es canalizar las ansias de sensorialidad del niño con el fin de atraerlo hacia la atención conjunta, la empatía, la gesticulación recíproca y (si se puede) la resolución de problemas. Si aprovechamos el movimiento del niño para crear una interacción, cuanto más propiciemos el intercambio comunicativo constante (con palabras y gestos) más posibilidades habrá para que encuentre el equilibrio y la tranquilidad. Así, el objetivo es la regulación, un condicionante clave para el dominio de los niveles avanzados del desarrollo emocional. Para garantizar la regulación, debemos ayudar al niño a utilizar el movimiento de manera interactiva y no como una herramienta para el comportamiento autoestimulatorio o solitario.

Otros comportamientos autoestimulatorios

Aparte de los casos comentados anteriormente, también hay niños que muestran otro tipo de comportamiento autoestimulatorio como mirar fijamente el movimiento de las aspas de un ventilador, embestir a alguien o restregarse contra el suelo, producir sonidos repetitivos (por ejemplo, un chasqueo de lengua), etc. Las actividades autoestimulatorias tienen una justificación, y una de ellas es crear una sensación corporal que sea placentera o tranquilizadora para él. Esta información sensorial (vista, tacto, olor o movimiento) le produce un feedback fisiológico que el niño valora de manera muy significativa.

Entonces, ¿cómo le podemos ayudar para que alcance el placer y el equilibrio por otra vía? Uno de mis profesores de desarrollo infantil, Reginald Lourie, uno de los pioneros de la psiquiatría infantil en los Estados Unidos, decía siempre algo muy sabio: «Si quieres que un niño deje de hacer algo, plantéale algo mejor». Para ello, tienes que saber detectar qué está obteniendo del objeto que contempla o de la actividad que está realizando.

Pongamos por caso el siguiente ejemplo: un niño está haciendo unos sonidos que molestan a los compañeros de clase. Este niño está buscando sensaciones en su boca que le resulten placenteras y tranquilizadoras. Para entender qué persigue el niño con este comportamiento, obsérvalo detenidamente y aplica el razonamiento. Por supuesto, si el niño sabe hablar, se lo puedes preguntar (desde una perspectiva abierta, sin criticarle ni reprimirle) y es probable que te responda. Entonces, le puedes decir: «¡Anda! Parece divertido. Te gusta mucho hacerlo. Supongo que lo haces por algo» y es probable que te responda que le gusta hacerlo o que lo está imitando de un dibujo animado. Hay muchos niños que no padecen TEA y que realizan movimientos parecidos debido a distintos problemas de regulación o control de los impulsos. Estos niños son capaces de hablar de su comportamiento y decir, por ejemplo: «Me gusta hacer esto con la boca porque así estoy más concentrado» o «Así no me duermo». Muchas veces, hemos oído a adultos decir: «Así me siento un poco más activo», refiriéndose a su patrón de comportamiento poco usual.

Los adultos realizamos nuestras propias acciones autoestimuladoras (rascarnos la cabeza, mover los dedos de los pies mientras hablamos, mover la pierna constantemente o jugar con un bolígrafo). De esta manera, mantenemos nuestro cuerpo a un nivel subjetivo óptimo de sensaciones. A veces, intentamos ocultar estas tendencias y hay algunas que son más eficaces que otras. Los niños que tengan un desapego social importante tenderán a mostrar el comportamiento autoestimulatorio de una manera más evidente ante los demás, hasta el punto de que moleste a los demás. Nosotros queremos empatizar con este tipo de niños.

Si se trata de un niño preverbal que no es capaz de decirnos por qué se comporta de cierta manera, tendremos que observarlo y diferenciar las situaciones en que recurre a este comportamiento con más o menos intensidad. Por ejemplo, cuando participemos con el niño en su juego favorito, ¿observamos que hace más ese sonido con la lengua? Muchas veces hemos comprobado que los niños muestran un comportamiento menos autoestimulatorio cuando interactuamos con ellos de una manera óptima. Cuando están solos, se sienten angustiados por el entorno o se desvinculan y se alejan socialmente, retomando este comportamiento. Cada niño guarda sus propios motivos para incidir más o menos en este comportamiento.

Al observar el comportamiento, intentamos entender el significado que tiene para el niño. ¿Lo hace para proporcionarse sensaciones cuando no sabe qué hacer o para tranquilizarse cuando se siente estresado o nervioso? Si no sabes dar con la respuesta inmediatamente, sigue observando. Sé paciente y no te rindas. Habla con otro padre, con el tutor o con tu otro hijo/a si hace falta e involucra también al profesor si el niño muestra este comportamiento en clase.

Cuando sepas cuál es la causa de este comportamiento, puedes ofrecerle al niño otra manera de percibir la misma sensación. Así, por ejemplo, si el niño mueve mucho la boca, le puedes dar una harmónica o una flauta o puedes estimularle con una caña de fontanería y multiforme para que beba con ella y practique la capacidad oral-motora, así como soplar pelotas de ping-pong encima de una mesa, haciendo carreras (evidentemente, esto se requiere con un niño más intencional y organizado). Intenta hacerle participar en actividades y juegos en los que tenga que mover mucho la boca. Si el niño produce muchos sonidos y sabe imitar, puedes hacer canciones con sus sonidos: «Pu pu pu pu pu pu»/«tch tch tch tch tch tch» y experimentar con diferentes ritmos.

El principio básico es proporcionarle experiencias que le produzcan las mismas sensaciones que extrae de la autoestimulación. La diferencia es que tales experiencias le ayudarán a ascender por la escala del desarrollo y por las capacidades de interacción, comunicación y regulación. Para trabajar sobre la regulación, fomenta experiencias sensoriales básicas. En esta primera fase, debes partir de la sensación para modificarla un poco, para incrementar su mundo de estímulos sensoriales. Si le gusta producir sonidos, anímale para que haga diferentes sonidos. Le puedes ofrecer, también, distintos objetos para que los muerda o los toque, o bien diferentes olores.

Al mismo tiempo, tenemos que ayudarle a usar estas experiencias sensoriales primarias de una manera más interactiva. En este caso, comenzamos por la actividad conjunta; por ejemplo, moviéndonos rítmicamente con él para intentar sincronizar nuestros sonidos con los suyos. En el caso de que le atraiga el tacto, podemos hacer lo mismo con el sentido del tacto: enriquecer su mundo de sensaciones de tacto y textura y tocar diferentes objetos mientras nos movemos con él. Si le gusta mirar los objetos giratorios, podemos mover el objeto en cuestión de derecha a izquierda y de adelante hacia atrás para conseguir dos miradas rítmicas (la tuya y la suya).

Una vez que preste toda su atención y vuelque su emoción en el objeto o actividad, podemos fomentar la interacción con propósito comunicativo. Por ejemplo, podemos intercambiar sonidos siguiendo un juego sencillo. Si el niño dice: «Guuu», nosotros decimos «Gaaa». Si dice: «Clic, clic», nosotros decimos «Clic, clic, clic, clic». A continuación, podemos conectar la cadena de comunicación y crear eslabones nuevos en torno a la misma actividad autoestimulatoria, introduciendo un problema que hay que resolver. Si le gusta tocar objetos, podemos jugar a taparle los ojos para que saque y toque todos los objetos de una caja y a encontrar el objeto de tacto más suave. Nuestra colega terapeuta ocupacional Rosemary White plantea siempre actividades intencionales y consigue un resultado muy interesante. Por ejemplo, si un niño toca la superficie suave de una ventana repetidas veces, ella da un silbido cada vez que el niño la toca o da una vuelta sobre sí misma cada vez que el niño da una vuelta sobre sí mismo y ve si ha captado su atención.

En el caso de Kim, la niña que describimos al principio del capítulo, lo más importante era aprovechar su interés por el pelo de su madre para activar la interacción y el juego imaginativo. Para ello, compramos una peluca barata y la perfumamos con distintos espráis. A continuación, la madre se puso la peluca y, cuando advirtió la reacción alegre de la niña, introdujo el juego de «¿A que no me coges el pelo?» y se escondió por la habitación. La hija tenía que encontrar a la madre y, en cuanto la encontrara, la madre le tenía que preguntar: «¿Qué quieres? ¿Quieres el pelo de mamá? Pe pe pe…» y la niña respondería: «Pe pe…» o pronunciaría el sonido «p». Este sería un intercambio comunicativo caracterizado por el uso incipiente del lenguaje. En este caso, si la niña acabase diciendo: «Pelo», la respuesta de la madre tendría que ser agacharse para dejar que la niña le tocara el pelo y le quitara la peluca.

Entonces, la madre podría volver a reaccionar diciendo: «¡Aiai! ¡Has cogido el pelo de mamá!». De este modo, podemos convertir un comportamiento problemático en una motivación e interacción, utilizando el deseo y el interés de la niña por el pelo con el fin de promover su desarrollo y, al mismo tiempo, proporcionarle la satisfacción que busca.

Esta es una manera de fomentar el desarrollo de un niño. Si tenemos suerte, incluso podremos introducir una situación de juego imaginativo en torno a la actividad autoestimulatoria (por ejemplo, simular que dos muñecas miran juntas el ventilador y hablan sobre este o dos muñecas que juegan a hacer sonidos divertidos). Entonces, si el niño domina las competencias básicas y habla, podemos comentar con él cómo se siente realizando estas actividades.

Otro principio de intervención con el niño es brindarle la oportunidad de participar de manera proactiva en experiencias que le proporcionen una sensación más intensa al cuerpo. Así, puedes realizar ejercicios sensomotrices durante veinte minutos tres o cuatro veces al día. Si se trata de un niño más mayor que tiene mayor capacidad de coordinación motora, puedes apuntarle a diferentes deportes como las carreras de obstáculos o disciplinas como el baile o las artes plásticas (pintura con los dedos). En resumen, el niño puede realizar actividades sociales que requieran cierta organización mental con el fin de encontrar el placer a través de estas sensaciones nuevas.

El último paso que debemos dar para ayudar a un niño con comportamiento autoestimulatorio es hablar con sus profesores para que entiendan sus reacciones y, de este modo, puedan minimizar las situaciones de estrés o ansiedad que le conduzcan a la soledad. Los niños que todavía no saben hablar ni interactuar tienen que estar en contacto con un adulto y, en casa, no pueden dejarlo solo más que cinco o diez minutos. Podemos utilizar, también, una técnica apropiada para canalizar el comportamiento autoestimulatorio mientras está en la escuela: mascar chicle. La diferencia es que este gesto es más social y le ayudará, sin duda, a combatir la ansiedad. Si se siente nervioso o sobrecargado de tensión, siempre puede acudir a la recepción del colegio, donde se suele atender a los niños cuando se encuentran mal, o a otra sala especialmente habilitada.

Conducta repetitiva-perseveración

Cuando el niño muestra un comportamiento autoestimulatorio, observamos las sensaciones que persigue para trabajar sobre estas. La clave para combatir la conducta repetitiva o perseverante es el placer de la actividad motora. La estrecha relación que guardan los procesos de conducta perseverante y la autoestimulación se debe al hecho de que la actividad motora, como alinear juguetes o abrir y cerrar una puerta, tiene un componente sensorial: el niño disfruta de la sensación de realizar el mismo movimiento constantemente con la mano. Si el niño se dedica a abrir y cerrar la puerta siguiendo cierto movimiento rítmico, también interviene un componente visual. Cuando te encuentres delante de una conducta repetitiva, intenta desentrañar qué repercusión tiene para el niño la acción que está realizando. ¿Le sirve para organizar su comportamiento, para aliviar la tensión o, sencillamente, para pasar el rato porque se está aburriendo? Analiza la satisfacción que le proporciona cada componente (sensorial, motor y emocional).

Si el niño sabe hablar o se halla en la etapa preverbal pero sabe reconocer símbolos visuales, la conducta perseverante puede incorporar componentes simbólicos. (En el caso de los adultos, por ejemplo, hacer un crucigrama es un comportamiento autoestimulatorio y repetitivo, pero contiene un alto componente simbólico y es socialmente aceptable). Si observamos al niño, descubriremos otros componentes. A continuación, tendremos que seguir los principios básicos; es decir, reconducir el comportamiento del niño participando de la actividad motora de modo interactivo (alineando coches de juguete con él, por ejemplo). En cuanto empiece a disfrutar de la interacción y de nuestra compañía, podemos activar aún más la interacción moviendo los coches hacia delante y hacia atrás. Para introducir la resolución conjunta de problemas, debemos complicar un poco la interacción: encontrar un coche determinado o mirar dónde ponerlo. Por otra parte, también podemos crear una disposición diferente de los coches, colocándolos en círculos para forzar al niño indirectamente para que sacuda la cabeza, expresando su negación. En este momento, se producirá una situación de negociación. A partir de ahí, podemos dotar a la actividad de simbolismo y colocar muñecos encima de los coches. Si llegamos a este nivel con un niño que sabe hablar, podemos comentar la escena: «¿Qué coche te gusta más? ¿Alineamos los coches de un color sólo?». Mientras vamos hablando y pactando, estimulamos la emoción, la interacción, la creatividad y el lenguaje.

Además de todo ello, podemos canalizar el entusiasmo del niño por ciertas actividades motoras. ¿Prefiere las actividades motoras finas que exigen equilibrio y coordinación o se decanta por actividades más impredecibles, como tirar y coger una pelota? Poco a poco, tenemos que incrementar el repertorio motor del niño para que goce de diferentes estímulos sensoriales y motores tres o cuatro veces al día. De este modo, mejorará el equilibrio, la coordinación derecha-izquierda y la planificación de acciones en torno a secuencias no repetitivas.

En resumen, cuando nos hallemos ante una conducta obsesiva o autoestimulatoria, tenemos que desentrañar el significado que tiene para el niño y aprovechar esta noción para ayudarle a ascender por la escala del desarrollo (desde la regulación hasta la actividad simbólica) mientras ampliamos el área del sistema nervioso que el niño ha trabajado hasta el momento. El sistema nervioso de cada uno es diferente. Lo más importante es que los niños con TEA utilicen esta diferencia para fomentar el desarrollo progresivo de sus sentidos. Si tenemos claro este principio y siempre somos capaces de retroceder un paso para reestablecer la regulación cuando sea necesario, podremos aprovechar los intereses naturales de niño, por extraños que parezcan, para su propio beneficio.

Capítulo 24
Comer, ir al lavabo, vestirse y enfrentarse a nuevas dificultades

Los padres de Carlos, un niño de cuatro años diagnosticado con autismo leve, llevaban un año intentándole enseñar el control de esfínteres. Sin embargo, aparte de dedicarse a jugar con la cadena del inodoro, este niño se resistía a usar el inodoro. Sabía comunicarse con gestos y alguna frase corta, pero no tenía suficiente lenguaje para que sus padres le explicaran por qué tenía que usar el orinal y dejar de llevar pañales. Sus padres no sabían qué método utilizar para enseñarle a utilizar el inodoro sin forzarle a ello.

El manejo de habilidades nuevas no es fácil para los niños con TEA (o para cualquier niño). En concreto, el dominio de funciones corporales como comer, ir al lavabo o vestirse puede ser especialmente complicado para los niños con TEA u otros trastornos de desarrollo, pues no ejercen un control absoluto de su cuerpo. Pueden padecer disfunciones de planificación motora, ser hipersensibles ante el gusto u otras sensaciones o tener miedo a realizar actividades con el cuerpo que requieran cierto control.

En este capítulo, abordamos los principios básicos que ayudan a los niños a dominar nuevas habilidades o experiencias y (siguiendo nuestro habitual enfoque) a desarrollar las competencias básicas (interacción, comunicación y pensamiento). Recuerda que ir paso a paso lleva al progreso del niño porque le ayuda a construir unos fundamentos sólidos.

El primer planteamiento es que no podrás ayudar al niño a dominar el nuevo hábito si no está calmado y dispuesto a participar, y en una actitud de resolución de problemas. Podemos plantearnos la siguiente pregunta, por analogía: si un adulto está tenso y nervioso y sabe que alguien le va a obligar a hacer algo que no quiere hacer, ¿se mostrará dispuesto a resolver el problema o a enfrentarse a esa nueva experiencia? No, por supuesto. En cambio, si nos sentimos participativos, tranquilos y seguros y alguien nos ayuda a hacer una actividad, seguramente trabajaremos con esta persona de cara a conseguir una meta determinada. Por lo tanto, tenemos que minimizar la tensión o ansiedad que acostumbra a acompañar a toda nueva actividad. El niño sabe que su madre y su padre quieren que lo haga, pero, debido a multitud de razones, no se siente preparado para hacerlo, no quiere hacerlo o le da miedo hacerlo. Es probable que tampoco sepa hacerlo, de modo que el primer paso que hay que dar es reducir el miedo y la ansiedad y canalizarlo hacia una experiencia agradable. Las funciones corporales (incluso enseñar a tu hijo a ir al lavabo) también pueden originar escenas divertidas.

Para llevar a cabo este propósito, debemos aplicar diariamente la terapia Floortime y, así, conseguiremos que el niño esté tranquilo y tenga un estado de ánimo equilibrado, además de estar activo y atento, mostrar una comunicación intencional y participar en la resolución de problemas, sea cual sea la actividad a realizar. Si el niño sabe expresarse con palabras e ideas, describe y recrea la situación que tendrá que dominar (antes de que se convierta en real). Si sabe relacionar ideas y responder a preguntas abiertas (quién, qué, cuándo, dónde y por qué), le podemos explicar la razón por la que debe dominar esa nueva habilidad (por ejemplo, por qué es tan importante saber ir al lavabo solo: para poder llevar los mismos calzoncillos que los niños mayores o por qué es tan importante comer alimentos variados: para estar fuerte). Para ello, podemos introducir el juego imaginativo y hablar con él/ella sobre las ventajas de hacerse mayor y ser como mamá y papá. Intenta generalizar siempre los diferentes razonamientos para que el niño comience a relacionar lo que hace con su cuerpo con los motivos que hay para hacerlo y el lugar adecuado en que se debe hacer.

Comer de todo y adquirir hábitos de comida

Cuando nos enfrentemos a una nueva situación con el niño, tenemos que observar si es capaz de solucionar problemas. Si se resiste a comer un plato diferente y se enfada cuando le das algo nuevo, déjale escoger la comida siempre y cuando sea saludable y no te lleve un tiempo de preparación exagerado. Si el niño habla, te podrá explicar por qué le gusta cierta comida. A continuación, al mostrar buena disposición ante la comida, podrás gozar de una situación tranquila en la que no haya una lucha de poder. Entonces, puedes *empatizar* con el sentimiento positivo del niño de llevar él la iniciativa y comer lo que quiere y, a continuación, *empatizar* con el hecho de que es muy duro probar una comida nueva. De hecho, le puede dar miedo ese nuevo alimento, le puede saber muy mal o le puede repeler el tacto de dicho plato. En este caso, tienes que introducir la resolución de problemas, conseguir su participación y dividir ese nuevo reto en pasos pequeños que llevarán hasta su dominio.

Este proceso depende de cada niño. Una técnica es introducir una pequeña cantidad de un alimento diferente cada dos o tres días, escondiéndolo, por ejemplo, en un plato que le guste (verduras mezcladas con un puré de patatas). Lo puedes hacer de manera aislada y no repetitiva. Entonces, pasados dos días o una semana, introduce otro sabor o alimento. Los pasos que des dependen totalmente de la reacción del niño ante las diferentes sensaciones, su manera de procesar la información y su manera de planificar y coordinar acciones. ¿Cuántas acciones puede realizar en una misma secuencia para resolver un problema? ¿Sabe coger la cuchara y el tenedor? ¿Sabe pinchar la comida y llevársela a la boca o le tienes que ayudar?

Por otra parte, también debemos considerar su reacción ante la textura y el olor de los alimentos. Si es hipersensible ante el gusto, el olor y la textura, tendremos que introducirle muy lentamente los nuevos alimentos y no dejar de mezclarlos con los platos que le gusten. Si su problema es que tiene miedo a lo nuevo, tendrás que tratar este tema desde un enfoque global e ir dando pasos un poquito mayores.

Si el problema no es la comida nueva sino un trastorno de la atención o un síntoma de ansia de sensaciones, la hora de la comida puede ser muy dura. En este caso, tendrás que concederle un carácter de juego a la hora de la comida. Por ejemplo, el tenedor puede convertirse en avión que viaja hasta la boca del niño. Le puedes preguntar: «¿Dónde va a aterrizar el avión? ¡Va a aterrizar en tu boca!». Es probable que la hora de la comida no sea tan estática y tranquila como te hubiese gustado, pero, después de introducir pequeños cambios, cuando el niño aprenda a regular su nivel de actividad será capaz de sentarse en la mesa y de comer, incluso, con el resto de la familia.

Uno de los principios básicos del método DIR son los límites. Los niños necesitan expectativas claras, límites. No obstante, los límites no tienen por qué ser represores; se deben asociar a efectos positivos. Por ejemplo, si el niño está sentado en la mesa y no quiere probar un plato, le podemos proponer que, si prueba un poco, podrá coger su juguete favorito o le explicaremos su cuento favorito. De este modo, relaciona el límite que le hemos impuesto con un incentivo que podrá obtener si trabaja con nosotros. Es probable que se enfade por tener que probar un plato nuevo, pero si muestras una conducta firme y relajada, seguramente lo acabará probando. Sin embargo, si te enzarzas en una lucha de poder, acabarás perdiendo la batalla y tendrás que esperar a que pruebe el plato nuevo en otra ocasión. Cuando tengas que imponer límites nuevos o estimularle para realizar un hábito diferente, será necesario aumentar las sesiones de Floortime. En el siguiente capítulo, explicaremos la imposición de límites con mayor detalle.

Es muy recomendable conseguir que el niño se acostumbre a las diferentes texturas de la comida a través de múltiples modalidades sensoriales. Es evidente que no queremos enseñarle a jugar con la comida, pero, si es hipersensible al tacto y al olor de ciertos alimentos y se muestra reticente a probar nuevos sabores, déjale jugar un poco con la comida en una primera fase. Déjale que la incorpore a su persona, que la convierta en parte de él (como hacen los bebés). Acabará siendo limpio y responsable, pero, al principio, tienes que dejarle que se acostumbre a la comida tocándola y oliéndola, pues así se sentirá más a gusto para probarla.

Puedes poner en práctica tácticas especiales o remedios mágicos (pero siempre como apoyo adicional, no como alternativa). Por ejemplo, si estás motivando al niño para que pruebe nuevos gustos, puedes utilizar la técnica de ejercer presión con la comida en la boca y realizar varios ejercicios orales. Puedes contar con el asesoramiento de un logopeda o un terapeuta ocupacional que conozca las habilidades orales y motoras y las reacciones sensoriales con el fin de aplicar una serie de ejercicios que le ayuden a tolerar un abanico más amplio de sensaciones en la boca, como el masaje y la exposición a ciertos tipos de gustos y olores. No obstante, estas técnicas se deben llevar a cabo siempre con la guía de un profesional especializado.

En resumen, si te encuentras con la problemática de introducir alimentos nuevos, practica la terapia Floortime con el niño más a menudo y trabaja las interacciones destinadas a la resolución de problemas que le estimularán y le harán sentir más activo y animado (en general y a la hora de tomar decisiones sobre la comida). *Empatiza* con su satisfacción de sentirse al mando y hazle partícipe también de la importancia de introducir un plato nuevo. Llévalo a cabo con mucha preparación (e, incluso, con simulación previa) e inténtalo a continuación con firmeza e imposición de límites con recompensas positivas. Cuanto más límites impongas y más firmeza uses, más Floortime tendrás que practicar para mantener su actitud cooperativa: es el deseo del niño de complacerte lo que le ayuda a progresar hacia el siguiente nivel (probar algo nuevo, por ejemplo).

Hay niños con TEA que, en determinadas situaciones o momentos, se niegan por completo a comer. Es posible que un niño se niegue a comer en la escuela cuando, en casa, come con normalidad. Cuando un niño no quiere comer en un determinado lugar, significa que se siente retraído y apartado. En este caso, el tutor, profesor auxiliar o adulto que se halle en ese lugar tiene que interactuar con el niño y empezar por los cimientos de la comunicación: captar su atención, involucrarle en una interacción divertida e introducir un flujo constante de comunicación. Recuerda: al comer se ponen en funcionamiento muchos músculos de la boca y puede ser muy complicado para algunos niños. Por tanto, el niño tiene que sentirse motivado y atento a la otra persona antes de empezar a comer. Si se siente muy tenso y estresado por el ambiente del colegio y no quiere comer, necesita una interacción individualizada durante todo el día con una persona o, de lo contrario, rechazará cualquier tipo de actividad (no sólo la comida). La escuela es un entorno de aprendizaje apropiado para un niño con TEA, sólo si el programa educativo está adaptado a sus necesidades (ver capítulo veintiuno).

Ir al lavabo

La adquisición del hábito de ir al lavabo sigue los mismos principios básicos que la comida. Normalmente, esperamos a que el niño sea capaz de responder a preguntas abiertas antes de enseñarles a ir a lavabo porque, de este modo, podrán entender las razones (entre otras, llevar calzoncillos o braguitas como papá o mamá). Cuando se trata de un niño con TEA que padece los mismos síntomas de Carlos, cuyo caso explicamos al principio del capítulo, el hábito de ir al lavabo se puede enseñar un poco más tarde, pues estos niños con necesidades especiales no llegan a la fase de las «preguntas abiertas» hasta los cuatro o cinco años o incluso más tarde. La escuela presiona a los padres para que les inculquen este hábito, pero muchos niños todavía no están preparados en términos de desarrollo lingüístico e intelectual. En este caso, debemos resistir a la presión de la escuela para no sobrecargar de tensión al niño.

No obstante, también hay muchos niños con TEA (sobre todo aquellos que dominan mejor la capacidad viso-espacial que el habla) que enseguida aprenden a ir al lavabo si le enseñamos los pasos y le explicamos las ventajas de utilizar el inodoro normal. La clave es transmitir la enseñanza de manera muy pausada, relajada y tranquila, de tal modo que la actividad le resulte divertida. Una vez hayas practicado lo suficiente los ejercicios Floortime y el niño esté calmado y motivado, puedes ir introduciendo poco a poco el nuevo hábito, ayudándole a comunicarse de manera intencional y a involucrarse en la actividad de utilizar el inodoro.

Puedes empezar entrando en el lavabo y jugando un poco dentro si el niño le tiene miedo a este espacio. Coloca un orinal de juguete (aparte del orinal normal) para que juegue con ambos y se acostumbre a estar en el lavabo. Procura que esté relajado e introduce, para ello, un poco de música o proponle una actividad rítmica. Puedes considerar el primer paso de otra manera y sentar al niño en el orinal mientras está en su habitación o mientras ve la tele en el comedor; el hecho de alargar este paso depende de su tranquilidad y su estado de ánimo relajado.

Es muy importante dejarle que lleve la iniciativa y el control. Déjale que domine las herramientas. Sea cual sea su nivel de lenguaje, lo más difícil de ir al lavabo es el miedo a sentirse angustiado. Por este motivo, lo primero que hay que hacer es dejarle que lleve el control y que tome decisiones (por ejemplo, a qué orinal acercarse). Lo más importante es ofrecerle opciones y conseguir que piense que domina la situación. Según una antigua teoría psicológica, en función de cómo se desarrolle la adquisición del hábito de ir al lavabo, la persona será más o menos controladora en el futuro. Si bien debemos decir que esta teoría está totalmente en desuso, es cierto que tiene, por otra parte, un componente de verdad. Los niños que desarrollan miedos y que se enzarzan en batallas de poder con sus padres en las que está expuesto su cuerpo tienden a convertirse en personas inseguras y con necesidades de controlarlo todo. Por este motivo, cuando le enseñes a utilizar el lavabo, ofrécele opciones.

Debes fijarte, también, en los rasgos particulares del niño. ¿Es muy sensible al tacto en las nalgas y se siente incómodo en el orinal? ¿Le gusta la seguridad y la sujeción del pañal? Si colocamos tela en el borde del orinal, quizá se sienta más a gusto. Hay niños muy sensibles al ruido que se sienten incómodos en el baño por el ruido del agua de la cisterna. En ese caso, tira de la cadena cuando el niño salga del baño o déjale jugar dentro del baño para que se acostumbre a este ruido y así piense que ejerce control sobre él. Hay niños que sólo tienen miedo a este ruido y otros que expresan su miedo a ser engullidos por la cisterna o a perder una parte del cuerpo. Muchos niños todavía no han interiorizado su concepto de la realidad y tienen miedo a perder una parte de su cuerpo en el agua del inodoro. Lo más importante es detectar la causa de su ansiedad y utilizar todos estos mecanismos desde un punto de vista práctico.

Si el niño es hipersensible, debes establecer un hábito gradual. Recuerda, sin embargo, que las actividades excesivamente rígidas, ritualizadas y predecibles pueden ser contraproducentes y, si favorecemos una tendencia hacia la rigidez, le podemos disuadir de su esfuerzo de conseguir algo desde una perspectiva nueva. La interacción le ayudará a ser más flexible y, si le ayudas a conseguir lo que quiera, crearás más interacciones. Si el niño es hipersensible y le da miedo el orinal, le puedes sentar con el pañal al principio. Sencillamente, acostúmbrale a que defeque u orine sentado en el orinal con el pañal. Entonces, poco a poco le irás aflojando el pañal, hasta que el pañal se caiga dentro del orinal y lo retires.

Ir al lavabo puede ser especialmente difícil para los niños con deficiencias de la planificación y secuenciación motoras, y en la planificación de acciones, pues no sabrán realizar dos o tres pasos dentro de la misma secuencia de acciones. La acción de bajarse los calzoncillos (o bragas), sentarse en el inodoro y relajarse puede ser muy complicada para el niño, de modo que tienes con él siguiendo pequeños pasos. Intenta convertir una secuencia de cuatro acciones en cuatro secuencias separadas. Muéstrate relajado, y la música relajada y una conversación serena pueden ser muy determinantes en el marco de actuación del niño.

Hay niños que tienen problemas de equilibrio y coordinación y, como consecuencia de esta disfunción, se sienten muy inseguros al sentarse en el inodoro de los adultos con las piernas colgando. Tienen miedo de caerse dentro. Ponle un orinal o cógele de la mano mientras se sienta en el inodoro. De este modo, le proporcionarás la seguridad que necesita mientras va aprendiendo este nuevo hábito. Puede ser muy útil, también, cogerle de la mano y moverla rítmicamente para enseñarle a relajar los músculos del esfínter.

Si nuestro/a hijo/a padece disfunciones graves de la planificación y secuenciación motoras, podemos recurrir a la ayuda de un terapeuta ocupacional especializado en este campo. Este enseguida detectará las anomalías concretas de modulación sensorial, podrá corregir la inseguridad postural (el equilibrio y la coordinación del niño) y podrá reforzar su habilidad de relajar el esfínter y de planificar varias acciones en un misma secuencia. En resumen, el terapeuta os puede ayudar a fortalecer diferentes aspectos del desarrollo del niño que favorezcan el hábito de ir al lavabo antes incluso de que empecéis a trabajarlo.

Por otra parte, los niños que reaccionan débilmente a las sensaciones no saben detectar cuándo tienen que orinar o defecar, pues su cuerpo no registra bien las sensaciones y deben llevar constantemente pañales. Tenemos que ayudarle a identificar estas sensaciones. Te planteamos la siguiente situación: el niño lleva un par de días bebiendo mucha agua y tú vigilas constantemente para ver si necesita ir al lavabo más o menos. El niño no tiene ganas de ir y, de repente, se sorprende y te dice: «Mamá, se me ha escapado». No te enfades con él ni pienses que te ha querido tomar el pelo. Respóndele: «Sí, a veces se escapa sin que lo veamos» y llévalo al lavabo. Cuanto más le apoyes y más le comprendas, mejor identificará las sensaciones (la sensación de cansancio, de hambre, de alegría o de tristeza). Si le demuestras tu respeto cuando te describe su estado físico, cada vez entenderá mejor la sensación de tener ganas de orinar o defecar.

Como hemos afirmado antes, cuando el niño empieza a responder a preguntas de «por qué», comienza a entender la relación entre causa y efecto: «Si tiro de la cadena, hará ruido; si me quito el pañal, me haré pipi en el suelo; si me siento aquí, puedo hacer caca o pipi en este orinal». Este nuevo razonamiento te permite usar la conversación para ayudarle a dominar la nueva experiencia. Como ya sabe hablar, te puede decir que le gusta el orinal pequeño más que el orinal grande de los mayores o que quiere tirar de la cadena (o no). Incluso puede protestar. En este caso, pactarás con él o ella: «Bueno, inténtalo un poquito y así podremos salir al parque a jugar».

En esta línea, como el niño ya sabe involucrarse en el juego imaginativo, puedes utilizar las muñecas, animales de juguete o figuras para enseñarle el hábito de ir al lavabo de manera directa o indirecta. Puedes, incluso, servirte de esos muñecos con inodoro incorporado que les gustan tanto a los niños. Cuando le enseñes este nuevo hábito, presta atención a todos los aspectos de la terapia Floortime que estén relacionados con esta nueva experiencia. Cualquier aspecto que le afecte saldrá a relucir en el juego.

Debemos estar preparados para controlar la agresión. En uno de los casos que traté, el niño sentía una predilección especial por jugar con submarinos (aunque siempre en secreto). Durante las sesiones, yo le motivaba para que expresase sus sentimientos, que tenían que ver con una lucha de submarinos. A partir de ahí, empezó a sentirse más a gusto con el tema y, de repente, los submarinos se convirtieron en buques de guerra con pistolas y cañones. Mientras explicaba esto, se sintió muy relajado y orinó en el orinal; el acto de orinar había rebajado la ansiedad que sufría por su propia agresión, que había permanecido latente como los submarinos y que ahora está fuera al aire libre como los buques de guerra. Nunca utilizamos el juego imaginativo cuando practicábamos el hábito de ir al lavabo aunque le gustaba realizar actividades dinámicas. Su lucha interna contra el hábito de ir al lavabo decreció, se volvió más positivo y disfrutaba más de las actividades, trasladando sus necesidades y pactando con sus padres.

Una técnica muy efectiva es dejar al niño caminar sin pañales en un espacio que se pueda ensuciar sin problemas mientras el padre o madre le sigue con el orinal en la mano. En cuanto empiece a orinar o a sentir un movimiento de tripas, el padre le colocará rápidamente el orinal. Muchos padres nos han explicado que, después de unos cuantos días practicando esta técnica, el niño sabe que, cuando orina o defeca, tiene que utilizar el orinal. Por otro lado, también hay padres a los que no les gusta esta técnica o que no están dispuestos a perseguir a su hijo por la habitación con el orinal.

Si hace buen tiempo, el niño puede jugar en la intemperie sin pañales. Llévate un orinal y observa si el niño se da cuenta cuando tiene que ir y si es capaz de ir a buscar el orinal. Si rebajas la tensión de la situación y pones a su alcance varias posibilidades de éxito, se convencerá de que lo puede hacer. Además, si está en la terraza, te será mucho más fácil limpiar lo que ensucie.

Sea cual sea el enfoque, lo más importante es que el niño esté calmado y cooperativo mientras le ayudas a ser responsable (en este caso, a interiorizar la experiencia del lavabo) y le estimulas poco a poco para probar algo nuevo. Mientras no le presiones ni favorezcas ninguna lucha de poder, todo lo que hagas será positivo, ya que siguiendo estas directrices le ayudarás a manejar las funciones de desarrollo generales.

Tenemos que convertir este proceso en una experiencia placentera y enriquecedora para el niño, que no dé miedo, y debemos invertir todo el tiempo que haga falta. Recuerda que el sentimiento más negativo y humillante de un niño arranca de la sensación de no poder controlar el cuerpo. Para un niño, estos sentimientos de humillación se originan en las experiencias de comer, ir al lavabo o cumplir sus necesidades básicas. La experiencia más positiva, en cambio (aprender a atarse el zapato, a leer, a bailar), parte siempre de un sentido de dominio sobre su cuerpo. Comer e ir al lavabo constituyen las funciones corporales primarias y más elementales, así que vamos a convertirlas en experiencias satisfactorias y serias.

Vestirse

Muchos padres se quejan de que su hijo no coopera a la hora de vestirse o que no quiere ponerse determinadas prendas. El niño se niega a ponerse esos calcetines o esa camisa (o, definitivamente, no quiere vestirse) y el padre o la madre tiene que vestirle a la fuerza porque llegan tarde al colegio y tienen que correr hacia la parada de bus o darse prisa con el coche. La mañana se convierte en una lucha de poder plagada de gritos y llantos y el problema se agravará de manera alarmante si el niño padece TEA.

De nuevo, te recomendamos que, antes de introducir una enseñanza nueva como enseñarle a vestirse, tienes que seguir con las sesiones de Floortime hasta que el niño se muestre contento y participativo (y tú, a ser posible, también contento). A continuación, ten en cuenta los rasgos particulares del niño. ¿Le cuesta mucho vestirse porque es muy sensible al tacto y ciertas prendas le molestan? ¿Prefiere telas ceñidas que le aprieten un poco más en lugar de notar que la tela le cae y le queda muy suelta? ¿Tiene alguna preferencia de color debido a su sensibilidad visual?

Recuerda que un niño en una situación de pánico es incapaz de cooperar y puede que no sirva de nada obligarle a darse prisa por la mañana. El mejor momento para pactar es durante la tarde o la noche, cuando tú tienes tiempo para estar con tu hijo/a y siempre que él/ella esté de buen humor. Aprovecha este momento para decir: «Vamos a preparar la ropa para mañana» y plantéale las diferentes opciones. Por otra parte, también puedes ir practicando gradualmente el hábito de vestirse y desvestirse. Puedes empezar jugando con una muñeca y puedes estimularle para que te vista a ti o la muñeca, incentivando su manejo del control y su capacidad de elección entre diversas opciones. Combina la participación real con el juego imaginativo: viste a la muñeca y comenta lo que le gusta o no. A continuación, estimúlale para tomar la iniciativa e ir introduciendo pequeños pasos: si el primer día consigues que le ponga un calcetín o que le pase el brazo por una manga, habrá hecho un progreso fundamental. Pregúntale entonces: «¿Te ayudo con el otro brazo?». Déjale que dirija tus acciones mientras tú le ayudas a él. Tómate el tiempo que haga falta. Si lo tienes que llevar al colegio y llegas tarde al trabajo, levántalo antes para no sufrir estrés.

Cuando intentes conseguir que tu hijo haga algo nuevo (probar un plato, ir al lavabo, vestirse), evita las batallas de poder. El niño es el dueño de su propio cuerpo y, siempre que su cuerpo esté implicado, ganará él. No le puedes coaccionar o forzar a que haga lo que tú quieras. Cuando estés muy nervioso y enfadado, cuenta hasta diez, respira y relájate. A continuación, recupera los principios fundamentales: fomentar la calma, la cooperación y la resolución de problemas en torno a una situación que le reporte satisfacciones. En este escenario, debes ir introduciendo poco a poco la experiencia nueva. Tienes que ser el compañero de juegos de tu hijo y tiene que confiar en ti.

Capítulo 25
Problemas de conducta

Enrique era un niño de cinco años diagnosticado de autismo no especificado. Siempre había sido un niño muy cariñoso y alegre. Sin embargo, cuando nació su hermana, se volvió agresivo. Cuado su hermana empezó a andar, la quería pegar o empujar constantemente y disfrutaba haciéndola llorar. Los padres aplicaron la terapia Floortime con los dos, pero su actitud no cambiaba. Estaban desesperados y no sabían qué hacer para reconducir su desarrollo.

Cualquier padre quiere que su hijo sea cariñoso, amable y cercano. Al mismo tiempo, también valora que sea creativo, participativo, curioso y que esté dispuesto a llevar la iniciativa y a manejar los problemas que se le presenten. No obstante, muchos padres tienen que admitir que sus hijos son depresivos, negativos o de personalidad cambiante y que tienden a pegar, empujar o morder a sus compañeros. Es mucho más difícil tratar a un niño con TEA que muestra esta conducta problemática, pues este no sabe comunicar (oralmente o por otra vía) sus sentimientos y la situación resultante es muy angustiosa para los padres y para el hijo.

¿Cómo podemos ayudar a un niño con TEA a controlar su estado de ánimo, a regular su conducta y a canalizar su agresividad para convertirse en una persona cariñosa y cercana? En primer lugar, no tenemos que obsesionarnos por cambiar su conducta. La tentación que se impone es aplicar un programa educativo que combata la impulsividad, la agresividad, la actitud negativa o los cambios de humor. No obstante, si llevamos a la práctica este programa sin construir las competencias básicas que van encaminadas hacia la conducta positiva, nos encontraremos con resultados negativos. Es probable que rebajemos la intensidad de ciertos comportamientos, pero (como el agua excesiva en una presa) volverán a emerger algún día. El niño dejará de empujar, pero empezará a morder o pasará de se agresivo a estar triste.

Un enfoque dual

Mientras le ayudamos a corregir el comportamiento negativo, también es muy importante enseñarle a respetar y a entender las señales de los demás; así sabrá cuándo hay que ser más activo y participativo y cuándo hay que ser más cauteloso. El hecho de premiarle por su buen comportamiento y usar incentivos forma parte del proceso de marcar límites y guiarle en el desarrollo. Sin embargo, esto no le proporciona los fundamentos necesarios que le permitan deducir cómo ganarse esos incentivos o cómo responder a una compleja situación social. Para ello, necesita practicar las señales emocionales. Si le proporcionamos esta práctica mientras trabajamos su problema de conducta mediante incentivos y definición de límites, estaremos construyendo los cimientos de la comunicación, el pensamiento y las interacciones positivas. Es una empresa notable, pero, trabajemos sobre un aspecto y olvidemos otro, el proceso quedará incompleto.

Para cumplir estos dos objetivos al mismo tiempo, tenemos que saber cómo aprenden a regular su estado de ánimo y su comportamiento los niños que presentan un desarrollo adecuado. No es imposible para el niño que padece TEA o déficits de procesamiento aprender estas competencias básicas, pues el aprendizaje depende siempre del sistema nervioso y los factores biológicos del niño.

Normalmente, un niño aprende a regular su estado de ánimo y su comportamiento a través de las relaciones e interacciones. La expresión de un bebé suele ser bastante extrema, pues cuando se pone nervioso, grita o incluso se vuelve un poco agresivo o impulsivo. Como hemos explicado en el bloque II, los niños se vuelven más interactivos entre el quinto y el décimo mes: empiezan a entender las expresiones faciales de los padres y se produce un intercambio de señales emocionales en el que la madre sonríe y el niño sonríe, la madre frunce el ceño y el niño frunce el ceño.

A los nueve meses, la interacción empieza a ser más compleja. El bebé empieza a expresar su enfado y a producir sonidos similares a «RRRRR, RRRRR»; tiene hambre y quiere comer. El padre advierte su estado y, en lugar de dejar que su enfado se incremente y se convierta en una rabieta, le dice: «Uy, uy, ¿mi niño está enfadado?» en un tono de voz muy suave y sosegado y añade: «¿Quieres comer esto?», ofreciéndole la comida que pide el bebé. El bebé mira la comida y escucha la voz suave de su padre y su sonido pasa de «RRRRRR» a «ahh, ahhg», antes de estirar la mano para coger la comida. En este momento, el bebé sonríe y el padre le responde con una sonrisa, y da paso a un intercambio gestual recíproco y continuado.

A los catorce meses, cuando el bebé ya gatea y curiosea, coge objetos prohibidos para él. La madre le dice: «NO, NO» y el niño responde con: «RRRR RRRR», como advertencia de un enfado creciente. La madre le dice con un tono de voz calmado y suave: «Mira, mira esto», y le ofrece un objeto como alternativa. Entonces, se produce un pacto nutrido de gestos afirmativos y negativos, diferentes sonidos y expresiones faciales mientras la madre le plantea las alternativas. Normalmente, el bebé modula su estado de ánimo y no reacciona con una rabieta porque está expresando sus deseos y su madre le responde con el siguiente mensaje implícito: «Te puedo ofrecer algo para hacerte sentir mejor porque hay más objetos, no sólo este». Incluso si los padres tienen que marcar límites y no pueden ofrecerle ninguna alternativa, deberán mantener un tono de voz suave para regular el estado de ánimo del bebé.

Cuando el bebé se pone tenso, nervioso o agresivo, podemos calmarlo con el tono de voz, las expresiones faciales y los gestos. Este ejercicio tranquilizador se tiene que producir en el contexto de una interacción dinámica con el fin de que el bebé aprenda a regular su inquietud. Por el contrario, si el bebé parece triste, apagado o apático y no transmite energía, le podemos estimular y avivar su energía, animándolo a entrar en un juego de sonrisas y risitas. Para ello, podemos usar los sonidos, o distintos tactos y movimientos.

Este proceso regulador es mucho más complicado para los niños con TEA. Por ejemplo, los niños que presentan un nivel alto de búsqueda de sensaciones y que lo tocan todo, chocan contra los objetos y que requieren mucha atención, pueden ser relativamente insensibles ante el dolor. Cuando se caen, no reaccionan excesivamente: se levantan y vuelven a chocar contra los objetos o personas. Cuando el sistema nervioso de un niño muestra signos de ansia de sensaciones (muchos nacen con este patrón y otros lo desarrollan cuando aprenden a gatear y a caminar), es mucho más difícil encontrar el punto exacto de regulación porque el niño es muy activo.

Los padres tienen que saber contenerle y saber guiarle hacia una interacción enérgica y constructiva, pues es posible que el niño no responda a un estímulo poco intenso. De este modo, si el niño alarga el brazo para tocar la lámpara, puedes decirle: «¡No, no! Señor, eso no!» y señalar a la lámpara como si fueses un policía. Es probable que el niño responda con el sonido «RRR RRRR», pero le puedes ofrecer maneras diferentes y constructivas de interactuar, ayudándote de gestos faciales y un tono animado. Puedes dejarle saltar en un puf o jugar a lanzaros un muñeco de peluche. Sea cual sea tu opción, debes crear una dinámica bien coordinada y regulada que imponga un ritmo recíproco.

Durante el crecimiento de un niño con síntomas de ansias de sensaciones, debemos variar la velocidad y el ritmo de las interacciones, así como el volumen del sonido cuando juguemos con él. De esta manera, le ayudaremos a regular su comportamiento modulando la intensidad del ruido y el movimiento. A base de esfuerzo y práctica, el niño acabará modulando su comportamiento y adquiriendo seguridad en sí mismo, si bien su estado de ánimo puede verse alterado en alguna ocasión.

Los niños hipersensibles que enseguida se saturan con el ruido extremo o el tacto de los demás niños (empujones, rozamientos, etc.) se suelen topar con situaciones complicadas. Cuando están nerviosos, tienden a morder, gritar, pegar o tener un berrinche. En estos casos, ponemos en práctica el mismo principio, pero con una dinámica diferente: nos mostramos mucho más calmados y serenos con el fin de regular su estado de ánimo y le ofrecemos distintas alternativas para expresar estado de agobio. Si sabe hablar, le ayudamos a utilizar palabras; si todavía no habla, le estimulamos para que indique lo que le molesta (señalando con el dedo, por ejemplo).

Si un niño se desarrolla de manera adecuada, utilizará los símbolos y palabras de manera constructiva una vez maneje las señales emocionales. Si no maneja las señales emocionales, se encontrará estancado en la etapa infantil de reacciones extremas. Los niños con TEA tardan más en desarrollar los signos expresivos. Aparte de reaccionar exageradamente o débilmente las sensaciones, pueden padecer anomalías de planificación o secuenciación motoras que les impidan manejar las señales emocionales por la cantidad de acciones que requiere una sola secuencia (sonrisa, asentimiento, indicación con el dedo). Los niños con deficiencias del procesamiento auditivo o problemas del habla no pueden oír ciertos sonidos o no saben distinguirlos. Tampoco saben producir muchos sonidos ni muchas palabras, en definitiva, de tal modo que hay muchos aspectos negativos que interfieren en el desarrollo de las señales emocionales. En este sentido, el niño tendrá que atravesar por un aprendizaje duro como consecuencia de las anomalías biológicas determinantes, y lo más importante es practicar las primeras señales emocionales. Cuando un niño aprende a expresar las emociones y a modular su estado de ánimo, consigue regular su comportamiento.

Conducta agresiva y peligrosa

Si se trata de un niño de tres años o más con retrasos graves del desarrollo que muestra una conducta agresiva o violenta o está siempre triste, debemos actuar inmediatamente. En primer lugar, detecta en qué fase del desarrollo se encuentra: en una interacción normal (hable o no), ¿presta atención y demuestra contacto gestual (movimiento, lenguaje corporal, expresiones faciales y diferentes registros vocales) coordinado rítmicamente contigo durante cincuenta o sesenta círculos de comunicación seguidos? Podemos afirmar que prácticamente todos los niños con problemas impulsivos que hemos tratado no dominan esta fase, aunque puedan hablar e incluso hayan desarrollado el pensamiento abstracto que muestren un rendimiento aceptable en ciertas materias académicas. Es muy habitual que un niño domine parcialmente esta primera fase y siga ascendiendo por la escala del desarrollo. Sin embargo, al no dominar esta fase completamente, padecerá muchos problemas de control impulsivo y de cambios de humor. Lee el capítulo siete para saber cómo podemos reforzar esta fase.

Marcar límites

Aparte de todo lo mencionado anteriormente, también es muy importante marcar límites cuando el niño se comporta de manera agresiva e impulsiva. Tenemos que ayudarle a entender las normas y a mantener la calma. Muchas veces, el adulto se enfada y recurre a métodos muy duros, enterrando la empatía a favor de técnicas represoras, como forzar al niño a sentarse, a ir al lavabo, etc. El comportamiento peligroso se tiene que tratar con firmeza y de manera automática, imponiendo límites firmes pero suaves al mismo tiempo y basándonos en la fase del desarrollo en la que se encuentra el niño (no en su edad cronológica). El entorno debe ser lo menos restrictivo posible, lo mismo que las tácticas que vayamos a utilizar, pues estas se deben adaptar a su fase de desarrollo para ayudarle a controlar su comportamiento y a ser sensible a las necesidades de los demás.

El fin último es enseñarle a imponerse a sí mismo los límites, a entender lo que es apropiado y lo que es inapropiado y a respetar las necesidades de los demás. ¿Cómo aprende un niño que no es apropiado chutar una pelota en clase? Los niños interiorizan los límites a partir de las expresiones faciales y emociones de los demás en un flujo interactivo constante. Por ejemplo, si levantas la mano como un guardia urbano y dices: «¡Para!», el niño aprenderá a interpretar lo que eso significa aunque no entienda la palabra «para». Si levantas el tono de voz para decir: «Oh, oh, oh», el niño entenderá el mensaje implícito de tu voz e interpretará lo que no quieres que haga. Es muy importante no asustarle con gestos bruscos o reaccionará con violencia o agresividad.

Cuando le marquemos límites a un niño con TEA, tenemos que hacerlo de forma comprensible para él. Si el niño es hipersensible al tacto o al sonido y enseguida se sobrecarga, tendremos que imponerle límites suaves y moderados, como un «tiempo muerto» durante el cual nos sentaremos con él y le hablaremos en un tono muy sereno y sosegado, sin enfadarnos. Si el niño muestra síntomas de ansias de sensaciones, tendremos que imponerle una pausa o tiempo muerto más estricto y, probablemente, tendremos que contenerle físicamente. Es importante que reconozca la seriedad de la situación y que sea consciente de las consecuencias si se pasa de la raya (si pega o agrede a alguien o rompe algo). Tampoco es conveniente ser muy severo con hechos menos graves como hablar en voz muy alta o jugar de manera poco apropiada con un juguete, pues no debemos controlarlo demasiado.

Si el niño muestra deficiencias del habla, tendremos que explicarle de manera muy clara y didáctica cuáles son los límites y ayudarle a responder ante ellos. Intenta mantener una conversación con él para que entienda lo que puede pasar. Si no sabe hablar, enséñale dibujos o fotos; si no sabe usar o entender dibujos simbólicos, utiliza gestos y señala al objeto que ha roto o a la persona que ha pegado. Así, por ejemplo, si ha pegado a la madre, señala bien claramente la parte de su cuerpo que ha recibido el golpe y di: «No, no», para que entienda dónde está el límite. A medida que el niño va aprendiendo a comunicarse de manera intencional, el hecho de entender los límites forma parte de la misma comunicación intencional aunque todavía no sepa hablar.

Siempre le impondremos un límite que se adapte a su perfil individual. Teniendo en cuenta este principio, hemos diseñado un programa de imposición de límites constituido por ocho pasos cuando el niño muestre una conducta agresiva o peligrosa:

1. Muéstrate más cariñoso y eleva el tono de voz para captar su atención.

2. Añade, de manera simultánea, gestos que expresen la imposición de límites, como levantar la mano para decir: «Basta» o sacudir la cabeza para decir: «No».

3. Si es necesario, recurre al apoyo táctil, cogiéndole de la mano o tocándole con suavidad y firmeza para que te preste atención e inhiba su conducta.

4. Intenta distraerle con algo que satisfaga su impulso físico. Si quiere apretar algo, en lugar de ahogar al gato, le puedes dar una pelota de goma o de espuma o las llamadas «pelotas antiestrés». Si quiere pegar, puede darle al sofá con un martillo o bate de espuma en lugar de pegarte a ti.

5. Si, después de poner en práctica todos estos pasos, sigues sin poder controlarlo, tendrás que contenerlo físicamente. Como explicamos antes, el principio fundamental es utilizar la contención estrictamente necesaria para modificar el comportamiento conflictivo. Una táctica efectiva consiste en abrazarlo por detrás de manera suave y firme para trasladarle todo nuestro apoyo físico y sensorial y ayudarle a encontrar el equilibrio o cogerle de la mano y moverla rítmicamente. Para aplicar estas técnicas, tenemos que conocer bien al niño para anticiparnos a sus acciones cuando esté a punto de morder, arañar o pegar. Podemos movernos muy rápidamente del primer al cuarto paso, en cinco segundos y, a continuación, contener al niño (si es necesario) hasta que se relaje. Hay niños que, sin embargo, se angustian mucho más con la contención física. En estos casos, tendremos que alejarnos del niño e invitarle a calmarse utilizando un tono de voz suave y afectuoso. Otra manera de calmarlo es contenerlo el tiempo justo para llevarlo a un espacio apropiado donde se pueda distraer y relajar y recupere la seguridad en sí mismo. En este espacio, podemos poner música relajante o podemos colocar juguetes que le gusten especialmente. Así pues, el quinto paso consiste en calmar y contener al niño considerando y analizando sus necesidades individuales. Un terapeuta ocupacional especializado en integración sensorial puede ser especialmente útil para adaptarla al perfil del niño.

6. Cuando el niño se haya calmado, hablad de la situación. Nunca debemos «añadir más leña al fuego'; es decir, no podemos reprocharle su actitud negativa en mitad de su berrinche o rabieta, pues sólo conseguiremos incrementar su nerviosismo. Cuando se haya calmado, habla con él y formúlale preguntas: «¿Qué ha pasado? ¿Por qué has

hecho eso?». Hazle saber que le entiendes y que te pones en su lugar y, a continuación, intenta resolver el problema con su ayuda: «¿Qué podemos hacer la próxima vez para que en lugar de pegar expliques lo que te ocurre?».

7. Plantéate la sanción. Si el niño se ha pasado de la raya rompiendo algo o pegando a alguien, debemos imponerle cierta penalización, sobre todo si no es la primera vez que lo hace. Si lo hace por primera vez, podemos pensar que no sabía cómo reaccionar y nos detendremos en el paso seis. Si no es la primera vez que lo hace, le penalizaremos dejándole sin postre, privándole de su actividad o programa de televisión favorito, etc. Otro tipo de penalización consiste en reparar el daño causado (por ejemplo, limpiando lo que ha ensuciado o recogiendo lo que ha roto) o imponer un tiempo de reflexión en el que el niño debe interrumpir lo que esté haciendo y sentarse tranquilamente con los padres o tutores. No le dejes solo, sobre todo si es un niño con TEA, pues este tiene que aprender a relacionarse con los demás y la soledad es contraproducente, es una experiencia negativa. Si, en cambio, lo sentamos con nosotros en una habitación tranquila y mantenemos una conversación muy relajada con él, habremos conseguido detener su intervención y con esto será suficiente. Tampoco debes evitarle actividades evolutivamente útiles (por ejemplo, jugar con un compañero o amigo). Cada familia aplica una sanción diferente. En cualquier caso, lo más importante es que los padres estén de acuerdo con dicha sanción, pues, si el niño percibe alguna señal de desacuerdo, sufrirá un mayor grado de ansiedad. La sanción no le debe suponer una sorpresa descomunal. Las normas y el nivel de permisividad de la familia se tienen que dejar claras de antemano e incluso colgarlas en la nevera. Si el niño no sabe hablar, le deberemos enseñar las sanciones mediante fotografías y gestos. Entonces, cuando se haya calmado, podemos decirle: «Cariño, ya sé que esto no te gusta, pero has traspasado el límite; ahora, ¿qué tenemos que hacer, qué es lo que siempre decimos cuando alguien se porta mal?». De este modo, el niño participa y se anticipa a las sanciones. Puedes actuar como el *policía bueno*, dejándole claro que no te gustan las sanciones pero que, en cambio, son necesarias cuando atraviesa la frontera y, así, se sentirá mucho más seguro en el futuro. Las sanciones de la escuela suelen ser diferentes a las de casa y, en este sentido, el profesor y el auxiliar deben llegar a un acuerdo.

8. El fin último es ayudarle a mejorar la comunicación bidireccional (sobre todo, la comunicación gestual) y, de esta manera, podremos evitar los siete pasos anteriores. Así, por ejemplo, el niño puede aprender a hacer muecas, a mover las manos y a decir: «¡Estoy enfadado!», en lugar de dedicarse a pegar. Si se trata de un niño que quebranta las normas con frecuencia, podemos trabajar su sentido de la responsabilidad y ayudarle a entender las normas en el contexto de situaciones menos tensas. Por ejemplo, indícale que recoja los juguetes después de jugar. En este caso, puedes fomentar la colaboración recogiendo tres juguetes, de tal modo que él o ella recoja uno y empiece a acostumbrarse a una actividad que le acabará gustando. La próxima vez, recogerá dos y tú tienes que recoger dos; entonces, cuando coja tres, recoge tú uno hasta que los recoja todos. Se trata de enseñarle poco a poco a ser responsable a través de la interacción gestual o a través de la participación verbal (si es que habla), diciendo: «Venga, ¡vamos a guardar las piezas de Lego en la caja!». Convierte esta situación en un juego interactivo constituido por una serie de normas (por ejemplo: «¡Primero las piezas amarillas!»), de tal modo que el niño aprenda a acatar reglas y a seguir ciertos pasos. En este juego semiestructurado o de resolución de problemas también puedes introducir pequeños juegos regulados por normas, búsqueda de tesoros, etc. con el fin de que el niño deba seguir tus directrices. De hecho, la terapia Floortime también te proporciona oportunidades para crear interacciones en las que predominen las normas y la demarcación de límites para contrarrestar las acciones peligrosas o violentas del niño. Para el niño que tiene capacidad para entenderlo, la ganancia de puntos destinados a la concesión de privilegios especiales por el buen comportamiento también es una técnica muy válida que le ayuda a entender las normas y los límites.

Ayudarle a autorregularse y a desarrollar empatía

Intenta contener y reflejar tus emociones lo mejor que puedas. Intenta mantener una actitud relajada y una predisposición hacia el juego y regula las interacciones con tu hijo/a en función de su respuesta sensorial, su capacidad de planificación motora, su capacidad de procesamiento lingüístico y auditivo, su habilidad para entender lo que ve, etc. El tono de voz es especialmente importante cuando interactuamos con un niño con TEA: nuestro tono de voz nunca debe ser angustiado o desesperado, sino activo y enérgico. No levantes la voz ni utilices un tono monótono y aburrido, pues no captarás su atención más allá de unos instantes. Háblale con sentimiento, intensidad y energía, pero mantén siempre un tono suave.

Una persona equilibrada es aquella que responde al entorno con un comportamiento adecuado. En el gimnasio, somos enérgicos. En la iglesia, nos mostramos callados y tranquilos. En casa nos comportamos de una manera, pero si estamos en casa de alguien que acabamos de conocer, cambiamos nuestro comportamiento. Como comentamos en el capítulo nueve, para percibir e interpretar el entorno, tenemos que interactuar con este entorno constantemente. Para entender el mundo e interiorizar las normas, tenemos que adaptarnos a él mediante la comunicación. Sea cual sea la técnica que utilicen los padres, tienen que saber que el niño con TEA debe involucrarse en un flujo constante de señales emocionales con el fin de extraer su conocimiento sobre la realidad.

La empatía se origina cuando sentimos las emociones de los demás, y la única manera de llegar a las emociones de los demás es a través de sus señales. La seguridad en uno mismo se adquiere percibiendo las señales del entorno (cuándo es apropiado gritar, cuándo es apropiado mostrar serenidad) e interpretando el lenguaje emocional de los demás. Para construir una relación positiva con amigos y compañeros, tenemos que saber juzgar qué están dispuestos a hacer (o no). Muchas veces, la actitud agresiva entre compañeros de colegio se origina cuando los niños no saben leer las señales emocionales de los demás.

Cuando un niño es agresivo (como el caso de Enrique) y disfruta pegando a los demás, tenemos que recordar que el niño no tiene por qué estar de acuerdo en los valores que le queremos inculcar (ser amable con los demás o desear la felicidad de las personas). El niño se ha construido su propio escalafón de convicciones, sus razones particulares para comportarse así. En estos casos, los padres o tutores tienen que examinar la atmósfera que se respira en casa y el nivel de empatía que muestran los miembros de la familia. Un niño que disfruta viendo a los demás tristes necesita trabajar las señales emocionales en un entorno caracterizado por gestos de afecto y de vinculación emotiva (miradas, abrazos, etc.). Tenemos que examinar la predisposición de la familia hacia las señales de ternura, el cariño y las interacciones diarias nutridas de afecto.

A veces, los niños que saben expresar sus sentimientos, negociar y equilibrar su estado de ánimo, regresan al estadio previo a la interacción cuando se topan con un motivo de frustración o problema, como el nacimiento de un hermano. En estos casos, tenemos que reforzar las sesiones diarias e individualizadas de Floortime para ayudarle a manejar la nueva situación. Los padres o tutores pueden ayudarle a restablecer sus competencias básicas creando escenas que frustren al niño; es decir, que sean similares a las que se encontraría. Por ejemplo, el padre le esconde un juguete y le dice: «No te dejo jugar con él, ¡es mi turno!». Al enfadarse y mostrar una frustración progresiva, el padre se tendrá que mostrar cariñoso e interactivo: «Bueno, vamos a ver. ¿No te importa jugar con este en lugar del otro?». De este modo, reforzaremos su habilidad para negociar antes de que empiece a pegar o a empujar. Es un proceso muy lento y gradual y que debe tener en cuenta, como es lógico, el perfil individual del niño. Si el problema es la llegada del hermano, introduce a un muñeco que haga de hermano problemático y, a continuación, introduce en el juego al hermano real e incrementa poco a poco el juego imaginativo.

Nuestro enfoque se centra en el trabajo de aspectos muy concretos mediante la imposición de límites y consecuencias, y la introducción del premio y la recompensa. Por otra parte, también tenemos que reforzar las señales emocionales mediante la creación de interacciones calmadas y reguladoras. Toda la familia debe implicarse en este proceso: el padre y la madre y los hermanos, educadores, terapeutas, etc. Este enfoque es aplicable a niños con TEA u otros trastornos de aprendizaje, así como a niños que sólo padezcan problemas de conducta (y sin problemas de aprendizaje, lenguaje o comunicación).

Negativismo

A veces, el problema no es que el niño sea agresivo, sino que tenga una actitud constantemente negativa; es decir, que diga «no» a todo. Normalmente, esta reacción se produce en una fase muy concreta del desarrollo (en torno a los dos años) e indica que el niño se está forjando una identidad. En función de su grado comunicativo, podemos aceptar ese «no» y, a continuación, desentrañar dónde está el origen de su reacción negativa con el fin de crear una interacción. Debes profundizar en los motivos que encierra esta negación (por ejemplo, no quiere comer macarrones pero sí quiere comer salchicha). Normalmente, si el niño incide mucho en la negación, significa que necesita tener más opciones a su alcance. Tiene que poder «votar» (elegir). El «no» es su voto. Debemos analizar, entonces, si el objeto de su negación es negociable o no, si podemos ofrecerle diferentes opciones. Cuando aplicamos el modelo DIR, sólo combatimos los puntos esenciales, pero no podemos controlar absolutamente todo lo que haga el niño. Por tanto, si muestra su opinión, debemos asumirla y contenernos antes de luchar contra ese «no».

Es posible desplegar estrategias de juego en torno a la negación o convertir una actitud negativa en una situación idónea para la resolución de problemas. Puedes decir: «Bueno, si le dices que "no" a todo, ¿qué podemos hacer?». Aprovecha esta actitud para introducir un debate o una conversación larga en la que puedas poner en práctica diferentes razonamientos. Después de darle la oportunidad de decirte por qué no quiere hacer algo concreto, puedes mostrarle tu empatía y tranquilizarle con las palabras siguientes: «Bueno, cariño, tenemos que hacerlo». Si le produce cierta ansiedad una situación en concreto (o si, en general, tiende hacia la ansiedad), preferirá controlar lo que sucede a su alrededor y no le gustarán los cambios o sorpresas. En este caso, la negación es una herramienta para manejar su ansiedad, pero tú puedes responder desplegando estrategias de juego: «¡De acuerdo! ¡Sí, señor, a sus órdenes!», mientras le muestras tu respeto, le apoyas y le conduces lentamente hacia la realización de la acción.

Puedes, incluso, premiarle por ser la persona que más veces dice «no» en el mundo entero. A los niños les encanta ser los mejores en algo (aunque sea respecto a su negación). Si le ayudas a interiorizar lo que está haciendo y le transmites alegría («¡Eres el niño que más sabe decir "no"!») le restará negatividad a la situación, que dejará de ser una lucha de poder para convertirse en un juego divertido. Cuando consigas cambiar el tono de la situación, puedes empezar a jugar con él. Si le gustan mucho las galletas de chocolate, puedes decirle: «¿Quieres una galleta de chocolate? ¿sí o no? Ah, bueno, ¡pero si eres el niño que más sabe decir "no"! ¡Sólo puedes decir eso!». De este modo, le colocarás frente a un dilema y te divertirás al mismo tiempo. La clave es enfrentarse a la actitud negativa con paciencia, cercanía, cariño, calma y ánimo para interactuar, aunque sea una interacción en torno a la propia negación.

Convertir los problemas en oportunidades

Debemos considerar la actitud problemática como una oportunidad para construir habilidades. Nuestro planteamiento debe basarse en rellenar los huecos de su desarrollo para no tener que cambiar forzosamente su actitud. Por ejemplo, si un niño tiene una rabieta durante las transiciones, puede que sea porque no tolera los cambios rápidos en su entorno, y tampoco sabrá mantener un flujo de comunicación gestual recíproca y mostrará un patrón de comportamiento fragmentado. En lugar de utilizar gestos continuamente para negociar una transición caen víctimas de una rabieta. (En el capítulo veintisiete hablaremos del derrumbe y de la rabieta). En estos casos, por tanto, tenemos que practicar más el Floortime y crear cadenas de comunicación largas para ayudarle a anticiparse y a dominar las transiciones mediante la comunicación gestual de sus necesidades («Tranquilo, tengo que adaptarme al ruido de la habitación»). Cuando empiece a rellenar este hueco en su desarrollo, será más capaz de enfrentarse a los cambios y no sufrirá tantas rabietas.

Capítulo 26
Hacer frente a los sentimientos

Tara era una niña de seis años diagnosticada con el síndrome de Asperger, que tenía muchas dificultades para enfrentarse a las emociones negativas. Siempre se disgustaba y se enfadaba mucho cuando alguien de su entorno lloraba o lo pasaba mal e intentaba aguantar el llanto hasta el límite de la autolesión. No soportaba escuchar historias o ver películas cuyos protagonistas lo pasaran mal y tendía a mostrarse rabiosa en lugar de exteriorizar la tristeza. Sus padres no sabían cómo utilizar el Floortime para ayudarle a contrarrestar la tristeza.

¿Cómo podemos enseñar a un niño con TEA a ser consciente de sus sentimientos y a aprender a modularlos (sobre todo los sentimientos intensos) de una manera constructiva? Se deben seguir una serie de pasos para ayudarle a familiarizarse con sus propios sentimientos y para detectarlos, identificarlos y comentarlos. Lo más importante es saber utilizar los sentimientos a modo de herramienta en las interacciones sociales, es decir, entender los sentimientos de los demás y responder ante ellos, y evitar que el niño acumule sentimientos negativos que le lleven a la angustia o a la ansiedad (rabia, tristeza, desesperación, preocupación o miedo). Estos sentimientos intensos son difíciles para un niño con TEA. Por este motivo, necesitan maneras constructivas de enfrentarse a ellos.

Hay niños con TEA que, a los dos años, cuando quieren mostrar su afecto, abrazan a la madre o al padre, mientras que otros sonríen, hacen ruidos o juegan. Algunos niños muerden o pegan cuando están enfadados, mientras que otros expresan su enfado con el tono de voz o con el lenguaje corporal. Son capaces de señalar lo que quieren y de hacer movimientos bruscos de enfado si no lo obtienen, desplegando así las estrategias de negociación. En este caso, tendrás que pactar con él o ella para indicarle que tiene que esperar un poco.

La capacidad de indicar los sentimientos, en lugar de expresarlos de manera extrema mediante una reacción física exagerada como morder, pegar o retraerse, es el primer paso que debe dar el niño para enfrentarse a sus sentimientos. Una vez le ayudemos a dominar esta primera fase, estará preparado para una segunda fase en la que tenga que entender y expresar los sentimientos mediante palabras, símbolos o escenas simuladas. Por ejemplo, puedes simular que se pelean o se abrazan dos muñecas y que la madre de las muñecas pregunta: «¿Por qué estáis enfadadas?» o «¿Qué queréis?». Gracias al juego imaginativo, el niño desarrolla un concepto más profundo de los sentimientos y sabe cómo abordarlos. Si se enfada con otro niño, puede dar rienda suelta a la rabia planteando una situación simulada en la que se pegan dos muñecos.

Rabia

Muchos padres tienen miedo de escenificar ciertos sentimientos intensos (como la rabia) con su hijo/a en el contexto del juego porque piensan que están fomentando la violencia. Nada más lejos de la realidad: si no le ayudas a aplicar su imaginación o a usar palabras para expresar un sentimiento, sólo podrá exteriorizarlo mediante la acción real y directa. Los sentimientos son algo natural. La rabia y el miedo forman parte de nuestra vida como el amor, la curiosidad u otros sentimientos. Si el niño sabe conceptualizar estos sentimientos o convertirlos en ideas, no tendrá que exteriorizarlos mediante el comportamiento ni tampoco inhibirlos, lo que incrementaría la tensión, la ansiedad y la conducta compulsiva.

Así, por tanto, expresar los sentimientos negativos en el juego imaginativo es muy beneficioso. Sin embargo, no es lo mismo que un niño pegue repetidas veces a un muñeco, le rompa las piernas o lo utilice para fines destructivos o que un niño recree una escena en la que un muñeco está enfadado porque otro muñeco le ha quitado un objeto. Cuando el niño se limita a pegar o a despedazar el muñeco, no está utilizando el juego imaginativo, sino que está utilizando el muñeco para volcar directamente su agresividad, como si estuviera pegando a una persona. Esta reacción no atiende a los matices de la conducta.

Podemos recrear una escena dramática o una agresión en la que alguien le quita el juguete al niño y este se enfada pero, al final, los dos se reconcilian. Podemos inventarnos, también, una historia en la que el muñeco que interpreta el papel de madre no le presta atención al muñeco-hijo y este se enfada. La recreación de escenas permite aumentar el nivel de detalles y la complejidad de la historia. Por lo tanto, si el niño se dedica a repetir constantemente una acción fruto de un sentimiento, le podemos ayudar a utilizar herramientas de expresión más complejas recreando una escena en la que los muñecos o personajes experimenten un sentimiento y actúen en consecuencia utilizando el razonamiento.

Cuando juegues con tu hijo/a, no es necesario que suavices la historia. Si el niño está representando una escena en la que se pelean dos soldados o dos profesores discuten, no intentes modificar el contenido. En lugar de ello, tienes que profundizar en él. Pregúntale, por ejemplo: «¿Sobre qué discuten? ¿Y qué pasa a continuación?». Si le transmites empatía, el niño acabará volcando en el juego otros sentimientos aparte de la rabia (cariño, amor, colaboración, etc.). Si te limitas a cambiar el argumento y dices: «¿Es que no pueden llevarse bien?» o «Vamos a pegarle a la muñeca la pierna que le has roto», estarás controlando el juego y no le dejarás aportar sus ideas. En el juego imaginativo, tienes que responder a la iniciativa del niño, ayudándole a profundizar en el argumento con el fin de que exprese su repertorio emocional y module sus sentimientos.

Es positivo que el niño experimente con la agresividad en el juego imaginativo y se sienta a gusto con esta expresión, ya que así llegará a adquirir seguridad en sí mismo. Por otra parte, también tenemos que modular la agresividad con el perfil emocional de los personajes. Si el muñeco de tu hijo/a está enfadado con el tuyo y quiere pegarle, pregúntale a través de tu muñeco: «¿Por qué me quieres pegar? ¿Qué te he hecho yo?». Si empieza a sacudir los muñecos o se vuelve más agresivo, ralentiza el ritmo de la acción y suaviza el tono de voz sin dejar de lado el tratamiento de su agresividad modulando constantemente el tono emocional.

Cuando el niño haya aprendido a simular acciones y a responder a preguntas abiertas («¿Por qué […]»?), podrás mantener conversaciones con él sobre la realidad con el fin de explorar e identificar sus sentimientos. Le puedes preguntar: «¿Te lo has pasado bien jugando con Juan?» o «Cuando María te ha quitado el juguete, ¿cómo te has sentido?». Si responde y dice que se ha sentido contento o enfadado, puedes profundizar en el razonamiento con preguntas como: «Vaya. ¿Y qué has hecho cuando estabas tan enfadado?». Al describir su sentimiento y su actuación consecuente, aprende a relacionar el sentimiento con el comportamiento posterior. Tu simple curiosidad sobre lo que le ha pasado durante el día o sus sentimientos y comportamiento le ayudan a desarrollar la capacidad de expresar y enfrentarse a los sentimientos. A veces, no le damos importancia a las conversaciones sobre temas sencillos o cotidianos (conversaciones que se desarrollan en el coche, en el baño, durante la comida, etc.). A los niños les encanta este tipo de conversación siempre y cuando no dirijas el contenido de la charla o le formules preguntas objetivas sobre los deberes.

Por encima de la capacidad de mantener conversaciones basadas en la realidad, se extiende un nivel más profundo de expresión y afrontamiento de los sentimientos. Cuando nos hallemos en este nivel, podemos introducir el juego de «Pensar en lo que viene mañana», en el que el niño anticipa los sentimientos que va a experimentar al día siguiente. De este modo, el niño se prepara para lo que va a ocurrir y no le representa una sorpresa. Es, sin duda, una técnica muy positiva para los niños que tienen problemas al expresar ciertos sentimientos, que tienden a sentirse tristes o a comportarse agresivamente o que se ponen nerviosos y gritan o pegan con facilidad.

Para jugar a este juego, tenemos que prolongar las conversaciones basadas en la realidad diciendo, por ejemplo: «Bueno, vamos a pensar en lo que pasará mañana. Dime qué cosas buenas van a pasar o si va a pasar algo que te guste». Déjale que hable sobre algo que le gusta y pregúntale, entonces: «Pero ¿va a pasar algo hoy o mañana que no te guste o que sea un poco complicado para ti?». A partir de ahí, es probable que el niño diga que no quiere que su hermano le intimide o que el profesor ponga un examen o que haya mucho ruido en la clase.

Si no es capaz de responder nada, le puedes sugerir posibilidades. Por ejemplo: «Ayer me dijiste que no te acabaste el bocadillo en el recreo y que la profesora no te lo dejó acabar en clase. ¿Te parece que va a volver a pasar?» o «Ayer me explicaste que hay un niño en el patio que no te deja jugar con su pelota [...]». El objetivo es ayudarle a anticiparse a la situación. Si encuentras un objeto de conversación y el niño es capaz de describirlo (aunque requiera tu ayuda), háblale para que se lo imagine como si fuese una serie de dibujos animados. A veces, necesitan cerrar los ojos para poner en práctica su imaginación; otras, no es necesario. Quizá quiere dibujarlo con un lápiz o con lápices de colores o quiere representar físicamente la escena. Sea cual sea el medio de expresión, ayúdale a describir cómo se sentiría en una determinada situación. Obsérvalo y guíale para que describa sus sentimientos con detalle y profundidad.

Si, por el contrario, el niño responde: «Estaba enfadado y ya está», pregúntale: «Bueno, ¿y por qué te sentías así? ¿Por qué estabas enfadado?». «Estaba enfadado y ya está». «Intenta describirlo. Todos nos enfadamos siempre por algo. ¿Qué es lo que pasó para que te enfadaras tú?». Al final, dirá: «Tenía los músculos tensos» o «Tenía ganas de pegar» o «Me dolía el estómago» o «Estaba a punto de explotar». Cuanto mejor y más rica sea la descripción, más palabras aprenderá para describir su sentimiento (ya sea un sentimiento de rabia o de amor o miedo) y mejor entenderá sus propios sentimientos. Hay niños que sólo saben describir los sentimientos con verbos de acción como: «Quería pegar». Otros priorizan las expresiones de calidad: «Bueno, estaba muy muy muy enfadado. Estaba enfadado y furioso» e incluso otros describen las consecuencias o la escena que se produce con relación al sentimiento. No te preocupes por el tipo de descripción, anímale a que la enriquezca.

Por otra parte, también debes enseñarle a explicar cómo se sentirán las demás personas implicadas en la situación. Por ejemplo, el niño discute con otro sobre el uso del ordenador. Le puedes preguntar: «¿Cómo crees que se siente María cuando os peleáis?». Este es el principio del aprendizaje de la empatía. Si el niño, por su parte, explica las situaciones en las que se enfada con mamá (es decir, contigo), después de describir sus sentimientos puedes preguntarle: «Bueno, ¿cómo crees que se siente mamá cuando quieres que te escuche pero también tiene que escuchar a tu hermano pequeño?». No le facilites la respuesta; espera a su razonamiento sobre los sentimientos de mamá. Entonces, le puedes formular una pregunta socrática como, por ejemplo: «Bueno, y ¿te parece que sólo se puede sentir así mamá? ¿No se puede sentir de otra manera?».

Cuando ya sepa explicar sus sentimientos y los de la otra persona, pídele que explique lo que hace normalmente cuando se siente de esa manera, el típico comportamiento asociado a ese sentimiento. El niño te responderá que empuja, pega, corre o se esconde. Entonces, anímale a analizar por qué tiende a comportarse así (por ejemplo, huye porque no quiere pelearse o empuja y pega porque «no quiere que nadie sea mejor que él/ella», etc.).

A continuación, analiza qué más puede hacer cuando se encuentra en esta situación concreta o experimenta este sentimiento. ¿Hay más posibilidades? ¿Tiene otra manera de enfrentarse al sentimiento? Tampoco tenemos que obtener una promesa por su parte o una frase prototípica y poco eficaz como: «Tengo que explicar lo que quiero en lugar de pegar». Cuando un niño utiliza estas frases sin sentir lo que dice es porque se lo han repetido reiteradas veces, si bien no está muy convencido de su contenido y vuelve a pegar al día siguiente. Nos hemos encontrado con declaraciones de niños como: «Ya sé que tengo que irme cuando Juan me intimida en el patio». Sin embargo, sabemos que el niño no está convencido de sus palabras, entre otras cosas, por la sonrisa traviesa en su rostro. En estas situaciones, solemos decir: «No pareces muy convencido de que esto es lo mejor que puedes hacer». Entonces, el niño suele responder: «No, porque entonces los otros niños se reirán de mí y dirán que soy un llorica. Pero mis padres siempre me dicen que lo diga». En este caso, tenemos que ayudarle a ampliar sus miras y a considerar otras alternativas que serían beneficiosas para él en este contexto social.

Si el niño no es capaz de ofrecer ninguna alternativa, formúlale más preguntas: «¿Qué más podrías hacer? Seguro que puedes hacer algo que no sea malo o que no te cause problemas o que no te obligue a salir corriendo». Sigue ampliando sus perspectivas hasta que encuentre una idea útil y, a continuación, le puedes decir: «¡Buena idea!». Seguramente, no aplicará esta idea cuando se vuelva a encontrar en una situación parecida, pero, al considerarla, la acabará recordando. Si sabes que está atravesando por una mala época, puedes proponerle una conversación relajada gracias a la cual entienda sus sentimientos y su comportamiento habitual y sea capaz de imaginarse alternativas. A continuación, le puedes plantear las consecuencias positivas que se desprenden de escoger una de las alternativas en lugar de actuar como siempre.

Si se trata de ayudarle a expresar el miedo, la ansiedad o la tristeza, el niño puede poner en práctica un comportamiento agresivo. Por ejemplo, si siente miedo y se pone nervioso cuando está rodeado de niños, ayúdale a identificar aquellos niños con los que puede jugar sin que le produzcan miedo o recurre a un profesor de la escuela que le inspire tranquilidad. Si se siente triste, intenta identificar la causa de esa tristeza y los pasos necesarios para que se sienta mejor. Quizá se siente triste cuando sus padres no le dedican mucho tiempo. ¿Cómo puede explicarles que necesita más atención? Quizá es necesario que se muestre más enfadado o enérgico de lo normal para conseguir que sus padres levanten la vista del periódico o de la pantalla del ordenador. Si bien todos los niños desean que sus padres intuyan y sepan cuándo están tristes y cuándo necesitan más apoyo, es muy positivo que aprendan a expresarse y a hacer valer sus sentimientos. Precisamente cuando el niño se muestra más seguro de sí mismo y ve que sus padres le responden, se da cuenta de que no debe sentirse tan desconsolado cuando la tristeza le afecta.

El juego de «Pensar en lo que viene mañana», construido gracias a la capacidad de regular las emociones, de escenificarlas y de hablar sobre ellas desde una perspectiva realista no sólo le ayuda al niño a interiorizar sus sentimientos, sino que también sirve para desarrollar sus habilidades lingüísticas, cognitivas y sociales y su capacidad de utilizar las interacciones con la familia y amigos de manera constructiva y enriquecedora. Es obvio que, si el niño padece anomalías graves del lenguaje y de las relaciones interpersonales, la realización de cada uno de estos pasos (aprender a interactuar con gestos emocionales, involucrarse en el juego imaginativo, mantener conversaciones basadas en la realidad, jugar al juego de «Pensar en lo que viene mañana», etc.) le garantizará un progreso enorme. Si el niño mejora poco a poco en su capacidad de enfrentarse a sus sentimientos y de expresarlos, este proceso se convierte en autoreforzador. Esta transición no se produce de un día para otro: es un proceso que puede llevar muchos años, pero es el tipo de progreso que hemos de estimular.

Si el niño no habla, podemos ayudarle a que exprese sus sentimientos mediante símbolos o fotos. Muchas estrategias basadas en programas informáticos y en la comunicación aumentativa pueden fomentar la capacidad del niño de expresar sus sentimientos de manera constructiva. En este caso, debemos tener en cuenta que no es una técnica milagrosa. Motívale para describir el alcance de su sentimiento y formúlale preguntas como: «¿Estás muy enfadado? ¿Estás muy triste? ¿Estás muy contento o poco contento?». Ayúdale a utilizar una imagen, un símbolo, una foto o un aparato electrónico para expresar un sentimiento en el mismo instante, de tal modo que sea lo más parecido a utilizar las palabras.

Mientras realice este ejercicio de comunicación, respóndele con tus expresiones emocionales (tono de voz, expresiones faciales, lenguaje corporal) para ayudarle a transmitir su emoción mediante sus expresiones emocionales (aunque tenga que recurrir al dispositivo electrónico para transmitir la palabra). Cuando un individuo con deficiencias de audición utiliza el lenguaje de señas, muestra una gran expresión emocional. Por ejemplo, la seña correspondiente a «Estoy disgustado» se puede hacer suavemente, indicando un grado bajo de disgusto o bruscamente, indicando un alto grado de disgusto. Del mismo modo, cuando el niño utilice métodos de comunicación aumentativa, tienes que estimularle para que sea lo más expresivo posible (ayudado, también, por tus respuestas expresivas).

Ansiedad

El problema fundamental de muchos niños con TEA (sobre todo los que son hipersensibles) es que muestran una gran tendencia hacia la ansiedad y el miedo y siempre piensan lo peor. Enseguida se agobian por su propio conocimiento y son muy reactivos ante sus propias emociones. Su necesidad de certitud es un intento de regular este sentimiento de agobio.

En primer lugar, tenemos que ayudarle a calmarse y a modular su estado nervioso mediante actividades relajantes (respiración profunda, relajación de músculos) o la representación de imágenes pacíficas. Es muy importante que el ambiente de la casa sea relajado. Cuanto más nervioso y asustado esté, más apoyo y tranquilidad le debemos transmitir. Si sabe hablar, pregúntale por su reacción: «¿Qué podemos hacer o planificar hoy para que mañana tengas menos miedo y lo pases mejor?». También tenemos que crear un ritmo de interacción placentero. Aparte de ello, al obsesionarse con los pequeños detalles, estos niños no saben imaginarse los hechos globalmente, por lo que el juego de «Pensar en lo que viene mañana» les servirá de gran ayuda para desarrollar el pensamiento global.

Es muy habitual, también, que los niños que se preocupan en exceso por todo huyan de la agresividad, pues tienen miedo a los sentimientos de ira. Puedes animarle a sentirse mejor con estos sentimientos y a reducir sus miedos hablándole sobre situaciones que le hacen enfadar. Si el profesor le ha castigado y el niño piensa que ha sido injusto, le puedes preguntar: «Bueno, ¿y qué te parece? ¿y cómo te sientes? Ya sé que no lo vas a hacer, pero si fueses el niño [o niña] más poderoso de la tierra, ¿qué te gustaría hacer para conseguir que el profesor no fuese injusto contigo?». El niño entenderá la diferencia entre esta escena de fantasía y la planificación real de acciones (sobre todo si habla) y sabrá acercarse de manera positiva a los sentimientos de enfado.

Miedo de los sentimientos

Muchos niños padecen los mismos trastornos de Tara, la niña cuyo caso hemos explicado al principio del capítulo. Estos niños tienen miedo a ciertos sentimientos como la tristeza, pues tales sentimientos les agobian y se sienten incómodos cuando pierden el control. En estos casos, tenemos que ayudarles a aceptar sus sentimientos. Si, como padres, nos mostramos relajados, respetuosos e interactivos, el niño también se sentirá más relajado con relación a sus sentimientos. A continuación, debes animarle a describir sus sentimientos con mayor detalle a través de la conversación y del juego imaginativo. De este modo, si el niño dice: «No quiero llorar», respóndele: «¿Por qué? ¿Cómo te sientes, entonces, si no quieres llorar? Es muy difícil llorar cuando tu cuerpo quiere llorar». Así le estás mostrando tu empatía y le estás diciendo que entiendes su esfuerzo de contener los sentimientos, aparte de ayudarle a describir mejor su conflicto interno. Al mismo tiempo, procura seguir tranquilizando al niño y mantener el contacto emocional.

El siguiente paso es aumentar su nivel de confianza consigo mismo. Muchos niños dicen que no quieren llorar o que no quieren estar tristes porque todavía no han adquirido confianza en ellos mismos y todavía no se han enfrentado al sentimiento de rabia. Debemos ayudarle a participar en actividades constructivas, de tal modo que sepa generar ideas y, a continuación, reforzar su autoconfianza con frases como: «¡Muy bien! ¿Y qué podemos hacer ahora para que te sientas mejor?».

El juego imaginativo también te va a proporcionar situaciones ideales para ayudarle a expresar los sentimientos de rabia y enfado. Un niño con trastornos del desarrollo puede tener mucho miedo a experimentar sentimientos de ira o de agresividad, pues, si padece deficiencias motoras, por ejemplo, no está tan seguro de poder controlar su rabia y si presenta problemas de lenguaje no puede expresarse como querría. De hecho, incluso su miedo a llorar o a expresar los sentimientos puede esconder otro miedo a experimentar sentimientos de enfado que no puede controlar. Anímale, por tanto, a representar el enfado mediante muñecos. Si dice que el muñeco está enfadado, pregúntale por qué y cómo. Analiza, también, tus interacciones con él: cuando impone sus argumentos en el juego, ¿tiendes a corregir sus ideas o a insistirle en que «juegue bien»? ¿o te gusta introducir un debate en el que el niño pueda expresar sus opiniones enérgicamente? Si bien no es correcto que diga tacos o que sea irrespetuoso, tenemos que conseguir, sin embargo, que exprese sus sentimientos y pensamientos con convicción en el contexto de una conversación o intercambio constructivo. Debemos ayudarle a practicar la seguridad en sí mismo.

Equilibrio y repertorio emocional
El repertorio emocional y el equilibrio son dos competencias fundamen-

tales para el desarrollo mental, si bien no se suelen adquirir a la vez. Cuando hablamos de niños o adultos que presentan un desarrollo saludable, nos referimos a personas que poseen un repertorio de emociones humanas y que saben controlar y equilibrar estas emociones y reagruparlas si pierden el equilibrio (personas «equilibradas»). Pero ¿cómo podemos incrementar y apoyar el repertorio emocional de un niño con TEA?

El primer aspecto que hay que considerar es aceptar todas las emociones del bebé. En este sentido, no es bueno pensar que hay emociones buenas y malas, pues este es el típico origen de las constricciones. Si los padres se empeñan en corregir o aplacar las reacciones de enfado o la actitud resolutiva del niño porque quieren que se muestre obediente y dulce en todo momento, el niño acabará desarrollando impulsos de rabia o se mostrará siempre pasivo. Del mismo modo, si los padres le inculcan la idea de que no debe llorar o tener miedo, el niño se volverá más miedoso y ansioso y menos propenso a expresar sus miedos. Si los padres piensan que el niño no puede ser dependiente, están negando un componente íntimo muy importante y el niño, por tanto, se volverá mucho más dependiente o negará su dependencia y se mostrará pseudoindependiente, en lugar de autosuficiente.

De todo ello se desprende que tenemos que aceptar todas las emociones. Si tu hijo/a está empezando a mostrar señas de seguridad en sí mismo, sigue creando interacciones que incidan en este aspecto y disfrútalas con él. Si señala al muñeco de la estantería y, a continuación, intenta subirse a una mesa para cogerlo, en lugar de cogerlo y apartarlo con el grito: «Eh, eh, ¡no!», pregúntale: «¿Te ayudo?». Interactúa con él y estimúlale para que te señale con gestos lo que quiere que le cojas. A continuación, levántalo para que él mismo coja el objeto o juguete. De esta forma, desarrollas su confianza en sí mismo de una manera segura y cooperativa y no como una rebelión que hay que sofocar. La clave es aceptar la emoción y, a continuación, interactuar con el niño alrededor de esta.

Todo esto nos lleva al segundo aspecto que hay que considerar: proporcionar una guía y una estructura para que el niño no se vea desbordado por sus emociones. No es recomendable dirigir las emociones hacia una sobreestimulación del niño, pues así sólo conseguiremos que tenga miedo. Debemos, por tanto, regular estas emociones y proporcionarles un límite inherente. En el caso del niño que quiere subirse a una mesa inestable para coger un juguete, le ayudábamos a conseguir sus objetivos de una manera segura. Si, por otra parte, quiere hacer algo que es peligroso y que supera sus habilidades naturales, le marcaremos un límite (aunque se enfade por un instante).

Pongamos el siguiente ejemplo: el niño quiere un abrazo. Por supuesto, le abrazas e intercambias con él muchas palabras y gestos de cariño. Si exige más abrazos y atención mientras estás intentando hacer la cena y se está poniendo muy pesado, lo mejor es que lo sientes cerca de la encimera para que esté cerca de ti mientras sigues haciendo las tareas y que le des algún beso de vez en cuando. En este caso, habrás encontrado una solución intermedia en torno a esta sensación de cariño y cercanía, pues le dejarás acercarse a ti con afecto y, al mismo tiempo, le marcarás una serie de límites teniendo en cuenta su demanda excesiva de atención. De esta manera, aprende la importancia del equilibrio a través del intercambio de señales emocionales, en primer lugar, y de palabras y gestos, en segundo lugar. Muchos niños con TEA necesitan interactuar con gestos, aparte de utilizar las palabras, aunque sepan hablar. El intercambio de gestos es un componente básico de las interacciones y de la regulación de las emociones, así que no podemos perderlo.

Otro aspecto fundamental para el desarrollo del equilibrio y el repertorio emocional del niño es el conocimiento de sus rasgos individuales, así como de los tuyos. Por ejemplo, los niños hipersensibles a las sensaciones suelen tener miedo al tono de voz alto y autoritario o a las discusiones, mientras que los niños poco sensibles a las sensaciones tienden a mostrar ansia de sensorialidad, pero no saben experimentar tristeza sin sentir, al mismo tiempo, rabia, por lo que acaban perdiendo el control. Por tanto, si el niño se muestra cauteloso porque padece hipersensibilidad sensorial, tendremos que ayudarle a ampliar poco a poco su repertorio emocional de una manera gradual y segura. Si no quiere jugar a un juego muy enérgico o intenso, empieza introduciendo un juego de palmas, y después de unos cuantos meses quizás quiera jugar a pelearse. De la misma forma, un niño propenso a los juegos violentos no se sentirá a gusto ni relajado con un juego tranquilo y afectuoso con los padres. En este caso, cógele de la mano y sal a correr con él. A continuación, ve disminuyendo el nivel de actividad y convierte esta carrera en una actividad rítmica más relajada hasta que acabéis los dos tumbados en el suelo mientras os acariciáis la espalda. Así pues, cada niño necesita explorar su repertorio de emociones a través de su perspectiva particular y de sus rasgos diferenciados.

Debes fijarte, también, en tus rasgos particulares. Seguramente, procesas las sensaciones de manera adecuada, pero tu registro emocional presentará limitaciones en función de tu educación y del ambiente familiar en el que hayas crecido. Muchos padres expresan cariño, pero se ven incapaces o no quieren mostrar emociones «malas» como la rabia, mientras que otros no quieren mostrarse excesivamente dependientes o sentimentales y prefieren debatir con firmeza o introducir juegos más bruscos. Analiza las emociones que sueles sentir y proyectar, y las que no te gustan. Es muy habitual que los padres y niños aprendan a experimentar emociones nuevas mientras ascienden por la escala de desarrollo. De hecho, hemos visto a muchos padres que sentían con sus hijos por primera vez en sus vidas, una empatía e intimidad profundas, y hemos visto cómo los padres aprendían a sentirse seguros consigo mismos al observar que el niño también se mostraba más seguro de sí mismo. Al constituir una sensación nueva y placentera, la han querido incorporar.

Capítulo 27
Ansiedad catastrófica y regresiones

La ansiedad catastrófica es la ausencia absoluta de regulación de los propios sentimientos. ¿Cómo podemos ayudar al niño cuando se lanza al suelo a llorar y a sacudir la cabeza o se dedica a morder o a pegar a la madre o al padre o a correr sin control? Este episodio se agrava cuando el niño padece autismo y no puede expresar sus sentimientos debido a sus deficiencias del habla.

Tenemos que explorar y analizar siempre los casos de regresión para determinar las causas, tanto si el niño se muestra más ausente como si se muestra más impulsivo. En primer lugar, analicemos la ansiedad catastrófica.

Primeros pasos

Cuando el niño se ve afectado por un episodio de ansiedad catastrófica, tenemos que centrarnos en un episodio muy sencillo que no siempre se cumple: ayudarle a calmarse. No es el momento de reprocharle que se haya comido todas las golosinas o que le haya quitado el muñeco a su hermana. Tampoco es beneficioso gritarle. Muchas veces, la ansiedad catastrófica se contagia: los padres intentan calmarlo durante dos segundos y, como están agotados del trabajo y no tienen ánimos para nada, también se ponen muy nerviosos y se contagian de la ansiedad catastrófica. También se puede producir la situación en que la madre grita al niño y el padre grita a la madre porque esta le grita, de tal modo que la escena empeora considerablemente. Si hay otro hijo en la familia y contempla la escena de gritos y discusiones, acabará llorando. Entonces, cuatro personas padecerán ansiedad catastrófica. Puede parecer una situación exagerada, pero es muy habitual. No dejes que la ansiedad se contagie.

Cuando el niño sufra una ansiedad catastrófica, ten en cuenta que no te puede oír ni te puede entender porque está fuera de control. Todo el mundo se siente muy mal cuando pierde el control. No le castigues ni le reprendas cuando está sufriendo un episodio de ansiedad catastrófica, lo empeorarías. Eso tampoco significa que tengas que dejarle morder o pegar; sencillamente, las sanciones y los límites llegarán cuando el niño se haya tranquilizado. Entonces, tendréis tiempo para hablar y para calcular las consecuencias, pero este análisis no se debe realizar mientras el niño esté ansioso.

Otro error que se suele cometer a menudo consiste en ignorar el episodio de ansiedad catastrófica. Se suele pensar que es una manera de no prestarle demasiada atención y de no reforzar al niño, pero es un punto de vista muy simplista y perjudicial. Precisamente, para muchos niños con TEA lo más difícil es conseguir que nos preste atención. Tenemos que conseguir que confíe en nosotros y que se sienta cercano demostrándole, en primer lugar, que estamos a su disposición para ayudarle cuando se sienta angustiado. Así, por tanto, nunca le debemos dar la espalda a un niño que sufre un episodio de ansiedad catastrófica. Acabar con la rabieta es un objetivo insignificante a corto plazo; lo que de verdad importa es, sin embargo, convencerle de que le queremos y nos preocupamos por él y que, por tanto, puede confiar en nosotros.

Es absolutamente desaconsejable encerrarle en su habitación y transmitirle, por tanto, el mensaje de que no piensas estar con él mientras lo pasa mal. Sin embargo, a veces, la mejor forma para calmar a un niño es estar con él o ella en un pequeño espacio, con pocos estímulos sensoriales (y, si es necesario, alejarnos un poco para que no se vea en la obligación de mirarnos). Cada niño se calma a su manera. Hay niños que necesitan balancearse y escuchar una voz suave y relajada. Otros necesitan que se les hable con un tono de voz medio. Aunque no entiendan las palabras, si le dices de una manera muy sosegada: «Tranquilo cariño, no pasa nada, ahora nos vamos a tranquilizar» y te apartas un poco para concederle algo de espacio, se sentirá más relajado. En cambio, hay niños que prefieren que te apartes un poco, que estés quieto y que asientas de vez en cuando, diciéndole: «Ya sé que lo estás pasando mal, tranquilízate».

Como ya afirmamos en el capítulo veinticinco, si el niño intenta pegar lo mejor es que le contengas físicamente abrazándole por detrás y le sujetes de manera suave y firme a la vez con el fin de que no se haga daño a sí mismo o a las personas que le rodean. Es muy importante garantizar su seguridad mientras sufre un episodio de ansiedad catastrófica. El proceso es más fácil a medida que van creciendo.

Los niños de siete y ocho años pueden tener mucha fuerza (si son adolescentes, aún más). Si un profesor con poca fuera se encuentra con la dificultad de tener a un niño en clase que es físicamente grande y fuerte y que sufre episodios de ansiedad catastrófica, lo mejor será que recurra a una persona vigorosa que pueda retener al niño agresivo con presión y suavidad al mismo tiempo. Al tener a esa persona cerca, todos se sentirán más seguros. Puede ser un profesor auxiliar, un voluntario o un especialista en estos trastornos.

Si el niño está muy angustiado porque le han negado algo, no podemos ceder inmediatamente, sino que debemos desplegar los mecanismos de negociación, conversación y compromiso antes de que se produzca la rabieta. En ese caso, el protocolo que hay que seguir es: «Vamos a calmarnos y después hablaremos de ello». Nosotros creemos en el poder de la conversación sincera. El grito, el llanto o la queja no deben ser objeto de castigo y reprimenda, pues, al fin y al cabo, estamos ayudando a un niño con TEA a comunicarse y a saber expresar sus emociones. Sin embargo, los límites se sobrepasan cuando se autolesiona, agrede o rompe objetos. Entonces, aplicaremos una penalización para este tipo de conductas, pero el último fin es ayudarle a calmarse.

Cuando se haya calmado, aplicaremos la sanción, que puede consistir en no dejarle hacer una actividad o ver cierto programa de la televisión que le guste especialmente (si bien para los niños TEA, la sanción ha de ser mínima) o indicarle que debe realizar una tarea de limpieza determinada o de reparación de daños. El único castigo que no debemos imponer nunca es el aislamiento. (Leer el capítulo veinticinco para una visión más profunda de la imposición de límites y las sanciones).

Síntomas de alerta de ansiedad catastrófica

Algunos padres nos dicen que su hijo/a sufre un episodio de ansiedad catastrófica de manera repentina. Sin embargo, lo cierto es que la mayoría de niños experimentan una ansiedad gradual, de modo que, si detectamos los síntomas de alerta, podremos ayudarle a regular su estado de ánimo antes de que llegue a un extremo crítico. Los síntomas pueden ser sutiles (mandíbula tensa, mirada diferente, cambio en el tono vocal o en el lenguaje corporal, etc.) o también se puede producir una situación que le lleve directamente a padecer un episodio de ansiedad catastrófica, como perder en un juego o ver cómo un compañero le quita un juguete.

Si adviertes el inicio de un episodio de ansiedad catastrófica, haz algo en el mismo momento, no esperes a que su nerviosismo crezca. Podemos intervenir advirtiéndole de lo que está pasando con un tono de voz muy suave: «Cariño, ya veo que te estás poniendo un poco nervioso» o pasando a otra actividad más calmada. Si el niño está empeñado en ganar el juego, dile (si sabe hablar): «O sea, que quieres ganar. ¿Qué podemos hacer para que ganes el juego?». De esta manera, le estás demostrando que le apoyas y que estás de su parte. Si todavía no domina la lógica, puedes crear un juego imaginativo basado en un juego real y dejar muy claras las normas. Si el niño modifica las reglas a su manera para poder ganar, bromea con la situación: «Bueno, bueno, o sea, que no estamos jugando a encestar la pelota; estamos jugando a que Juan gana puntos cuando tira la pelota sin encestar, pero yo tengo que encestarla para ganar un punto». Así, conseguirás que sonría, le dejarás claras las normas y se dará cuenta de su inclinación por ganar. No te preocupes por su falta de realismo en el terreno del juego; lo importante es que aprenda a comunicarse, a identificar sus deseos y a encontrar la lógica. Estas son las herramientas que necesitará para adaptarse a la realidad y saber jugar al mismo tiempo.

Si el niño se halla en la etapa preverbal, indícale con gestos que entiendes lo que quiere hacer y reconduce su atención hacia una actividad más tranquila y relajante. Si, por ejemplo, no para de correr y se está sobreestimulando, puedes introducir un patrón rítmico más calmado para que te siga, como bailar al ritmo de música suave o lanzarle la pelota para que te la devuelva.

Prevenir la ansiedad catastrófica

En lugar de considerar la rabieta o el episodio de ansiedad como un comportamiento negativo y manipulador por parte del niño con autismo, nosotros lo vemos como una petición desesperada de ayuda. El niño se siente tan nervioso y desequilibrado que lo único que puede hacer es pegar patadas, gritar o llorar. Lo cierto es que los niños no saben ejercer mucho control sobre sus vidas y tampoco entienden por qué no pueden hacer lo que quieren o por qué se ven obligados a hacer cosas que no quieren.

¿Cómo le podemos ayudar a entender que existen ciertas privaciones cuando es incapaz de entender las razones? Es importante señalar que no siempre tenemos que decir «no» de manera automática (aunque sepamos que la respuesta definitiva va a ser «no»). Muchas rabietas se desencadenan cuando el niño se da cuenta de que no va a poder hacer lo que quiera. Sabes que no le vas a llevar al parque, que no le vas a comprar la golosina, que no le vas a dejar irse tarde a la cama, pero le concedes la oportunidad de opinar. Esta es una buena estrategia para prevenir rabietas y episodios de ansiedad que provengan del sentimiento de sentirse abandonado.

Déjale expresar su deseo o fantasía. No tengas prisa en decir «no» (excepto en los casos de peligro inminente, como es obvio). Analiza por qué persigue un deseo concreto y pregúntale: «¿Quieres ir al parque? ¿Y qué vas a hacer ahí? ¿Vas a ir primero al columpio o al tobogán? ¿A quién vamos a ver en el parque? Cuando vayas, ¿querrás jugar a la pelota también?». Si le concedes la oportunidad de hablar sobre sus deseos, puede que consigas calmarlo. Si le motivas para que tenga ideas o planifique acciones, se sentirá comprendido/a, confiará en ir más tarde («Iremos cuando hayamos acabado los recados») y tolerará mejor la frustración y los retrasos, que con frecuencia provocan rabietas.

Si el niño se halla en la etapa preverbal, podemos dibujar lo que quiere hacer. Si dibujamos un tobogán o un columpio y le hablamos con una voz muy dulce y suave, podrá dominar mejor la demora. Si se siente muy ansioso ante una situación nueva, los dibujos también le ayudarán a hacer frente a la ansiedad.

En la terapia DIR/Floortime, la rabieta (como cualquier otro comportamiento) se utiliza como cimiento para mejorar la comunicación y las estrategias de negociación. En lugar de decir constantemente «no» (respuesta que corta la comunicación), tenemos que ayudarle a manejar la resolución conjunta de problemas. Por ejemplo, si intenta abrir la puerta para ir a la calle, en lugar de decirle: «¡No! Que está lloviendo» y arriesgarte a que se produzca una rabieta, puedes decirle: «¿Quieres abrir la puerta y salir?». Si asiente, respóndele: «Vamos a mirar por la ventana y así me enseñas lo que quieres hacer». Entonces, puedes abrir la ventana, sacar la mano e invitarle a él o a ella a que saque la mano también. A continuación, puedes explicarle: «Mira, está lloviendo. Nos vamos a mojar». En esta situación, incluso sería adecuado dejarle salir un minuto para que pisara la calle y se mojara un poco. Si insiste en salir a la calle a jugar a la pelota, ofrécele una pelota de espuma para que juegue en casa y dile: «Primero, hacemos esto y luego a lo mejor podemos salir». De este modo, en lugar de decir «no» automáticamente, previenes la rabieta aplicando estrategias de negociación y de compromiso. A veces no funciona, pero la solución a largo plazo para prevenir las rabietas y los episodios de ansiedad es mejorar su capacidad de comunicarse y de resolver problemas contigo.

Si al final no te queda más remedio que decir «no», el niño puede reaccionar con una rabieta, pero será mucho menos grave si has interactuado con él, porque, al menos, se sentirá comprendido. Sabes lo que quiere y has hecho todo lo posible para explicarle por qué no podía satisfacer ese deseo al momento.

La situación no siempre te permite hablar con tu hijo después de una rabieta. Si no puedes hablar con él y él sabe hablar, es bueno recuperar la experiencia un poco más tarde y decir: «Hoy ha sido un día duro, ¿no?» o «Estaba pensando en lo que ha pasado esta mañana». Puedes volver a analizar la experiencia y desentrañar qué ha pasado para explicarle cómo puede resolver un problema similar en el futuro.

Factores que contribuyen a la ansiedad catastrófica y a las regresiones

En este apartado, analizamos en conjunto las regresiones y los episodios de ansiedad catastrófica porque ambas conductas están originadas por las mismas causas. Para determinar los factores que contribuyen a ambas conductas, necesitamos un enfoque sistemático. Los factores obvios son, por supuesto, los conflictos y la sobreestimulación del niño como consecuencia de un exceso de actividad o de cambios físicos y emocionales.

Se pueden producir, también, razones más subrepticias. Así, por ejemplo, hay niños muy sensibles a las sustancias químicas, como el poliuretano del parqué o de la pintura. Los adultos suelen padecer dolor de cabeza cuando se ven expuestos a sustancias químicas intensas, pero un niño hipersensible puede reaccionar padeciendo mucho estrés emocional. Los cambios en la dieta también influyen; por ejemplo, cuando un niño asiste a varias fiestas de cumpleaños en poco tiempo y recibe un aporte de azúcares inusual. Hay niños extremadamente sensibles al azúcar (o, con más exactitud, al cambio en los niveles de adrenalina causados por un aporte de glucosa en sangre). La comida preparada también influye negativamente, pues este tipo de comida contiene conservantes y otras sustancias químicas. Los cambios en el entorno del niño (ruido en el vecindario, luminosidad más intensa) o el paso de las estaciones con sus alergias asociadas pueden repercutir, también, en el estado psicológico del niño. Haz un análisis pormenorizado de la sensibilidad de todos sus sentidos y evalúa si se ha producido algún cambio significativo en su rutina que le haya llevado a reaccionar de esa manera.

Los medicamentos también constituyen un factor influyente. Si el niño está tomando antibióticos, el azúcar y las sustancias químicas pueden causarle un desequilibrio. A veces, la misma afección (un virus, bacteria, una infección de garganta, etc.) pueden llevarle a un desequilibrio. Si el niño padece más regresiones y más ansiedad de lo normal sin causa aparente, tendremos que ir haciéndole revisiones médicas. Hay niños que padecen anomalías sólo reconocibles a partir de un electroencefalograma de sueño.

Por otra parte, los cambios en la dinámica familiar, tanto si son sutiles (la visita de un familiar o el cambio de humor de los padres debido al estrés laboral) como si son acusados (la llegada de un hermano, la muerte de un miembro de la familia), pueden ser factores muy influyentes. Otra causa muy determinante son los cambios en el entorno escolar. Así, por ejemplo, cuando se alarga la jornada escolar, se va de la escuela su profesor favorito o le empieza a molestar un niño más grande. Si el niño es muy sensible al sonido o a la estimulación visual y se desequilibra a medida que avanza el día, puede ir a dar un paseo con un ayudante cada hora con el fin de realizar una «pausa». Hay ciertas actividades sensoriales, como saltar o jugar a la pelota, que le pueden ayudar a equilibrar su estado de ánimo si las realiza cada hora durante quince minutos. Si no es suficiente con esto, puedes reducir su jornada de escuela. Por supuesto, los factores químicos que le afectan en casa también le pueden afectar en la escuela.

Si identificamos estos factores influyentes, estaremos contribuyendo a prevenir su ansiedad. Lo más importante es crear un entorno en el que el niño no se sienta tenso. Los padres se preguntarán: «Pero ¿no tiene que acostumbrarse a estar en diferentes entornos?». Sí, pero esa adaptación se producirá mucho más tarde. Cuando el niño domine el lenguaje y la comunicación gestual, le podrá avisar al padre o al tutor cuando el entorno se esté volviendo demasiado tenso para él o ella y, de este modo, podrá hacer frente a un abanico más amplio de experiencias. A medida que domine mucho más el lenguaje y el razonamiento y pueda expresar sus sentimientos y anticipar sus reacciones, se podrá ir adaptando a situaciones más complicadas. Sin embargo, a corto plazo tendremos que intentar prevenir la ansiedad de un niño con un sistema sensorial particular.

Aparte de identificar e ir modificando los factores influyentes, para enfrentarnos a una regresión o episodio de ansiedad catastrófica, debemos volver siempre al origen. Es muy probable que el niño se sienta no solamente tenso, sino también perdido y que tenga una percepción alterada de su ubicación física en el espacio (no poder imaginarse a su madre en otra habitación) y del transcurso del tiempo (se planteará preguntas como: «¿Cuándo llegaré a casa?»). Por otra parte, también será incapaz de pensar de manera coherente; mostrará ideas fragmentadas e ilógicas y, como consecuencia, se sentirá más perdido y ansioso todavía, lo cual constituirá un círculo vicioso. Tienes que conseguir que recupere la seguridad en sí mismo y, para ello, deberás trabajar las competencias básicas. Deberás, por tanto, crear interacciones calmadas y reguladas que garanticen la empatía, el intercambio bidireccional de gestos, la resolución de problemas, etc. (siempre hasta el nivel más alto que pueda alcanzar). Será necesario, entonces, reducir la jornada escolar, incrementar las sesiones de terapia Floortime, facilitar una relación más cercana entre los hermanos o analizar los factores biomédicos. Un niño que se encuentre afectado por el estrés tenderá a sufrir más regresiones y episodios de ansiedad catastrófica. Mientras analizamos los factores que influyen en su estado, podemos volver a trabajar las competencias básicas.

Capítulo 28
Desarrollar habilidades sociales

Guillermo tenía diez años, era inteligente y estaba diagnosticado de síndrome de Asperger. Estaba integrado en un aula ordinaria y tenía un buen rendimiento académico, pero le costaba hacer amigos. Si bien sus padres interactuaban con él constantemente y seguían la terapia Floortime, Guillermo mostraba cierta tendencia a refugiarse en el estudio, los vídeos o los juegos de ordenador. Sus padres no soportaban verlo tan solo y querían ayudarle a desarrollar la capacidad de hacer amigos.

Los niños con TEA u otros trastornos se topan con muchas dificultades cuando deben poner en práctica aptitudes sociales más avanzadas. En tercer, cuarto o quinto curso empiezan a toparse con problemas en este ámbito aunque dominen perfectamente la lengua y las materias académicas. En general, se suele pensar que son anomalías que presentan de manera natural los niños con autismo de alto funcionamiento. Sin embargo, como hemos ido afirmando en los capítulos anteriores, debemos contradecir esta idea. Existe un subgrupo de niños con TEA que son capaces de desarrollar un nivel alto de aptitudes sociales (empatía, interpretación de los sentimientos y señales emocionales de los demás, estrategias de negociación con los compañeros, etc.) y que pueden mostrar una gran competencia en esta área.

Este margen de posibilidad (aunque sólo haga referencia a un subgrupo), cambia muchas expectativas. Incluso los niños que progresan muy lentamente como consecuencia de graves anomalías neurológicas pueden avanzar en las competencias sociales básicas (afecto, compasión, cercanía hacia los demás), de tal modo que las aptitudes sociales que desarrollen se conviertan en mucho más naturales y significativas, aunque estas aptitudes no se correspondan con el nivel esperable para su edad. Si contemplamos de manera sistemática la adquisición de aptitudes sociales en niños con autismo, podremos ir atravesando con éxito cada una de las seis fases de desarrollo y los tres niveles avanzados de pensamiento. Comprobaremos, además, cómo el niño puede adquirir aptitudes sociales simultáneamente al dominio de nuevas habilidades.

Recuerda que cuando aplicamos el modelo DIR no trabajamos comportamientos aislados ni aprendizajes estereotipados como mirar a alguien y decirle: «Hola» (o utilizar otro saludo de cortesía) o saber responder al teléfono. Nos centramos, en cambio, en ayudar al desarrollo de estas habilidades de la misma forma que en los niños sin trastornos. Por ejemplo, nadie le enseña a un niño a decir: «Hola», pues el niño adquiere este pequeño conocimiento a partir de la observación de los hábitos sociales de su entorno, ya que oye a sus padres cómo saludan a los demás. Siente afecto cuando ve a alguien y ha visto que los demás dicen «Hola» cuando ven a alguien y sienten afecto por él o ella. La sonrisa es un gesto natural que proviene de la sensación de cariño y alegría. Así, por ejemplo, un niño de dos años sonríe y le extiende los brazos a su tío Luis cuando este va a verlo porque le gusta mucho jugar con él. Si el niño sabe hablar, le dirá «¡Hola!» y saldrán juntos a correr y a jugar. El hábito se adquiere de manera natural a través del aprendizaje interactivo, de un poco de imitación y de mucho uso recíproco en contextos sociales.

Podemos afirmar, entonces, que en un desarrollo normativo la emoción selecciona el comportamiento (sonrisa o abrazo) y, a partir de ahí, la palabra «hola» se llena de pleno significado y afecto. Así, por tanto, el primer principio a considerar es que tenemos que establecer las bases para el desarrollo social. Un niño de ocho años no será capaz de interactuar y pactar con tres niños a la vez (uno que se ríe de él, otro que quiere jugar con él y otro que se muestra ambivalente) si sólo se ha dedicado a aprender comportamientos específicos. En este caso, tendremos que volver atrás y construir los cimientos del desarrollo normal.

Si el niño padece TEA u otro trastorno, el patrón de aprendizaje tiene que seguir una dinámica diferente, pues las interacciones programadas con el niño tendrán que adaptarse a su sistema nervioso. Mediante la práctica constante, alcanzaremos estados emocionales superiores con el fin de ayudarle a utilizar sus emociones y a relacionarlas con su conducta. A medida que vaya ascendiendo por la escala del desarrollo, aprenderá de manera automática el comportamiento adecuado para cada momento.

Atención

Es muy importante que el niño se muestre atento, calmado y consciente de sus sensaciones físicas cuando observe los rostros, los gestos, las acciones, el tono de voz (y, por ende, aptitudes sociales adecuadas) y el comportamiento de los demás, tanto si tiene un mes como cinco años. Si el niño tiene cinco años y todavía no domina esta fase, tendremos que aplicarle los mismos principios que aplicamos a los bebés. Siguiendo la terapia Floortime, los padres deben estimularle para que les mire y para que sienta alegría observando sus gestos y oyendo sus voces. Empieza trabajando a partir de los intereses del niño. Si está haciendo un puzzle, escóndele una pieza en la mano para que observe tu sonrisa cuando quiera estirarse para cogerla. De esta manera, también te prestará atención si quiere recuperar la pieza y mirará a ambas manos. Así, se producirá lo que Peter Mundy llama atención conjunta, que es la habilidad de mirar al juguete y al padre o a la madre y actuar con los dos al mismo tiempo. El niño volcará un interés emocional en ti porque formas parte de lo que quiere conseguir.

Interés

Para desarrollar las habilidades sociales, tenemos que saber interactuar y estar a gusto con los demás, disfrutar de la presencia de las personas. Esta sensación la obtenemos a partir de la primera interacción con los padres y el Floortime fomenta las interacciones satisfactorias. Aparte de captar la atención del niño, tenemos que conseguir un brillo en sus ojos, una sonrisa. Si, por ejemplo, está jugando con soldados de juguete, puedes coger estos soldados y hacerlos bailar (lo importante es hacerle sonreír). Tienes que convertirte en un motivo de juego para el niño (simulando, por ejemplo, que tu pierna es una montaña por la que tienen que subir los soldados). En función de los rasgos particulares del niño, le proporcionaremos más estímulos visuales o auditivos. En lugar de interrumpir o modificar forzosamente su actividad, te vuelves parte de ella. Si le interesa el ordenador, puedes jugar con él o ella a un juego de ordenador.

Comunicación

Cuando el niño se comunica de manera intencional, empieza a adquirir aptitudes sociales. En capítulos anteriores, ya hemos comentado cómo alargar la cadena de comunicación entre tú y tu hijo con el fin de intercambiar más palabras y gestos. De la misma manera que un padre se comunica de manera recíproca mediante sonidos y balbuceos con su bebé de ocho meses, podemos utilizar el mismo mecanismo con un niño con autismo de cinco años que no sabe hablar. Siempre debes estar preparado para estimular la curiosidad y el interés del niño, y no dejes de enriquecer y ampliar las interacciones (sin llegar a hacerle enfadar). Tiene que ser un proceso agradable y motivador.

Resolución conjunta de problemas

La resolución conjunta de problemas es el principio de la negociación social compleja. En esta fase, creamos interacciones que median entre el niño y la satisfacción de sus propósitos; por ejemplo, cuando le colocamos obstáculos que le exigen cierto trabajo para conseguir un dulce. Tenemos que centrarnos en el lenguaje no verbal y en el verbal, pues las interacciones sociales se sostienen gracias a las señales emocionales. Lo que diferencia a un niño «socialmente apto» de ocho años de otro que no lo sea es la capacidad de interpretar las señales sutiles de los demás niños (y de entender o no una broma).

Si el niño es incapaz de realizar de cuatro a cinco docenas de círculos de gestualización en una misma secuencia comunicativa (con o sin palabras) en el contexto de una interacción compleja, todavía no estará preparado para las situaciones sociales complejas, pues estas situaciones requieren interpretar una serie de señales emocionales como la expresión facial, la entonación de la voz, el lenguaje corporal, etc. El significado de las palabras es, en realidad, la guinda del pastel. Hay muchos niños en etapa escolar que se topan con dificultades cuando se trata de aplicar las habilidades sociales, si bien saben hablar e incluso muchos de ellos no han sido diagnosticados con autismo. En estos casos, los niños son incapaces de participar en un intercambio constante de señales sociales y emocionales sutiles y complejas. El niño necesita, por tanto, trabajar estas habilidades a través del juego (primero con los padres y más tarde con los compañeros o amigos) y adquirir práctica en la interpretación y respuesta de señales sociales.

Eres el primer amigo y compañero de juegos de tu hijo/a. Cuando juegues con él, es importante comportarte (actuar y hablar) como un niño («¡Eh, no! Eso es mío», «¿Qué quieres?», «¡No es justo!»), aportando un nivel alto de afecto y de lenguaje social. Cuando sea necesario cambiar a la posición de padre o madre, cambia también la voz. De este modo, el niño se dará cuenta de que este tipo de interacción es divertida y de que puede dejar claros sus deseos e intenciones.

Durante la cena, la familia puede realizar un ejercicio interesante: no hablar durante una serie de minutos y comunicarse con gestos. Si alguien quiere algo, tendrá que señalarlo con el dedo, indicar cuánto quiere y comunicarle al otro que le ha puesto demasiada cantidad. Con este ejercicio de comunicación, conseguirás que el niño preste más atención a los demás.

Uso creativo y espontáneo de ideas

Un niño socialmente competente tiene que acostumbrarse a usar las palabras de una manera especial. Memorizar enunciados y hablar con un lenguaje estereotipado es, en muchos sentidos, contraproducente. Cuantas más dificultades sociales tenga, más alegría y espontaneidad deberemos proporcionarle a las interacciones. A veces, las competencias básicas se pueden enseñar mediante un programa estructurado, como en el caso de los ejercicios orales motores que amplían el registro vocal del niño (pero esta es una pequeña parte del trabajo). Por otra parte, estamos simplemente reforzando una vía neurológicamente fácil para el niño, en lugar de construir una nueva habilidad. Las aptitudes sociales no se pueden aprender de arriba hacia abajo. El aprendizaje debe comenzar por los cimientos e ir ascendiendo (con independencia de la edad del niño).

El juego imaginativo es una técnica muy beneficiosa para aplicar ideas y construir el lenguaje, y el lenguaje, por su parte, se construye a partir de los intereses y deseos naturales del niño. Como hemos comentado antes, podemos crear mucho vocabulario en torno a una situación en la que el niño busca su objeto deseado y le estaremos enseñando, de paso, a utilizar ideas y palabras a partir de sus emociones. Cuando empiece a utilizar las ideas creativamente, podremos integrarle en un grupo de niños y ofrecerles un juego. De esta manera, no sólo empezará a entender los gestos sociales y emocionales de los demás, sino que utilizará las palabras con propósito comunicativo («¡Mi juguete! ¡No toques!»). Aunque el tono sea imperativo, el niño está hablando desde el corazón y usando el lenguaje de forma intencional. Si es capaz de decir: «Mira allá» y coge una galleta antes de que vuelvas a girarte, es una buena señal en esta etapa.

Más tarde, aprenderá a ser más cortés en el colegio o, cuando sea adulto, en las fiestas con amigos, pero antes de nada tiene que dominar la comunicación intencional. No puede utilizar un lenguaje estereotipado; los compañeros del colegio enseguida se darán cuenta. La comunicación intencional es muy importante para el lenguaje humorístico y la expresión de deseos e intenciones. Gracias a este tipo de comunicación, el niño entenderá las bromas, invitará a un compañero a jugar a su casa, se reirá cuando vea los dibujos animados, podrá explicar y corregir las normas de un juego y se enfrentará a la burla tan habitual entre los niños.

Cuando empiece a encontrarse con otros niños/as para jugar, es muy importante que el padre o la madre actúe como intermediario y compañero. Por ejemplo, puedes coger de la mano a tu hijo y jugar a la gallinita ciega con su amiga, con el fin de que mantengan cierta conexión. Un método muy útil es anticiparse al juego con tu hijo y preguntarle: «¿Qué es lo que más te gusta hacer?». Hablad del juego y activa su imaginación: «¿Querrás subirte al columpio? ¿Querrás llenar globos en la fuente? ¿Querrás que te compre una golosina?». Aunque no vaya a pasar nada de esto, es importante fomentar su interés genuino. Si, por otra parte, te sientes un poco bloqueado y los dos niños no conectan, será mejor que vuelva a sus ideas de antes. Al anticiparnos al juego con su compañera, le ayudamos a desarrollar el concepto de amistad, pues, aunque no sepa hablar, puede conservar la imagen visual de esta amiga. Puedes hacerle fotos mientras juega con su compañera y diseñar un pequeño álbum llamado *Mi amiga María*. Es interesante captar momentos de interacción en las fotos para que éstas se conviertan en objeto de conversación con tu hijo y puedas aprovechar para preguntarle lo que hicieron, si se lo pasó bien o qué le gustaría hacer la próxima vez. Esto le permite recordar la experiencia y mirar, también, hacia el futuro.

Los padres nos suelen preguntar si es necesario instaurar turnos en el juego con el niño. La alternancia de turnos es una aptitud social muy importante (de hecho, muchos juegos atienden a pautas y turnos). Sin embargo, si regulas todas las interacciones mediante turnos, se perderá la espontaneidad y la habilidad expresiva genuina del niño. Así, por lo tanto, en lugar de obedecer a los turnos (porque podemos alternar turnos y no interactuar), podemos pensar en diferentes maneras de negociar con el niño; por ejemplo, con el intercambio: «¿Quieres esto? ¿Qué me das a cambio?». Este tipo de preguntas le ayudarán a ponerse en el lugar del otro (habrá veces en que esto no funcionará). Es muy importante que los niños se sientan apoyados cuando discuten entre ellos, tienen que esperar en el juego o no consiguen lo que se habían propuesto. En este caso, tendrás que motivarlo para que hable de sus sentimientos y entienda las consecuencias de no considerar lo que quieren sus amigos o de no ser comprendido por ellos.

En los círculos de amistad de adolescentes, para practicar la comunicación intencional las conversaciones siempre deben ser naturales y espontáneas, aunque al principio los argumentos parezcan prototípicos o extremados. Si corregimos al niño diciéndole: «No, no digas esto. Di esto otro», le estamos perjudicando en todos los sentidos. En lugar de ello, tienes que introducir y favorecer cualquier conversación y conseguir que el niño entienda lo que es o no es adecuado decir, siempre a partir de las expresiones faciales de la otra persona. A partir de estas expresiones, el niño sabrá lo que le reporta satisfacción y desagrado a la otra persona y obtendrá, por tanto, la respuesta que busca. De este modo, a través del feedback y del ensayo y error, aprenderá a socializar su lenguaje.

La interpretación es otro ejercicio en grupo que fomenta la expresión de emociones y la autoconfianza. De este modo, puedes apuntar a tu hijo a una asociación o grupo de interpretación (tanto si se trata de clases formales como de actividades más centradas en el juego). Este enfoque funciona muy bien una vez que los niños son capaces de compartir ideas simbólicas. Otra manera de enseñarle a entender y a responder ante las señales sociales son los juegos gestuales (juegos de mesa, marionetas, etc.).

Uso lógico de ideas

Cuando el niño ya utiliza las ideas de manera espontánea y creativa, puede empezar a concederles un sentido lógico (responder a preguntas abiertas y relacionar ideas). En esta fase, el niño puede decirle a otro: «Venga, vamos a jugar con la Nintendo, que es más divertida que el Monopoly» o «Primero jugamos a esto y luego a tu juego». Para llegar a esta fase, el niño tiene que haber practicado la conexión de ideas con los padres y, posteriormente, en las interacciones con amigos. La negociación social se construye poco a poco: aprendiendo a interpretar las ideas de los demás, comparándolas con las propias y debatiéndolas. Hay muchos juegos que ayudan a practicar esta negociación, como el escondite. En este juego, tres niños tienen que decidir dónde esconderse y tú tienes que encontrarlos. Pero, entre ellos, deben pactar y ayudarse el uno al otro para no ser descubiertos.

Un aspecto importante de las aptitudes sociales es aprender a seguir normas, pues esto tiene mucho que ver con el razonamiento, el pensamiento lógico y el sentido de pertenencia. Así, por ejemplo, si el niño quiere cenar, tendrá que ayudar a poner la mesa. Es muy importante motivarle para que haga este tipo de «trabajo» que, en realidad, consiste en participar en las experiencias vitales de la familia. Como consecuencia de esta participación, el niño empieza a entender que tiene que acatar normas si quiere formar parte de la sociedad.

Niveles avanzados de pensamiento

El pensamiento individualizado, comparativo y multicausal al que hacíamos referencia en el capítulo diez es fundamental para hacer frente a lo que nosotros llamamos «jerarquía de patio» (conocer la ubicación de las personas en el entramado social). Cuando un niño negocia en esta etapa, no sólo se comunica con los demás a través de ideas creativas y espontáneas, sino que es capaz de interpretar el lenguaje no verbal (gestos) y de definirse en este entramado social.

Finalmente, tenemos que procurar inculcar las aptitudes sociales avanzadas: pensar a partir de un criterio propio y el análisis de pensamientos. Estas aptitudes no se hacen patentes hasta los diez o doce años, con enunciados como: «Mis amigos quieren que yo también me burle de Carlos, pero eso está mal, así que no lo voy a hacer aunque me pinchen». Esta capacidad de analizar sus propios sentimientos, pensamientos y comportamientos le permite desplegar los mecanismos de negociación en situaciones sociales más complejas y reflejarse en su modo de actuar. Se trata de una fase que también se va construyendo a partir de todas las demás.

Como ya hemos comentado, cuando le proporcionamos a un niño con TEA muchas oportunidades para practicar las habilidades sociales de una manera natural y espontánea, estimulándole con un gran impulso emocional y adaptándonos a su sistema nervioso, es capaz (no siempre) de llegar a dominar estos niveles avanzados de pensamiento. No obstante, los niños que no dominan estos niveles pueden desarrollar algunas habilidades sociales si siguen el modelo DIR. Pueden aprender a mostrarse cariñosos y comunicativos, a interpretar las señales emocionales y a relacionarse con sus padres de una manera natural y espontánea. Seguramente, seguirán presentando rigidez de pensamiento y disfunciones sociales, pero estas limitaciones estarán en proporción a sus trastornos neurológicos. Se verán limitados por dificultades cognitivas y lingüísticas, pero podrán relacionarse de manera afectuosa, espontánea y alegre.

Apéndice A
Resultados de los estudios del modelo DIR

Análisis de doscientos casos de niños con trastornos del espectro autista tratados con el programa DIR/ Floortime

En este estudio (Greenspan y Wieder, 1997) hemos analizado de manera sistemática los casos de doscientos pacientes tratados durante un período de ocho años. Los niños presentaban una escala variada de anomalías (ver tabla A.1) y estaban todos diagnosticados dentro del espectro autista por parte de otros dos o tres equipos de expertos.

Los niños fueron tratados con métodos basados en el modelo del desarrollo descrito en el libro. Después de revisar el diagnóstico inicial de estos niños y su progreso durante un período de dos a ocho años de tratamiento, los dividimos en diferentes grupos tal y como muestra la tabla A.2.

El grupo de calificación notable obtuvo unos resultados superiores a cualquier pronóstico actual de niños con trastornos del espectro autista. Después de un período de dos años o más de intervención, estos niños se volvieron mucho más cariñosos e interactivos, se relacionaban alegremente con un lenguaje gestual adecuado; participaban de manera organizada y constante en situaciones de resolución de problemas, mostraban atención conjunta en diversas actividades sociales, cognitivas y motoras, usaban símbolos y palabras de manera lógica y creativa para comunicar sus deseos e intenciones, en lugar de usar un lenguaje estereotipado, y alcanzaron niveles avanzados de pensamiento en el que utilizaban inferencias y demostraban empatía. Incluso algunos niños de este grupo desarrollaron competencias académicas precoces pertenecientes a dos o tres cursos más avanzados.

Todos manejaban competencias básicas como conciencia de la realidad, control de los impulsos, organización de pensamiento y emociones, autoconciencia y capacidad para experimentar diversas emociones, pensamientos e intereses. Por último, dejaron de mostrar síntomas como la soledad, el rechazo, la autoestimulación o perseveraciones. Según el Childhood Autism Rating Scale (CARS) o Índice de Autismo Infantil, estos niños entraron en el nivel no autista, si bien algunos seguían mostrando anomalías auditivas y viso-espaciales (que empezaban a minimizarse) y la gran mayoría seguían presentando deficiencias de la motricidad fina o gruesa.

Tabla A.1. Estado actual de doscientos niños con
trastornos del espectro autista

Desarrollo funcional	Porcentaje de pacientes con un nivel de anomalías entre leve y grave	Descripción del desarrollo funcional
Nivel actual de desarrollo funcional y emocional	24	Parcialmente comunicativos. Uso limitado de símbolos (ideas)
	40	Parcialmente comunicativos con limitadas secuencias interactivas para la resolución de problemas complejos (la mitad de este grupo mostró conductas intencionadas exclusivamente simples)
	31	Parcialmente comunicativos y propósito comunicativo puntual
	5	Carencia de interacción afectiva
Equilibrio sensorial	19	Hiperreactividad a las sensaciones
	39	Hiporeactividad (y un 11% de ansia de sensaciones)
	36	Reactividad mixta a las sensaciones
	6	No determinado
Anomalías de la planificación motora. Hipotonía	52	Anomalía entre leve y moderada de la planificación motora
	48	Anomalía grave de la planificación motora
	17	Disfunción de la planificación motora con un importante grado de hipotonía
Disfunción del procesamiento viso-espacial	22	Capacidad relativa (p. ej. buen sentido de la orientación)
	36	Disfunción moderada
	42	Disfunción entre moderada y grave
Lenguaje y procesamiento auditivo	45	Déficit entre leve y moderado con habilidades aisladas de repetición de sonidos y palabras o uso aislado de palabras
	55	Déficit entre moderado y grave sin habilidad de mímesis o uso de palabras

Tabla A.2. Resultados del programa de intervención Floortime

Escala de progreso entre bueno y notable	58%
Escala de progreso de resultado medio	25%
Anomalías persistentes	17%

El segundo grupo realizó progresos más lentos y graduales, si bien mejoró notablemente su habilidad de relacionarse y comunicarse con gestos y empezó a utilizar enunciados comunicativos de manera intencionada (aunque no constantemente). Dominaban la atención conjunta y participaban en la resolución de problemas. Desarrollaron algunas capacidades orales y podían responder con enunciados y contestar a preguntas abiertas. Sin embargo, seguían presentando dificultades del desarrollo del pensamiento simbólico. También se volvieron más cariñosos. De hecho, el primer cambio que se apreció en su conducta fue su grado de afecto hacia los demás. No obstante, no mostraban ninguna habilidad de pensamiento abstracto. Algunos niños de este grupo presentaban, además, anomalías neurológicas más profundas. Como en el caso del primer grupo, los niños de este grupo ya no mostraban una actitud de aislamiento o rechazo hacia los demás y tampoco manifestaban una conducta perseverativa o autoestimuladora.

Un tercer grupo (los que padecían los trastornos neurológicos más graves, incluyendo crisis epilépticas) hizo un progreso muy lento. A pesar de que la mayoría de niños aprendieron a comunicarse con gestos, o palabras y frases simples, continuaron mostrando dificultades de la atención y la gesticulación y manifestaban señales evidentes de aislamiento, rechazo hacia los demás, conducta perseverante y autoestimulación. No obstante, muchos empezaban a avanzar en la habilidad de relacionarse y mostrar afecto y sus conductas problemáticas se redujeron. De este último grupo, ocho niños estaban estancados o perdiendo habilidades.

Por otra parte, todos estos niños no constituían una población representativa de individuos con TEA, puesto que sus padres se mostraron muy motivados para utilizar nuestro tratamiento. En cualquier caso, es razonable aceptar que un subgrupo de niños con TEA puede hacer progresos notables. En un futuro, los ensayos clínicos podrán determinar qué porcentaje de niños se encuentra en este subgrupo.

Hemos observado que los niños que progresaban seguían una línea de desarrollo muy concreta. En primer lugar, en cuestión de pocos meses, empezaron a mostrar más emoción y placer en su relación con los demás. Contradiciendo los estereotipos ligados al autismo, estos niños ansiaban el contacto emocional, pero no sabían cómo llegar a él. Se mostraban agradecidos cuando sus padres les ayudaban a expresar su deseo de interacción. Después de estimularlos y atraerlos con el obstáculo lúdico, incluso los niños más abstraídos y solitarios empezaron a buscar una interacción con sus padres y a tomar la iniciativa.

El resultado final fue que un 83% de los niños, incluyendo algunos del tercer grupo, empezaron a mejorar en la amplitud y profundidad de sus interacciones y en la expresión de sus emociones, sobre todo la de placer. Posteriormente, muchos evolucionaron desde la expresión de gestos emocionales y motores simples, a complejos, lo que condujo, a su vez, a la aparición de capacidades simbólicas funcionales. La comunicación presimbólica siempre precedió a la elaboración de símbolos y al uso expresivo del lenguaje. Muchos niños atravesaron una etapa de transición caracterizada por el lenguaje estereotipado y, pasado un tiempo, mejoraron considerablemente en el uso creativo del lenguaje gestual, aplicado a las interacciones. Los niños que no mejoraron su repertorio gestual tampoco avanzaron en su uso estereotipado del lenguaje. La flexibilidad en las interacciones no verbales siempre lleva a un uso espontáneo y creativo del lenguaje.

Después de mejorar en su pensamiento simbólico, muchos niños empezaron a hablar sin pausa, como si estuviesen muy contentos por usar sus habilidades recién adquiridas. Al principio, trasmitían unas ideas desorganizadas que, de vez en cuando, eran ilógicas y parecían estereotipadas. Sin embargo, con el paso del tiempo, la mitad de los niños acabaron usando los símbolos de manera lógica y creativa. La mayoría aprendieron a expresar sus ideas mucho más rápido que a entender las ideas de otros. Sus tutores y terapeutas trabajaron con ellos la comunicación simbólica bidireccional y estimularon a los niños para que entendieran los enunciados y se lanzaran a un intercambio recíproco constante. De este modo, los niños aprendieron a entender las ideas de los demás y a expresar ideas abstractas de tipo «por qué».

El grupo de calificación notable mejoró en las capacidades de pensamiento lógico y creativo y empezó a participar en interacciones espontáneas, bidireccionales, emocionales y simbólicas. Esto les permitió desarrollar la subjetividad y el pensamiento lógico y reforzar el control impulsivo y la identidad. Para muchos niños, estos cambios se produjeron en dos fases. En la primera fase, aprendieron a dominar islotes de diálogo lógico. Con el paso del tiempo, aprendieron a integrar y a expandir esos islotes y mostraban un sentido del «yo» muy coherente y una capacidad para la lógica remarcable, aparte de dominar los intercambios lógicos funcionales, la empatía y la resolución de problemas. Como consecuencia, también mejoraron en las materias académicas y en su relación con los compañeros, si bien esta última capacidad requirió mucha práctica. Con la ayuda de un entorno académico dinámico y estable a la vez, muchos niños del primer grupo mejoraron en el área académica y alcanzaron niveles desde normativos a superiores, si bien los niños que aprendían en entornos académicos muy estructurados tendían a mostrar un pensamiento más rígido, inflexible y estereotipado.

Este patrón de progreso se produjo en el contexto del programa global de intervención DIR/Floortime (como hemos descrito en este libro), teniendo en cuenta los siguientes elementos:

1. Interacciones y ejercicios Floortime practicados en casa para incentivar el desarrollo del niño con las siguientes pautas:

A. Entre ocho y diez sesiones de Floortime de veinte (máximo treinta) minutos al día.

B. Entre cinco y ocho sesiones de resolución de problemas semi-estructurados, de quince minutos al día.

C. Actividades motoras, espaciales y sensoriales (quince minutos como mínimo, cuatro veces al día como mínimo) combinadas con un juego imaginativo y ejercicios de correr, saltar, dar vueltas, balancearse, de estimulación perceptivo-motora, de procesamiento viso-espacial y de juegos de planificación motora.

D. Cuatro o más sesiones de juego con un amigo por semana.

2. Logopeda (tres sesiones como mínimo a la semana).

3. Fisioterapia o terapia ocupacional destinada a mejorar la integración sensorial, dos o más sesiones a la semana.

4. Programa educativo diario: programa integrado o semiintegrado en la escuela con la ayuda de un profesor auxiliar o especialista para los niños que sepan interactuar, imitar gestos o palabras y resolución de problemas preverbales. Si el niño no sabe imitar o participar en la resolución de problemas preverbales, integración en un programa de educación especial centrado en la atención, la interacción intencional pre-

verbal, la resolución de problemas y la imitación de acciones, sonidos y palabras.

5. Intervención biomédica, incluido el estudio de medicación para mejorar la planificación y secuenciación motoras, la autorregulación, la concentración y el procesamiento lingüístico y auditivo.

6. Evaluar la dieta nutricional más adecuada para el niño, y valorar la utilización de tecnología dirigida a mejorar las habilidades de procesamiento.

Estudio detallado de veinte casos

Como parte del estudio precedente, también analizamos con detalle los veinte niños del primer grupo que habían experimentado el progreso más notable e hicimos varias grabaciones audiovisuales para compararlos con niños sin problemas. Por otra parte, también comparamos estos dos grupos con un grupo de niños que padecían anomalías crónicas de la de interacción y comunicación.

Los veinte niños que analizamos tenían edades comprendidas entre los cinco y los diez años. Todos empezaron el programa de intervención entre los dos y los cuatro años y llevaban entre dos y ocho años siguiendo diferentes tratamientos. En el momento del estudio estos niños asistían a escuelas normales, se relacionaban con los demás y participaban en diversas actividades comunitarias. A muchos se les aplicaron tests estandarizados de habilidades cognitivas y obtuvieron calificaciones sobresalientes.

Después de aplicar nuestra Escala de Evaluación Funcional y Emocional (FEAS) y las Escalas de Conducta Adaptativa de Vineland, llegamos a la conclusión de que los niños sin problemas y los veinte niños diagnosticados originariamente con TEA eran indistinguibles y se diferenciaban del grupo «con problemas». La FEAS (Greenspan, DeGangi y Wieder, 2001. Ver, también, la tabla de desarrollo social y emocional de Greenspan Psychological Corp., Harcourt Assessment, Inc.) es una escala clínica de valoración, válida y fiable que se puede aplicar en las interacciones filmadas entre bebés o niños y adultos con el fin de evaluar su funcionamiento emocional, social e intelectual.

En las escalas Vineland, todos los niños puntuaron por encima del nivel de su edad en las competencias comunicativas, y un 60% mostró un nivel de uno o dos años superior a la edad. En el ámbito de la socialización, un 90% demostró poseer unas competencias dos o tres años superiores a su edad, progreso especialmente relevante dado el hecho de que los niños del espectro autista suelen seguir padeciendo anomalías a nivel social aunque hayan mejorado en el lenguaje y la cognición. El progreso en los hábitos de la vida diaria fue mucho menos destacable en comparación con los otros dos ámbitos, pues debido a las anomalías de la planificación motora que afectan a los hábitos diarios esta población acostumbra a mostrar déficits más graves en los hábitos de autonomía personal.

Finalmente, las puntuaciones compuestas de conducta adaptativa, que reúnen los tres ámbitos, estuvieron todas a niveles superiores a la edad de los niños excepto en un caso: un niño con disfunciones motoras graves. Ningún niño presentó patrones de conducta inadaptada. En general, cuanto más tiempo llevaban con el tratamiento y más años tenían, mejores resultados obtenían con relación a su edad, por lo que se demostró que su progreso funcional avanzaba con la edad.

Siguiendo con las clasificaciones FEAS, grabamos en vídeo uno a uno a los niños de cada grupo mientras interactuaban con un adulto durante quince minutos. Un evaluador fiable que desconocía la identidad de los niños utilizó el FEAS para clasificar a los niños en el plano emocional y funcional descrito en el libro. Como hemos afirmado antes, no se apreciaron diferencias entre el grupo que seguía el programa de intervención y el grupo de niños sin trastornos. Ambos grupos presentaban diferencias significativas con relación al grupo cuyos miembros padecían deficiencias continuadas. La tabla A.3 muestra un desglose del progreso de cada uno de los grupos (76% como índice más alto).

Tabla A.3. Resultados del FEAS

	N	Media FEAS (76% índice óptimo)	Intervalo
Grupo sometido a la terapia Floortime	20	74,8%	70-76
Grupo control sin trastornos	14	74,9%	65-76
Grupo con deficiencias significativas	12	23,7%	<20-40

Los resultados del FEAS son muy importantes porque valoran de forma fiable funciones sutiles y avanzadas de la personalidad (como la intimidad, la expresividad emocional, la reciprocidad, la creatividad, la imaginación, el pensamiento abstracto, el pensamiento flexible, la resolución de problemas y la evaluación de la realidad) que se suponen permanentemente afectadas en los niños con un diagnóstico del espectro autista, incluso en aquellos que llegan a realizar progresos lingüísticos y cognitivos considerables. El hecho de que un subgrupo de intervención fuera comparable al grupo de los que no padecían trastornos de desarrollo sugiere que un subgrupo de niños diagnosticados inicialmente con el trastorno del espectro autista puede desarrollar un patrón de conducta emocional, social y adaptadora perfectamente competente.

Estudio de seguimiento a largo plazo

Aparte del estudio descrito anteriormente, realizamos un estudio de seguimiento de entre diez y quince años, con un grupo de dieciséis niños que se hallaban en el grupo de «progreso entre bueno y notable» de los doscientos casos iniciales (Greenspan y Wieder, 2005). Con este estudio, quisimos determinar si un subgrupo de niños inicialmente diagnosticados de TEA también podía sobrepasar las expectativas típicas de los autistas de alto funcionamiento (siguiendo, para ello, un programa de intervención óptimo y basado en el desarrollo). El objeto del estudio era determinar si este subgrupo podría llegar a ser interactivo, creativo, afectuoso y deductivo.

En el momento de hacer el estudio, estos niños (todos chicos) tenían entre doce y diecisiete años. El seguimiento era global e incluía todas las variables emocionales, sociales y sensoriales (además del ámbito cognitivo y académico). El estudio demostró que los niños de este grupo habían llegado a un nivel alto de empatía y a menudo eran más empáticos que sus compañeros. Algunos poseían un talento especial para la música, la escritura, etc. La mayoría eran buenos estudiantes que sobresalían en muchas materias; otros eran estudiantes normales y algunos se topaban con dificultades académicas y tenían dificultades de aprendizaje como consecuencia de problemas de las funciones ejecutivas y secuenciación. Como grupo, mostraban las anomalías de salud mental típicas (siempre dependiendo de las circunstancias familiares) y algunos padecían la ansiedad o tristeza habitualmente asociada a los adolescentes. No obstante, es importante señalar que asumían el estrés y las preocupaciones típicas de la pubertad al mismo tiempo que mejoraban en su capacidad de relación, comunicación y pensamiento deductivo. Los síntomas y déficits nucleares de los TEA ya no se apreciaban en este subgrupo de niños después de haber transcurrido un tiempo de diez a quince años desde su diagnóstico.

Para realizar este estudio, nos entrevistamos con padres y les pedimos que rellenaran un cuestionario de desarrollo funcional emocional (en inglés, *functional emocional development questionnaire* o FEDQ), gracias al cual podían valorar el desarrollo del niño en las diversas áreas que describimos más tarde. Por otra parte, también evaluamos nuestras impresiones sobre los niños de manera independiente a través de los vídeos que grababan los padres o nuestras propias entrevistas o documentos de audio grabador por teléfono. Reunimos, también, informes de la escuela y los cocientes intelectuales (muchos padres no consideraban necesaria la obtención del CI). Finalmente, para aportar también una evaluación objetiva, administramos las escalas Achenbach (Achenbach, 1991), un cuestionario de conducta para la infancia (CBCL) que evalúa las competencias y los síndromes clínicos.

Todos los niños siguieron un programa de intervención global, como indica la tabla A.4. Se les aplicaron, de media, ocho tipos diferentes de intervención. Los niños tenían entre dos y ocho años y medio y los programas intensivos duraron entre dos y cinco años. Todos los niños siguieron la terapia Floortime en la consulta y en casa. Las familias entrevistadas dijeron que llevaban haciendo una media de nueve horas de terapia Floortime a la semana (conforme iban creciendo los niños, la cantidad de tiempo disminuía) durante cinco años como mínimo. Cuando les preguntamos qué intervenciones preferían, confesaron que la terapia Floortime en casa o en la consulta y el juego con los demás niños eran las intervenciones más efectivas para ellos.

Les pedimos a los padres que valoraran a sus hijos en las seis fases fundamentales del desarrollo y en las capacidades de pensamiento avanzado utilizando el cuestionario FEDQ (Greenspan y Greenspan, 2002). Las preguntas toman como referencia los niveles del desarrollo funcional y emocional (FEDL) que hemos descrito en este libro y que sirven para evaluar las capacidades emocionales, sociales e intelectuales del niño. Los especialistas (los autores y un investigador auxiliar) evaluaron a los niños independientemente de los padres y utilizaron escalas de valoración paralelas. Los resultados fueron muy parecidos a las respuestas de los padres en todas las competencias básicas (ver tabla A.5). Los especialistas también evaluaron (a partir de las entrevistas) el nivel de empatía (comparado con hermanos y compañeros), creatividad y otras capacidades de los niños, alcanzando de este modo todas las competencias de los niños.

Los padres también rellenaron las escalas Achenbach. En la evaluación de las capacidades sociales, un 94% de los niños se hallaba en un nivel normal y un 88% se hallaba en un nivel normal con relación a las actividades y competencias escolares con referencia a los síndromes clínicos (signos de ansiedad, depresión, agresividad, etc.), un 75% se situó en unos índices normales y un 94% demostró que no padecía problemas de atención.

Tabla A.4. Perfiles de intervención global

	Porcentaje de niños evaluados
Sesiones DIR	100%
Floortime en casa	100%
Floortime en la consulta	56%
Juego con amigos	75%
Logopedia	100%
Terapia ocupacional	100%
Terapia de integración auditiva (*Auditory integration therapy* o AIT/Tomatis)	100%
Terapia viso-espacial	19%
Biomedicina	38%
Terapia cognitiva/educativa	13/13%
Nutrición	44%
Dieta	13/25%
Medicamentos para la etapa escolar	25%
Terapia familiar para la etapa escolar	13%
Psicoterapia para adolescentes	19%
Otras intervenciones	19%

Tabla A.5. Valoraciones clínicas y parentales independientes, niveles de desarrollo funcional y emocional

	Promedio clínico*	Promedio paterno*
Autorregulación	6,7%	6,7%
Relaciones	6,9%	6,5%
Comunicación intencional	6,8%	6,9%
Idea compleja del «yo»	6,4%	6,8%
Pensamiento representativo	6,4%	6,6%
Pensamiento emocional	6,4%	6,4%

*Escala del 1 al 7: 1 es el índice más bajo y 7 el más alto

En cuanto a las habilidades de procesamiento, los doscientos niños del estudio original presentaban anomalías sensomotrices significativas y diferentes trastornos de la planificación motora. Los padres de los dieciséis niños evaluados en este estudio confesaron que sus hijos casi ya no padecían los problemas de reactividad sensorial inicialmente diagnosticados. No obstante, un 88% reveló hipersensibilidad auditiva, visual, táctil y vestibular, si bien habían mejorado un poco gracias a diferentes tratamientos y actividades y a su maduración propia. Por otra parte, también mostraban deficiencias de la planificación de la motricidad fina y de las funciones ejecutivas y se topaban con dificultades para controlar el tiempo en el momento de planificar acciones y de seguir diferentes instrucciones. Sin embargo, mostraban una capacidad significativa en las secuencias verbales o en la organización y elaboración de ideas verbales (como contraposición a la ejecución motora). Dominaban, también, el pensamiento y la memoria, y podían mantener largas secuencias lógicas. En conjunto, comprobamos que la carga afectiva (intereses emocionales) mejoraba la planificación de acciones y la atención a los detalles.

Finalmente, en el ámbito académico los padres revelaron que este grupo de jóvenes demostraba una gran competencia en las matemáticas, la ciencia y el arte, aparte de disfrutar con las actividades del colegio. Revisamos las notas de nueve niños y comprobamos que un 83% de estos niños habían obtenido resultados que iban del notable al excelente.

Los niños de este estudio de seguimiento mejoraron en los síntomas nucleares y secundarios. Se volvieron más afectuosos, cercanos, comunicativos y sensibles y eran competentes en muchas actividades. No obstante (como los demás adolescentes), no eran inmunes a una serie de problemas de salud mental, como la ansiedad y la depresión, si bien no evidenciaban los síntomas típicos del TEA. Su progreso ilustra la gran importancia de un programa de intervención global e intensivo como es el programa DIR y la urgencia de aplicarlo cuanto antes mejor, trabajando en todo momento las competencias básicas (comunicación, interacción y pensamiento). Su progreso también demuestra que el desarrollo del paciente puede continuar durante y después de la adolescencia.

Cambios a corto plazo

Como complemento a estas investigaciones, hicimos un estudio para evaluar los cambios a corto plazo en niños con TEA que habían seguido el programa de intervención DIR/Floortime (Greenspan y Breinbauer, 2005). Examinamos diez casos con detalle para realizar este estudio piloto.

Basándonos en la observación de que los niños suelen mostrar cambios en la habilidad comunicativa e interactiva al final de la primera sesión (pues los padres también querían aprender a explotar al máximo las capacidades de sus hijos), nos planteamos confirmar la hipótesis según la cual muchos niños pueden funcionar a niveles más altos de los habituales si los padres favorecen sus intereses naturales y sus emociones dejándoles que lleven la iniciativa y facilitando la creación de interacciones. Por otra parte, también nos planteamos si estos cambios serían seguros y estables, de tal modo que los niños pudieran adquirir competencias más complejas (planteamiento que se demostró durante una reevaluación realizada unos meses después).

En primer lugar, observamos mediante las grabaciones de vídeo los cambios producidos en la capacidad emocional y funcional de los niños durante la primera sesión antes y después de asesorar a los padres con la terapia DIR/Floortime. Evaluamos, también, las mismas grabaciones después de una visita de seguimiento uno o dos años después. Evaluamos a los niños y a los padres. Los resultados revelaron cambios significativos entre la primera mitad de aquella primera sesión y la segunda mitad condicionada por el asesoramiento que habían recibido los padres. Estos cambios afectaban a padres e hijos y la sesión de seguimiento demostró que se seguían produciendo cambios en una dirección positiva.

Este estudio piloto de diez casos revela que el programa de intervención DIR/Floortime se centra en las capacidades de procesamiento más básicas y ayuda a identificar los mecanismos mediante los que un niño con TEA puede cambiar y aprender a manejar las competencias básicas de la interacción, la comunicación y el pensamiento. El estudio también demostró la importancia de asesorar a los padres para que sepan explotar las capacidades potenciales de los niños y ubicarlos en la escala de desarrollo con el fin de aplicar el programa de intervención más adecuado. En breve replicaremos estos resultados piloto con una muestra más amplia.

Panorámica del respaldo científico al modelo DIR

(Lo que sigue es una adaptación parcial del artículo del psiquiatra Stanley I. Greenspan *Apoyo para un modelo global y evolutivo dirigido a los trastornos del espectro autista y otros trastornos del desarrollo y el aprendizaje: el modelo basado en el desarrollo, la interacción y las diferencias individuales*).

Tal y como hemos explicado en el libro, los niños que padecen TEA suelen mostrar dos tipos de trastornos: anomalías de las competencias básicas de la comunicación, interacción y pensamiento y síntomas de comportamiento repetitivo, autoestimulación y soledad. Los tratamientos modernos que se basan en la interacción y el desarrollo (como el modelo DIR) pretenden tratar estos dos tipos de trastornos al mismo tiempo. Contrariamente, existen otros tratamientos (como los programas conductuales entre los cuales destaca el ABA *ensayo discreto*) que se centran sólo en los síntomas y comportamientos superficiales, sin prestar suficiente atención a las diferencias individuales subyacentes o a la ausencia de las competencias básicas de interacción y pensamiento. Como indicamos en el capítulo veinte de este libro, si bien diversos estudios sobre tratamientos conductuales demostraron un avance educativo notable para los niños con TEA, trabajos posteriores más pormenorizados y profundos sobre estos tratamientos revelaron que los avances educacionales son muy modestos, y que el progreso del desarrollo social y emocional del individuo es muy limitado o inexistente. (McEachin y Lovaas, 1993; Smith, Groen y Wynn, 2000; Smith, 2001; Shea, 2004).

Informe de la Academia Nacional de Ciencias

En su informe «Educar a niños con autismo» (Academia Nacional de Ciencias, Comité de intervenciones educativas para niños con autismo, NRC, 2001), la Academia Nacional Ciencias afirma que existen estudios científicos que avalan programas de intervención como el modelo DIR/Floortime o los programas conductuales. Pero que no se ha demostrado que exista una relación entre la intervención concreta y el progreso de los niños» (página cinco) y «no existen comparaciones adecuadas entre diferentes tratamientos globales» (página ocho). El informe concluye que las intervenciones efectivas dependen de las necesidades individuales de cada niño y de cada familia.

El análisis de la ANC también indica que los tratamientos conductuales están incorporando contextos de aprendizaje más naturalistas y espontáneos que responden a la iniciativa del niño y advierte que «los estudios muestran que los tratamientos que han incorporado este enfoque naturalista son más efectivos que el ABA al generalizar los progresos lingüísticos a los diferentes contextos naturales» (Koegel, Camarata, Valdez-Menchaca y Koegel, 1998; McGee, Krantz y McClannahan, 1985).

La ANC matiza que estos tratamientos conductuales contemporáneos están aportando técnicas muy parecidas a los métodos basados en la interacción y el desarrollo, y están centrados en el trabajo con los patrones individuales de los niños y sus familias con el fin de crear interacciones de aprendizaje que fomenten las competencias básicas (a menudo ausentes o deficitarias) de interacción, comunicación y pensamiento. La academia cita diez programas globales de intervención que han demostrado resultados efectivos. Tres de estos programas se basan en el desarrollo, el apoyo familiar y en la creación de interacciones; dos son programas conductuales muy estructurados, y cuatro programas incorporan una combinación de elementos que tienden hacia la enseñanza más naturalista. Como hemos indicado antes, uno de los programas posee su propio y diferenciado modelo de intervención. Uno de los modelos señalado como representativo de los basados en el desarrollo y las relaciones es el método DIR (o método basado en el desarrollo, las diferencias individuales y la relaciones).

Es muy interesante observar los diferentes resultados de los modelos de tratamiento mencionados en el informe de la academia. Así, por ejemplo, los tratamientos conductuales se han basado siempre en resultados educativos evaluados mediante tests estructurados de rendimiento y destinados a cambiar los síntomas superficiales (como el comportamiento repetitivo y la autoestimulación). Los modelos de tratamiento basados en la interacción y el desarrollo se han centrado, en cambio, en las relaciones, las habilidades sociales y en el uso espontáneo e intencional del lenguaje y la comunicación. El modelo DIR/Floortime ha sido el único en mostrar progresos, no sólo en las funciones emocionales y sociales implicadas en las competencias básicas de la interacción, la comunicación y el pensamiento, sino también (para un subgrupo de niños) en el dominio de capacidades avanzadas que no se suelen asociar con los niños con trastornos del espectro autista. Estas capacidades incluyen, entre otras, las inferencias, los niveles altos de empatía y la comunicación placentera con compañeros de la misma edad.

Estudios de los componentes del modelo DIR

El artículo «Evaluación de las intervenciones efectivas en niños con autismo y trastornos asociados: ampliar el marco de análisis y modificar la perspectiva de la doctora y especialista en educación especial Elizabeth Tsakiris (Directrices para la práctica clínica del grupo de trabajo del consejo interdisciplinario sobre trastornos del desarrollo y el aprendizaje)» revisa los estudios que acreditan y avalan cada uno de los componentes del modelo DIR. Esta revisión muestra que hay muchos trabajos que respaldan la importancia de los distintos elementos que constituyen el modelo DIR, incluyendo las relaciones y las interacciones socioemocionales, como fomentadoras del desarrollo cognitivo y emocional. Por otra parte, las intervenciones que trabajan sobre el procesamiento auditivo y lingüístico también están avaladas por diversas investigaciones y estudios. También existe un apoyo significativo (pero menor que para las dos áreas anteriores) para las intervenciones centradas en la planificación y secuenciación motoras, modulación sensorial, procesamiento viso-espacial y funciones ejecutivas.

En un estudio reciente sobre la nueva versión de las Escalas del Desarrollo Infantil de Bayley que incluía la escala de desarrollo emocional y social de Greenspan, se aplicó un cuestionario para padres sobre las capacidades de desarrollo funcional y emocional (FEDC) a una muestra de 1.500 bebés y niños. Los resultados mostraron que el cuestionario discriminaba a los niños con trastornos de los sin trastornos. El estudio también validó las predicciones de edad del FEDC y mostró que los FEDC iniciales descartaban los posteriores (incluyendo el lenguaje y el pensamiento simbólico) (ver Apéndice B para más detalles). Además, en un estudio reciente sobre salud realizado a más de 15.000 familias, el National Center for Health Statistics (Centro Nacional de Estadística Médica) utilizó preguntas del FEDC correspondiente al método DIR e identificó un 30 % más de casos de riesgo (cuyos pacientes no estaban recibiendo tratamiento) de lo que habían identificado los estudios anteriores (Simpson, Colpe y Greenspan, 2003). Fue la primera vez que este estudio de salud utilizó variables emocionales.

Muchos estudios demuestran que las interacciones de aprendizaje con un componente emocional notable conducen a un aprendizaje más integrado que las interacciones inpersonales (Greenspan y Shankar, 2004).

Investigación adicional sobre los diferentes métodos basados en la interacción y el desarrollo

Además de los estudios descritos en la primera parte de este apéndice, hay muchas investigaciones acerca de los programas que utilizan los mismos métodos del modelo DIR o que se inspiran en este de alguna manera. Estas investigaciones están mostrando resultados muy positivos en la intervención de niños con TEA. A continuación, les mostramos una pequeña lista de estudios recientes (se trata de resúmenes; para más información, consultar las fuentes citadas).

Proyecto PLAY de Michigan. El médico Rick Solomon ha analizado los resultados de la aplicación comunitaria del modelo DIR/Floortime dentro de su proyecto de PLAY Michigan. Pudo comprobar cambios muy positivos en un grupo de niños con TEA, en las capacidades sociales, cognitivas y lingüísticas, y demostró que el modelo DIR/Floortime se puede aplicar a una comunidad extensa con fondos públicos y bajo coste (Solomon, Necheles, Ferch y Bruckman, 2006).

El Juego y el lenguaje en los jóvenes autistas (en inglés, *Play and Language for Autistic Youngsters* o PLAY) tiene base en el sureste de Michigan y es un centro estatal pluridisciplinar para la formación y el tratamiento precoz del autismo. El *PLAY Project Home Consultation* (PPHC) o Proyecto PLAY diseñado para el hogar enseña a los padres de niños con trastornos del espectro autista a utilizar el modelo DIR. En este programa, los especialistas trabajan en el entorno del hogar y realizan visitas mensuales de media jornada a los hogares. Durante este tiempo, les enseñan a los padres a organizar actividades intensivas e individualizadas y basadas en el juego. El programa se puede costear parcialmente formando parte del centro y cuesta, aproximadamente, unos 2.500 dólares por año. Para entrenar a los padres también existe un manual de formación muy detallado.

Este programa se aplicó a sesenta y ocho niños durante un período de tiempo comprendido entre los ocho y los doce meses. Los padres debían realizar interacciones individualizadas que durasen un total de quince horas a la semana. Para valorar los cambios en la conducta y desarrollo de los niños, así como en la conducta de los padres y su satisfacción con el servicio, se evaluaron los siguientes elementos, antes y después del tratamiento:

• Los índices de la escala de evaluación funcional y emocional (FEAS).
• Resultados médicos sobre los seis niveles de desarrollo emocional y funcional.
• Constancia (informes o impresiones diarias escritas por parte de los padres).
• Encuesta de satisfacción de los clientes.

Según las puntuaciones escalares de la FEAS, un 45,5% de los niños realizó un progreso entre bueno y muy bueno en el desarrollo de las capacidades funcionales durante el período de estudio. No se halló ninguna relación estadística entre la gravedad inicial del TEA y los resultados del FEAS. Según los resultados clínicos, un 52% de los niños realizó un progreso clínico muy bueno durante el estudio y un 14% realizó un progreso bueno. De las sesenta y ocho familias, cincuenta cumplimentaron las encuestas de satisfacción. De estas cincuenta, un 70% estaba muy satisfecho con el proyecto PLAY, un 10% estaba satisfecho y un 20% estaba conforme. Ninguna familia estaba insatisfecha.

El programa se ha revelado como una manera muy efectiva de enseñar a las familias diferentes estrategias en un entorno de comunidad. Este estudio también demostró que la gran mayoría de padres son capaces de interactuar con sus hijos autistas de manera recíproca y contingente. Además de ello, cuando se realizó la primera evaluación a través de grabaciones de vídeo, se demostró que un 85% de los padres aplicaban estrategias interactivas apropiadas. (Si bien las familias eran auto-seleccionadas y estaban muy motivadas y capacitadas para la interacción, los niños de la muestra presentaban la distribución de gravedad típica).

Estudio de Case Western Reserve. Los especialistas Gerald Mahoney y Frida Perales, de la Escuela Mandel de Ciencias Sociales aplicadas en la Universidad de Case Western, han dirigido diversos estudios sobre los enfoques basados en la interacción y el desarrollo. Su último estudio se centra en los resultados de una intervención precoz basada en la interacción (BI) aplicada tanto a niños con trastornos generalizados del desarrollo (TDD) —incluido el autismo— como a niños que padecen deficiencias de desarrollo (DD) (Mahoney y Perales, 2005).

Los sujetos del estudio eran cincuenta parejas madre-hijo y los niños tenían entre doce y cincuenta y cuatro meses. Los niños con TGD padecían anomalías graves de la regulación, así como déficits de la comunicación y el desarrollo cognitivo; los niños con DD mostraban retrasos significativos del desarrollo cognitivo o de la comunicación. Se les sometió a un programa de intervención que duró un año con sesiones individuales semanales en las que las madres debían aplicar estrategias de enseñanza responsable (ER) y técnicas BI. Los padres informaron que utilizaban todas estas técnicas en casa durante 15,1 horas semanales de media.

Ambos grupos de niños realizaron un progreso notable en las capacidades cognitivas, comunicativas y socioemocionales. No obstante, los niños del grupo de TGD mejoraron de manera estadísticamente más significativa en las diferentes áreas del desarrollo en comparación con los niños del grupo DD. Esta intervención también se mostró muy efectiva para estimular el desarrollo de los niños: todos los niños de la muestra incrementaron en más de un 60% su índice de desarrollo cognitivo. Por otra parte, en el ámbito del desarrollo del habla, un 70% progresó en las capacidades expresivas y un 80% mejoró en las capacidades de lenguaje receptivo.

Modelo de la Universidad de Colorado. Se trata de otro modelo basado en la interacción y el desarrollo. Este programa no está directamente influido por el modelo DIR, aunque sí aplica los mismos conceptos. Se creó en 1981 en el departamento de ciencias de la salud de la Universidad de Colorado y se denominó inicialmente *Playschool Model*. En el año 1998, el centro de interés se desplazó hacia el entorno de casa y la fase de enseñanza preescolar, involucrando, también, a los niños con un desarrollo normativo. Diversos estudios sobre este modelo han mostrado progresos muy significativos en el desarrollo emocional, social y cognitivo (Rogers y DiLalla, 1991; Rogers, Hall, Osaka, Reaven y Herbison, 2000).

En resumen, los estudios actuales se basan y toman como referencia los modelos basados en la interacción y el desarrollo para el tratamiento de los niños con TEA con el fin de reforzar o construir las capacidades funcionales del desarrollo que atañen a las competencias básicas de comunicación, interacción y pensamiento, mediante el desarrollo de interacciones de aprendizaje emocionalmente significativas y adaptadas al perfil de desarrollo del niño y de su familia. El modelo DIR/Floortime es un método de análisis que permite a padres, educadores y especialistas diseñar un programa de intervención global y basado en el desarrollo.

Apéndice B
Cómo evoluciona el autismo: la teoría DIR

La teoría DIR
Los caminos evolutivos que conducen al autismo

A continuación, mostramos un resumen de la teoría del desarrollo del autismo que presentamos en el libro La primera idea (*Greenspan y Shanker, 2004*)

Autismo y TEA

Gracias a las observaciones de bebés, niños, y sus familias (Greenspan, 1979, 1992, 2001; Greenspan y Shanker, 2004, 2006), hemos podido comprobar que el desarrollo de la capacidad simbólica, del lenguaje y de la inteligencia se constituye sobre una serie de interacciones emocionales muy importantes en la primera fase de la vida. Si no se producen estas interacciones, no se desarrollan las habilidades. Por otra parte, los factores biológicos del autismo pueden dificultar la participación del niño en estas interacciones. Hemos observado que los niños con TEA no han desarrollado completamente estas primeras interacciones. (Greenspan y otros, 1987; Greenspan, 1992; Greenspan y Wieder, 1998, 1999).

Como consecuencia, hemos lanzado una hipótesis según la cual es posible ayudar a niños que debido a factores biológicos carecen de las habilidades básicas de simbolización, lenguaje e intelectuales que permiten el continuo desarrollo de estas capacidades, mediante un programa de intervención que cree oportunidades idóneas para las experiencias emocionales imprescindibles. Estas oportunidades deben estar en consonancia con las anomalías biológicas del niño y con las interacciones emocionales del programa. Como hemos indicado en el apéndice A, nuestros estudios revelan que, con una intervención adecuada, muchos niños que padecen TEA mejoran positivamente y un subgrupo de niños con TEA desarrolla estas capacidades superando las expectativas iniciales (Greenspan y Wieder, 1997).

El desafío al que nos enfrentamos está aumentando en todo el mundo. Diversos estudios estiman que la prevalencia del autismo se sitúa entre 2 y 4 por 1.000 niños y que para los TEA es más elevada. Los centros para el control de enfermedades (Centers for Disease Control, CDC) consideran, después de revisar diversos estudios, que la prevalencia aproximada de los TEA es de 1 por 166 (Bertrand y otros, 2001). Estas estimaciones son mucho más elevadas que las de hace diez o quince años. Hay quien opina que las prevalencias actuales reflejan unos diagnósticos mejores, mientras que otros creen que la prevalencia de los TEA han aumentado de forma espectacular.

El modelo multifactorial de riesgo acumulativo o modelo multidisciplinar

Aunque muchas veces se piensa que el autismo es un trastorno unitario y relativo a un patrón genético (no identificado) singular con diferentes formas de expresión o fenotipos, las últimas investigaciones demuestran un modelo de multitrayectoria y riesgo acumulativo y con un componente genético. La hipótesis que defendemos considera diferentes vías y caminos hacia el autismo, cada uno con su particular componente genético, factores de riesgo posteriores y trastornos asociados. Esta perspectiva propone que existen diferentes patrones genéticos y procesos evolutivos pre y posnatales que pueden predisponer hacia el trastorno o crear vulnerabilidades a problemas acumulativos como enfermedades infecciosas, sustancias tóxicas o factores que anulen la autoinmunidad. Se pueden dar, también, diversas circunstancias posnatales (como el estrés) que contribuyan a desarrollar patrones de conducta sintomática del TEA.

El TEA presenta factores primarios y secundarios. Los factores primarios son los déficits de la habilidad de interactuar mediante gestos, señales emocionales y vocalizaciones, dificultad para mantener estas interacciones con vistas a implicarse en la resolución social de problemas y a desarrollar ideas emocionalmente significativas, las anomalías del procesamiento auditivo y de la capacidad viso-espacial y la incapacidad de planificar y secuenciar acciones. Los factores secundarios derivan de los principales e incluyen los trastornos típicamente asociados al TEA, así como el comportamiento repetitivo, la soledad y la autoesti-mulación.

Todos estos trastornos se pueden agravar si sometemos al niño a intervenciones inapropiadas que no contemplen su perfil evolutivo individual. Las fuentes de investigación actual deberían identificar y cla-sificar los subtipos clínicos del autismo, de tal modo que los diferentes programas de intervención se adapten a los rasgos particulares de cada niño.

Los déficits psicológicos principales del autismo

Los déficits del desarrollo específicos del autismo afectan a las siguien-tes habilidades: empatía y contemplación del mundo desde la pers-pectiva de otra persona (teoría de la mente [Baron-Cohen, 1994]; nive-les avanzados de pensamiento abstracto y formulación de inferencias [Minshew y Goldstein, 1998]; atención conjunta, referencias sociales y resolución de problemas [Mundy, Sigman y Kasari, 1990]; reciprocidad emocional [Baranek, 1999; Dawson y Galpert, 1990]; lenguaje pragmá-tico [Wetherby y Prizant, 1993]). Existen numerosos estudios neurop-sicológicos que profundizan en los déficits asociados al autismo (Gre-enspan, 2001; Sperry, 1985; Baron-Cohen, 1989; Baron-Cohen, Leslie y Frith, 1985; Bowler, 1992; Dahlgren y Trillingsgaard, 1996; Dawson, Melt-zoff, Osterling y Rinaldi, 1998; Frith, 1989; Klin, Volkmar y Sparrow, 1992; Ozonoff, 1997; Pennington y Ozonoff, 1996).

Por otra parte, nuestro trabajo clínico e investigaciones (Greenspan, 2001; Greenspan y Shanker, 2004; Greenspan y Shanker, 2006) plantean que todas las habilidades comentadas anteriormente parten de una capacidad potencial originaria: la habilidad de conectar las emociones o los propósitos con la planificación y secuenciación motoras, con las sensaciones y, finalmente, con los símbolos emergentes (Greenspan, 1979; 1989; 1997), siendo la incapacidad de realizar esta conexión el trastorno psicológico nuclear del autismo. Nuestra hipótesis se basa en el hecho de que las anomalías biológicas asociadas con los TEA se expresan a través de la disfunción de esta conexión y llevan a los sín-tomas primarios y secundarios de estos trastornos.

La capacidad de realizar esta conexión se vuelve más patente entre los nueve y los dieciocho meses de vida, cuando el niño empieza a par-ticipar en cadenas complejas de reciprocidad emocional. Para que esto ocurra, el niño debe sentir un deseo (eso es, afecto) y conectar este deseo con un plan de acción. Todos estos elementos le permiten cons-

393

truir un patrón de interacciones significativas de resolución social de problemas. Por el contrario, una acción que no esté motivada por un deseo se vuelve repetitiva, absurda o autoestimuladora. Al niño le resulta muy difícil avanzar y progresar desde los patrones motores sencillos si no puede conectarlos a sus deseos. Cuando aplicamos el modelo DIR, creamos interacciones emocionalmente significativas para el niño y adaptadas a su perfil individual con el fin de que lleve a cabo un intercambio de señales emocionales y actúe con propósito comunicativo. Si seguimos este proceso, la planificación motora y las acciones propositivas del niño mejorarán.

La relación entre deseo y acción intencionada nos permite intercambiar señales emocionales, lo que conduce —si el intercambio se vuelve suficientemente complejo— a la capacidad de modular las emociones y acciones, separar la percepción de la acción y de los símbolos, integrar diferentes capacidades de procesamiento y utilizar el lenguaje con propósito comunicativo. Si no se produce esta relación, utilizaremos los símbolos de manera repetitiva, mostrando síntomas de ecolalia y lenguaje estereotipado. Con estas habilidades el niño puede interactuar de manera flexible con los demás y su entorno, y ello le permitirá desarrollar el aprendizaje asociativo.

Las interacciones emocionalmente significativas, la resolución social de problemas y el uso intencional de símbolos son los pilares básicos de las capacidades que distinguen a los niños con TEA de los niños normativos. Hemos observado que los bebés y los niños con riesgo de comportamiento autista no progresan lo suficiente desde patrones simples de interacción a patrones complejos. En el estudio de doscientos casos descrito en el apéndice A, concluimos que aproximadamente dos tercios de los niños que padecían TEA presentaban este déficit de procesamiento (de base biológica) a la hora de conectar las emociones y las intenciones con la planificación y secuenciación motoras y las capacidades simbólicas. No obstante, estos casos presentaban diferencias con relación a otros déficits de procesamiento (déficits auditivos, motrices, viso-espaciales y de modulación sensoriales).

Hemos convenido en denominar esta hipótesis (la conexión entre afecto, planificación y secuenciación motoras y experiencia sensorial) *hipótesis sobre la diátesis de origen afectivo*. Esta hipótesis defiende que un niño utiliza su afecto o emoción para proporcionar intencionalidad a sus acciones y significado a sus símbolos y palabras.

Las interacciones afectivamente significativas y basadas en la resolución de problemas le ayudan a alcanzar niveles avanzados de competencias sociales, emocionales e intelectuales.

Causas iniciales del autismo

Como los déficits de procesamiento esenciales descritos anteriormente se dan en los primeros meses de vida, pueden perjudicar las experiencias esenciales de aprendizaje emocional y cognitivo del niño. Entre los doce y los veinticuatro meses los déficits en la comunicación interactiva e intencional durante estas edades críticas pueden provocar el comportamiento repetitivo y el aislamiento con independencia de la competencia de los padres. Cuando recibe ayuda profesional, los déficits biológicos iniciales se pueden convertir en un factor de un proceso dinámico. Actualmente, estamos dirigiendo investigaciones para identificar a los niños con riesgo de autismo en etapas muy tempranas, con el fin de iniciar una intervención preventiva. A este efecto, hemos desarrollado nuestra teoría de la relación entre el afecto y la planificación de acciones.

Conexiones sensomotrices y afectivas

Cuando un niño se desarrolla de manera adecuada, es capaz de conectar el sistema sensorial con el sistema motriz a través del afecto (por ejemplo, volviendo la cabeza para mirar la cara del padre o la madre mientras este le sonríe y balbucea). Toda sensación tiene una correlación física y afectiva (Greenspan, 1997; Greenspan y Shanker, 2004, capítulo 2). Las infinitas variaciones del aspecto afectivo de la sensación nos permiten utilizar la emoción para codificar, guardar y recuperar la información. La capacidad de crear conexiones entre la cualidad física y emocional de las sensaciones y el funcionamiento motor le permite al bebé empezar a percibir y organizar patrones de comportamiento; por ejemplo, ver a la madre y extender los brazos hacia ella. Estas unidades de comportamiento intencional se convierten paulatinamente en patrones de conducta más amplios y en interacciones múltiples y recíprocas destinadas a la resolución de problemas.

A los dos años, estos patrones conducen a la formación de la identidad de la persona como individuo propositivo y a la percepción de los demás. Todo ello le permite al niño construir símbolos y dotarlos de significado, aparte de desarrollar niveles más avanzados de pensamiento.

Cuando los factores biológicos (o la deprivación severa o el abuso) interfieren en la formación de una conexión primaria entre el sistema sensorial, el afecto y el sistema motriz, el comportamiento no se vincula de forma consistente a las cualidades afectivas de la sensación. Como consecuencia, los bebés que padecen este déficit evidencian un comportamiento no intencional y no saben tomar la iniciativa ni participar en un patrón de comunicación recíproca que les permitiría desplegar los pasos evolutivos que conducen hacia las habilidades emocionales e intelectuales. Nuestro estudio revela que las conexiones sensoriales, afectivas y motrices de los niños que padecen TEA están relativamente alteradas.

Nuestra «hipótesis sobre la diátesis de origen afectivo» plantea una serie de fases de progreso de esta conexión entre sensación, afecto y sistema motriz (ver Greenspan y Shanker, 2004, capítulo 2) que nos permite identificar los casos de riesgo de TEA. En cada fase, podemos evaluar la presencia, ausencia o alteración de la conexión sensorial, afectiva y motriz (tal y como describimos en el capítulo 3 de este libro). Como en los casos de riesgo, esta alteración no es una cuestión de «todo o nada»; la intervención precoz puede ser beneficiosa. La creación de situaciones afectivas y satisfactorias adaptadas al procesamiento sensorial y a la coordinación motora del niño es muy útil para reforzar la conexión entre sensación, afecto y acciones motoras. De este modo, dominarán el comportamiento afectivo con propósito comunicativo, y ello les llevará al intercambio recíproco de gestos, a la formación de la identidad y a la capacidad de pensamiento simbólico. Este tipo de interacciones emocionales equilibradas le ayudan a poner en práctica todos sus sentidos y habilidades lingüísticas y motrices (por ejemplo, escuchando, mirando y moviéndose a la vez mientras participa en la resolución social de problemas). Estas interacciones emocionales deben adaptarse a los rasgos particulares de procesamiento del niño.

En qué medida las transformaciones de la afectividad y la hipótesis sobre la diátesis de origen afectivo explican el reconocimiento de patrones, la atención conjunta, la interpretación de intenciones, la teoría de la mente y el pensamiento simbólico avanzado

Es muy importante analizar con detenimiento cada una de las primeras etapas de la interacción afectiva para ver cómo conducen hacia la adquisición de capacidades esenciales para un correcto desarrollo emocional intelectual. En esta misma línea, estas etapas sufren alteraciones cuando el niño padece TEA.

Como hemos indicado antes, las primeras etapas de interacción emocional repercuten en la capacidad potencial del niño de experimentar sensaciones desde una perspectiva afectiva. Para que esto se produzca, los padres deben crear interacciones emocionales progresivamente más complejas. El bebé experimenta estas interacciones emocionales como si se tratara de un tipo único de sensación (una sensación que, con el paso del tiempo, comportará una variedad afectiva infinita). Estos patrones afectivos son el fundamento de numerosos procesos cognitivos y sociales.

En la primera etapa, el bebé aprende a conectar las emociones sensoriales, afectivas y motrices (desde el nacimiento hasta los tres meses). Las experiencias afectivas satisfactorias, unidas al control motriz progresivo, le permiten empezar a responder con acciones como la de extender los brazos para tocar un objeto deseado o apartarse ante una sensación de tacto desagradable. Así, las respuestas motrices se van yendo rápidamente más allá de los reflejos y empiezan a formar parte del patrón sensorial, afectivo y motriz. Así pues, el afecto sirve como mediador entre las sensaciones y las respuestas motrices, conectando ambas. Esta unidad básica de respuesta sensorial, afectiva y motriz se va reforzando poco a poco gracias a las interacciones entre los padres y el niño.

Un bebé debe experimentar emociones positivas y reguladas para construir estas conexiones, y los padres, por su parte, deben adaptar las interacciones a las características biológicas del niño. Si los padres no reconocen las respuestas negativas del niño o no responden adecuadamente a sus iniciativas, el niño reaccionará con rechazo y adoptará una conducta defensiva como la evitación del contacto visual o el distanciamiento físico (Spitz, 1965; Tronick, 1989). En este caso, un niño puede llegar a participar en los intercambios comunicativos o a evitar la presencia física de otras personas. Los padres deben estimularle siempre para conseguir que muestre un comportamiento afectivo y han de utilizar un tono de voz suave y enérgico que se adapte a sus particularidades sensoriales, con el fin de promover el desarrollo de estas capacidades (Greenspan, 1997).

En la segunda etapa de la transformación afectiva, el niño desarrolla una relación más cercana con el padre o la madre (entre los dos y los cinco meses), de manera que ya distingue a sus padres de los demás adultos. Las emociones positivas y alegres le permiten coordinar la vista y el oído y desarrollar interacciones sincrónicas y propositivas. A través de estas interacciones afectivas, aprende a diferenciar la voz de sus padres y los diferentes gestos afectivos, discriminar sus intereses emocionales y reconocer el significado emocional de las expresiones faciales y de las vocalizaciones. La capacidad del niño de reconocer los patrones de comportamiento social y comunicativo y de organizar las percepciones en torno a categorías significativas se fundamenta en la habilidad de comunicarse, construir relaciones emocionales y aprender a reconocer patrones afectivos.

En la tercera etapa de la transformación afectiva, el niño empieza a dominar las interacciones intencionales bidireccionales (entre los cuatro y los diez meses). Para que este cambio se produzca, es necesario que los padres interpreten y respondan a las señales emocionales del bebé y le motiven para interpretar y responder a las suyas. A través de estas interacciones el niño aprende a participar en un intercambio recíproco de señales emocionales. Diferentes gestos motrices (expresiones faciales, vocalizaciones, movimientos de brazos) se convierten en un aspecto de estas señales y permiten utilizar un abanico más amplio de emociones, sensaciones, movimientos intencionales y patrones sociales emergentes. A los ocho meses, la mayoría de estos intercambios se producen en una única secuencia comunicativa. En este momento, el bebé ya puede usar señales afectivas de manera intencional para organizar de forma integrada los diferentes componentes de su sistema nervioso central y para desarrollar niveles superiores cognitivos, comunitarios y de habilidades sociales (por ejemplo, levantar los brazos para pedir que le cojan).

A través de estas interacciones gradualmente complejas (sonrisas, asentimientos, gestos divertidos, movimientos, etc.) el niño aprende a interpretar y a responder a los estímulos sociales y emocionales de los demás y también aprende a comunicarse por sí mismo. Estos patrones significativos permiten al bebé empezar a interiorizar los patrones sociales, normas culturales y costumbre de su familia, comunidad y cultura. Esta capacidad es el pilar básico de lo que posteriormente denominaremos lenguaje pragmático.

En la cuarta etapa de la transformación afectiva, protagonizada por la resolución compartida de problemas sociales, el niño aprende a participar y a mantener la atención en un flujo constante de comunicación afectiva recíproca con el fin de colaborar con los padres en la resolución de problemas afectivos intencionales (entre los nueve y los dieciocho meses). A través de estas complejas interacciones, el bebé también desarrolla la capacidad de interpretar y responder a una abanico más amplio de señales emocionales y sociales como fundamento para construir patrones de comportamiento que incorporen la comprensión de normas culturales y la expresión de una identidad más definida.

Este proceso implica todos los sentidos, así como la capacidad de mantener interacciones afectivas constantes necesarias, para imitar interacciones sociales complejas, como ponerse los zapatos del padre, mirarle para buscar su aprobación (esto es, la atención conjunta) o caminar de una manera muy parecida a la del padre cuando vuelve del trabajo. Estos procesos interactivos complejos constituyen patrones afectivos, pues el niño empieza a reconocer los comportamientos del padre y su propia respuesta, como un patrón interactivo. Mientras que el niño que no domina el flujo constante de señales afectivas sólo puede reconocer patrones visuales o vocales limitados y aislados, el reconocimiento de patrones afectivos e intencionales complejos, que incluye múltiples sentidos, acciones e interacciones sociales, es un componente de los niveles avanzados de la resolución compartida de problemas sociales.

Estas largas cadenas de gestos afectivos corregulares le permiten al niño reconocer diversos patrones que afectan a la satisfacción de sus necesidades emocionales. El niño aprende, por ejemplo, a pedir la ayuda del padre cuando quiere coger un objeto y, para ello, se implica en interacciones recíprocas y muy sintonizadas a través de vocalizaciones y expresiones faciales para solucionar el problema de manera corregulada. El niño aprende también el significado de los gestos o expresiones faciales y aprende la conexión que se establece, por una parte, entre ciertas expresiones faciales, tonos de voz y comportamiento, y entre el estado de ánimo del individuo o sus intenciones, por otra. Esta capacidad de interpretar los patrones de conducta de los demás y de construir una identidad propia a través del reconocimiento de los patrones de conducta propios es la base de lo que se denomina interpretación de las intenciones o «teoría de la mente».

Esta capacidad es esencial para que el niño tenga y actúe conforme a las expectativas (es decir, saber cuándo debe esperar respuestas concretas de sus padres o entender la sensación de amor, rabia, respeto, vergüenza, etc.). También es muy importante que el niño sepa lo que piensan y sienten los demás, o comprender sus intenciones. La habilidad de reconocer las intenciones de los demás no es un proceso instantáneo, al contrario: el reconocimiento de patrones de conducta, la interpretación de intenciones y la atención conjunta emergen de todas estas etapas de transformación afectiva. Estas capacidades son, por tanto, consecuencia de las interacciones emocionales que se han ido creando durante las primeras tres etapas de desarrollo emocional funcional y alcanzan una configuración más compleja en la crítica cuarta etapa de transformación afectiva.

Gracias a la comprensión de la complejidad de este proceso, hemos podido crear programas de intervención como el modelo DIR; un modelo adaptado al perfil biológico y de deficiencias del niño y que aumenta las probabilidades de alcanzar un dominio relativo de estas etapas críticas de transformación afectiva y de las capacidades subsiguientes (atención conjunta, teoría de la mente y niveles avanzados de lenguaje y pensamiento simbólico) (Greenspan y Wieder, 1998).

La teoría que acabamos de plantear se ensayó en una población representativa de más de 1.500 niños, a cuyos padres se les administró la Escala de desarrollo emocional y social greenspaniano (Greenspan, 2004). Gracias a este estudio, se demostró que es esencial dominar las primeras etapas de transformación afectiva, pues sólo así el niño progresará a través de las fases subsiguientes. Asimismo, se demostró que las primeras cuatro fases son necesarias para la formación del pensamiento simbólico, del lenguaje pragmático y de los niveles avanzados de pensamiento (incluyendo capacidades relacionadas con la teoría de la mente, como la empatía), además de las referencias sociales y de las capacidades de atención conjunta (como la resolución recíproca, compartida, de problemas sociales).

Esta serie de datos apoyan el modelo presentado en este apéndice y abre las puertas para la investigación futura acerca de las consecuencias para el sistema central nervioso cuando se ven alteradas estas primeras interacciones emocionales.

Las sendas del neurodesarrollo que llevan al autismo

La siguiente explicación es un extracto del artículo «Indicios clínicos de las sendas del neurodesarrollo que llevan al autismo» escrito por Stanley I. Greenspan y Stuart G. Shanker».

Las observaciones clínicas de las sendas del desarrollo que conducen al autismo que hemos estado describiendo, ayudan a la comprensión de hallazgos recientes de la neurociencia relativos a sujetos con autismo y a separar los factores primarios de los efectos posteriores. Además de ello, estos hallazgos refuerzan las propuestas del modelo DIR y la hipótesis sobre la diátesis de origen afectivo.

En el último apartado, hemos explicado por qué se cree que los déficits biológicos primarios del autismo se originan a partir de una serie de alteraciones de la conexión entre afecto, percepción sensorial y patrones motores. Hemos detallado cómo la primera etapa de la organización del afecto asienta las bases necesarias para una serie de etapas subsiguientes que conllevan transformaciones afectivas y nuevos niveles de integración de los patrones sensoriales, afectivos y motores. También hemos explicado cómo la cuarta fase (caracterizada por la regulación conjunta y el intercambio recíproco de afecto) le permite al niño involucrarse en el desarrollo de patrones emocionalmente significativos y participar en la resolución compartida de problemas sociales. Estas situaciones comportan a menudo la presencia de patrones afectivos, lingüísticos, motrices y viso-espaciales que se integran gracias a los propósitos afectivos del niño y a las interacciones.

Actualmente, estamos realizando diversas investigaciones basadas en la observación del comportamiento de niños diagnosticados con TEA a través de grabaciones de video. Estamos comprobando que, cuando la conexión inicial entre afecto, percepciones y patrones motrices se ve alterada o debilitada, tal y como ocurre con los niños con TEA, y debido a déficit neurológico, las fases subsiguientes que conducen a la cuarta etapa protagonizada por la resolución social de problemas quedan anuladas o son parcialmente ineficaces. Por otra parte, hemos analizado diversas cintas de video de niños diagnosticados de TEA con edades comprendidas entre los dos y los cinco años, y hemos clasificado cada grabación desde las primeras etapas de la infancia hasta los primeros años de vida. Hemos descubierto que los niños muestran mayores dificultades en las capacidades motrices que requieren un apoyo afectivo más sólido. Por ejemplo, la capacidad de mantener la atención era breve y reactiva, en lugar de persistente y dirigida por sus propios intereses afectivos. De la misma manera, su capacidad de interactuar con alegría y satisfacción era intermitente y reactiva. Los niños que debían dominar la fase de las interacciones afectivas recíprocas sólo sabían participar en secuencias aisladas y empujados por los estímulos, en lugar de desplegar estrategias comunicativas de atención e interacción prolongada. Además de ello, no mostraban signos de iniciativa. Y en la crítica cuarta fase (resolución compartida de problemas sociales) mostraban un déficit muy significativo.

Al observar estas grabaciones, también descubrimos que el nivel de incompetencia de estas fases afectivas se correspondía con el grado de sintomatología asociada al comportamiento repetitivo y solitario, a la autoestimulación y al lenguaje estereotipado. Los síntomas tendían a hacerse evidentes durante la última parte de esta cuarta fase.

Las últimas investigaciones en el campo de la neurociencia corroboran estas observaciones clínicas. No obstante, lo más importante es que estas observaciones fundamentan una teoría coherente que explica diferentes descubrimientos en torno a los niños que padecen TEA.

Resumen de las nuevas investigaciones biológicas centradas en los bebés y niños con TEA

Las investigaciones realizadas por Martha Herbert, inspiradas en las teorías de Margaret Barman en torno a las diferencias de distintas áreas cerebrales de los individuos con TEA, demuestran que a los nueve meses de vida la materia blanca del sistema nervioso central crece de manera anormal, sobre todo en los lóbulos frontales, en el cerebelo y en las áreas de asociación. Estas partes del sistema nervioso central procesan y ordenan la información a niveles avanzados. Además de ello, las áreas no verbales del hemisferio derecho tienden a mostrar una presencia excesiva de materia blanca y la conexión entre el hemisferio derecho y el izquierdo presenta un desarrollo deficitario.

Las investigaciones realizadas por Eric Courchesne han demostrado que los individuos con TEA tienden a mostrar un perímetro craneal más pequeño de lo normal en el momento del nacimiento, aunque enseguida crece rápidamente (Eric Courchesne y otros, 1994). Esta tendencia continúa con períodos más intensos y más moderados hasta los cinco años de edad. Sin embargo, durante la etapa de la adolescencia, los individuos con TEA tienden a mostrar un perímetro craneal más pequeño de lo normal. Ruth Harper demostró que los lóbulos frontales tienden a crecer más, si bien el funcionamiento de las conexiones neuronales del lóbulo frontal es relativamente deficitario.

Marcelle Just descubrió que los individuos con TEA utilizan las partes del cerebro que procesan las formas con el fin de recordar las letras del alfabeto (es decir, usaban una región sensorial para entender diversos conceptos) (Just, Chaerkassky, Seller y Minshew, 2004). Basándose en este trabajo de investigación y otros, lanza la hipótesis según la cual una de las características fundamentales de los individuos con TEA es la dificultad de redes correctamente distintas partes del cerebro. Finalmente, descubrió que las redes neuronales locales acostumbraban a manifestar una conexión excesiva, mientras que las redes neuronales entre las áreas del cerebro más alejadas presentaban una conexión deficitaria.

Philip Teitelbaum investigó el comportamiento de niños diagnosticados posteriormente de TEA a través de cintas de video y observó que mostraban anomalías en la planificación de secuencias motoras básicas relacionadas con los hábitos de sentarse, caminar, gatear y dar vueltas (Teitelbaum y Teitelbaum, 1999).

Carlos Pardo-Villaminzar descubrió cierta inflamación en las áreas del cerebro en las que otros investigadores habían detectado un exceso de materia blanca. También detectó microglías activadas (una célula asociada con la inflamación) en el líquido espinal en una gran cantidad de niños que padecen TEA.

Todos estos importantes descubrimientos sugieren áreas para una investigación más profunda, como la de las vías del sistema nervioso central (SNC) que conectan las diferentes regiones del cerebro entre ellas y permiten que la mente trabaje como una unidad cohesionada. No obstante, en la actualidad todavía no existe una teoría que reúna todos estos descubrimientos, incluida la presencia excesiva de materia blanca y el patrón de crecimiento irregular del cráneo.

Nuevos descubrimientos biológicos. La transformación afectiva y las sendas evolutivas que conducen al autismo

El modelo que hemos presentado hasta ahora es, por una parte, una descripción de los diferentes niveles de transformación afectiva que posibilitan la creación de símbolos, de lenguaje y de inteligencia y, por otra parte, una hipótesis para comprender las vías evolutivas que llevan al autismo. Según nuestra hipótesis sobre la diátesis de origen afectivo, los déficits biológicos principales se producen en la primera etapa de la organización afectiva al existir una conexión anómala entre las sensaciones (afecto y los patrones motrices básicos). La conexión sensorial, afectiva y motriz se constituye en una etapa muy temprana de la infancia y, gracias a una serie de interacciones con el entorno humano, el niño podrá desarrollar diferentes transformaciones afectivas que repercutirán en un nivel avanzado de organización y conexión entre las diferentes áreas del SNC. Cada transformación también utiliza las diferentes partes del SNC que, posteriormente, y en los individuos con autismo, se comprueba que están alteradas.

Por ejemplo, cuando un bebé empieza a coordinar la vista con la escucha (cuando mira, por ejemplo, a la madre al oír su voz), las áreas del SNC relacionadas con la sensación de afecto placentero trabajan juntas e integradas con las áreas responsables de la visión y la audición y, a menudo, también con la de las vocalizaciones precoces. Un poco más tarde, cuando el bebé empieza a dominar las interacciones emocionales recíprocas sirviéndose de gestos, vocalizaciones y movimientos (sentarse, darse la vuelta, gatear, etc.), otras áreas del sistema nervioso central se coordinan bajo las directrices del afecto del niño. En este caso, las áreas del SNC que inciden sobre el afecto, la percepción (incluida la percepción de sonidos y la ubicación espacial), el movimiento, el equilibrio y la coordinación trabajan unidas.

Tal y como hemos descrito en la primera parte de este apéndice, cuando las primeras conexiones sensoriales afectivas y motrices son anómalas (como hemos indicado en el caso de los niños que padecen TEA), el bebé es incapaz de participar plenamente en los diferentes tipos de interacciones que permiten a las diferentes áreas del SNC trabajar conjuntamente y, posteriormente, organizarse y conectarse a niveles avanzados. En esta explicación dinámica, las diferencias biológicas y los estímulos extraídos de la experiencia se ven íntimamente ligados. Existen ciertas experiencias muy necesarias para el desarrollo apropiado del sistema nervioso central. De este modo, contemplamos los descubrimientos neurológicos que hemos descrito anteriormente, pues estas investigaciones desentrañan una multiplicidad de efectos procedentes de una misma causa.

También hemos considerado la presencia excesiva de materia blanca y el crecimiento irregular del cráneo. Normalmente, el desarrollo y la «poda» del SNC depende de una serie de experiencias apropiadas con el entorno humano. No obstante, como hemos indicado antes, las interacciones intencionales con los padres, así como con el entorno físico, dependen de que el niño desarrolle una conexión sensorial, afectiva y motriz. Si no se produce una conexión afectiva adecuada, el niño no podrá aprender a través del entorno (el aprendizaje evolutivo dependiente del entorno ha caracterizado el desarrollo de los seres humanos en diferentes ámbitos sociales, culturales y físicos). Cuando este proceso se interrumpe debido a déficits biológicos precoces en la conexión sensorial, afectiva y motriz, la poda esperada no se produce y el cerebro no desarrolla la interconexión necesaria para un crecimiento adecuado.

Los bebés poseen la capacidad potencial de incorporar diferentes patrones de desarrollo relacionados del SNC. Si el aprendizaje y la poda mediados por el entorno no se produce, no resulta extraño que la omnipotente conectividad inicial del SNC provoque el crecimiento excesivo de algunas áreas y, al mismo tiempo, la ausencia de conexiones esenciales. De este modo, cada área del cerebro se desarrolla por sí misma y recibe información de manera desorganizada o desestructurada. Eso es lo que observamos, desde una perspectiva clínica, cuando observamos a los niños que padecen TEA.

El crecimiento anormal del perímetro craneal puede ser secundario al crecimiento irregular de la materia blanca. En un principio, se produce un sobrecrecimiento a causa de una ausencia de poda. A continuación, el crecimiento del perímetro craneal se ve comprometido debido a la falta de interacciones con el entorno humano que contribuye a su crecimiento y al desarrollo de capacidades corticales básicas. Los descubrimientos sobre el escaso desarrollo del lóbulo frontal son especialmente importantes porque el lóbulo frontal dirige la compleja y mediatizada por el efecto resolución social de problemas que tiene lugar en la crítica cuarta etapa de la transformación afectiva. Las inflamaciones que se han observado en las áreas de cerebro en las que se localizó la presencia de excesiva materia blanca puede que sean secundarias al sobrecrecimiento (también podríamos considerar que los déficits iniciales de la conexión sensorial, afectiva y motriz pueden relacionarse, en parte, con este proceso inflamatorio).

Implicaciones para la investigación en el campo de la neurociencia

El modelo evolutivo descrito anteriormente sugiere que los procesos que contribuyen a la formación de conexiones en el sistema nervioso central entre el afecto y la percepción de sensaciones y las capacidades motrices podría ser un objetivo importante de las investigaciones de la neurobiología del desarrollo. Estas investigaciones deberían explorar las fases prenatales, perinatales y posnatales del desarrollo del SNC. Si nos centramos en la detección precoz de déficits, podremos diferenciar los déficits primarios de los secundarios.

Este modelo será probablemente también muy útil para investigar los efectos secundarios, si bien estos efectos pueden verse influidos por experiencias inadecuadas, debido a los déficits primarios y a las diferentes respuestas del entorno a los mismos. Por tanto, es necesario investigar las intervenciones que se centran en promover el afecto del bebé a partir de un contexto formado por una multiplicidad de *inputs* sensoriales y de respuestas motrices relacionadas de manera afectivamente significativa y organizada. De este modo, podremos comprobar si tales intervenciones contribuyen a mejorar la capacidad del niño de utilizar, de manera conjunta, las diferentes partes de su SNC y de construir las conexiones necesarias que se ven alteradas en individuos mayores con TEA.

Apéndice C
Trastornos del neurodesarrollo de la relación y la comunicación

Un grupo de trabajo del consejo interdisciplinario sobre trastornos del desarrollo y el aprendizaje ha elaborado la clasificación vigente de trastornos neuroevolutivos de la relación y la comunicación (TNRC). Los miembros del grupo son Serena Wieder, Lois Black, Griffin Doyle, Barbara Dunbar, Barbara Kalmanson, Lori-Jean Peloquin, Ricky Robinson, Ruby Salazar, Rick Solomon, Rosemary White, Molly Romer Witten y Stanley I. Greenspan. Para obtener más información sobre esta investigación, consulte el «grupo de trabajo de la clasificación diagnóstica ICDL-DMIC, 2005».

Introducción

Los trastornos del neurodesarrollo de la relación y la comunicación comportan una gran variedad de anomalías ligadas al desarrollo del niño (interacciones sociales, lenguaje, funciones cognitivas y procesamiento sensomotriz). Esta categoría incluye las primeras conceptualizaciones de los trastornos del desarrollo sistemas (TDM), tal y como se explica en *Infancy and Early Childhood* (*Infancia y etapa escolar*) (Greenspan, 1992) y *Diagnostic Classification: 0-3* (DC-0-3) (Diagnostic Classification Task Force, 1994). Además de ello, incluye la categoría diagnóstica del DSM-IV-R trastornos generalizados del desarrollo (TBR), también denominada como trastornos del espectro autista (TEA). La principal diferencia entre los TNRC y las primeras conceptualizaciones es que los TNRC presentan una tipología más precisa de los diferentes subtipos de trastornos de la relación y la comunicación, en términos del nivel global de funcionamiento (social, intelectual y emocional), así como también de las capacidades de procesamiento sensomotriz y regulador. Esto ayuda a diferenciar el perfil concreto de cada niño y a definir las variaciones observadas en niños con el mismo diagnóstico. Esta diferenciación es muy importante para la investigación y para los programas de intervención.

A partir de la descripción de los TDM a través del esquema DC 0-3 y de los TGD a partir del DSM-IV-R, la perspectiva de análisis se ha ampliado para considerar una variedad más amplia de trastornos de relación, comunicación y pensamiento. Como consecuencia, se ha identificado una gran variedad de perfiles en niños con puntos comunes referidos a trastornos de la interacción, la comunicación, en los niveles verbales y preverbales y en el pensamiento abstracto y creativo. Estos niños suelen mostrar un tipo de encefalopatía estática (es decir, una disfunción no progresiva del sistema nervioso central) que interfiere con las expectativas de progreso de estas capacidades centrales. No obstante, los niños que se hallan en esta categoría suelen evidenciar una gran variación en sus competencias comunicativas, así como en su manera de procesar las sensaciones (por ejemplo, algunos son hipersensibles a las sensaciones y otros son hiposensibles; unos tienen mucha memoria visual y otros no). Por tanto, consideramos que es importante contar con un marco de análisis muy amplio que tenga en cuenta los diferentes perfiles individuales.

Al contemplar este completo abanico, hemos descubierto distintas causas biológicas que se relacionan con estos trastornos. Por ejemplo, la incapacidad de relacionar el afecto con la percepción y la acción motora, así como los déficits consecuentes de la capacidad de relación, comunicación y pensamiento, pueden ser el resultado de diversos trastornos del neurodesarrollo, con sus respectivos rasgos genéticos constitucionales-madurativos. Por este motivo, proponemos una categoría más extensa de TNRC para facilitar los avances en investigación, evaluación y programas de intervención.

Tal y como sugiere esta discusión, los TNRC se pueden comprender mejor desde un modelo de desarrollo biopsicosocial. Aplicar el modelo DIR a los TNRC nos ha permitido elaborar un sistema de clasificación que integra todos los subtipos de diagnóstico a partir de un estudio más profundo de las vías que llevan a las deficiencias de la capacidad de comunicación, interacción y pensamiento. Estas vías, matizadas por las diferencias individuales de procesamiento, incluyen:

• *Lenguaje y procesamiento auditivo.* La manera en que recibimos la información, la interpretamos y la expresamos.

- *Planificación y secuenciación motoras*. La manera de llevar a cabo nuestras ideas o de responder ante el oído y la vista.
- *Procesamiento viso-espacial*. La capacidad de dar un significado y comprender lo que vemos.
- *Modulación sensorial*. La habilidad de modular o regular las sensaciones tal y como nos llegan.

Tipos de TNRC

Tipo I: simbolismo precoz, con limitaciones

Los niños que se engloban en los trastornos de tipo I muestran limitaciones de la atención conjunta en la interacción, en la comunicación bidireccional y en la resolución compartida de problemas sociales. Les cuesta mantener una interacción constante y afectiva sin ayuda de un programa de intervención y sólo saben realizar entre cuatro y diez círculos de comunicación seguidos. También pueden mostrar comportamiento perseverante y un cierto grado de ensimismamiento. En una evaluación inicial, se observa que estos niños poseen islotes de inteligencia en cuanto al uso de símbolos basados en la memoria (por ejemplo, catalogar fotos o repetir relatos memorizados), pero no muestran la variedad afectiva esperada para su edad y no saben integrar el uso de símbolos con otras capacidades fundamentales e implicarse simultáneamente en todos estos procesos.

Es necesario aplicar un programa de intervención global (ver capítulo veinte) que se centre en las interacciones afectivas, en el uso creativo de ideas (ver capítulos siete y ocho) y en el refuerzo de la planificación motora y la regulación sensorial. Y, a veces, podemos observar a estos niños evolucionar rápidamente desde un comportamiento perseverante y el ensimismamiento hacia una implicación sostenida en interacciones afectivas y pensamiento reactivo. Las interacciones incluyen el uso espontáneo del lenguaje y el mantenimiento de un flujo interactivo a niveles de comunicación bidireccional de resolución de problemas, elaboración de ideas y establecimiento de vínculos entre ideas. Aunque el niño evidencie retrasos del lenguaje, será capaz de utilizar secuencias de gestos complejos y de expresar ideas simbólicas a través de los juguetes hasta que el lenguaje se refuerce lo suficiente, sobre todo en el ámbito de las interacciones afectivas y la creatividad. Después de esta fase, el niño podrá evolucionar hacia el pensamiento simbólico abstracto y reflexivo. Todas estas capacidades le permitirán relacionarse de manera adecuada con los compañeros y amigos y partici-par en actividades adecuadas a su edad.

Finalmente, con un programa de intervención completo y adecua-do, los niños del tipo I podrán participar en las actividades académicas, si bien requerirán la ayuda y el apoyo de un profesor auxiliar durante un período de tiempo concreto con el fin de reforzar su capacidad de procesamiento sensorial y la modulación de los estímulos, y de corre-gir los déficits de atención. Además de ello, y debido a que las habili-dades académicas y el pensamiento abstracto dependen de las capaci-dades de procesamiento, puede que sean necesarias intervenciones educativas dirigidas a dificultades específicas de aprendizaje.

Tipo II: resolución de problemas con intencionalidad, con limi-taciones

En una primera valoración (entre dos y cuatro años), los niños que se clasifican en el tipo II muestran limitaciones muy importantes en el tercer y cuarto rango de las capacidades fundamentales: la comunica-ción intencional y presimbólica, la interacción bidireccional y la reso-lución de problemas sociales. Muestran una interacción intermitente a esos niveles y sólo saben completar entre dos y cinco círculos en una misma secuencia comunicativa. En lugar de repetir enunciados de sus series de dibujos animados favoritas, muestran islotes aislados de acti-vidad simbólica. En un principio, demuestran una atención con mati-ces emotivos y evidencian un perfil de disfunciones moderadas de pro-cesamiento de múltiples áreas.

Estos niños necesitan un programa de intervención global que inci-da en las interacciones afectivas recíprocas, en la resolución conjunta de problemas, en el impulso de la iniciativa y en la mejora de las capa-cidades de procesamiento sensomotriz (ver capítulos seis y siete). Con el tiempo, estos niños aprenden a relacionarse con afecto y placer, y van mejorando gradualmente sus habilidades de comunicación intencional y de resolución conjunta de problemas sociales, aprendiendo a iniciar y mantener un flujo constante de interacciones afectivas. El lento desa-rrollo de su flujo comunicativo inhibe un progreso más efectivo de su capacidad simbólica. Esta capacidad puede mejorar, pero el lenguaje y el juego imaginativo tienden a quedarse anclados en la imitación de ele-mentos extraídos de libros, películas, etc. Por otra parte, estos niños no manifiestan una afectividad adecuada a su edad, y su pensamiento abs-tracto se halla muy ligado a sus necesidades diarias. A medida que estos niños van progresando gradualmente y van adquiriendo nuevas capacidades, empiezan a crear y a relacionar ideas referidas a sus temas de interés. Finalmente, tienden a mostrarse cada vez más atentos, alegres y comunicativos.

Si bien algunos niños de este grupo realizan un progreso constante, la mayoría, sin embargo, es incapaz de participar en todas las actividades que tienen lugar en el aula y de interactuar con un grupo grande de niños. No obstante, sí se suelen beneficiar de la ayuda de los profesores auxiliares y de programas de integración en el aula para niños con necesidades especiales en los que se da prioridad al desarrollo del lenguaje.

Tipo III: implicación e intencionalidad intermitentes

Los niños de este tipo demuestran un comportamiento inicial muy solitario. Su implicación con los demás es muy intermitente y sus capacidades de comunicación bidireccional son muy limitadas, pues suelen responder a necesidades muy concretas o experiencias sensomotrices muy básicas (como saltar o hacer cosquillas). Son capaces de imitar o incluso iniciar secuencias de acción destinadas a la resolución de problemas, pero no saben participar en la resolución conjunta de problemas sociales o en el intercambio afectivo continuado.

Este impedimento del intercambio comunicativo intencional y continuado y de la resolución conjunta de problemas se produce debido a una variedad de disfunciones graves de procesamiento y de anomalías que incluyen disfunciones graves de procesamiento auditivo, de la capacidad viso-espacial y de la planificación motora. Es muy importante elaborar un programa de intervención global que incida en el mantenimiento de la atención conjunta y de las interacciones afectivas con propósito comunicativo y que se combine con una gran cantidad de elementos para reforzar el procesamiento sensorial y la planificación motora, construida sobre la base de diferentes interacciones y con el uso de un repertorio variado de gestos y de comunicación simbólica. Si los niños de diagnóstico tipo III participan en este tipo de programas de intervención, conseguirán mejorar las relaciones satisfactorias y las actividades. No obstante, su capacidad de involucrarse en un flujo constante de interacciones afectivas progresará muy lentamente. Con el tiempo, pueden mejorar sus islotes de competencia en el pensamiento presimbólico, en la capacidad comunicativa intencional y en la resolución de problemas. En ocasiones, estos islotes pueden incluir el uso adecuado de palabras, dibujos, señales, secuencias de acción constituidas por dos o tres pasos o expresión de gestos para comunicar sus necesidades básicas. La comprensión de frases utilizadas frecuentemente en rutinas o asociadas a señales visuales o a gestos se puede convertir en una competencia para el niño.

En este grupo hay niños que muestran dispraxias oral-motoras graves y que, o bien no saben hablar o utilizan pocas palabras. Sin embargo, pueden aprender a utilizar algunos gestos o a comunicarse mediante el uso de fotos o juguetes. Hay niños con trastornos graves de la planificación motora que demuestran una comprensión bastante avanzada de su mundo de lo esperado, en cuanto empiezan a utilizar fotos o cualquier otro sistema simbólico, o aprenden a escribir por ordenador. Si siguen un programa de intervención que fomente la comunicación bidireccional, van a progresar muy sustancialmente y empezarán a evidenciar patrones de comportamiento descritos en otros subgrupos.

Los niños de este grupo requieren un programa educativo individualizado y pueden aprender a leer palabras y a entender conceptos viso-espaciales. Es muy importante inscribirlos en programas educativos que fomenten las actividades sociales y el desarrollo de la amistad, así como la comunicación intencional.

Tipo IV: sin objetivos y sin sentido

Los niños de este grupo se muestran inicialmente pasivos y solitarios o muy activos y buscando sensaciones; incluso pueden mostrar ambos patrones de comportamiento. Presentan anomalías muy graves respecto a la atención conjunta y al interés, a menos que participen en juegos sensomotrices. Su progreso es siempre muy lento y muestran grandes dificultades para desarrollar lenguaje expresivo.

Si les aplicamos un programa de intervención global y parecido al de los niños de trastornos tipo III, además de prestarle especial atención a las regresiones y a las anomalías de la planificación motora y de usar diferentes técnicas comunicativas (como, por ejemplo, el uso de técnicas aumentativas), los niños con trastornos tipo IV pueden mantener la atención y participar de manera intermitente en interacciones a través del uso de gestos y de juegos motrices y, con el paso del tiempo, podrán aprender a resolver problemas.

Algunos niños aprenden a planificar acciones circunscritas a un juego semiestructurado o a llevar a cabo actividades autónomas, como vestirse y limpiarse los dientes. Estos niños también pueden compartir con los demás el placer que experimentan cuando ponen en movimiento su cuerpo de manera intencional para realizar actividades como el patinaje, la natación, los paseos en bici o los juegos de pelota. Estas actividades conscientes se pueden explotar para fomentar la atención conjunta, la interacción y la resolución social de problemas.

Los niños de este grupo padecen el nivel más alto de trastornos en todas las áreas de procesamiento. Una parte de este grupo presenta trastornos especialmente graves en la planificación motora, incluida la dispraxia oral-motora. Como consecuencia, su progreso es mínimo y se topan con una gran dificultad cuando se trata de dominar la planificación motora, el lenguaje expresivo y las interacciones para la resolución de problemas complejos. Es probable que pasen por períodos de progresión y de regresión. Las regresiones se pueden deber a causas actualmente desconocidas, aunque en muchos casos son consecuencia de un entorno inadecuado a su perfil de procesamiento.

Los programas educativos intensivos e individualizados deben fomentar la participación y las manifestaciones básicas de comunicación bidireccional. Debemos explorar también las anomalías visuales y motrices (y las experiencias sensoriales emocionalmente significativas) con el fin de ayudar al niño a prestar atención, a aprender y a progresar.

Procesamiento regulador y sensorial: perfil para cada tipo de TNRC

Cada subtipo de trastorno, además de estar caracterizado por su capacidad de desarrollo funcional y emocional, debe identificarse por su tipo de procesamiento sensorial y regulador. Este perfil se puede simplificar con fines de investigación. Por ejemplo, muchos niños con TNRC (incluidos los trastornos del espectro autista) evidencian anomalías del lenguaje y del pensamiento viso-espacial, pero difieren enormemente en su capacidad de memoria auditiva y viso-espacial, así como en la coordinación motora y la modulación sensorial. Por tanto, estas características, que reproducen diferencias clínicas importantes, o más probablemente, quizás, diferencias en las sendas evolutivas, deben ser subrayadas. Las tablas C1 y C2 sintetizan los diferentes subtipos y los diferentes perfiles de procesamiento sensorial y regulador.

Tabla C.1. Esquema de subtipos clínicos de TNRC y perfil de procesamiento motor y sensorial asociado

Tipo I. Capacidad intermitente de atención y relación; interacción recíproca y, con la debida ayuda, resolución conjunta de problemas sociales y uso incipiente de ideas significativas con ayuda, el niño puede aprender a relacionarse y a interactuar e incluso, a utilizar algunas palabras, pero no de manera continua o adaptada a su edad.

Los niños con este perfil tienden a progresar rápidamente en un programa global de intervención que se adapte a sus capacidades individuales de procesamiento motor y sensorial.

Tipo II. Capacidad intermitente de atención, relación y un número reducido de interacciones recíprocas. La resolución conjunta de problemas sociales y la repetición de algunas palabras son muy incipientes.

Los niños con este perfil tienden a realizar un progreso muy metódico y estable.

Tipo III. Capacidades reducidas de atención e interacción. Con la debida ayuda, pueden llegar a participar en interacciones recíprocas de manera ocasional. No tienen la capacidad de repetir palabras o de usar ideas, aunque pueden ser capaces de repetir algunas palabras, de forma memorística, más que significativa.

Los niños con este perfil acostumbran a realizar un progreso lento y estable, muy centrado en las capacidades básicas de relación afectuosa y en el aprendizaje de secuencias de intervención recíproca más largas. Con el tiempo pueden aprender a utilizar algunas palabras y enunciados.

Tipo IV. Es similar al tipo III, pero con un perfil de diagnóstico de múltiples regresiones (pérdida de capacidades). También pueden presentar diferentes trastornos neurológicos asociados, como crisis epilépticas e hipotonía notable.

Los niños con este perfil realizan, a menudo, un progreso muy lento, el cual se puede intensificar si identificamos las causas de las tendencias regresivas.

Tabla C.2. Análisis del perfil de procesamiento motor y sensorial

Los niños con TNRC (entre otros, los niños con TEA) tienden a evidenciar patrones de base biológica muy diferentes y relativos a la reactividad sensorial, el procesamiento y la planificación motora. Estas diferencias pueden repercutir en el diagnóstico y el pronóstico. A continuación, resumimos los variados patrones de comportamiento de los niños. (Casi todos los niños con un diagnóstico de TNRC presentan anomalías del lenguaje y del pensamiento viso-espacial).

Modulación sensorial
• Tiende a ser hipersensible a las sensaciones de sonido y tacto (por ejemplo, se tapa las orejas o se desequilibra con el tacto suave).
• Tiende a buscar experiencias sensoriales (por ejemplo, busca activamente sensaciones de tacto o de oído y diferentes patrones de movimiento).
• Tiende a ser poco reactivo a las sensaciones (por ejemplo, necesita estímulos vocales o táctiles muy intensos para estar atento).

Planificación y secuenciación motoras
• Capacidad relativa en la planificación y secuenciación motoras (lleva a cabo patrones de acciones de varios pasos, como sortear una carrera de obstáculos, diseños complejos con bloques).
• Alteración relativa de la planificación y secuenciación motoras (le cuesta realizar movimientos simples y sólo sabe tirar piezas o llevar a cabo una secuencia de uno o dos pasos).

Memoria auditiva
• Capacidad relativa de memoria auditiva (recuerda y repite largas secuencias de enunciados extraídas de libros, televisión, discos de música, etc.).
• Alteración relativa de la memoria auditiva (le cuesta recordar sonidos o palabras muy sencillas).

Memoria visual
• Capacidad relativa de memoria visual (tiende a recordar lo que ve: fotos, portadas de libros y palabras).
• Alteración relativa de la memoria visual (le cuesta recordar dibujos u objetos muy simples).

Bibliografía

ACHENBACH, T. M.: *Integrative guide to the 1991 CBCL/4-18, YSR, and TRF Profiles,* Burlington: University of Vermont, Department of Psichiatry, 1992.

BARANEK, G.T. 1999: «Autism during infancy:A retrospective video analysis of sensory-motor and social behaviours at 9-12 months of age», en *Journal of Autism and Developmental Disorders,* 29: 213-224

BARON-COHEN, S. 1989. «The theory of mind hypothesis of autism:A reply to Boucher», en *British Journal of Disorders of Communication,* 24:199-200

BARON-COHEN, S.: *Mindblindness: An essay on autism and theories of mind,* Cambridge, MA: MIT Press, 1994.

BARON-COHEN, S., LESLIE A. M., y FRITH, U. 1985. «Does the autistic child have a "theory of mind"?», en *Cognition,* 21: 37-46

BAYLEY, N.: *Escalas Bayley de desarrollo infantil,* Madrid:TEA Ediciones, 1977.

BAYLEY, P. J., FRASCINO, J. C., y SQUIRE, L. R. 2005. «Robust habit learning in the absence of awareness and independent of the medial temporal lobe», en *Nature,* 436: 550-553.

BERTRAND, J., MARS, A., BOYLE, C. et al. 2001. «Prevalence of autism in a United States population: The Brick Township, New Jersey, Investigation», en *Pediatrics,* 108:1155-1161

BOWLER, D. M. 1992. «Theory of mind in Asperger's Syndrome», en *Journal of Child Psycology and Psychiatry,* 33: 893.

CARPER, R.A., y COURCHESNE, E. 2005. «Localized enlargement of the frontal cortex in early autism», en *Biological Psychiatry,* 57 (2):126-133.

COURCHESNE, E. AKSHOOMOFF, N. EGAAS, B., et al. *Role of cerebellar and parietal dysfunction in the social and cognitive deficits patients with infantile autism,* Las Vegas, NV: Rep. No. Paper Presented at the

Autism Society of America Annual Conference (documento presentado en la Conferencia Anual de la Sociedad de Autismo de América), 1994.

DAHLGREN, S. O., y TRILLINGSGAARD, A. 1996. «Theory of mind in non-retarded children with autism and asperger's syndrome: A research note», en *Journal of Chile Psychology and Psychiatry,* 37: 763.

DAWSON, G., y GALPERT, I. 1990. «Mother's use of imitative play for facilitating social responsiveness and toy play in young autistic children», en *Delopment and Psycholopathology,* 2: 151-162.

DAWSON, G. et al. 1998. «Neuropsychological correlates of early symptomes of autism», en *Child Development,* 69: 1276-1285.

DIAGNOSTIC CLASSIFICATION TASK FORCE, 1994. *Diagnostic classificaton: 0-3: Diagnostic classificaton of mental health and developmental disorders of infancy and early childhood,* Arlington, VA: ZERO TO THREE: National Center for Clinical Infant Programs, 1994.

FRITH, U.: *Autismo: hacia una explicación del enigma,* 2.ª ed., Madrid: Alianza Editorial, 2004.

FURTH, H. G. y WACHS, H.: *Thinking goes to school: Piaget's theory in practice,* New York: Oxford University Press, 1974.

GREENSPAN, J., y GREENSPAN, S. I. 2002. «Functional emotional developmental questionnaire (FEDQ) for childhood: A preliminary report on the questions and their clinical meaning», en *Journal of Developemental and Learning Disorders,* 6: 71-116.

GREENSPAN, S. I.: *Intelligence and adaptation: An integration of psychoanalytic and Piagetian developmental psychology.* Psychological Issues Monograph Series, n° 47-48, New York: International Univerties Press, 1979.

GREENSPAN, S. I.: *The Delopment of the ego: Implications for personality theory, psychopathology, and psychotherapeutic process,* New York: International Univerties Press, 1989.

GREENSPAN, S. I.: *Infancy and early chilhood: The practice of clinical assesment and intervention with emocional and developmental challenges,* Madison, CT: International Univerties Press, 1992.

GREENSPAN, S. I.: *Developmentally based psychotherapy,* Madison, CT: International Univerties Press, 1997ª.

GREENSPAN, S. I.: *El crecimiento de la mente y los ambiguos orígenes de la inteligencia,* Barcelona: Ediciones Paidós Ibérica, 1998.

GREENSPAN, S. I. 2001. «The Affect Diathesis Hypothesys: The role of emtotions in the core deficit in autism and the development of intelligence and social skills», en *Journal of Developemental and Learning Disorders,* 5: 1-45.

GREENSPAN, S. I.: *Greenspan Social-Emotional Growth Chart,* Bulverde, TX: Psychological Corporation, 2004.

GREENSPAN, S. I., y BREINBAUER, C. *Short-term changes in emotional, social, and intellectual functioning in children with ASD with the DIR-Floortime approach.* Working paper. 2005.

GREENSPAN, S. I., DEGANGI, G. A., y WIEDER, S.: *The functional emotional assesment scale (FEAS) for infancy and early chilhood: Clinical & research applications,* Bethesda, MD: ICDL (www.icdl.com), 2001.

GREENSPAN, S. I., y SHANKER, S.: *The first idea: How symbols, language and intelligence evolved from our primate ancestors to modern humans,* Cambridge, MA: Perseus Books, 2004.

GREENSPAN, S. I., y SHANKER, S.: 2006. «The developmental pathways leading to pattern-recognition, joint attention, language and cognition», en *New Ideas in Psychology,* febrero.

GREENSPAN, S. I., Y WIEDER, S. 1997. «Developmental patterns and outcomes in infants and children with disorders in relating and communicating: A chart review of 200 cases of children with autistic spectrum diagnoses», en *Journal of Developemental and Learning Disorders,* 1: 87-141.

GREENSPAN, S. I., Y WIEDER, S.: *The child with special needs: Encouraging intellectual and emocional growth,* Cambridge, MA: Perseus Books, 1998.

GREENSPAN, S. I., Y WIEDER, S. 1999. «A functional development approach to autism spectrum disorders», en *Journal of the Association for Persons with Severe Handicaps (JASH),* 24: 147-161.

GREENSPAN, S. I., Y WIEDER, S. 2005. «Can Children with Autism Master the Core Deficits and Become Empathetic, Creative, and Reflective? A Ten to Fifteen Year Folow-up of a Subgroup of Children with Autism Spectrum Disorders (ASD) Who Received Comprehensive Developmental, Individual-Difference, Relationship-Based (DIR) Approach», en *Journal of Developemental and Learning Disorders,* 9.

GREENSPAN, S. I., WIEDER, S., et al.: «Infants in multirisk families: Case studies in preventative intervention», en *Clinical Infant Reports,* New York: International Univerties Press, 1987.

HERBERT, M. R., ZIEGLER, D. A., et al. 2004. «Localization of white matter volume increase in autism and developmental language disorder», en *Annals of Neurology,* 55: 530-540.

ICDL-DMIC Diagnostic Classification Task Force. 2005. *Interdiscipli-nary Council on Developmental and Learning Disorders Diag-nostic manual for infancy and early chilhood mental health disorders, developmental disorders, regulatory-sensory processing disorders, language disorders, and learning challenges,* Bethesda, MD: ICDL (www.icdl.com).

INTERDISCIPLINARY COUNCIL ON DEVELOPMENTAL AND LEARNING DISORDERS CLINI-CAL PRACTICE GUIDELINES WORKGROUP, SIGC. 2000. *Interdisciplinary Council on Developmental and Learning Disorders' clinical practi-ce guidelines: Redefining the standards of care for infants, children and families with special needs,* Bethesda, MD: ICDL (www.icdl.com).

JUST, M. A., CHERKASSY, V. L. et al. 2004. «Cortical activation and synchro-nization during sentence comprehension in high-functioning autism: Evidence of underconnectivity», en *Brain,* 127: 1811-1821.

KLIN, A., VOLKMAR, F. R. y SPARROW, S. 1992. «Autistic social dysfunction: Some limitations of the theory of mind hypothesis», en *Journal of Child Psychology and Psychiatry,* 33: 861-876.

KOEGEL, J. K., et al. 1998. «Setting generalization of question-asking by children with autism», en *American Journal ot Mental Retardation,* 102: 346-357.

LOVAAS, O. I. 1987. «Behavioral treatment and normal educational and intellectual functioning in young autistic children», en *Journal of Consulting and Clinical Psychology,* 55: 3-9.

MAHONEY, G. y PERALES, F. 2005. «Relationship-focused early intervention with children with pervasive developmental disorders and other disabilities: A comparative study», en *Developmental and Behavio-ral Pediatrics,* 26 (2): 77-85.

MCEACHIN, J. J., et al. 1993. «Long-term outcome for children with autism who received early intensive behavioral treatment», en *American Journal ot Mental Retardation,* 97: 359-372.

MCGEE, G. C., KRANTZ, P. J., y MCCLANNAHAN, L. E. 1985. «The facilitative effects of incidental teaching on preposition use by autistic chil-dren», en *Journal of Applied Behavior Analysis,* 18: 17-31.

MINSHEW, N., y GOLDSTEIN, G. 1998. «Autism as a disorder of complex information processing», en *Mental Retardation and Developmen-tal Disabilities,* 4: 129-236.

MUNDY, P., SIGMAN, M., y KASARI, C. 1990. «A longitudinal study of joint attention and language development in autistic children», en *Jour-nal of Autism and Developmental Disorders,* 20: 115-128.

National Academy of Sciences, Commitee on Educational Interventions for Children with Autism, NRC. 2001. *Educating Children with Autism,* Washington, DC: National Academies Press.

Ozonoff, S. «Causal mechanisms of autism: Unifying perspectives from an information –processing framework», en Cohen, D. y Volkmar, F. (eds.), *Handbook of autism and persasive developmental disorders,* pp. 867-879. New York: Wiley, 1997.

Pennington, J., y Ozonoff, S. 1996. «Executive functions and developmental psychopathology», en *Journal of Child Psychology and Psychiatry,* 37: 51-87.

Rogers, S. y DiLalla, D. 1991. «A comparative study of the effects of a developmentally based instructional model on young children with autism and children with other disorders of behavior and development», en *Topics in Early Chilhood Special Education,* 11: 29-47.

Rogers, S. J., et al. «The Denver model: A comprehensive, integrated educational approach to young children with autism and their families», en Handleman, J. S., y Harris, S. L. (eds.), *Preschool education programs for children with autism,* 2.ª ed., pp. 95-133. Austin, TX: Pro-Ed, 2000.

Shea, V. 2004. «A perspective on the research literature related to early intensive behavioral intervention (Lovaas) for young children with autism», en *Autism,* 8: 349-367.

Siller, M., y Sigman, M. 2002. «The behaviors of parents of children with autism predict the subsequent development of their children's communication», en *Journal of Autism and Developmental Disorders,* 32: 77-89.

Simpson, G. A., Colpe, L., y Greenspan, S. I. 2003. «Measuring functional developmental delay in infants and young children: Prevalence rates from the NHIS-D», en *Paediatric & Perinatal Epidemiology,* 17: 68-80.

Smith, T. «Discrete trial ABA approaches», en *New Approaches to help the most challenged children learn to comunicate and talk,* Tysons Corner, VA: ICDL, 2001.

Smith, T., Groen, A. D., y Wynn, J. W. 2000. «Randomized trial of intensive early intervention for children with persasive developmental disorder», en *American Journal of Mental Retardation,* 105: 269-285.

Solomon, R., et al. In press. «Program evaluation of a pilot parent training program for young children with autism: The PLAY Project Home Consultation Program», en *Autism.*

SPERRY, R. W.: «Consciousness, personal identity, and the divided brain», en BENSON, F. y ZAIDEL, E. (eds.), *The dual Brain,* pp. 11-27. New York: Guilford, 1985.

SPITZ, R.: *El primer año de la vida del niño,* 3.ª ed., Madrid: Aguilar, 1993.

TEITELBAUM, P., y TEITELBAUM, O. 1999. *Motor indicators of autism in the first year.* Documento presentado en: Interdisciplinary Council on Developmental and Learning Disorders'Third Annual Internacional Conference on Autism and Disorders of Relating and Communicating. Malean, VA.

TRONICK, E. Z. 1989. «Emotions and emotional communication in infants», en *American Psychologist,* 44: 115-123.

VARGAS, D. L., et al. 2005. «Neuroglial activation and neuroinflammation in the brain of patients with autism», en Annals of Neurology, 57(1): 67-81.

WETHERBY, A. M., y PRIZANT, B. M. 1993. «Profiling communications and symbolic abilities in young children», en *Journal of Chilhood Communication Disorders,* 15: 23-32.

Índice alfabético

94, 95, 96, 97, 98, 101, 102,
107, 111, 112, 113, 114, 115,
117, 118, 119, 120, 122, 123,
125, 129, 130, 131, 132, 134,
135, 137, 139, 140, 141, 147,
150, 154, 155, 156, 157, 158,
160, 161, 162, 170, 173, 174,
176, 177, 179, 182, 187, 188,
191, 192, 193, 194, 196, 197,
198, 199, 200

palabra, acción, afecto, 79

parálisis cerebral, 284, 309

patrón de análisis, 16

patrón perceptivo motor fijo,
113

pediatras, 29, 32, 33, 57, 73, 283

pensamiento, 12, 13, 20, 21, 26,
28, 29, 36, 37, 40, 43, 47, 49, 53

pensamiento abstracto, 26

pensamiento calculador, 63

pensamiento causal, 133

pensamiento comparativo, 143

pensamiento crítico, 133, 152

pensamiento individualizado,
143

pensamiento lógico, 70, 80

pensamiento racional, 134

pensamiento reflexivo, 132

pensamiento representativo, 171

pensamiento simbólico, 58

pensamiento triangular, 70, 71

percepción auditiva, 160

personalidad, 58

perspectiva constructivista, 194

perspectivas sensoriales, 152

pesadillas, 115

pistas visuales, 168

planificación de acciones, 54

planificar acciones, 123

postura elevada, 109

práctica emocional, 152

preguntas abiertas, 80, 189, 256,
260, 316, 323, 338, 372, 376,
380

primera adolescencia, 72

primeras manifestaciones, 41, 42

procesamiento auditivo, 112,
160, 161

proceso de interacción, 86

producciones ecolálicas, 350

profesores, 129, 134, 141, 147,
150, 194

programa de intervención completo, 116, 291, 294

programa DIR, 6

pronóstico, 9

psicología, 27, 131, 133

psicólogo infantil, 164, 283

psicotrópicos, 264

psiquiatras, 19, 283

pubertad, 71

rabia, 64, 194, 201, 203, 264, 400,
401, 402, 404

rabieta, 84, 90

raza, 156

razonamiento, 31, 35, 53, 57, 68,
70, 133, 141, 142, 145, 146,
148, 152

razonamiento causa-efecto, 133

razonamiento científico, 133

reacciones extremas, 388

recepción de conocimientos, 46

recompensa, 59, 397

recompensa emocional, 59

reconocer las normas, 47

relación causa-efecto, 156, 170

relación de causalidad, 59, 63

religión, 144, 156